新世纪现代交通类专业系列教材

结构设计原理

（第2次修订本）

闫光杰　编著

清华大学出版社
北京交通大学出版社
·北京·

内 容 简 介

本书是按照最新颁布的公路桥涵设计规范编写的现代交通类教材。全书系统地阐述了公路桥涵钢筋混凝土结构、预应力混凝土结构和圬工结构的各种基本构件的基本设计原理、计算方法和构造要求。

本教材可作为高等院校和远程与继续教育学院道路与桥梁、公路工程监理、公路工程检测、高等级公路管理与维护、公路工程管理等专业的教材，也可作为从事公路桥梁设计、施工、监理等工作人员的参考资料。

[HJ]

本书封面贴有清华大学出版社防伪标签，无标签者不得销售。
版权所有，侵权必究。侵权举报电话：010 - 62782989　13501256678　13801310933

图书在版编目(CIP)数据

结构设计原理 / 闫光杰编著. —第 2 次修订本. —北京：北京交通大学出版社；清华大学出版社，2010.8(2020.6 第 2 次修订)
(新世纪现代交通类专业系列教材)
ISBN 978 - 7 - 5121 - 0281 - 1

Ⅰ. ①结… Ⅱ. ①闫… Ⅲ. ①公路桥 - 桥梁结构 - 结构设计 - 高等学校 - 教材
Ⅳ. ① U448.142.5

中国版本图书馆 CIP 数据核字(2010)第 166893 号

结构设计原理
JIEGOU SHEJI YUANLI

责任编辑：韩　乐　　特邀编辑：高振宇	
出版发行：清华大学出版社　邮编：100084　电话：010 - 62776969	
北京交通大学出版社　邮编：100044　电话：010 - 51686414	
印　刷　者：北京鑫海金澳胶印有限公司	
经　　　销：全国新华书店	
开　　　本：185mm×260mm　　印张：18.5　　字数：450 千字	
版 印 次：2010 年 8 月第 1 版　2020 年 6 月第 2 次修订　2020 年 6 月第 11 次印刷	
书　　　号：ISBN 978 - 7 - 5121 - 0281 - 1/U · 57	
定　　　价：48.00 元	

本书如有质量问题，请向北京交通大学出版社质监组反映。对您的意见和批评，我们表示欢迎和感谢。
投诉电话：010 - 51686043，51686008；传真：010 - 62225406；E-mail：press@ bjtu.edu.cn。

前　言

"结构设计原理"是交通土建、桥梁工程及道路工程专业的重要专业基础课程。针对本科生，目前已有比较多的《结构设计原理》优秀教材，而针对高职学生和远程与继续教育学生的《结构设计原理》教材相对还比较少。对于高职学生和远程与继续教育学生，培养的目标主要是培养从事技术（如施工、监理、检测等）方面的工作者，理论知识的教学以够用为主。鉴于此，笔者结合自己的教学与实践，编写了这本教材。

本教材是根据《公路桥涵设计通用规范》（JTG D60—2004）、《公路钢筋混凝土及预应力混凝土桥涵设计规范》（JTG D62—2004）及《公路圬工桥涵设计规范》（JTG D61—2005）等最新规范进行编写的。由于工程结构包括混凝土结构、钢结构、圬工结构与新型结构等多种类型的结构，而在公路桥梁中主要是以钢筋混凝土结构、预应力混凝土结构和圬工结构为主，因此本教材主要介绍了钢筋混凝土结构、预应力混凝土结构和圬工结构3种结构的设计计算原理。

总论部分在介绍工程结构基本概念和分类的基础上，介绍了学习本课程需必备的桥梁结构基本知识。第一篇钢筋混凝土结构部分在阐述钢筋和混凝土这两种材料的力学性能基础上，介绍了极限状态设计法的基本概念和公路钢筋混凝土桥梁结构设计的基本原则，系统介绍了钢筋混凝土受弯和受压构件的设计计算原理，并给出了详细的设计计算示例。第二篇预应力混凝土结构部分在阐述预应力混凝土结构的基本概念和材料的力学性能基础上，主要介绍了全预应力和部分预应力混凝土受弯构件的设计计算原理，给出了详细的设计计算示例。第三篇圬工结构部分在阐述圬工材料的力学性能基础上，介绍了圬工受压构件、受弯构件和受剪构件的设计计算方法。

本教材是按照思路清晰、内容循序渐进、文字浅显易懂的原则进行编写的，并且提供了一些工程图纸，使学生通过识图较容易地理解和掌握桥梁结构的有关构造要求。

本教材可作为远程与继续教育学院和高等院校道路与桥梁、公路工程监理、公路工程检测、高等级公路管理与维护、公路工程管理等专业的教材，也可作为从事公路桥梁设计、施工、监理等工作人员的参考资料。

本教材主要由交通运输部管理干部学院闫光杰老师编著。交通运输部管理干部学院的李莲莲老师参与了第7章和第13章设计示例的计算和编写工作。交通运输部规划研究院的贾峰工程师提供了本教材编写中所需的设计图纸。我的学生彭德海、李现景、匡伟、胡卫宾、董玉坡、王志刚、陈兵等为本教材的编写做了大量的文字录入工作。在教材编写的过程中，还得到了交通运输部管理干部学院的尤晓昕和张清喜老师的关心和支持。北京交通大学出版社的韩乐和高振宇编辑为本教材的出版付出了辛勤的劳动。在此一并向他们表示衷心地感谢。

由于编者水平有限，加上对规范的理解还不够深入，教材中难免有不当之处，敬请各位读者批评指正。

作者

2020 年 6 月

目 录

总论 ·· (1)

第1篇 钢筋混凝土结构

第1章 钢筋混凝土结构的基本概念与材料的物理力学性能 ·· (6)
1.1 基本概念 ·· (6)
1.2 混凝土的力学性能 ··· (7)
   1.2.1 混凝土的强度 ··· (7)
   1.2.2 混凝土的变形 ··· (9)
1.3 钢筋的力学性能 ·· (11)
   1.3.1 钢筋的品种与等级 ·· (11)
   1.3.2 钢筋的强度与变形 ·· (13)
   1.3.3 钢筋混凝土结构对钢筋性能的要求 ··· (14)
   1.3.4 钢筋的连接、弯钩与弯折 ·· (14)
1.4 钢筋与混凝土的黏结 ·· (17)
   1.4.1 钢筋与混凝土之间的黏结破坏机理 ··· (17)
   1.4.2 钢筋与混凝土的黏结强度 ·· (18)
   1.4.3 钢筋的锚固 ··· (18)
习题 ·· (18)

第2章 极限状态法设计的原则 ··· (20)
2.1 极限状态与极限状态方程 ·· (20)
   2.1.1 结构可靠性与可靠度 ··· (20)
   2.1.2 极限状态的定义与分类 ·· (20)
   2.1.3 极限状态方程 ·· (21)
   2.1.4 公路桥涵设计基本原则 ·· (22)
2.2 公路桥涵上的作用、作用标准值和作用效应组合 ··· (23)
   2.2.1 公路桥涵上的作用分类 ·· (23)
   2.2.2 公路桥涵上作用的标准值及其作用效应 ·· (24)
   2.2.3 公路桥涵上的作用效应组合 ··· (24)
2.3 承载能力极限状态设计原则 ··· (26)
   2.3.1 持久状况承载能力极限状态设计表达式 ·· (26)
   2.3.2 持久状况和短暂状况构件的应力计算原则 ······································· (28)
2.4 正常使用极限状态设计原则 ··· (28)
2.5 混凝土结构的耐久性设计 ·· (29)

I

习题 ……………………………………………………………………………………… (31)

第3章 钢筋混凝土受弯构件构造 ……………………………………………………… (32)
3.1 钢筋混凝土板的构造要求 ……………………………………………………… (33)
3.1.1 截面形式与尺寸 ………………………………………………………… (33)
3.1.2 钢筋构造 ………………………………………………………………… (34)
3.2 钢筋混凝土梁的构造要求 ……………………………………………………… (36)
3.2.1 截面形式与尺寸 ………………………………………………………… (36)
3.2.2 钢筋构造 ………………………………………………………………… (37)
3.2.3 预制装配式钢筋混凝土简支实心板桥行车道板构造示例 …………… (40)
3.2.4 预制装配式钢筋混凝土简支T形梁桥主梁和翼缘板构造示例 ……… (40)
习题 ……………………………………………………………………………………… (50)

第4章 钢筋混凝土受弯构件持久状况承载能力极限状态设计——正截面承载力计算 ……………………………………………………………… (51)
4.1 正截面承载力计算的基本原则 ………………………………………………… (51)
4.1.1 正截面破坏形态 ………………………………………………………… (51)
4.1.2 正截面承载力计算的基本假定 ………………………………………… (52)
4.1.3 压区混凝土等效矩形应力图形 ………………………………………… (53)
4.1.4 相对界限受压区高度——防止超筋梁破坏的条件 …………………… (54)
4.1.5 最小配筋率——防止少筋梁破坏的条件 ……………………………… (55)
4.2 单筋矩形截面抗弯承载力计算 ………………………………………………… (55)
4.2.1 基本公式及适用条件 …………………………………………………… (55)
4.2.2 计算方法 ………………………………………………………………… (56)
4.3 双筋矩形截面抗弯承载力计算 ………………………………………………… (61)
4.3.1 基本公式及适用条件 …………………………………………………… (61)
4.3.2 计算方法 ………………………………………………………………… (62)
4.4 T形截面抗弯承载力计算 ……………………………………………………… (65)
4.4.1 概述 ……………………………………………………………………… (65)
4.4.2 基本公式及适用条件 …………………………………………………… (69)
4.4.3 计算方法 ………………………………………………………………… (70)
习题 ……………………………………………………………………………………… (77)

第5章 钢筋混凝土受弯构件持久状况承载能力极限状态设计——斜截面承载力计算 ……………………………………………………………… (79)
5.1 钢筋混凝土受弯构件的斜截面承载力计算 …………………………………… (79)
5.1.1 钢筋混凝土梁沿斜截面破坏的主要形态 ……………………………… (79)
5.1.2 斜截面抗剪承载力计算 ………………………………………………… (81)
5.1.3 斜截面抗弯承载力计算 ………………………………………………… (83)
5.2 剪力包络图、弯矩包络图与抵抗弯矩图 ……………………………………… (84)
5.2.1 剪力包络图 ……………………………………………………………… (84)
5.2.2 弯矩包络图 ……………………………………………………………… (85)

  5.2.3 抵抗弯矩图 ·· (85)
 5.3 钢筋混凝土等高度简支梁的腹筋设计 ··· (86)
  5.3.1 腹筋初步设计 ·· (87)
  5.3.2 全梁承载力校核 ··· (89)
 习题 ·· (93)

第 6 章 钢筋混凝土受弯构件持久状况正常使用极限状态
     验算与短暂状况构件的应力验算 ··· (94)
 6.1 持久状况正常使用极限状态验算 ··· (94)
  6.1.1 最大裂缝宽度验算 ·· (94)
  6.1.2 变形验算 ·· (95)
 6.2 短暂状况构件的应力验算 ·· (100)
  6.2.1 施工时的荷载及其组合 ·· (100)
  6.2.2 短暂状况构件的应力验算 ··· (101)
 习题 ·· (102)

第 7 章 装配式钢筋混凝土简支 T 梁桥主梁(内梁)设计示例 ·················· (103)

第 8 章 钢筋混凝土轴心受压构件 ··· (121)
 8.1 普通箍筋柱 ·· (121)
  8.1.1 构造要点 ·· (121)
  8.1.2 破坏形态分析 ·· (123)
  8.1.3 正截面抗压承载力计算 ·· (124)
 8.2 螺旋箍筋柱 ·· (126)
  8.2.1 构造要点 ·· (126)
  8.2.2 破坏形态分析 ·· (127)
  8.2.3 正截面抗压承载力计算 ·· (127)
 习题 ·· (130)

第 9 章 钢筋混凝土偏心受压构件 ··· (131)
 9.1 钢筋混凝土偏心受压构件的构造 ··· (131)
  9.1.1 截面形式 ·· (131)
  9.1.2 钢筋构造 ·· (132)
 9.2 钢筋混凝土偏心受压构件承载力计算的一般问题 ································ (134)
  9.2.1 钢筋混凝土偏心受压短柱的破坏状态 ······································· (134)
  9.2.2 纵向弯曲影响 ·· (136)
 9.3 矩形截面偏心受压构件正截面承载力计算 ·· (137)
  9.3.1 矩形截面偏心受压构件正截面承载力计算的基本公式 ················ (137)
  9.3.2 实用计算方法 ·· (139)
 9.4 圆形截面偏心受压构件正截面承载力计算 ·· (154)
  9.4.1 正截面承载力计算的基本公式 ·· (154)
  9.4.2 实用计算方法 ·· (159)
 习题 ·· (162)

第2篇 预应力混凝土结构

第10章 预应力混凝土结构的基本概念及其材料物理力学性能 (166)
- 10.1 预应力混凝土结构的基本概念 (166)
  - 10.1.1 预应力混凝土结构的基本原理 (166)
  - 10.1.2 配筋混凝土构件的分类 (168)
  - 10.1.3 预应力混凝土结构的优缺点 (168)
- 10.2 预加力的实施方法与设备 (169)
  - 10.2.1 预加力的实施方法 (169)
  - 10.2.2 张拉设备 (173)
  - 10.2.3 锚固设备 (173)
- 10.3 预应力混凝土结构的材料 (177)
  - 10.3.1 预应力混凝土结构用混凝土 (177)
  - 10.3.2 预应力混凝土结构用钢筋 (180)
- 习题 (183)

第11章 预应力混凝土受弯构件的构造 (184)
- 11.1 预应力混凝土受弯构件的一般构造 (184)
  - 11.1.1 截面形式 (184)
  - 11.1.2 钢筋构造 (185)
- 11.2 预应力混凝土受弯构件构造示例 (188)
  - 11.2.1 先张法预应力混凝土简支空心板构造示例 (188)
  - 11.2.2 后张法预应力混凝土简支T形梁桥主梁构造示例 (188)

第12章 预应力混凝土受弯构件设计计算 (200)
- 12.1 各受力阶段分析与设计计算内容 (200)
  - 12.1.1 各受力阶段分析 (200)
  - 12.1.2 设计计算内容 (203)
- 12.2 张拉控制应力与预应力损失计算 (204)
  - 12.2.1 预应力钢筋的张拉控制应力 (204)
  - 12.2.2 预应力损失计算 (204)
  - 12.2.3 预应力钢筋的有效预应力计算 (213)
- 12.3 持久状况承载能力极限状态计算 (213)
  - 12.3.1 正截面承载力计算 (213)
  - 12.3.2 斜截面承载力计算 (216)
- 12.4 持久状况正常使用极限状态计算 (217)
  - 12.4.1 抗裂性验算 (217)
  - 12.4.2 变形验算 (221)
- 12.5 持久状况和短暂状况构件的应力计算 (223)
  - 12.5.1 持久状况构件的应力计算 (223)
  - 12.5.2 短暂状况构件的应力计算 (224)

12.6　锚下局部承压承载力计算 …………………………………………………… (226)
　　12.6.1　先张法构件预应力钢筋的传递长度与锚固长度 ………………………… (226)
　　12.6.2　后张法构件锚下局部承压计算 …………………………………………… (227)
习题 …………………………………………………………………………………………… (229)

第13章　预应力混凝土简支梁设计 ………………………………………………… (232)
13.1　预应力混凝土简支梁设计 …………………………………………………………… (232)
　　13.1.1　设计内容和设计步骤 ……………………………………………………… (232)
　　13.1.2　截面抗弯效率指标 ………………………………………………………… (232)
　　13.1.3　钢筋估算与布置 …………………………………………………………… (233)
13.2　后张法预应力混凝土简支T梁桥主梁(内梁)设计示例 …………………………… (237)
　　13.2.1　设计依据 …………………………………………………………………… (237)
　　13.2.2　基本资料 …………………………………………………………………… (237)
　　13.2.3　主梁尺寸拟定 ……………………………………………………………… (238)
　　13.2.4　主梁作用及作用效应计算 ………………………………………………… (239)
　　13.2.5　受拉主钢筋面积估算与布置 ……………………………………………… (239)
　　13.2.6　持久状况承载能力极限状态计算 ………………………………………… (247)
　　13.2.7　预应力损失计算 …………………………………………………………… (249)
　　13.2.8　持久状况构件应力验算 …………………………………………………… (254)
　　13.2.9　持久状况正常使用极限状态验算 ………………………………………… (256)
　　13.2.10　配筋率验算 ………………………………………………………………… (259)
　　13.2.11　短暂状况构件应力验算 …………………………………………………… (260)
　　13.2.12　锚下局部承压验算 ………………………………………………………… (260)
习题 …………………………………………………………………………………………… (262)

第3篇　圬工结构

第14章　圬工结构的基本概念与材料 ……………………………………………… (264)
14.1　圬工结构的基本概念 ………………………………………………………………… (264)
　　14.1.1　圬工结构的概念 …………………………………………………………… (264)
　　14.1.2　圬工结构的优缺点 ………………………………………………………… (264)
14.2　圬工结构的材料 ……………………………………………………………………… (265)
　　14.2.1　砌体的材料 ………………………………………………………………… (265)
　　14.2.2　砌体种类 …………………………………………………………………… (267)
　　14.2.3　结构混凝土材料 …………………………………………………………… (268)
　　14.2.4　圬工材料的选择 …………………………………………………………… (269)
14.3　砌体的强度 …………………………………………………………………………… (269)
　　14.3.1　砌体的抗压强度 …………………………………………………………… (269)
　　14.3.2　砌体的抗拉、抗弯与抗剪强度 …………………………………………… (273)
14.4　砌体的变形 …………………………………………………………………………… (276)
　　14.4.1　砌体的弹性模量与剪变模量 ……………………………………………… (276)

Ⅴ

14.4.2 砌体的线膨胀系数、收缩变形与摩擦系数 …………………………………（276）
习题 ……………………………………………………………………………………（277）
第15章 砌体结构构件的承载力计算 ………………………………………（278）
15.1 砌体结构构件设计计算原则 …………………………………………………（278）
15.2 砌体结构受压构件的承载力计算 ……………………………………………（278）
 15.2.1 受压构件的偏心距验算 …………………………………………………（279）
 15.2.2 当轴向力偏心距 e 在偏心距限值范围内时，受压构件的承载力计算 ……（279）
 15.2.3 当轴向力偏心距 e 超过偏心距限值时，受压构件的承载力计算 …………（282）
15.3 砌体结构受弯与受剪构件的承载力计算 ……………………………………（283）
 15.3.1 受弯构件的承载力计算 …………………………………………………（283）
 15.3.2 受剪构件的承载力计算 …………………………………………………（283）
15.4 砌体结构局部承压承载力计算 ………………………………………………（283）
习题 ……………………………………………………………………………………（284）
参考文献 ………………………………………………………………………………（285）

总 论

1. 本课程的主要任务

桥梁、涵洞、隧道、挡土墙等都是道路基础设施工程中的构造物。这些构造物都要受到各种外荷载的作用,如车辆荷载、人群荷载、风荷载及自重等。一般把构造物中承受外部荷载的承重骨架部分称为结构。例如,桥梁的桥面板、主梁、横梁、墩台与基础组成了桥梁的承重体系,被称为桥梁结构。构造物的结构是由若干基本构件组成的,例如,桥梁结构的基本构件为桥面板、主梁、横梁、墩台与基础等。《结构设计原理》就是以各种工程结构的基本构件为主要研究对象的一门课题,它主要研究基本构件的受力性能、计算方法和构造设计原理,其主要内容包括如何选择构件的截面尺寸及其连接方式,并根据承受荷载的情况验算构件的强度、刚度、稳定性和裂缝等问题。本课程是学习和掌握桥梁工程和其他道路人工构造物设计的基础,是属于基础课和专业课之间的专业技术基础课。

根据工程结构基本构件的受力与变形特点,构件可归纳为受拉构件、受压构件、受弯构件和受扭构件等几种。在工程实际中,有些构件的受力和变形比较简单,但有些构件的受力和变形比较复杂,常有可能是几种受力状态的复合。常见桥梁结构中的基本构件主要以受弯构件和受压构件为主,所以本教材主要介绍受弯构件和受压构件的设计原理。

在实际工程结构中,结构及其基本构件都是由建筑材料制作而成的。根据所使用的建筑材料的种类不同,常用的结构一般可分为以下几种。

(1) 木结构:以木材为主制作的结构。

(2) 圬工结构:以圬工砌体为主制作的结构,是砖结构、石结构和混凝土砌体结构的总称。

(3) 混凝土结构:以混凝土为主制作的结构,包括素混凝土结构、钢筋混凝土结构和预应力混凝土结构等。

(4) 钢结构:以钢材为主制作的结构。

(5) 组合结构:以多种不同材料结合成整体而共同工作的结构,如钢-混凝土组合结构、钢管混凝土结构、预应力混凝土组合梁等。

常见的桥梁结构主要以钢筋混凝土结构、预应力混凝土结构和圬工结构为主,所以本教材主要介绍钢筋混凝土结构、预应力混凝土结构和圬工结构的材料物理力学性能及其基本构件受力性能,设计计算方法和相关构造要求。

《结构设计原理》课程是一门重要的专业技术基础课,它是在学习《工程力学》、《道路建筑材料》等先修课程的基础上,结合桥梁工程中实际构件的工作特点来研究结构构件设计的一门课程。

本教材是以交通运输部最新颁布的公路桥涵设计规范为主要依据进行编写的,主要有《公路钢筋混凝土及预应力混凝土桥涵设计规范》(JTG D62—2004)(简称《公路桥规》(JTG D62—2004))、《公路圬工桥涵设计规范》(JTG D61—2005)(简称《公路桥规》(JTG D61—2005))、《公路桥涵设计通用规范》(JTG D60—2004)。这些设计规范均是国家颁布的关于设计计算和构造要求的技术规定和标准,具有一定约束性和技术法规性的文件,因此在学习本课程的过程中要学会理解和应用这些设计规范。

2. 桥梁工程的基本知识

本教材主要是介绍桥梁结构基本构件的设计原理,所以有必要介绍桥梁工程的有关基本知识。

1) 桥梁的基本组成

图 0-1 和图 0-2 为公路桥梁中常见的梁式桥和拱式桥的概貌。从图中可见,桥梁一般由 5 个"大部件"与 5 个"小部件"组成。

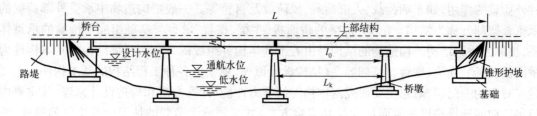

图 0-1 梁式桥概貌

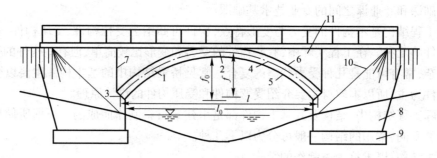

图 0-2 拱式桥概貌

1—拱圈;2—拱顶;3—拱脚;4—拱轴线;5—拱腹;6—拱背;
7—变形缝;8—桥台;9—基础;10—锥坡;11—拱上结构

(1) 5 大部件。

5 大部件是指桥梁承受汽车或其他运输车辆荷载的桥跨上部结构与下部结构,需要通过承受荷载的计算与分析,是桥梁安全性的保证,包括桥跨结构、支座系统、桥墩、桥台、墩台的基础。前 2 个部件总称桥梁结构的上部结构,后 3 个部件总称桥梁结构的下部结构。

① 桥跨结构。

桥跨结构是在线路中断时跨越障碍的主要承重结构,是桥梁支座以上(或无铰拱起拱线或刚架主梁底线以上)跨越桥孔的结构总称。

② 支座。

支座是设在墩(台)顶,用于支承桥跨结构的传力装置。它不仅要传递很大的荷载,并且要保证桥跨结构按设计要求能产生一定的变位。

③ 桥墩。

桥墩是支承上部结构并将其传来的恒载和车辆等活载再传至基础的结构物,通常设置在桥的中间部位。

④ 桥台。

桥台也是支承上部结构并将其传来的恒载和车辆等活载再传至基础的结构物,通常设置在桥的两端。桥台除了上述作用外,还与路堤相连接,并抵御路堤土压力,防止路堤填土的塌落。单孔桥只有两端的桥台,而没有中间的桥墩。

⑤ 基础。

桥墩和桥台底部的奠基部分,称为基础。基础承担了从桥墩和桥台传来的全部荷载,这些荷载包括竖向荷载及地震力、船舶撞击墩身等引起的水平荷载。由于基础往往深埋于地基中,在桥梁施工中是难度较大的一个部分,也是确保桥梁安全的关键之一。

(2) 5 小部件。

5 小部件都是直接与桥梁服务功能相关的部件,过去总称为桥面构造。5 小部件不但是"外观包装",而且是服务功能的大问题,包括桥面铺装(或称行车道铺装)、排水防水系统、栏杆(或防撞护栏)、伸缩缝、灯光照明。

2) 相关尺寸术语

下面介绍一些与桥梁布置和结构设计有关的主要尺寸和术语名称。

(1) 净跨径。

对于梁式桥,净跨径是指设计洪水位上相邻两个桥墩(或桥台)之间的净距;对于拱式桥,净跨径是指每孔拱跨两个拱脚截面最低点之间的水平距离。净跨径用 l_0 表示。

(2) 标准跨径。

对于梁式桥,标准跨径是指两桥墩中线之间桥中心线长度或桥墩中线与桥台台背前缘线之间的桥中心线长度;对于拱式桥,标准跨径以净跨径为准。标准跨径用 L_k 表示。

(3) 计算跨径。

对于具有支座的桥梁,计算跨径是指桥跨结构相邻两个支座中心之间的距离;对于拱式桥,拱圈(或拱肋)各截面形心点的连线称为拱轴线,计算跨径为拱轴线两端点之间的水平距离。计算跨径用 l 表示。桥梁结构的计算就是以计算跨径 l 为准的。

(4) 总跨径。

总跨径是指多孔桥梁中各孔净跨径的总和,也称桥梁孔径,即 $\sum l_0$。它反映了桥下宣泄洪水的能力。

(5) 桥梁全长。

桥梁全长简称桥长,是指桥梁两端两个桥台的侧墙或八字墙后端点之间的距离,以 L 表示。对于无桥台的桥梁为桥面系行车道全长。

(6) 净矢高。

净矢高是从拱顶截面下缘至相邻两拱脚截面下缘最低点之连线的垂直距离,以 f_0 表示。

(7) 计算矢高。

计算矢高是从拱顶截面形心至相邻两拱脚截面形心之连线的垂直距离,以 f 表示。

(8) 矢跨比。

矢跨比是拱桥中拱圈(拱肋)的计算矢高与计算跨径之比,即 f/l,也称拱矢度。它是反映拱桥受力特征的一个重要指标。

第1篇

钢筋混凝土结构

第1章　钢筋混凝土结构的基本概念与材料的物理力学性能

1.1　基本概念

众所周知,混凝土是一种抗压强度较高,而抗拉强度很低的材料。对于如图1-1(a)所示的梁体而言,当采用素混凝土梁时,在外荷载很小的情况下梁体受拉边缘即会开裂,同时梁立即断裂而被破坏,如图1-1(b)所示。此时,素混凝土梁的承载能力主要取决于混凝土的很低的抗拉强度,而截面中性轴以上的受压区混凝土的强度未得到充分发挥。

钢筋是一种抗拉强度很高的材料,若在梁体的受拉区配置适量的钢筋代替混凝土承受拉力,则该梁的承载能力会远远超过素混凝土梁的承载能力,如图1-1(c)所示。在这种情况下,混凝土的抗压特性和钢筋的抗拉特性得以充分利用,并且克服了混凝土抗拉强度低的缺点,从而使梁体的承载能力得到大大提高。此时,钢筋的作用主要是代替混凝土承受拉力。这种由钢筋和混凝土两种材料复合而成的受力结构即为钢筋混凝土结构。

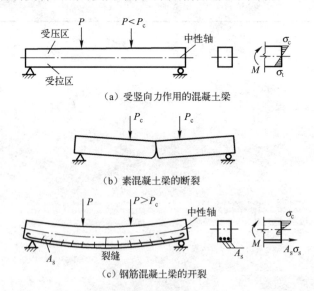

图1-1　素混凝土梁和钢筋混凝土梁的受力性能比较

若在混凝土受压构件中配置受力钢筋构成钢筋混凝土受压构件(图1-2),与素混凝土受压构件相比,不仅承载力大为提高,而且受力性能同时得到改善。在这种情况下,钢筋的作用主要是协助混凝土共同承受压力。

钢筋和混凝土这两种物理力学性能很不相同的材料之所以能有效地结合在一起共同工作,主要基于以下3点。

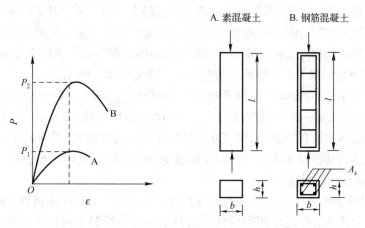

图 1-2 素混凝土和钢筋混凝土轴心受压构件的受力性能比较

（1）钢筋与混凝土能够很好地黏结在一起。在荷载作用下，较强的黏结力保证了构件中的钢筋能够与外围的混凝土协调变形，共同受力。

（2）钢筋和混凝土的温度膨胀系数接近（钢筋为 1.2×10^{-5}，混凝土为 $1.0 \times 10^{-5} \sim 1.5 \times 10^{-5}$）。当温度变化时，二者间不会产生较大的相对变形而使黏结力受到破坏。

（3）包裹在钢筋外围的混凝土保护钢筋免遭锈蚀，保证了钢筋与混凝土的共同作用。

钢筋混凝土结构除了合理地利用了钢筋和混凝土两种材料的特性外，还有如下优点。

（1）就地取材：钢筋混凝土结构所用的原材料中，砂、石所占的比例较大，而砂、石易于就地取材，故可以降低建筑成本。

（2）适应性强：钢筋混凝土结构既可以整体现浇也可以预制装配，并且可以根据需要浇筑成各种形状和截面尺寸。

（3）耐久性好：由于钢筋被混凝土所包裹而不致锈蚀，所以钢筋混凝土结构的耐久性是较好的。

（4）结构刚度大：钢筋混凝土结构在使用荷载作用下的变形较小，可有效地用于对变形有要求的建筑物中。

钢筋混凝土的缺点主要有：自重较大，对大跨度结构不利；抗裂性能较差，在正常使用时往往是带裂缝工作的；施工受气候条件影响较大；修补或拆除较困难等。

钢筋混凝土结构虽有缺点，但毕竟有其独特的优点，所以在桥梁等结构工程中应用极为广泛。随着钢筋混凝土结构的不断发展，上述缺点已经或正在逐步得到改进。

1.2 混凝土的力学性能

通过试验方法认识材料的力学性能并提供设计参数是结构设计的基础工作。材料的力学性能包括强度和变形两个方面。本节和下一节将分别介绍混凝土和钢筋这两种材料的力学性能。下面首先介绍混凝土的力学性能。

1.2.1 混凝土的强度

1. 混凝土立方体抗压强度

混凝土的立方体抗压强度是按规定的标准试件和标准试验方法得到的混凝土强度的基本代

表值。我国交通部部颁标准《公路工程水泥及水泥混凝土试验规程》(JTG E30—2005)规定以边长为 150 mm 的立方体为标准试件,在 20 ℃ ±2 ℃的温度和相对湿度在 95% 以上的潮湿空气中养护 28 天,依照标准制作方法和试验方法测得的抗压强度作为混凝土的立方体抗压强度,用符号 f_{cu} 表示。由于试验结果具有一定的离散性,所以一般取具有 95% 保证概率的强度值作为立方体抗压强度的标准值,即立方体抗压强度标准值,用符号 $f_{cu,k}$ 表示。根据立方体抗压强度标准值,《公路桥规》(JTG D62—2004)把混凝土划分为 14 个强度等级,即 C15 ~ C80,中间以 5 MPa 间隔。如强度等级为 C40 的混凝土,则其立方体抗压强度标准值 $f_{cu,k}$ 为 40 MPa。C50 以下强度等级的混凝土称为普通混凝土,C50 及其以上强度等级的混凝土称为高强混凝土。

2. 混凝土轴心抗压强度

通常钢筋混凝土构件的长度比它的截面尺寸大得多,因此棱柱体试件(高度大于截面边长的试件)的受力状态更接近于实际构件中混凝土的受力情况。我国交通部部颁标准《公路工程水泥及水泥混凝土试验规程》(JTG E30—2005)规定以 150 mm × 150 mm × 300 mm 的棱柱体为标准试件,按照与立方体试件相同条件下制作和试验所得的抗压强度值,称为混凝土轴心抗压强度,用符号 f_c 表示。由于试验结果具有一定的离散性,所以一般取具有 95% 保证概率的强度值作为轴心抗压强度的标准值,即轴心抗压强度标准值,用符号 f_{ck} 表示。《公路桥规》(JTG D62—2004)规定的各种不同强度等级混凝土的轴心抗压强度标准值见表 1-1。

表 1-1　混凝土强度标准值　　　　　　　　　　　　　　　　　单位:MPa

强度种类＼强度等级	C15	C20	C25	C30	C35	C40	C45	C50	C55	C60	C65	C70	C75	C80
f_{ck}	10.0	13.4	16.7	20.1	23.4	26.8	29.6	32.4	35.5	38.5	41.5	44.5	47.4	50.2
f_{tk}	1.27	1.54	1.78	2.01	2.20	2.40	2.51	2.65	2.74	2.85	2.93	3.00	3.05	3.01

3. 混凝土轴心抗拉强度

混凝土试件在轴心拉伸下的极限抗拉强度,称为混凝土轴心抗拉强度,用符号 f_t 表示。混凝土轴心抗拉强度在结构设计中是确定混凝土抗裂度的重要指标。混凝土轴心受拉试验的试件可采用在两端预埋钢筋的混凝土棱柱体试件(图 1-3)。试验时用试验机的夹具夹紧钢筋后施加拉力,破坏时试件在没有钢筋的中部截面被拉断,其平均拉应力即为混凝土的轴心抗拉强度。

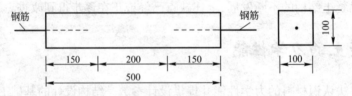

图 1-3　混凝土抗拉强度试验试件

采用轴心受拉试件测定混凝土的抗拉强度是十分困难的,主要原因是:(1)安装试件难免总会有一些歪斜和偏心;(2)由于混凝土材料的不均匀性,因而截面的几何中心不是截面的物理中心;(3)在浇捣试件时要特别小心控制截面的对中问题。

目前,我国交通部部颁标准《公路工程水泥及水泥混凝土试验规程》(JTG E30—2005)采用边长为 150 mm 的立方体或 $\phi 150 \times 300$ mm 圆柱体试件的劈裂试验来间接测定混凝土的抗拉强度。混凝土劈裂抗拉强度值换算为轴心抗拉强度时,应乘以换算系数0.9。

由于试验结果具有一定的离散性,所以一般取具有95%保证概率的强度值作为轴心抗拉强度的标准值,用符号f_{tk}表示。《公路桥规》(JTG D62—2004)规定的各种不同强度等级混凝土的轴心抗拉强度标准值见表1-1。

有关混凝土强度的具体试验方法请参阅我国交通部部颁标准《公路工程水泥及水泥混凝土试验规程》(JTG E30—2005)。

1.2.2 混凝土的变形

1. 混凝土受压应力-应变曲线

混凝土受压应力-应变关系是混凝土力学性质的一个重要方面,它是研究钢筋混凝土构件的截面应力分布、建立承载能力和变形计算理论所必不可少的依据。

一般取棱柱体试件来测试混凝土受压应力-应变曲线,混凝土试件受压时典型的应力-应变曲线如图1-4所示。完整的混凝土轴心受压应力-应变关系曲线由上升段 OC、下降段 CD 和收敛段 DE 3个阶段组成。

上升段:当压应力 $\sigma_c \leq 0.3 f_c$ 时,应力-应变关系接近直线变化(OA段),混凝土处于弹性工作阶段。在压应力 $\sigma_c > 0.3 f_c$ 后,随着压应力的增大,应力-应变关系愈来愈偏离直线,原有的混凝土内部微裂缝发展,并在孔隙等微薄处产生新的个别的微裂缝,当应力达到 $0.8 f_c$ (B点)左右后,混凝土塑性变形显著增大,内部裂缝不断延伸扩展,并有几条贯通,应力-应变曲线斜率急剧减小,如果不继续加载,裂缝也会发展,即内部裂缝处于非稳定发展阶段。当应力达到最大应力 $\sigma_c = f_c$ 时(C点),应力-应变曲线的斜率已接近水平,试件表面出现不连续的可见裂缝。

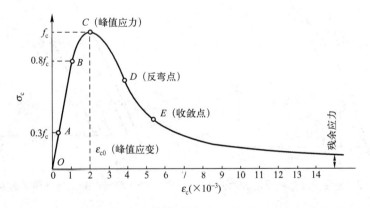

图1-4 混凝土受压时典型的应力-应变曲线

下降段:到达峰值应力点 C 后,混凝土的强度并不完全消失,随着应力 σ_c 的减小(卸载),应变仍然增加,曲线下降坡度较陡,混凝土表面裂缝逐渐贯通。

收敛段:在反弯点 D 之后,应力下降的速度减慢,趋于稳定的残余应力。表面纵向裂缝把混凝土棱柱体分为若干个小柱,外荷载由裂缝处的摩擦咬合力及小柱体的残余强度所承受。

对于没有侧向约束的混凝土,收敛段没有实际意义,所以通常只注意混凝土轴心受压应力-应变曲线的上升段 OC 和下降段 CD,而最大应力值 f_c 和相对应的应变值 ε_{c0} 及反弯点 D 点的应变值(称极限压应变值 ε_{cu})成为曲线的3个特征值。对于均匀受压的棱柱体试件,其压

应力达到 f_c 时,混凝土就不能承受更大的压力,所以 f_c 成为结构设计计算时的混凝土强度主要指标。与 f_c 相对应的应变随混凝土强度等级而异,约在 $(1.5\sim2.5)\times10^{-3}$ 之间变动,通常取其平均值为 $\varepsilon_{c0}=2.0\times10^{-3}$。混凝土极限压应变约在 $(3.0\sim5.0)\times10^{-3}$ 之间变动,通常取 $\varepsilon_{cu}=3.3\times10^{-3}$。

2. 混凝土的变形模量

在实际工程中,为了计算结构的变形,必须要求一个材料的常数——变形模量。而混凝土的应力-应变的比值并非一个常数,是随着混凝土的应力变化而变化,所以混凝土变形模量的取值比较复杂。

混凝土在轴向受力作用下的变形模量一般有 3 种表示方法:原点弹性模量 E_c'、切线模量 E_c'' 和割线模量 E_c''',如图 1-5 所示。

目前我国《公路桥规》(JTG D62—2004)中给出的弹性模量 E_c 值是用下述方法测定的:试验采用 150 mm×150 mm×300 mm 棱柱体试件,取应力上限为 $\sigma_c=1/3f_c$,然后卸荷至 0.5 MPa,再重复加载卸载 5~10 次。由于混凝土的非弹性性质,每次卸载至 0.5 MPa 时,变形不能完全恢复,存在残余变形。随着荷载重复次数的增加,残余变形逐渐减小,重复 5~10 次后,变形基本趋于稳定,应力-应变曲线接近于直线(图 1-6),该直线的斜率即作为混凝土弹性模量的取值。混凝土弹性模量具体试验方法参见我国交通部部颁标准《公路工程水泥及水泥混凝土试验规程》(JTG E30—2005)。

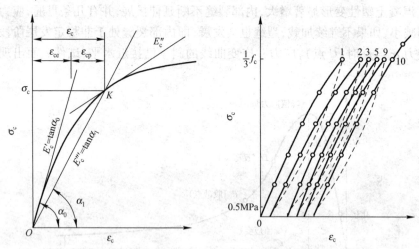

图 1-5 混凝土变形模量的表示方法　　图 1-6 测定混凝土弹性模量的方法

《公路桥规》(JTG D62—2004)规定的各种不同强度等级混凝土的弹性模量见表 1-2。

表 1-2 混凝土的弹性模量　　　　单位:MPa

混凝土强度等级	C15	C20	C25	C30	C35	C40	C45	C50	C55	C60	C65	C70	C75	C80
$E_c(\times10^4)$	2.20	2.55	2.80	3.00	3.15	3.25	3.35	3.45	3.55	3.60	3.65	3.70	3.75	3.80

注:当采用引气剂及较高砂率的泵送混凝土且无实测数据时,表中 C50~C80 的 E_c 值应乘以折减系数 0.95。

《公路桥规》(JTG D62—2004)规定,混凝土的剪变模量 G_c 可按表 1-2 数值的 0.4 倍取用,混凝土的泊松比 ν_c 可采用 0.2。

3. 混凝土的徐变与收缩

1) 混凝土的徐变

在不变的应力长期持续作用下,混凝土的变形随时间而不断增长的现象,称为混凝土的徐变。混凝土徐变主要是在荷载长期作用下,混凝土凝胶体中的水分逐渐被压出,水泥石逐渐发生黏性流动,微细空隙逐渐闭合,结晶体内部逐渐滑动,微细裂缝逐渐发生等各种因素的综合结果。

影响徐变的因素很多,归纳起来主要有以下几点:

(1) 混凝土的龄期越短,徐变越大;
(2) 水泥用量越大,徐变越大;
(3) 骨料的弹性模量越高,徐变越小;
(4) 水灰比越大,徐变越大;
(5) 养护时相对湿度越小,徐变越大;
(6) 构件尺寸越大,徐变越小;
(7) 捣实越密实,徐变越小。

徐变对结构有一定的影响。徐变可使受弯构件挠度增大2~3倍,使柱的偏心距增大,会导致预应力混凝土结构的预应力损失。另外,徐变还会使结构或构件产生应力重分布,可减小温度变化和支座不均匀沉降产生的应力集中现象。

2) 混凝土的收缩

混凝土在空气中结硬时其体积会缩小,这种现象称为混凝土收缩。引起混凝土收缩的主要原因是硬化初期水泥石在水化凝固结硬过程中产生的体积变化,后期主要是混凝土内自由水分蒸发而引起的干缩。

影响收缩的因素有如下7个:

(1) 水泥用量越大,收缩越大;
(2) 水灰比越大,收缩越大;
(3) 养护温度越高和湿度越大,则收缩越小;
(4) 混凝土体表比越小,收缩越大;
(5) 水泥强度等级越高,收缩越大;
(6) 骨料级配越好,密实度越大,则收缩越小;
(7) 骨料弹性模量越大,收缩越小。

当混凝土收缩受到制约时,混凝土中会产生拉应力,从而导致表面或内部产生收缩裂缝。在预应力混凝土中还会导致预应力损失。

混凝土的徐变和收缩对结构构件的承载力和变形,特别是预应力钢筋的预应力损失都将产生重要的影响。有关徐变和收缩的具体内容在预应力混凝土结构部分进行介绍。

1.3 钢筋的力学性能

1.3.1 钢筋的品种与等级

《公路桥规》(JTG D62—2004)规定钢筋混凝土结构使用普通热轧钢筋,简称普通钢筋。普通钢筋按照外形分为光圆钢筋(图1-7(a))和带肋钢筋(图1-7(b)、(c)和(d))两大类,按照强度分为3个强度等级,如表1-3所示。

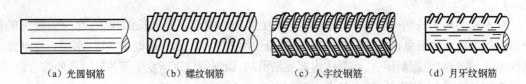

  (a) 光圆钢筋　　　(b) 螺纹钢筋　　　(c) 人字纹钢筋　　　(d) 月牙纹钢筋

图1-7 普通钢筋的外形

  热轧光圆钢筋R235为按《钢筋混凝土用热轧光圆钢筋》(GB 13013—1991)生产的热轧钢筋,即经热轧成型并自然冷却的表面平整、截面为圆形的钢筋。R235钢筋属于低碳钢,其强度较低,但塑性和可焊性良好,广泛应用于钢筋混凝土结构中。

表1-3 普通热轧钢筋机械性能的规定

品 种		强度等级代号	直径 /mm	屈服应力 σ_s /MPa	抗拉强度 σ_b /MPa	伸长率 δ_5 /%	冷弯 D=弯心直径 d=钢筋直径
外 形	强度级别			不小于			
光圆钢筋	Ⅰ	R235	8～20	235	370	25	180° $D=d$
带肋钢筋	Ⅱ	HRB335	6～25	335	490	16	180° $D=3d$
			28～50				180° $D=4d$
	Ⅲ	HRB400	6～25	400	570	14	180° $D=4d$
			28～50				180° $D=5d$
		KL400	8～25	440	600	14	90° $D=3d$
			28～40				90° $D=4d$

  热轧带肋钢筋是经热轧成型并自然冷却而其圆周表面通常带有两条纵肋和沿长度方向有均匀分布横肋的钢筋,其中横肋斜向一个方向而呈螺纹形状的,称为螺纹钢筋(图1-7(b));横肋斜向不同方向而呈"人"字形的,称为人字纹钢筋(图1-7(c));纵肋与横肋不相交且横肋为月牙形状的,称为月牙纹钢筋(图1-7(d))。HRB335钢筋和HRB400钢筋为按《钢筋混凝土用热轧带肋钢筋》(GB 1499—1998)生产的热轧钢筋,属于普通低合金钢,强度、塑性和可焊性等综合性能较好;KL400钢筋为按《钢筋混凝土用余热处理钢筋》(GB 13014—1991)生产的余热处理钢筋,即在钢筋经过热轧后立即穿水,进行表面冷却,然后利用芯部余热自身完成回火处理。带肋钢筋的强度、塑性和可焊性等综合性能较好,同时钢筋表面带肋与混凝土黏结性能良好。

  普通钢筋的截面面积、重量见表1-4。

表1-4 普通钢筋的截面面积、重量

公称直径 /mm	在下列钢筋根数时的截面面积/mm²									重量/ (kg/m)	带肋钢筋	
	1	2	3	4	5	6	7	8	9		计算直径 /mm	外径 /mm
6	28.3	57	85	113	141	170	198	226	254	0.222	6	7.0
8	50.3	101	151	201	251	302	352	402	452	0.395	8	9.3
10	78.5	157	236	314	393	471	550	628	707	0.617	10	11.6

续表

公称直径/mm	在下列钢筋根数时的截面面积/mm²									重量/(kg/m)	带肋钢筋	
	1	2	3	4	5	6	7	8	9		计算直径/mm	外径/mm
12	113.1	226	339	452	566	679	792	905	1 018	0.888	12	13.9
14	153.9	308	462	616	770	924	1 078	1 232	1 385	1.21	14	16.2
16	201.1	402	603	804	1 005	1 206	1 407	1 608	1 810	1.58	16	18.4
18	254.5	509	763	1 018	1 272	1 527	1 781	2 036	2 290	2.00	18	20.5
20	314.2	628	942	1 256	1 570	1 884	2 200	2 513	2 827	2.47	20	22.7
22	380.1	760	1 140	1 520	1 900	2 281	2 661	3 041	3 421	2.98	22	25.1
25	490.9	982	1 473	1 964	2 454	2 945	3 436	3 927	4 418	3.85	25	28.4
28	615.8	1 232	1 847	2 463	3 079	3 695	4 310	4 926	5 542	4.83	28	31.6
32	804.2	1 608	2 413	3 217	4 021	4 826	5 630	6 434	7 238	6.31	32	35.8

1.3.2 钢筋的强度与变形

1. 钢筋受拉应力-应变曲线

一般热轧钢筋属于有明显屈服点的钢筋,工程上习惯称为软钢,其拉伸试验时典型的应力-应变曲线如图1-8所示。

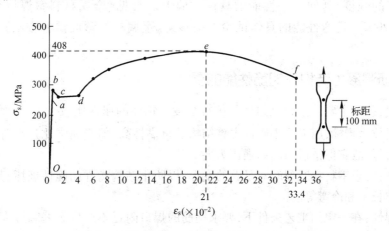

图1-8 钢筋受拉时典型的应力-应变曲线

从图1-8可以看出,软钢从加载到拉断,共经历4个阶段。自开始加载至应力达到a点以前,应力-应变呈线性关系,a点应力称为比例极限,Oa段属于弹性工作阶段。此后应变比应力增加快,到达b点进入屈服阶段,即应力不增加,应变却继续增加很快,应力-应变曲线图形接近水平线,称为屈服台阶(或流幅)。对于有屈服台阶的钢筋来讲,有两个屈服点,即屈服上限(b点)和屈服下限(c点)。屈服上限受试验加载速度、表面光洁度等因素影响而波动;屈服下限则较稳定,故一般以屈服下限为依据,称为屈服强度。过d点以后,钢筋应力开始重新增长,应力-应变关系表现为上升的曲线,曲线最高点e的应力称为抗拉强度,曲线de段通常称为强化阶段。超过e点以后,在试件内部某个薄弱部分,截面突然急剧缩小,发生局部颈缩现象,应力-应变关系呈下降曲线,应变继续增加,直到f点试件断裂,f点所对应的应变称为钢筋极限拉应变,曲线 ef 段称为破坏阶段。

工程上取屈服强度为钢筋强度取值的依据。钢筋的抗拉强度是钢筋的实际破坏强度,不能作为设计中钢筋强度的取值依据。

《公路桥规》(JTG D62—2004)规定的普通钢筋符号、抗拉强度标准值和弹性模量见表1-5。

表1-5 普通钢筋符号、抗拉强度标准值(MPa)和弹性模量(MPa)

钢筋种类	符号	f_{sk}	E_s	钢筋种类	符号	f_{sk}	E_s
R235	Φ	235	2.1×10^5	HRB400	Φ	400	2.0×10^5
HRB335	Φ	335	2.0×10^5	KL400	$Φ^R$	400	2.0×10^5

2. 钢筋的塑性性能

钢筋除应具有足够的强度外,还应具有一定的塑性变形能力。钢筋的塑性性能通常用延伸率和冷弯性能两个指标衡量。

钢筋的延伸率是指钢筋试件上标距为 $10d$ 或 $5d$ (d 为钢筋试件直径)范围的极限延伸率,记为 δ_{10} 或 δ_5。钢筋的延伸率越大,表明钢筋的塑性越好。

冷弯是将直径为 d 的钢筋围绕某个规定直径 D(规定 D 为 $1d$、$2d$、$3d$、$4d$、$5d$)的辊轴弯曲成一定的角度,弯曲后钢筋应无裂纹、鳞落或断裂现象。弯心(辊轴)的直径越小,弯转角越大,说明钢筋的塑性越好。

有关钢筋的强度、延伸率等性能的具体试验方法参见《金属材料室温拉伸试验方法》(GB/T 228—2002),冷弯性能的具体试验方法参见《金属材料弯曲试验方法》(GB/T 232—1999)。

1.3.3 钢筋混凝土结构对钢筋性能的要求

(1)强度:此处主要是指屈服强度和抗拉强度。钢筋的屈强比(σ_s/σ_b)是衡量结构可靠性潜力的重要技术指标,屈强比小则标志着结构的可靠性高,但当屈强比过小时,钢筋强度的有效利用率太低,故宜保持适当的屈强比为妥。

(2)塑性:要求钢材在断裂时有足够的变形,以防止结构构件的脆性破坏,其主要衡量的技术指标是伸长率和冷弯等。

(3)可焊性:在一定的工艺条件下,要求钢筋的焊口附近不产生裂缝和过大的变形,且具有良好的机械性能。钢筋的可焊性与其含碳量及合金元素的含量有关。碳、锰含量增加,则可焊性降低,如含适量的钛,则可改善焊接性能。

(4)钢筋与混凝土的握裹力:为了保证钢筋与混凝土的协同变形和共同工作,故要求钢筋与混凝土之间要有良好的黏结力。

1.3.4 钢筋的连接、弯钩与弯折

1. 钢筋的接头

为了运输方便,工厂生产的钢筋除小直径钢筋按圆盘供应外,一般长度为 10～12 m,因此在使用时就需要用钢筋接头接长至设计长度。钢筋接头有焊接接头、绑扎接头和机械连接接头3种形式。钢筋接头宜优先采用焊接和机械连接接头。当施工或构造条件有困难时,也可采用绑扎接头。

1) 焊接接头

焊接接头是钢筋混凝土结构中采用最多的接头。钢筋焊接方法很多,工程上应用最多的是闪光接触对焊和电弧焊。

闪光接触对焊接头形式(图 1-9(a)),利用电阻热使接触点金属熔化,产生强烈飞溅,形成闪光,迅速施加顶锻力完成的一种压焊方式。闪光接触对焊质量高,加工简单。

钢筋电弧焊是以焊条作为一极,钢筋作为另一极,利用焊接电流,通过产生的电弧热进行焊接的一种熔焊方法。电弧焊可采用搭接焊和帮条焊两种方式。搭接焊(图 1-9(b))是将端部预先折向一侧的两根钢筋搭接并焊在一起。帮条焊(图 1-9(c))是用短筋或短角钢等作为帮条,将两根钢筋对接拼焊,帮条的总截面面积不应小于被焊钢筋的截面面积。电弧焊一般应采用双面焊缝,施工有困难时也可采用单面焊缝。电弧焊接头的焊缝长度,双面焊缝不应小于 $5d$,单面焊缝不应小于 $10d$(d 为钢筋直径)。

在任意焊接接头中心至长度为钢筋直径的 35 倍且不小于 500 mm 的区段内,同一根钢筋不得有两个接头。在该区段内的受拉区,有接头受力钢筋截面面积占受力钢筋总截面面积的比例应不超过 50%,对受压区的钢筋可不受此限制。

帮条焊或搭接焊接头部分钢筋的横向净距不应小于钢筋直径,且不小于 25 mm。

2) 机械连接接头

钢筋机械连接接头是近几年来我国研制开发的钢筋连接新技术。钢筋机械连接接头与传统的焊接接头相比较,具有接头性能可靠、质量稳定、不受气候及焊接水平的影响,连接速度快、安全、无明火、不需要大功率电源,可焊与不可焊钢筋均能可靠连接等优点。《公路桥规》(JTG D62—2004)推荐采用套筒挤压和镦粗直螺纹接头。

(1) 套筒挤压接头。

套筒挤压接头(图 1-10)是将两根待连接的带肋钢筋用钢套筒套于钢筋端部,使用挤压设备沿套筒径向挤压,使钢套筒产生塑性变形,依靠变形的钢套筒与钢筋紧密结合为一个整体。套筒挤压接头适用于直径为 16～40 mm 的 HRB335 和 HRB400 带肋钢筋。

(2) 镦粗直螺纹接头。

镦粗直螺纹接头(图 1-11)是将钢筋的连接端先行镦粗,再加工出圆柱螺纹,并用连接套筒连接的钢筋接头。镦粗直螺纹接头适用于直径为 18～40 mm 的 HRB335 和 HRB400 钢筋的连接。

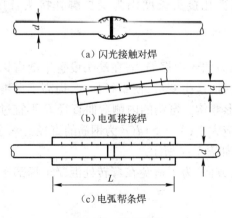

图 1-9 焊接接头

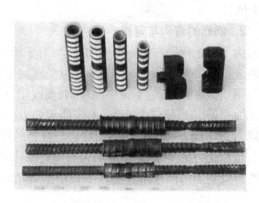

图 1-10 套筒挤压接头

3) 绑扎接头

绑扎接头是将两根钢筋搭接一定长度并用铁丝绑扎,通过钢筋与混凝土的黏结力传递内力。绑扎接头是过去的传统做法,为了保证接头处传递内力的可靠性,连接钢筋必须具有足够的搭接长度。为此,《公路桥规》(JTG D62—2004)对绑扎接头的应用范围、搭接长度及接头布置都做了严格的规定。

图 1-11 镦粗直螺纹接头

绑扎接头的钢筋直径不宜大于 28 mm,但轴心受压和偏心受压构件中的受压钢筋,可不大于 32 mm。轴心受拉和小偏心受拉构件不得采用绑扎接头。

受拉钢筋绑扎接头的搭接长度,应符合表 1-6 的规定。受压钢筋绑扎接头的搭接长度应取受拉钢筋绑扎接头搭接长度的 0.7 倍。

表 1-6 受拉钢筋绑扎接头搭接长度

钢 筋	混凝土强度等级		
	C20	C25	> C25
R235	$35d$	$30d$	$25d$
HRB335	$45d$	$40d$	$35d$
HRB400、KL400	—	$50d$	$45d$

注:(1) 当带肋钢筋直径 d 大于 25 mm 时,其受拉钢筋的搭接长度应按表值增加 $5d$ 采用;当带肋钢筋直径小于 25 mm 时,搭接长度可按表值减少 $5d$ 采用;
(2) 当混凝土在凝固过程中受力钢筋易受扰动时,其搭接长度应增加 $5d$;
(3) 在任何情况下,受拉钢筋的搭接长度不应小于 300 mm;受压钢筋的搭接长度不应小于 200 mm;
(4) 环氧树脂涂层钢筋的绑扎接头搭接长度,受拉钢筋按表值的 1.5 倍采用;
(5) 受拉区段内,R235 钢筋绑扎接头的末端应做成弯钩,HRB335、HRB400、KL400 钢筋的末端可不做成弯钩。

在任一绑扎接头中心至搭接长度的 1.3 倍长度区段内,同一根钢筋不得有两个接头;在该区段内有绑扎接头的受力钢筋截面面积占受力钢筋总截面面积的百分数,受拉区不得超过 25%,受压区不得超过 50%。当绑扎接头的受力钢筋截面面积占受力总截面面积超过上述规定时,表 1-6 给出的受拉钢筋绑扎搭接长度值,应乘以下列系数:当受拉钢筋绑扎接头截面面积大于 25%,但不大于 50% 时,乘以 1.4,当大于 50% 时,乘以 1.6;当受压钢筋绑扎接头截面面积大于 50% 时,乘以 1.4(受压钢筋绑扎接头长度仍为受拉绑扎接头长度的 0.7 倍)。

2. 钢筋的弯钩与弯折

为了防止钢筋在混凝土中的滑动,对于承受拉力的光面钢筋,需在端头设置半圆弯钩;受压的光面钢筋可不设弯钩,这是因为受压时钢筋横向产生变形,使直径加大,提高了握裹力。带肋钢筋握裹力好,可不设半圆弯钩,而改用直角形弯钩。弯钩的内侧弯曲直径 D 不宜过小,对光面钢筋 D 一般应大于 $2.5d$,带肋钢筋 D 一般应大于 $(4 \sim 5)d$(d 为钢筋的直径)。《公路桥规》(JTG D62—2004)对钢筋弯钩与弯折的规定如表 1-7 所示。

按照受力的要求,钢筋有时需按设计要求弯转方向,为了避免在弯转处混凝土局部压碎,在弯折处钢筋内侧弯曲直径 D 不得小于 $20d$。

表 1-7 受拉钢筋端部弯钩

弯曲部位	弯曲角度	形状	钢筋	弯曲直径(D)	平直段长度
末端弯钩	180°		R235	≥2.5d	≥3d
末端弯钩	135°		HRB335	≥4d	≥5d
末端弯钩	135°		HRB400 KL400	≥5d	≥5d
末端弯钩	90°		HRB335	≥4d	≥10d
末端弯钩	90°		HRB400 KL400	≥5d	≥10d
中间弯折	≤90°		各种钢筋	≥20d	—

注：采用环氧树脂涂层钢筋时，除应满足表内规定外，当钢筋直径 d≤20 mm 时，弯钩内直径 D 不应小于 4d；当 d>20 mm 时，弯钩内直径 D 不应小于 6d；直线段长度不应小于 5d。

1.4 钢筋与混凝土的黏结

1.4.1 钢筋与混凝土之间的黏结破坏机理

钢筋与混凝土之间之所以能有效地共同工作，是由于两者之间具有良好的握裹力，又称为黏结力。钢筋与混凝土之间的黏结力由 3 部分组成：(1)混凝土中水泥凝胶体与钢筋表面的化学胶结力；(2)混凝土结硬时，体积收缩产生的摩擦力；(3)钢筋表面粗糙不平或带肋钢筋的表面凸出肋条产生的机械咬合力。

光面钢筋的黏结力作用，在钢筋与混凝土间尚未出现相对滑移前主要取决于化学胶结力，发生滑移后则由摩擦力和钢筋表面粗糙不平产生的机械咬合力提供。光面钢筋拔出试验的破坏形态是钢筋从混凝土中被拔出的剪切破坏，其破坏面就是钢筋与混凝土的接触面。

带肋钢筋的黏结作用主要由钢筋表面凸出的机械咬合力提供，化学胶结力和摩擦力占的比重很小。带肋钢筋的肋条对混凝土的斜向挤压力形成了滑移阻力，斜向挤压力的轴向分力使肋间混凝土像悬臂梁那样承受弯剪，径向分力使钢筋周围的混凝土处于复杂的三向受力状态，剪应力及纵向拉应力使横肋间混凝土产生内向斜裂缝，环向拉应力使钢筋附近的混凝土产生径向裂缝。裂缝出现后，随着荷载的增大，肋条前方混凝土逐渐被压碎，钢筋连同被压碎的混凝土由试件中拔出,这种破坏称为剪切黏结破坏。如果钢筋外围混凝土很薄,且没有设置环向钢筋,径向裂缝将达到构件表面,形成沿钢筋的纵向劈裂裂缝,造成混凝土的劈裂破坏,这种破坏称为劈裂黏结破坏。劈裂黏结破坏强度要低于剪切破坏黏结强度。

1.4.2 钢筋与混凝土的黏结强度

在实际工程中,通常以拔出试验中黏结失效(钢筋被拔出或混凝土被劈裂)时的最大平均黏结应力,作为钢筋和混凝土的黏结强度。平均黏结应力按式(1-1)计算:

$$\tau_u = \frac{P}{\pi d L} \tag{1-1}$$

式中,P——拉拔力;
$\quad\ d$——钢筋公称直径;
$\quad\ L$——钢筋埋置长度。

实测的黏结强度极限值变化范围很大,光圆钢筋约为 1.5~3.5 MPa;带肋钢筋约为 2.5~6.0 MPa。

1.4.3 钢筋的锚固

钢筋的锚固是指通过混凝土中设置埋置段(又称锚固长度)或机械措施将钢筋所受的力传递给混凝土,使钢筋锚固于混凝土而不滑出。

《公路桥规》(JTG D62—2004)规定的不同混凝土强度等级时各类钢筋的最小锚固长度见表1-8。

表1-8 钢筋最小锚固长度 l_a

钢筋种类 混凝土强度等级 项目		R235				HRB335				HRB400,KL400			
		C20	C25	C30	≥C40	C20	C25	C30	≥C40	C20	C25	C30	≥C40
受压钢筋(直端)		$40d$	$35d$	$30d$	$25d$	$35d$	$30d$	$25d$	$20d$	$40d$	$35d$	$30d$	$25d$
受拉钢筋	直端	—	—	—	—	$40d$	$35d$	$30d$	$25d$	$45d$	$40d$	$35d$	$30d$
	弯钩端	$35d$	$30d$	$25d$	$20d$	$30d$	$25d$	$20d$	$20d$	$35d$	$30d$	$30d$	$25d$

注:(1) d 为钢筋直径;
(2) 对于受压束筋和等代直径 $d_e \leq 28$ mm 的受拉束筋的锚固长度,应以等代直径按表值确定,束筋的各单根钢筋在同一锚固终点截断;对于等代直径 $d_e > 28$ mm 的受拉束筋,束筋内各单根钢筋,应自锚固起点开始,以表内规定的单根钢筋的锚固长度的1.3倍,呈阶梯形逐根延伸后截断,即自锚固起点开始,第一根延伸1.3倍单根钢筋的锚固长度,第二根延伸2.6倍单根钢筋的锚固长度,第三根延伸3.9倍单根钢筋的锚固长度;
(3) 采用环氧树脂涂层钢筋时,受拉钢筋最小锚固长度应增加25%;
(4) 当混凝土在凝固过程中易受扰动时,锚固长度应增加25%。

习题

1-1 配置在混凝土梁截面受拉区的钢筋的作用是什么?配置在混凝土受压构件中的受力钢筋的作用是什么?

1-2 钢筋和混凝土能有效地结合在一起共同工作的原因是什么?

1-3 《公路桥规》(JTG D62—2004)把混凝土划分为哪些强度等级?哪些强度等级属于普通混凝土,哪些强度等级属于高强混凝土？

1-4 混凝土受压应力-应变曲线的特征值是什么？

1-5 《公路桥规》(JTG D62—2004)中的混凝土弹性模量是如何测定的？

1-6 混凝土的收缩和徐变都是随时间而增长的变形，两者有何不同之处？

1-7 《公路桥规》(JTG D62—2004)规定使用的普通热轧钢筋有哪些强度等级？强度等级代号和符号分别是什么？

1-8 钢筋接头有哪些形式？钢筋接头宜优先采用哪些形式？

第 2 章 极限状态法设计的原则

2.1 极限状态与极限状态方程

2.1.1 结构可靠性与可靠度

1. 结构可靠性

结构设计的目的,是使所设计的结构,在规定的时间内能够在具有足够可靠性的前提下,完成全部预定功能的要求。结构的功能是由其使用要求决定的,具体有以下 4 个方面:

(1) 结构应能承受在正常施工和正常使用期间可能出现的各种荷载、外加变形、约束变形等的作用;

(2) 结构在正常使用条件下具有良好的工作性能,如不发生影响正常使用的过大变形或局部损坏;

(3) 结构在正常使用和正常维护的条件下,在规定的时间内,具有足够的耐久性,例如不出现过大的裂缝宽度,不发生由于混凝土保护层碳化导致钢筋的锈蚀;

(4) 在偶然荷载(如地震、强风)作用下或偶然事件(如爆炸)发生时和发生后,结构仍能保持整体稳定性,不发生倒塌。

上述要求中,(1) 与 (4) 通常是指结构的承载能力和稳定性,关系到人身安全,称为结构的安全性;(2) 是指结构的适用性;(3) 是指结构的耐久性。结构的安全性、适用性和耐久性总称为结构的可靠性。

2. 结构可靠度

结构可靠性的数量描述一般用可靠度。结构的可靠度是指结构在规定的时间内,在规定的条件下,完成预定功能的概率。"规定的时间"是指结构的设计基准期,也就是说在设计基准期内结构应保证足够的可靠度。我国公路桥梁结构的设计基准期统一取为 100 年;"规定的条件"是指结构正常设计、正常施工和正常使用的条件,即不考虑人为过失的影响;"预定功能"是指上面提到的 4 项基本功能。

2.1.2 极限状态的定义与分类

1. 极限状态的定义

结构在使用期间的工作情况,称为结构的工作状态。结构能够满足各项功能要求而良好的工作,称为结构"可靠",反之称为结构"失效"。结构工作状态是处于可靠还是失效的标志用"极限状态"来衡量。

极限状态的定义:整体结构或结构的一部分超过某一特定状态就不能满足设计规定的某一功能要求时,此特定状态即为该功能的极限状态。对于结构的各种极限状态,均应规定明确的标志和限值。

《公路工程结构可靠度设计统一标准》(GB/T 50283—1999) 将极限状态分为承载能力极限状态和正常使用极限状态两类。

2. 承载能力极限状态

这种极限状态对应于结构或结构构件达到最大承载能力或不适于继续承载的变形或变位的状态。当结构或构件出现下列状态之一时,即认为超过了承载能力极限状态:

(1) 整个结构或结构的一部分作为刚体失去平衡,如滑动、倾覆等;

(2) 结构构件或连接处因超过材料强度而破坏(包括疲劳破坏),或因过度的塑性变形而不能继续承载;

(3) 结构转变成机动体系;

(4) 结构或结构构件丧失稳定,如柱的压屈失稳等。

承载能力极限状态涉及结构的安全问题,可能导致人员伤亡和大量财产损失,所以必须具有较高的可靠度或较低的失效概率。

3. 正常使用极限状态

这种极限状态对应于结构或结构构件达到正常使用或耐久性能的某项极限的状态。当结构或结构构件出现下列状态之一时,即认为超过了正常极限使用状态:

(1) 影响正常使用或外观的变形;

(2) 影响正常使用或耐久性的局部损坏;

(3) 影响正常使用的振动;

(4) 影响正常使用的其他特定状态。

正常使用极限状态涉及结构的适用性和耐久性问题,可以理解为结构使用功能的损害虽然导致了结构质量的恶化,但对人的生命的危害较小,与承载能力极限状态比较,其可靠度可适当降低。尽管如此,当设计时仍需引起足够重视。例如,如果桥梁的主梁竖向挠度过大,将会造成桥面不平整,引起行车时很大的冲击和振动;如果出现过大的裂缝,不但会引起人们心理上的不安全感,而且也会导致钢筋锈蚀,有可能带来重大的工程事故。

2.1.3 极限状态方程

所有结构或结构构件中都存在着对立的两个方面:作用效应 S 和结构抗力 R。

1. 结构上的作用及作用效应

作用是指使结构产生内力、变形、应力和应变的所有原因,它分为直接作用和间接作用两种。直接作用是指施加在结构上的集中力或分布力,如汽车、人群、结构自重等;间接作用是指引起结构外加变形和约束变形的原因,如地震、基础不均匀沉降、混凝土收缩、温度变化等。

作用效应 S 是指结构对所受作用的反应,如由作用产生的结构或构件内力(如轴力、弯矩、剪力、扭矩等)和变形(挠度、转角等)。作用效应 S 为不确定的随机变量。

2. 结构抗力

结构抗力 R 是指结构构件承受内力和变形的能力,如构件的承载能力和刚度等,它是结构材料性能和几何参数等的函数。结构抗力 R 也为不确定的随机变量。

以承受均布荷载 q 的简支梁为例,均布荷载 q 为作用,跨中弯矩 M 为均布荷载 q 作用下的作用效应,跨中截面的最大抵抗弯矩 M_u 为抗力。弯矩 M 为作用效应 S 的具体化,最大抵抗弯

矩 M_u 为结构抗力 R 的具体化,类似于水果和桃子的关系。

3. 极限状态方程

由作用效应 S 和结构抗力 R 组成的描述结构功能的函数 $Z = R - S$ 称为结构功能函数。对于功能函数 $Z = R - S$,可能出现如下 3 种不同的状态:

(1) $Z = R - S > 0$,意味着结构抗力大于作用效应,结构处于可靠状态;
(2) $Z = R - S < 0$,意味着结构抗力小于作用效应,结构处于失效状态;
(3) $Z = R - S = 0$,意味着结构抗力等于作用效应,结构处于极限状态。

结构的极限状态方程为

$$Z = R - S = 0 \tag{2-1}$$

由于作用效应 S 和结构抗力 R 均为随机变量,所以引入概率论的概念,结构的失效概率就是结构功能函数小于零的概率,即

$$P_f = P[Z = R - S < 0] \tag{2-2}$$

式中,P_f——失效概率。

结构设计就是要求失效概率不大于允许失效概率,即

$$P_f \leq [P_f] \tag{2-3}$$

式中,$[P_f]$——允许失效概率。

关于概率极限状态设计理论的详细内容,可参阅相关专著,本教材不再进行详述。

2.1.4 公路桥涵设计基本原则

《公路桥规》(JTG D62—2004) 采用的设计方法为近似概率极限状态设计法,具体设计计算应满足承载能力极限状态和正常使用极限状态的各项要求。这两类极限状态作为设计的要求,应视结构所处设计状况灵活地对待。

结构的设计状况是结构从施工到使用的全过程中,代表一定时段的一组物理条件,设计时必须做到使结构在该时段内不超越有关极限状态。《公路桥规》(JTG D62—2004) 根据桥梁在施工和使用过程中面临的不同情况,规定了结构设计的 3 种状况:持久状况、短暂状况和偶然状况。

1. 持久状况

持久状况为桥涵建成后承受自重、车辆荷载等作用持续时间很长的状况。该状况是针对桥梁的使用阶段而言的。这个阶段持续时间很长,结构可能承受的作用(或荷载)在设计时均需考虑,并且需要接受结构是否能完成其预期功能的考验,因而必须进行承载能力极限状态和正常使用极限状态的设计。

2. 短暂状况

短暂状况是指桥涵施工过程中承受临时性作用(或荷载)的状况。短暂状况所对应的是桥梁的施工阶段。这个阶段的持续时间相对于使用阶段是短暂的,结构体系、结构所承受的荷载与使用阶段也不同,设计时要根据具体情况而定。因为这个阶段是短暂的,一般只进行承载能力极限状态计算(规范中以计算构件截面应力表达),必要时才作正常使用极限状态计算。

3. 偶然状况

偶然状况是指桥涵使用过程中偶然出现的状况。偶然状况是桥梁可能遇到的地震等作用的状况。这种状况出现的概率极小，且持续时间极短，结构在极短时间内承受的作用及结构可靠度水平等在设计中都需要特殊考虑。偶然状况的设计原则是主要承重结构不至于因非主要承重结构发生破坏而导致丧失承载能力；或允许主要承重结构发生局部破坏而剩余部分在一段时间内不发生连续倒塌。显然，偶然状况只需进行承载能力极限状况计算，不必考虑正常使用极限状态。

2.2 公路桥涵上的作用、作用标准值和作用效应组合

我国《公路桥涵设计通用规范》（JTG D60—2004）规定了公路桥涵上的作用、作用的标准值和作用效应组合方式，下面将简单介绍。

2.2.1 公路桥涵上的作用分类

结构上的作用按其随时间的变异性和出现的可能性分为 3 类：永久作用（恒载）、可变作用和偶然作用。永久作用（恒载）是指在结构使用期间，其量值不随时间变化，或者变化值与平均值比较可忽略不记的作用；可变作用是指在结构使用期间，其量值随时间变化，且其变化与平均值比较不可能忽略的作用；偶然作用为在结构使用期间出现的概率很小，一旦出现，其值很大且持续时间很短的作用。公路桥涵结构上的作用类型见表 2-1。

表 2-1 公路桥涵上的作用分类

编 号	作 用 分 类	作 用 名 称
1	永久作用（恒载）	结构重力（包括结构附加重力）
2		预应力
3		土的重力
4		土的压力
5		混凝土收缩及徐变作用
6		水的浮力
7		基础变位作用
8	可变作用	汽车荷载
9		汽车冲击力
10		汽车离心力
11		汽车引起的土的侧压力
12		人群荷载
13		汽车的制动力
14		风力
15		流水压力
16		冰压力
17		温度（均匀温度和梯度温度）作用
18		支座摩阻力

编 号	作用分类	作用名称
19		地震作用
20	偶然作用	船舶或漂流物的撞击作用
21		汽车撞击作用

2.2.2 公路桥涵上作用的标准值及其作用效应

关于公路桥涵上各种作用的标准值及其引起的作用效应计算方法在后续的"桥梁工程"课程中学习。对于"结构设计原理"课程,各种作用引起的作用效应是作为已知条件给出的。

2.2.3 公路桥涵上的作用效应组合

作用效应组合是结构上几种作用分别产生的效应的随机叠加,而作用效应最不利组合是指所有可能的作用效应中对结构构件产生总效应最不利的一组作用效应组合。

1. 承载能力极限状态设计时作用效应组合

《公路桥涵设计通用规范》(JTG D60—2004)规定按承载能力极限状态设计时,应根据各自的情况选用基本组合和偶然组合中的一种或两种作用效应组合。下面介绍作用效应基本组合表达式。

基本组合是持久状况承载能力极限状态设计时,永久作用标准值效应与可变作用标准值效应的组合,基本表达式为

$$\gamma_0 S_d = \gamma_0 \left(\sum_{i=1}^{m} \gamma_{Gi} S_{Gik} + \gamma_{Q1} S_{Q1k} + \psi_c \sum_{j=2}^{n} \gamma_{Qj} S_{Qjk} \right) \tag{2-4}$$

式中,γ_0——桥梁结构的重要性系数,按结构设计安全等级采用,对于公路桥梁,安全等级一级、二级和三级,分别为 1.1、1.0 和 0.9;

γ_{Gi}——第 i 个永久作用效应的分项系数,当永久作用效应(结构重力和预应力作用)对构件承载能力不利时,$\gamma_{G_i} = 1.2$;对结构的承载能力有利时,$\gamma_{G_i} = 1.0$,其他永久作用效应的分项系数详见《公路桥涵设计通用规范》(JTG D60—2004);

S_{Gik}——第 i 个永久作用效应的标准值;

γ_{Q1}——汽车荷载效应(含汽车冲击力、离心力)的分项系数,$\gamma_{Q1} = 1.4$;当某个可变作用在效应组合中超过汽车荷载效应时,则该作用效应取代汽车荷载,其分项系数应采用汽车荷载的分项系数;对于专为承受某作用而设置的结构或装置,设计时该作用的分项系数取与汽车荷载同值;

S_{Q1k}——汽车荷载效应(含汽车冲击力、离心力)的标准值;

γ_{Qj}——在作用效应组合中除了汽车荷载效应(含汽车冲击力、离心力)、风荷载外的其他第 j 个可变作用效应的分项系数,取 $\gamma_{Qj} = 1.4$,但风荷载的分项系数取 $\gamma_{Qj} = 1.1$;

S_{Qjk}——在作用效应组合中除汽车荷载效应(含汽车冲击力、离心力)外的其他第 j 个可变作用效应的标准值;

ψ_c——在作用效应组合中除汽车荷载效应(含汽车冲击力、离心力)外的其他可变作用效应的组合系数,当永久作用与汽车荷载和人群荷载(或其他一种可变作用)组合时,人群荷载

(或其他一种可变作用)的组合系数 $\psi_c = 0.8$;当其除汽车荷载(含汽车冲击力、离心力)外尚有 3 种其他可变作用参与组合时,$\psi_c = 0.6$;尚有 4 种及多于 4 种的可变作用参与时,$\psi_c = 0.5$。

2. 正常使用极限状态计算时作用效应组合

《公路桥涵设计通用规范》(JTG D60—2004)规定按正常使用极限状况设计时,应根据不同结构不同的设计要求,选用以下一种或者两种效应组合。

1) 作用短期效应组合

作用短期效应组合是永久作用标准值效应与可变作用频遇值效应的组合,表达式为

$$S_{sd} = \sum_{i=1}^{m} S_{Gik} + \sum_{j=1}^{n} \psi_{1j} S_{Qjk} \tag{2-5}$$

式中,S_{sd}——作用短期效应组合设计值;

ψ_{1j}——第 j 个可变作用效应的频遇值系数,汽车荷载(不计冲击力)$\psi_1 = 0.7$;人群荷载 $\psi_1 = 1.0$;风荷载 $\psi_1 = 0.75$;温度梯度作用 $\psi_1 = 0.8$;其他作用 $\psi_1 = 1.0$;

$\psi_{1j} S_{Qjk}$——第 j 个可变作用效应的频遇值。

2) 作用长期效应组合

作用长期效应组合是永久作用标准值效应与可变作用准永久值效应相组合,其基本表达式为

$$S_{ld} = \sum_{i=1}^{m} S_{Gik} + \sum_{j=1}^{n} \psi_{2j} S_{Qjk} \tag{2-6}$$

式中,S_{ld}——作用长期效应组合设计值;

ψ_{2j}——第 j 个可变作用效应的准永久值系数,汽车荷载(不记冲击力)$\psi_2 = 0.4$;人群荷载 $\psi_2 = 0.4$;风荷载 $\psi_2 = 0.8$;温度梯度作用 $\psi_2 = 0.8$;其他作用 $\psi_2 = 1.0$;

$\psi_{2j} S_{Qjk}$——第 j 个可变作用效应的准永久值。

例题 2-1 钢筋混凝土简支梁主梁在结构重力、汽车荷载和人群荷载作用下,分别得到在主梁的 1/4 跨径处截面的弯矩标准值为:结构重力产生的弯矩标准值 $M_{Gk} = 552$ kN·m;汽车荷载产生的弯矩标准值 $M_{Q1k} = 459.7$ kN·m(已计入冲击系数);汽车冲击系数 $(1+\mu) = 1.19$;人群荷载弯矩标准值 $M_{Q2k} = 40.6$ kN·m。结构安全等级为二级。试进行作用效应组合计算。

解 (1) 承载能力极限状态设计时作用效应的基本组合。

由式(2-4)得,承载能力极限状态设计时弯矩效应基本组合设计值为

$$\gamma_0 M_d = \gamma_0 \left(\sum_{i=1}^{m} \gamma_{Gi} M_{Gik} + \gamma_{Q1} M_{Q1k} + \psi_c \sum_{j=2}^{n} \gamma_{Qj} M_{Qjk} \right) =$$

$$1.0 \times (1.2 \times 552 + 1.4 \times 459.7 + 0.80 \times 1.4 \times 40.6) =$$

$$1351.45 \text{ kN} \cdot \text{m}$$

(2) 正常使用极限状态设计时作用效应组合。

① 作用短期效应组合。

由式(2-5)得,正常使用极限状态设计时弯矩效应短期组合设计值为

$$M_{sd} = \sum_{i=1}^{m} M_{Gik} + \sum_{j=1}^{n} \psi_{1j} M_{Qjk} =$$

$$552 + 0.7 \times 459.7/1.19 + 1.0 \times 40.6 = 862.79 \text{ kN} \cdot \text{m}$$

② 作用长期效应组合。

由式(2-6)得,正常使用极限状态设计时弯矩效应长期组合设计值为

$$M_{ld} = \sum_{i=1}^{m} M_{Gik} + \sum_{j=1}^{n} \psi_{2j} M_{Qjk} =$$
$$552 + 0.4 \times 459.7/1.19 + 0.4 \times 40.6 =$$
$$722.63 \text{ kN} \cdot \text{m}$$

2.3 承载能力极限状态设计原则

2.3.1 持久状况承载能力极限状态设计表达式

1. 结构重要性系数

公路桥涵承载能力极限状态是对应于桥涵及其构件达到最大承载能力或出现不适于继续承载的变形或变位的状态。

按照《公路桥规》(JTG D62—2004)的规定,公路桥涵进行持久状况承载能力极限状态设计时,为保证桥涵具有合理的安全性,应根据桥涵结构破坏所产生后果的严重程度,按表2-2划分的3个安全等级进行设计,以体现不同情况的桥涵的可靠度差异。在计算上,不同安全等级是用结构重要性系数(对不同安全等级的结构,为使其有规定的可靠度而采用的作用效应附加的分项系数)γ_0 来体现的。γ_0 的取值如表2-2所示。

表2-2 公路桥涵结构的安全等级

安全等级	破坏后果	桥涵类型	结构重要性系数 γ_0
一级	很严重	特大桥、重要大桥	1.1
二级	严重	大桥、中桥、重要小桥	1.0
三级	不严重	小桥、涵洞	0.9

表2-2中所列特大、大、中桥等系按《公路桥涵设计通用规范》(JTG D60—2004)的单孔跨径确定,对多跨不等跨桥梁,以其中最大跨径为准;表中冠以"重要"的大桥和小桥,系指高速公路上、国防公路上及城市附近交通繁忙的城郊公路上的桥梁。

在一般情况下,同一座桥梁只宜取一个设计安全等级,但对个别构件,也允许在必要时作安全等级调整,但调整后的级不应超过一个等级。

2. 持久状况承载能力极限状态设计表达式

《公路桥规》(JTG D62—2004)规定桥梁构件的承载能力极限状态的计算以塑性理论为基础,设计原则是作用效应最不利组合(基本组合)的设计值必须小于或等于结构抗力的设计值。其基本表达式为

$$\gamma_0 S_d \leq R(f_d, a_d) \tag{2-7}$$

式中,γ_0——桥梁结构的重要性系数,按表2-2取用;

S_d——作用(或荷载)效应(其中汽车荷载应计入冲击系数)的基本组合设计值;

R——构件承载力设计值；

f_d——材料强度设计值；

a_d——几何参数设计值,当无可靠数据时,可采用几何参数标准值 a_k,即设计文件规定值。

3. 材料强度的标准值和设计值

1）材料强度的标准值和设计值

(1) 材料强度的标准值。

材料强度的标准值是由标准试件按标准试验方法经数理统计以概率分布的 0.05 分位值确定强度值,即其取值原则是在符合规定质量的材料强度实测值的总体中,材料强度的标准值应具有不小于95%的保证率,确定基本式为

$$f_k = f_m(1 - 1.645\delta_f) \tag{2-8}$$

式中,f_m——材料强度的平均值；

δ_f——材料强度的变异系数。

(2) 材料强度的设计值。

材料强度的设计值是材料强度标准值除以材料性能分项系数后的值,基本表达式为

$$f_d = f_k/\gamma_m \tag{2-9}$$

式中,γ_m——材料性能分项系数。

2）混凝土强度的标准值和设计值

《公路桥规》(JTG D62—2004)规定的混凝土轴心抗压强度标准值 f_{ck},混凝土轴心抗拉强度标准值 f_{tk} 见表 1-1。

《公路桥规》(JTG D62—2004)取混凝土轴心抗压强度和轴心抗拉强度的材料性能分项系数为 1.45,则混凝土轴心抗压强度设计值 f_{cd} 和轴心抗拉强度设计值 f_{td} 见表 2-3。

表 2-3　混凝土强度设计值　　　　单位:MPa

强度种类＼强度等级	C15	C20	C25	C30	C35	C40	C45	C50	C55	C60	C65	C70	C75	C80
f_{cd}	6.9	9.2	11.5	13.8	16.1	18.4	20.5	22.4	24.4	26.5	28.5	30.5	32.4	34.6
f_{td}	0.88	1.06	1.23	1.39	1.52	1.65	1.74	1.83	1.89	1.96	2.02	2.07	2.10	2.14

3）钢筋强度的标准值和设计值

《公路桥规》(JTG D62—2004)规定的普通钢筋的抗拉强度标准值 f_{sk} 见表 2-4。

表 2-4　普通钢筋的抗拉强度标准值　　　　单位:MPa

钢筋种类	符号	f_{sk}	钢筋种类	符号	f_{sk}
R235　$d=8\sim20$	ϕ	235	HRB400　$d=6\sim50$	⏀	400
HRB335　$d=6\sim50$	⏀	335	KL400　$d=8\sim40$	⏀^{R}	400

注:表中 d 系指国家标准中的钢筋公称直径,单位 mm。

《公路桥规》(JTG D62—2004)对普通钢筋的材料性能分项系数取 1.20,则普通钢筋的抗拉强度设计值见表 2-5。

表2-5 普通钢筋抗拉、抗压强度设计值   单位：MPa

钢筋种类	f_{sd}	f'_{sd}	钢筋种类	f_{sd}	f'_{sd}
R235 $d=8\sim20$	195	195	HRB400 $d=6\sim50$	330	330
HRB335 $d=6\sim50$	280	280	KL400 $d=8\sim40$	330	330

注：(1) 钢筋混凝土轴心受拉和小偏心受拉构件的钢筋抗拉强度设计值大于330 MPa时，仍应按330 MPa取用；
(2) 构件中配有不同种类的钢筋时，每种钢筋应采用各自的强度设计值。

普通钢筋抗压强度设计值，以受压区混凝土达到极限破坏时，受压钢筋的应变$\varepsilon'_s=0.002$为取值条件，其设计值为$f'_{sd}=\varepsilon'_s E_s$和$f'_{sd}=f_{sd}$两者较小者。普通钢筋抗压强度设计值分别见表2-5。

2.3.2 持久状况和短暂状况构件的应力计算原则

持久状况和短暂状况的构件应力计算是按照结构弹性理论计算的，其实质是构件的强度计算，是对构件承载能力计算的补充，从而也是结构承载能力极限状态的表现之一。

按持久状况设计预应力混凝土受弯构件时，除了进行承载能力极限状态设计计算外，还需计算其使用阶段的应力，并不应超过限制。

按短暂状况设计钢筋混凝土和预应力混凝土构件时，应计算其在制作、运输及安装等施工阶段由自重、施工荷载等引起的应力，并不应超过规定的限制。

持久状况和短暂状况构件应力计算时采用的极限状态设计表达式为

$$S \leqslant C_1 \tag{2-10}$$

式中，S——作用（或荷载）标准值（其中汽车荷载应考虑冲击系数）产生的效应（应力），当有组合时不考虑荷载组合系数；

C_1——结构的功能限值（应力）。

2.4 正常使用极限状态设计原则

公路桥涵正常使用极限状态是指对应于桥涵及其构件达到正常使用或耐久性的某项限值的状态。正常使用极限状态计算在构件持久状况设计中占有重要地位，尽管不像承载能力极限状态计算那样直接涉及结构安全可靠问题，但如果设计不好，也有可能间接引发结构的安全问题。

公路桥涵的持久状况设计按正常使用极限状态的要求进行计算时，是以结构弹性理论或弹塑性理论为基础，采用作用（或荷载）的短期效应组合、长期效应组合或短期效应组合并考虑长期效应组合的影响，对构件的抗裂、裂缝宽度和挠度进行验算，设计表达式为

$$S \leqslant C_2 \tag{2-11}$$

式中，S——正常使用极限状态的作用（或荷载）效应组合设计值；

C_2——正常使用极限状态的结构抗力。

正常使用极限状态的结构抗力是指结构构件截面的功能限值，可分为裂缝宽度限值、挠度限值或抗裂限值（即抗裂弯矩M_{cr}）等，这些也都是随机变量，需要采集使构件正常使用失效的最大裂缝宽度、最大挠度等的足够统计资料，但这样的资料目前尚难以取得。因此，正常使用极限状态设计的有关结构抗力方面的规定，除个别调整外，基本沿用原规范的规定。

1. 裂缝控制

为了保证结构的适用性和耐久性,对结构构件的抗裂性和裂缝宽度有所限制。公路桥梁钢筋混凝土及预应力混凝土结构的裂缝控制分为以下两种情况。

(1) 不允许出现裂缝的全预应力混凝土和 A 类部分预应力混凝土构件。其抗裂度采用在作用(荷载)短期效应组合下的截面混凝土拉应力控制。

(2) 钢筋混凝土及允许开裂的 B 类部分预应力混凝土构件,其裂缝宽度应小于规范规定的某一限值(一般为 0.1～0.2 mm)。裂缝宽度按作用(或荷载)短期效应组合计算,并考虑作用(或荷载)长期效应组合的影响。

2. 变形控制

为了满足结构的适用性,对结构的变形应有所控制。钢筋混凝土和预应力混凝土构件的变形,可按结构力学方法计算,但在刚度取值时应考虑裂缝开展的影响。变形按作用(或荷载)短期效应组合计算,并考虑作用(或荷载)长期效应组合的影响。

桥涵结构在正常使用情况下的允许挠度值,是根据结构构件正常使用要求和工程经验确定的。

2.5 混凝土结构的耐久性设计

1. 混凝土结构的耐久性

混凝土结构的耐久性是指结构对气候作用、化学侵蚀、物理作用或任何其他破坏过程的抵抗能力。由于混凝土的缺陷(如裂隙、孔道、气泡、孔穴等),环境中的水及侵蚀性介质可能侵入混凝土内部,产生碳化、冻融、锈蚀作用而影响结构的受力性能,并且结构在使用年限内还会受到各种机械物理损伤(腐蚀、撞击等)及冲刷、溶蚀、生物侵蚀的作用。混凝土结构的耐久性问题表现为混凝土损伤(裂缝、破碎、酥裂、磨损、溶蚀等),钢筋的锈蚀、脆化、疲劳、应力腐蚀,及钢筋与混凝土之间黏结锚固作用的削弱等 3 个方面。从短期效果而言,这些问题影响结构的外观和使用功能;从长远看,则会降低结构安全度,成为发生事故的隐患,影响结构的使用寿命。

2. 混凝土结构耐久性设计原则

混凝土桥梁结构的耐久性取决于混凝土材料的自身特性和结构的使用环境,与结构设计、施工及养护管理密切相关。综合国内外研究成果和工程经验,一般是从以下 3 个方面解决混凝土桥梁结构的耐久性:

(1) 采用高耐久性混凝土,提高混凝土自身抗破损能力;

(2) 加强桥面排水和防水层设计,改善桥梁的环境作用条件;

(3) 改进桥梁结构设计,采用具有防腐保护的钢筋(如体外预应力筋、无黏结预应力筋、环氧涂层钢筋等);加强构造配筋,控制裂缝发展;加大混凝土保护层厚度等。

《公路桥规》(JTG D62—2004)增加了耐久性的设计内容,提出了按结构使用环境进行耐久性设计的一般概念,明确规定了不同使用环境条件下,结构混凝土耐久性的基本要求,对影响混凝土耐久性的最大水灰比、最小水泥用量、最低强度等级、最大氯离子含量和碱含量做出了限值规定。

应该指出对影响混凝土自身耐久性的主要指标加以控制,提高混凝土自身的耐久性是解决混凝土结构耐久性的前提和基础。满足这些限值规定是混凝土结构耐久性设计的基本内容。规范中对影响混凝土结构耐久性的其他问题(如混凝土保护层厚度、构造钢筋设置、防水层设计等),没有作为耐久性设计的专门条款单独列出,而分散在其他章节中。解决混凝土结构耐久性还涉及施工和养护管理方面的问题,应参照有关规定执行。

3. 桥梁结构使用环境条件分类

使用环境条件是影响混凝土结构耐久性的外部因素,应根据其对混凝土耐久性的影响进行分类。《公路桥规》(JTG D62—2004)根据公路桥梁的使用情况,将桥梁结构使用环境条件划分为下列 4 类。

Ⅰ类环境条件:温暖或寒冷地区的大气环境,与无侵蚀性的水或土接触的环境。

Ⅱ类环境条件:严寒地区的大气环境,使用除冰盐环境;海滨环境。

Ⅲ类环境条件:海水环境。

Ⅳ类环境条件:受侵蚀性物质影响的环境。

在上述环境分类中,严寒和寒冷地区的划分应符合国家现行标准《民用建筑热工设计规程》(GB 50176—1993)的规定:严寒地区是指累年最冷月平均温度低于 $-10\ ℃$ 的地区;寒冷地区是指累年最冷月平均温度高于 $-10\ ℃$,低于或等于 $0\ ℃$ 的地区。累年是指近 30 年,不足 30 年的取实际年数,但不得小于 10 年。

除冰盐环境是指北方城市依靠喷洒盐水除冰化雪的且主梁受到侵蚀的环境;滨海环境是指海水浪溅区以外且其前无建筑物遮挡的环境;海水环境是指潮汐区、浪溅区及海水中的环境;受侵蚀性物质影响的环境是指某些化学工业和石油化工厂的气态、液态和固态侵蚀物质影响的环境。

4. 结构混凝土耐久性的基本要求

《公路桥规》(JTG D62—2004)规定,公路桥涵应根据所处环境进行耐久性设计。结构混凝土耐久性的基本要求应符合表 2-6 的要求。

表 2-6 结构混凝土耐久性的基本要求

环境类别	环境条件	最大水灰比	最小水泥用量/(kg/m³)	最低混凝土强度等级	最大氯离子含量/%	最大碱含量/(kg/m³)
Ⅰ	温暖或寒冷地区的大气环境,与无侵蚀性的水或土接触的环境	0.55	275	C25	0.30	3.0
Ⅱ	严寒地区的大气环境,使用除冰盐环境,海滨环境	0.50	300	C30	0.15	3.0
Ⅲ	海水环境	0.45	300	C35	0.10	3.0
Ⅳ	受侵蚀性物质影响的环境	0.40	325	C35	0.10	3.0

注:(1) 有关现行规范对海水环境结构混凝土中最大水灰比和最小水泥用量有更详细规定时,可参照执行;
(2) 表中氯离子含量系指其与水泥用量的百分率;
(3) 当有实际工程经验时,处于Ⅰ类环境中的结构混凝土的最低强度等级可比表中降低一个等级;
(4) 预应力混凝土构件混凝土中的最大氯离子含量为 0.06%,最小水泥用量为 350 kg/m³,最低混凝土强度等级为 C40,或按表中规定Ⅰ类环境提高 3 个等级,其他环境类别提高 2 个等级;
(5) 特大桥和大桥混凝土中的氯离子含量为 1.8 kg/m³,当处于Ⅲ、Ⅳ类或使用除冰盐和滨海环境时,宜使用非碱活性骨料。

应该指出,表2-6中给出的影响结构混凝土耐久性的各项限值规定中,控制混凝土的最大水灰比和最小水泥用量是十分重要的。水灰比和水泥用量不仅影响混凝土的强度,而且是影响混凝土耐久性的主要因素。为了防止钢筋腐蚀及提高混凝土的抗冻性,混凝土应尽可能地密实,使其具有良好的抗渗性能。为此,除了选择级配良好的集料和精心施工保证混凝土充分捣实和水泥充分水化外,水灰比是影响混凝土密实性的最重要的条件。为了保证混凝土有足够的耐久性,控制最低水泥用量也很重要,因为单位水泥用量较高的混凝土,混凝土拌合物比较均匀,可减少混凝土捣实中出现的局部缺陷。混凝土抗冻融的能力与其含气量有密切关系,因此有抗冻要求的结构混凝土应掺入适量的引气剂。

《公路桥规》(JTG D62—2004)规定,对水位变动区有抗冻要求的结构混凝土,其抗冻等级不应低于表2-7的规定;有抗渗要求的结构混凝土,其抗渗等级应符合表2-8的规定。

表2-7 水位变动区混凝土抗冻等级选用标准

桥梁所在地区	海水环境	淡水环境
严重受冻地区(最冷月月平均气温低于 -8 ℃)	F350	F250
受冻地区(最冷月月平均气温低于 -4 ℃ ~ -8 ℃之间)	F300	F200
微冻地区(最冷月月平均气温低于 0 ℃ ~ -4 ℃之间)	F250	F150

注:(1) 抗冻性试验方法应符合现行标准《公路工程水泥混凝土试验规程》(JTG E30—2005)规定;
(2) 墩、台混凝土应选比表列值高一级的抗冻等级。

表2-8 结构混凝土抗渗等级选用标准

最大作用水头与混凝土壁厚之比	<5	5~10	11~15	16~20	>20
抗渗等级	W4	W6	W8	W10	W12

注:混凝土抗渗试验方法应符合现行标准《公路工程水泥混凝土试验规程》(JTG E30—2005)的规定。

习题

2-1 什么是结构的可靠性与可靠度?公路桥梁结构的设计基准期是多少年?

2-2 名词解释:作用、直接作用、间接作用、作用效应、抗力、结构的耐久性。

2-3 《公路桥规》(JTG D62—2004)的设计方法是什么?考虑哪些极限状态?规定了哪些设计状况?

2-4 《公路桥涵设计通用规范》(JTG D60—2004)规定的作用分为哪几类?

2-5 什么叫材料强度的标准和设计值?

2-6 钢筋混凝土梁的支点截面处,结构重力产生的剪力标准值 $V_{Gk} = 187.01$ kN;汽车荷载产生的剪力标准值 $V_{Q1k} = 261.76$ kN(已计入冲击系数);汽车冲击系数 $(1+\mu) = 1.19$;人群荷载产生的剪力标准值 $V_{Q2k} = 57.2$ kN;温度梯度作用产生的剪力标准值 $V_{Q3k} = 41.5$ kN。结构安全等级为二级。试进行承载能力状态设计时的作用效应基本组合计算和正常使用极限状态设计时的作用效应短期和长期效应组合。

第3章 钢筋混凝土受弯构件构造

结构构件的设计包括计算设计和构造设计。计算设计一般仅能初步确定构件主要部位的截面尺寸及钢筋数量等,对于某些目前还不易准确控制的因素主要是通过构造措施予以弥补。此外,构件各部分尺寸等除应满足受力要求外,还应便于施工。所以,构造设计是构件设计中的一个重要组成部分而不应忽视。本章将介绍钢筋混凝土受弯构件的构造要求。

钢筋混凝土板和梁就其受力性质而言,都属于受弯构件的范畴,两者仅在构造形式上有所不同。它们是组成桥梁结构的基本构件,在桥梁工程中应用极为广泛,经常遇到的有人行道板,板式桥的承重板,梁式桥的主梁、行车道板(也称桥面板、翼缘板)与横隔板等,如图3-1和图3-2所示。

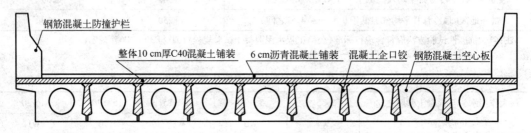

图 3-1 钢筋混凝土空心板桥横断面

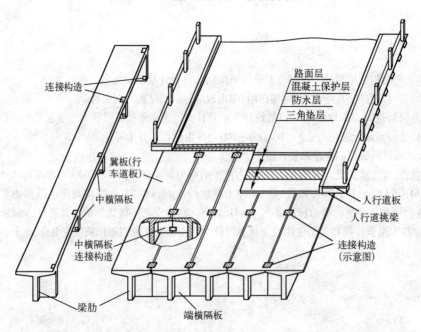

图 3-2 钢筋混凝土 T 形梁桥概貌

3.1 钢筋混凝土板的构造要求

3.1.1 截面形式与尺寸

1. 按施工方法分类

钢筋混凝土板可分为整体式现浇板和装配式预制板两类。在工地现场搭支架、立模板、配置钢筋,然后就地浇筑混凝土的板称为整体式现浇板,如整体现浇钢筋混凝土板桥。

装配式预制板是在预制现场或工地制作的板,如装配式钢筋混凝土板、人行道板等。除了在一些林区或运输困难的地方及其他特殊情况(任意修建斜桥、弯桥等)尚采用现场整体浇筑制造外,目前已大量采用预制的装配式预制板。装配式预制板桥与整体式现浇板桥相比,具有下述优点:

(1) 桥梁构件的形式和尺寸趋于标准化,有利于大规模制造;

(2) 在工厂或预制厂内集中管理进行工业化预制生产,可充分采用先进的半自动或自动化、机械化的施工技术,以节省劳动力和降低劳动强度,提高工程质量和劳动生产率,从而显著降低工程造价;

(3) 构件的制造不受季节性影响,并且上下部构造也可同时施工,大大加快桥梁的建造速度,缩短工期;

(4) 能节省大量支架模板等的材料消耗。

当然,装配式预制板桥的预制构件需要一定的运输和起重设备来进行运输和安装工作。同时,为了保证全桥的整体性,尚应设计牢靠的接头构造。

2. 按截面宽度分类

按板的截面宽度可分为宽板和窄板。

1) 宽板

宽板的截面一般为矩形截面(图3-3),截面宽度均大于跨径方向。

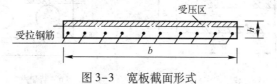

图3-3 宽板截面形式

(1) 周边支承宽板:如肋梁桥相邻主梁和相邻横隔板共同支撑的翼缘板(也称行车道板或桥面板)(图3-4)。对于周边支承的翼缘板,其长边 l_2 与短边 l_1 的比值大于或等于 2 时受力以短边方向为主,称之为单向板,反之称为双向板。

(2) 悬臂宽板:如肋梁桥外梁外侧翼缘板(图3-4)。对于悬臂宽板,板的宽度远大于跨径方向,受力以跨径方向为主,为单向板。

(3) 两边支承宽板:如人行道板、整体现浇钢筋混凝土宽板式桥等。对于两边支承宽板,板的宽度也远大于跨径方向,受力以跨径方向为主,为单向板。

板的厚度 h 由其控制截面上最大的弯矩和板的刚度要求决定,但是为了保证施工质量及耐久性要求,《公路桥规》(JTG D62—2004)规定:钢筋混凝土人行道板的厚度,就地浇筑的混凝土板不应小于 80 mm,预制混凝土板不应小于 60 mm。

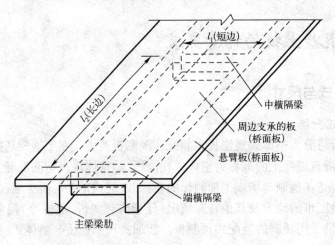

图 3-4　肋梁桥周边支承板和悬臂板示意图

2）窄板

装配式板桥的行车道板是由数块预制板利用各板间企口缝填入混凝土拼连而成的。在荷载作用下，这些预制板并不是双向受力的整体宽板，而是一系列单向受力的窄板（也称为梁式板或板梁）。这类板的跨径尺寸远大于截面尺寸，板与板之间通过企口混凝土铰传递剪力而共同受力。

由于施工条件好，这类板不仅可采用矩形实心板（图 3-5（a）），还可采用截面形状较复杂的矩形空心板（图 3-5（b）），以减轻自重。《公路桥规》（JTG D62—2004）规定：矩形空心板的顶板和底板厚度均不应大于 80 mm。空心板的空洞端部应予填封，以保证施工质量和承载的需要。

这类板的板宽 b 一般控制在 1～1.5 m，而板的厚度 h 由其控制截面上最大的弯矩和板的刚度要求决定，h 一般为 0.4～0.8 m。

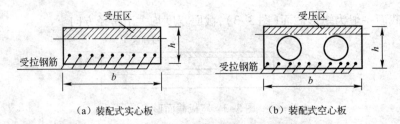

（a）装配式实心板　　　　　（b）装配式空心板

图 3-5　钢筋混凝土板梁截面形式

3.1.2　钢筋构造

1. 宽板钢筋构造

单向板内钢筋由主筋（纵向受拉钢筋）和分布钢筋组成，如图 3-6 所示。

1）主筋构造

（1）单向板内主筋沿板的跨度方向（短边方向）布置在板的受拉区，钢筋数量由计算确定。单向板一般按单位宽度（一般取为 1 m 为计算单位）进行配筋设计计算。单向板主筋的配筋率为

$$\rho = \frac{A_s}{1\,000 \times h_0} \tag{3-1}$$

式中，A_s——1 m 板宽内主筋的横截面积，mm^2；

h_0——主筋横截面重心到板受压边缘的距离，mm，称为截面的有效高度（图 3-6(b)），按式(3-2)计算

$$h_0 = h - a_s \tag{3-2}$$

式中，h——截面的高度；a_s——主筋横截面重心到板受拉边缘的距离，mm。

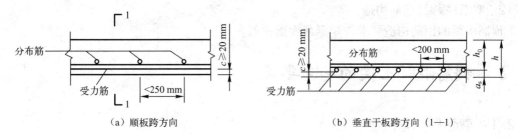

图 3-6　单向板内的钢筋

（2）主筋的混凝土保护层厚度。

图 3-6(a)中 c 称为主筋的混凝土保护层厚度。混凝土保护层是具有足够厚度的混凝土层，取钢筋边缘至构件截面表面之间的最短距离。设置保护层是为了保护钢筋不直接受到大气的侵蚀和其他环境因素作用。钢筋混凝土板主筋的最小混凝土保护层厚度不应小于钢筋公称直径，且应符合表 3-1 的规定。

表 3-1　普通钢筋和预应力直线形钢筋最小混凝土保护层厚度　　　　单位：mm

序号	构件类别	环境条件		
		I	II	III、IV
1	基础、桩基承台：（1）基坑底面有垫层或侧面有模板（受力主筋）；（2）基坑底面无垫层或侧面无模板（受力主筋）	40 60	50 75	60 85
2	墩台身、挡土结构、涵洞、梁、板、拱圈、拱上建筑（受力主筋）	30	40	45
3	人行道构件、栏杆（受力主筋）	20	25	30
4	箍筋	20	25	30
5	缘石、中央分隔带、护栏等行车道构件	30	40	45
6	收缩、温度、分布、防裂等表层钢筋	15	20	25

注：对于环氧树脂涂层钢筋，可按环境类别 I 取用。

（3）主筋的直径不宜小于 10 mm（行车道板）或 8 mm（人行道板）。在简支板的跨中和连续板的支点处，板内主筋间距不大于 200 mm。行车道板内主筋可在沿板高中心纵轴线的 1/4~1/6 计算跨径处 30°~45°弯起。通过支点的不弯起的主筋，每米板宽内不应少于 3 根，并不应少于主筋的截面面积的 1/4。

2）分布钢筋构造

单向板内应设置垂直于板内主钢筋的分布钢筋（图 3-6），其作用是将板面上的荷载均匀地传递给主钢筋，同时在施工中通过绑扎或点焊固定主钢筋的位置，而且用它来抵抗温度应力

和混凝土收缩应力。

分布钢筋属于构造配置钢筋,其数量不通过计算,而是按照设计规范规定选择的。分布钢筋设在主钢筋的内侧,其直径不应小于8 mm,间距不应大于200 mm,截面面积不宜小于板的截面面积的0.1%。在主钢筋的弯折处,应布置分布钢筋。人行道板内分布钢筋的直径不应小于6 mm,其间距不应大于200 mm。

对于周边支撑的双向板,板的两个方向(沿板长边方向和沿板短边方向)同时承受弯矩,所以两个方向均应设置主钢筋。

2. 窄板(板梁)钢筋构造

预制板梁的钢筋构造要求与矩形截面梁相似。

3.2 钢筋混凝土梁的构造要求

3.2.1 截面形式与尺寸

梁的截面常采用矩形、T形和箱形等形式,如图3-7所示。一般在中、小跨径时常采用矩形或T形截面,大跨径时可采用箱形截面。

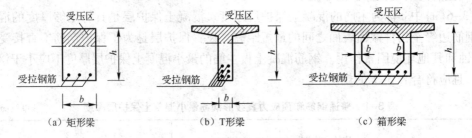

图3-7 钢筋混凝土梁的截面形式

1. 矩形截面梁

现浇矩形截面梁的高宽比 h/b 一般取 $2.0 \sim 2.5$,宽度 b 常取120 mm、150 mm、180 mm、200 mm、220 mm 和250 mm,其后按50 mm一级增加(当梁高 $h \leqslant 800$ mm)或100 mm一级增加(当梁高 $h > 800$ mm)。

2. T形截面梁

公路桥梁中大量采用预制装配式钢筋混凝土简支T形梁桥。T形梁由主梁、翼缘板和横隔板3部分构成,如图3-2所示。

主梁高度与跨径之比(简称高跨比)约为 $1/10 \sim 1/20$,跨径大的取用偏小的比值。对于标准跨径10 m、13 m、16 m 和20 m 的标准设计所采用的梁高相应为0.9 m、1.0 m、1.1 m 和1.3 m。主梁的腹板(也称梁肋)宽度不应小于140 mm,一般取 $160 \sim 220$ mm。当腹板宽度有变化时,其过渡段长度不宜小于12倍腹板宽度。

过去,由于受吊装起重量的限制,我国比较多地采用1.6 m 的主梁间距,翼缘板的预制宽度为1.58 m,翼缘板间采用2 cm宽混凝土企口铰横向连接,横隔板间采用预埋钢板焊接横向连接,如图3-8(a)所示。现在多采用2.2 m 的主梁间距,翼缘板的预制宽度为1.6 m,吊装后翼缘板间的横向连接和横隔板间的横向连接均采用现浇混凝土湿接扣环连接,接缝宽度为

60 cm,如图 3-8(b)所示。

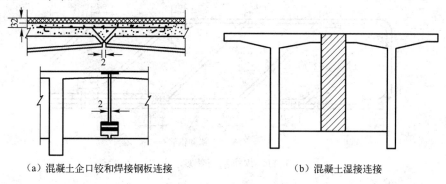

(a) 混凝土企口铰和焊接钢板连接　　(b) 混凝土湿接连接

图 3-8　翼缘板和横隔板的链接

T 形截面梁的翼缘板(即行车道板,也称桥面板)一般采用变厚形式,如图 3-9 所示。翼缘根部(与梁肋衔接处)的厚度应不小于梁高的 1/10,当该处设有承托时,翼缘厚度可计入承托加厚部分厚度;当承托底坡 $\tan \alpha$ 大于 1/3 时,取 1/3。翼缘板边缘厚度不应小于 100 mm;当翼缘板间采用横向整体现浇连接时,悬臂端厚度不应小于 140 mm。

端横隔板是必须设置的,跨内的横隔板将随跨径的大小宜每隔 5.0～10.0 m 设置一道。从运输和安

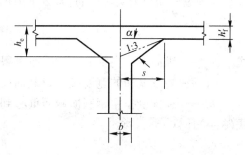

图 3-9　承托处板的计算厚度

装的稳定性考虑,通常将端横隔板做成与梁同高,内横隔板的高度一般为主梁梁肋高度的 0.7～0.9 倍。横隔板的厚度一般为 15～18 cm,为便于脱模,一般做成上宽下窄和内宽外窄的楔形。

3.2.2　钢筋构造

梁内的钢筋有主钢筋(纵向受拉钢筋)、弯起钢筋(或斜钢筋)、箍筋、架立钢筋和水平纵向钢筋等(图 3-10)。

梁内的钢筋常采用骨架形式,一般分为绑扎钢筋骨架和焊接钢筋骨架两种形式。绑扎骨架形式是用细铁丝将纵向钢筋与横向钢筋通过绑扎而成的空间钢筋骨架(图 3-10);焊接钢筋骨架形式是先将纵向受拉钢筋(主钢筋)、弯起钢筋或斜筋和架立钢筋焊接成平面骨架(图 3-11),然后用箍筋将数片焊接的平面骨架组成空间骨架,预制装配式钢筋混凝土简支 T 形梁桥的主梁即采用焊接钢筋骨架。

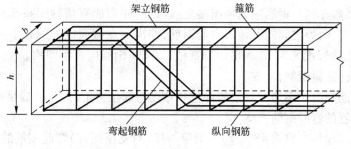

图 3-10　绑扎钢筋骨架示意图

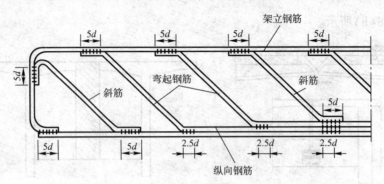

图3-11 焊接钢筋骨架示意图

1. 主钢筋

(1) 主钢筋作为抗弯钢筋,其数量由抗弯承载力计算确定。受拉主钢筋的配筋率为

$$\rho = \frac{A_s}{bh_0} \tag{3-3}$$

式中,A_s——纵向受拉主钢筋的横截面面积,mm²;
b——矩形截面的宽度或T形截面梁的腹板宽度,mm;
h_0——纵向受拉主钢筋横截面重心到梁受压边缘的距离,mm,称为截面的有效高度,按式(3-4)计算

$$h_0 = h - a_s \tag{3-4}$$

式中,h——截面的高度;
a_s——纵向受拉主钢筋横截面重心到梁受拉边缘的距离,mm。

(2) 主筋的最小混凝土保护层厚度应不小于钢筋的公称直径,且应符合表3-1的规定值。当受拉区主筋的混凝土保护层厚度大于50 mm时,应在保护层内设置直径不小于6 mm、间距不大于100 mm的钢筋网。

(3) 主钢筋直径一般为12~32 mm,通常不得超过40 mm。在同一根梁内主钢筋宜用相同直径的钢筋,当采用两种以上直径的钢筋时,为了便于施工识别,直径间应相差2 mm以上。

(4) 绑扎钢筋骨架中,各主钢筋的水平间净距或层与层间的层净距:当钢筋为3层或3层以下时,应不小于30 mm,并不小于主钢筋直径d;当为3层以上时,不小于40 mm或主钢筋直径d的1.25倍(图3-12(a))。焊接钢筋骨架中,主钢筋层数一般不应超过6层,单根钢筋直径不应大于32 mm,焊接钢筋骨架的净距要求见图3-12(b)。

(5) 为了防止主筋在梁端部被拔出而发生黏结锚固破坏,《公路桥规》(JTG D62—2004)规定:①钢筋混凝土梁的支点处,应至少2根且不少于总数1/5的下层受拉主钢筋通过;②对于绑扎钢筋骨架,两外侧主钢筋应延伸出端支点以外,并弯成直角顺梁高延伸至顶部,与顶层纵向架立钢筋相连;两侧之间的其他未弯起钢筋,伸出支点截面以外的长度不应小于10倍钢筋直径(环氧树脂涂层钢筋为12.5倍钢筋直径),R235钢筋应带半圆钩。

2. 弯起钢筋(或斜钢筋)

梁内弯起钢筋是由主钢筋按规定的部位和角度弯起至梁上部后,并满足锚固要求的钢筋;斜钢筋是专门设置的弯起钢筋。

弯起钢筋的弯起角度宜取45°。简支梁第一排(对支座而言)弯起钢筋的末端弯折点应位于支座中心截面处,以后各排弯起钢筋的末端弯折点应落在或超过前一排弯起钢筋的弯起点。

不得采用不与主钢筋焊接的斜钢筋。

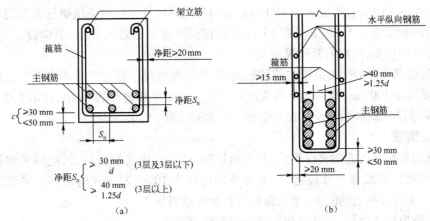

图 3-12　梁主钢筋净距和混凝土保护层厚度

钢筋混凝土梁采用多层焊接钢筋时,可用侧面焊缝使之形成骨架。侧面焊缝设在弯起钢筋的弯折点处,并在中间直线部分适当设置短焊缝。斜钢筋与纵向钢筋的焊接,宜用双面焊缝,其长度为 5 倍钢筋直径,纵向钢筋之间的短焊缝应为 2.5 倍钢筋直径,如图 3-11 所示;当必须采用单面焊缝时,其长度应加倍。图 3-11 中的 d 为主钢筋的公称直径。

弯起钢筋(或斜钢筋)作为抗剪钢筋,设置及数量均由抗剪计算确定。

3. 箍筋

(1) 梁内箍筋是沿梁纵轴方向按一定间距配置并箍住纵向钢筋的横向钢筋(图 3-10)。梁内采用的箍筋形式如图 3-13 所示。

(a) 双肢、开口式　　(b) 双肢、封闭式　　(c) 四肢、封闭式

图 3-13　梁内采用的箍筋形式

(2) 箍筋除了帮助混凝土抗剪外,在构造上起着固定纵向钢筋位置的作用并与纵向钢筋、架立钢筋等组成骨架。因此,无论计算上是否需要,梁内均应设置箍筋,其数量由抗剪计算和构造要求确定。箍筋的配箍率为

$$\rho_{sv} = \frac{A_{sv}}{bS_v} \tag{3-5}$$

式中,b——矩形截面梁宽度或 T 形截面梁腹板宽度,mm;

S_v——沿梁长度方向箍筋的间距;

A_{sv}——沿梁长度方向一个箍筋间距 S_v 范围内的箍筋各肢总截面积。

(3) 箍筋的直径不宜小于 8 mm 和主钢筋直径的 1/4。

(4) 箍筋间距。

① 箍筋间距不应大于梁高的 1/2 且不大于 400 mm;在支座中心向跨径方向长度相当于不小于一倍梁高范围内,箍筋间距不宜大于 100 mm。

② 当梁内配有按受力计算需要的纵向受压钢筋时,应采用闭合箍筋,箍筋间距不应大于所箍钢筋直径的15倍,且不应大于400 mm。同时,同排内任一纵向受压钢筋离箍筋折角处的纵向钢筋的间距不应大于150 mm或15倍箍筋直径两者中的较大者,否则应设置复合箍筋。相邻箍筋的弯钩接头,沿纵向其位置应交替布置。

③ 在钢筋绑扎搭接接头范围内的箍筋间距,当绑扎搭接钢筋受拉时不应大于主钢筋直径的5倍,且不大于100 mm;当搭接钢筋受压时不应大于主钢筋直径的10倍,且不大于200 mm。

④ 近梁端第一根箍筋应设置在距端面一个混凝土保护层距离处。

4. 架立钢筋

架立钢筋是根据构造要求设置的,其作用是架立箍筋、固定箍筋位置,把钢筋绑扎或焊接成骨架,其直径依梁截面尺寸而选择,通常采用直径为 10 ~ 22 mm 的钢筋。采用焊接骨架时,为保证骨架具有一定的刚度,架立钢筋的直径应适当加大。

架立钢筋为构造钢筋,其设置和数量由构造要求确定。

5. 水平纵向钢筋

T形截面梁及箱形截面梁的腹板两侧应设置水平纵向钢筋,以防止因混凝土收缩及温度变化而产生裂缝。水平纵向钢筋固定在箍筋外侧,一般采用直径 6 ~ 8 mm 的光圆钢筋,也可以用带肋钢筋。梁内水平纵向钢筋的总截面积可取用 $(0.001 \sim 0.002)bh$,b 为梁肋宽度,h 为梁截面高度。其间距在受拉区不应大于梁肋高度,且不应大于 200 mm;在受压区不应大于 300 mm。在梁支点附近剪力较大区段水平纵向钢筋间距宜为 $(100 \sim 150)$ mm。

水平纵向钢筋为梁内构造钢筋,其设置和数量由构造要求确定。

3.2.3 预制装配式钢筋混凝土简支实心板桥行车道板构造示例

图 3-14 至图 3-17 为标准跨径 $L_k = 8$ m 的预制装配式钢筋混凝土简支实心板通道行车道板的图纸。板全长为 7.96 m,计算跨径 $l = 7.7$ m,板厚为 0.4 m,预制中板宽为 0.99 m,边板宽为 1.44 m,铰缝宽为 0.01 m。采用C30混凝土预制。钢筋图 3-16 和图 3-17 中,1 号筋为配置在板底的纵向受拉主筋,2 号筋为吊装用构造钢筋,3 号筋为配置在板顶的纵向架立构造钢筋,4 号筋和 5 号筋为铰缝构造钢筋,6 号筋和 7 号筋为箍筋,8 号筋为斜筋。

钢筋构造图的识图步骤建议为:针对工程数量表中的某一编号钢筋,先从工程数量表中获取该号钢筋的类型、直径、长度、根数等信息;接着看该号钢筋的大样图,确定钢筋的形状;再是在配筋构件的断面图、立面图和平面图中确定该号钢筋的具体位置;最后确定该号钢筋在构件中的作用。依次按上述步骤识完所有编号的钢筋。

3.2.4 预制装配式钢筋混凝土简支 T 形梁桥主梁和翼缘板构造示例

图 3-18 至图 3-22 为标准跨径 $L_k = 16$ m 的预制装配式钢筋混凝土简支 T 形梁桥主梁和翼缘板构造图。梁全长为 15.94 m,计算跨径 $l = 15.4$ m,梁高为 1.1 m,内梁预制翼缘宽度为 1.498 m,外梁预制翼缘宽度为 1.683 m,混凝土企口缝宽为 0.1 m。主梁钢筋图 3-20 和图 3-21 中,1 号至 4 号筋为纵向受拉主筋,5 号筋为架立构造钢筋,6 号和 7 号筋为斜筋,8 号筋为水平分布构造钢筋,9 号筋为箍筋,10 号筋为局部加强构造钢筋,11 号和 12 号筋为支点处梁底的局部加强钢筋和钢板。翼缘板钢筋图 3-22 中,1 号筋为受拉主筋,2 号筋为板底构造钢筋,3 号筋为分布钢筋,4 号筋为伸入桥面铺装的构造钢筋。

第3章 钢筋混凝土受弯构件构造

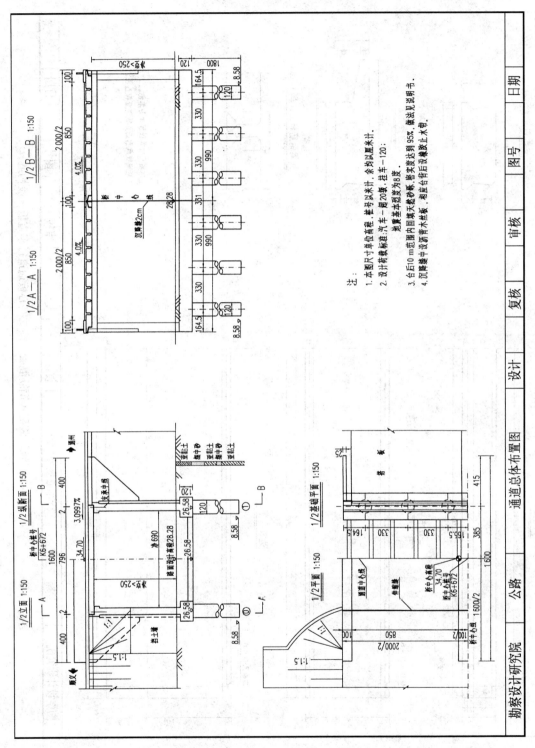

图3-14 预制装配式钢筋混凝土简支实心板通道总体布置图

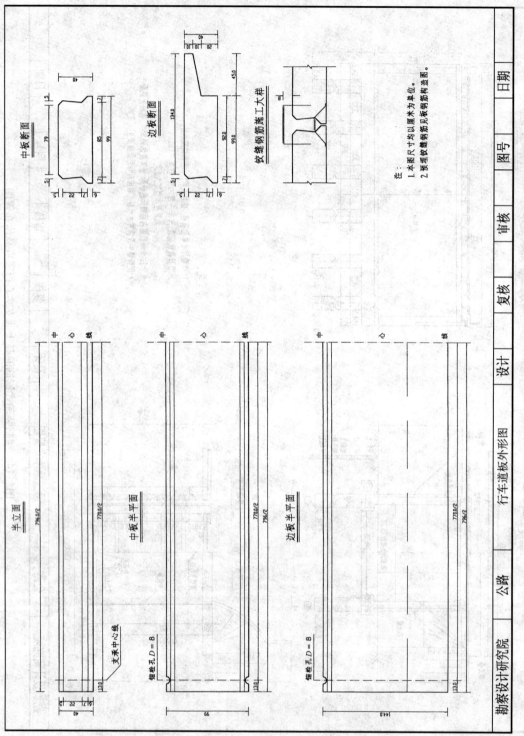

图3-15 预制装配式钢筋混凝土简支实心板通道行车道板一般构造

第 3 章 钢筋混凝土受弯构件构造

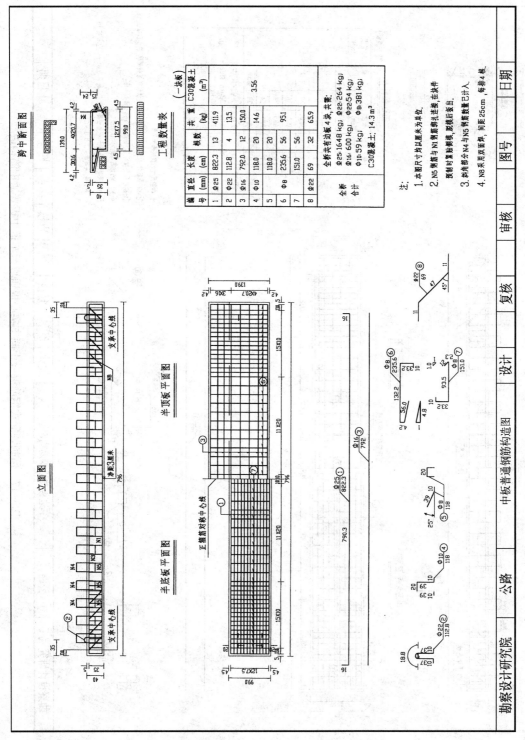

图 3-16 预制装配式钢筋混凝土简支实心板通道行车道边板普通钢筋构造

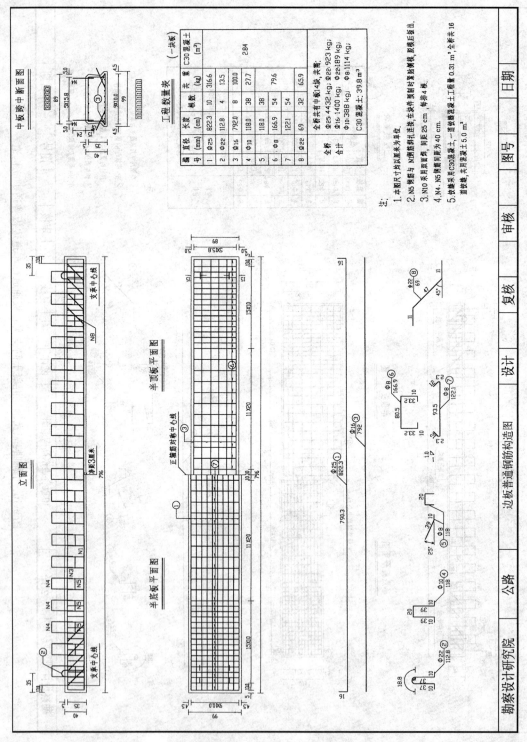

图3-17 预制装配式钢筋混凝土简支实心板通行车道中板普通钢筋构造

第3章 钢筋混凝土受弯构件构造

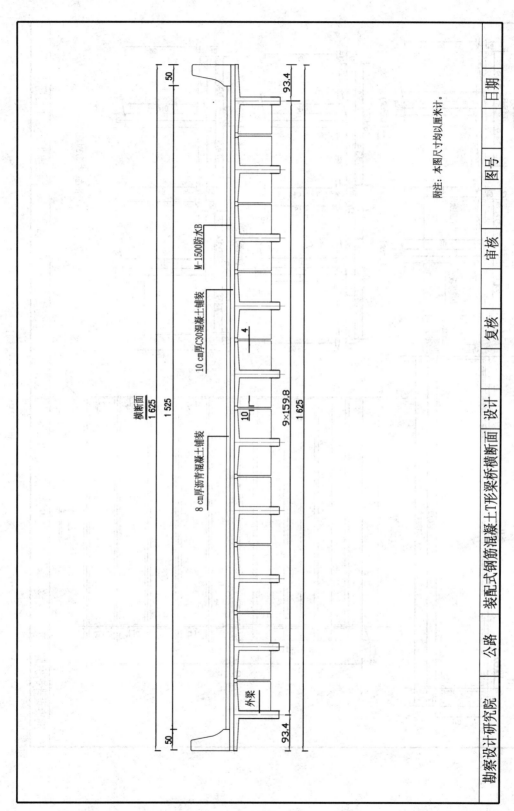

图3-18 装配式钢筋混凝土T形梁桥横断面图

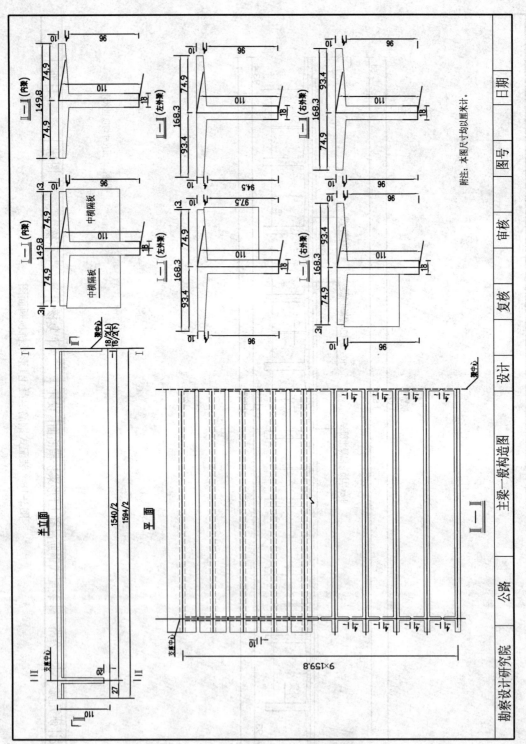

图3-19 主梁一般构造图

第3章 钢筋混凝土受弯构件构造

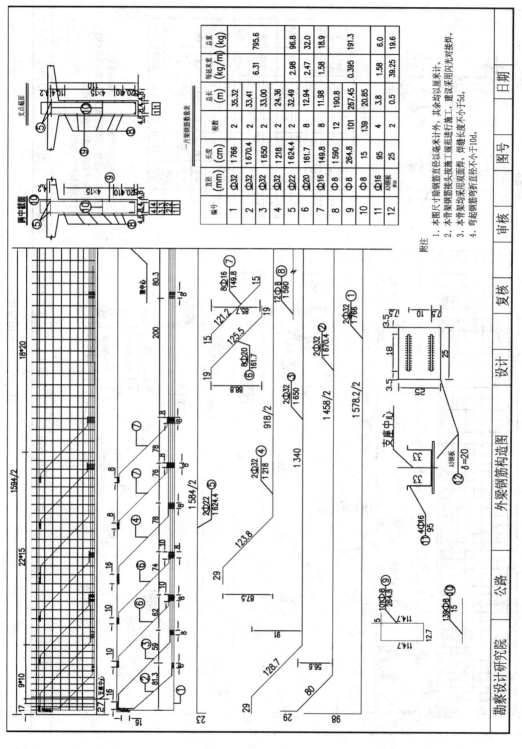

图3-20 外梁钢筋构造图

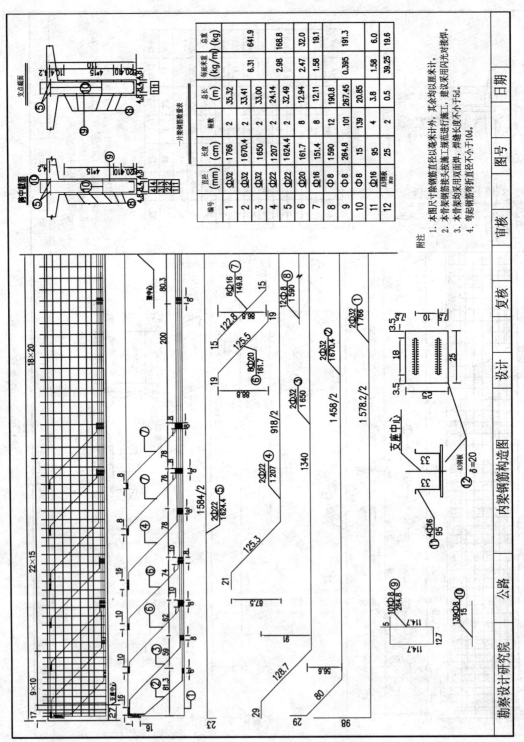

图3-21 内梁钢筋构造图

第 3 章 钢筋混凝土受弯构件构造

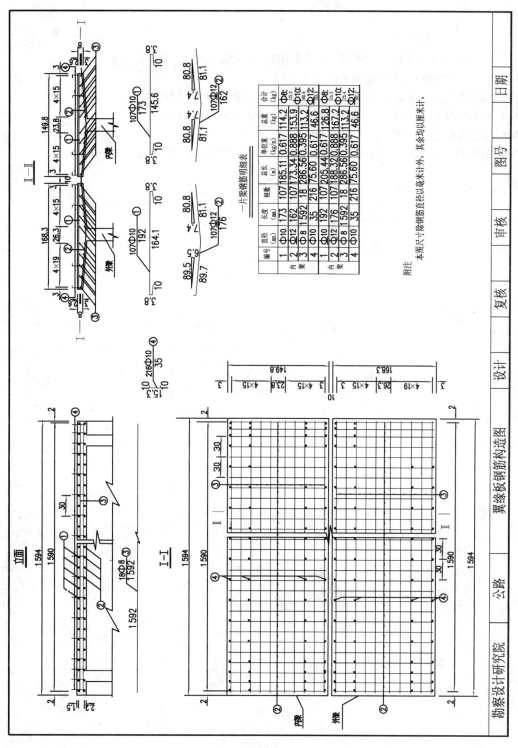

图3-22 翼缘板钢筋构造图

习题

3-1 名词解释:纵向受拉钢筋的配筋率、箍筋的配箍率、钢筋的混凝土保护层厚度。

3-2 为什么钢筋要有足够的混凝土保护层厚度?

3-3 钢筋混凝土单向板内有哪些类钢筋?其中的分布钢筋的作用是什么?

3-4 钢筋混凝土梁内有哪些类钢筋?哪些是受力钢筋,哪些是构造钢筋?

3-5 钢筋混凝土梁内的钢筋骨架有哪几种形式?

3-6 在钢筋混凝土梁中,为什么要规定各主钢筋的横向净距和层与层之间的竖向净距?

第4章 钢筋混凝土受弯构件持久状况承载能力极限状态设计——正截面承载力计算

从本章开始介绍钢筋混凝土受弯构件的设计计算。钢筋混凝土受弯构件设计计算包括持久状况承载能力极限状态设计计算、持久状况正常使用极限状态验算和短暂状况构件应力验算等几部分。持久状况承载能力极限状态设计计算包括正截面承载力计算(即配置纵向受拉钢筋,第4章介绍)和斜截面承载力计算(即配置弯斜筋和箍筋,第5章介绍)。关于持久状况正常使用极限状态设计和短暂状况构件应力验算等内容在第6章介绍。

本章首先介绍钢筋混凝土受弯构件持久状况承载力极限状态设计中的正截面承载力计算内容,即纵向受拉钢筋的配筋计算内容。

4.1 正截面承载力计算的基本原则

4.1.1 正截面破坏形态

钢筋混凝土受弯构件有两种破坏性质:一种是塑性破坏(延性破坏),指的是结构或构件在破坏前有明显变形或其他预兆;另一种是脆性破坏,指的是结构或构件在破坏前无明显变形或其他预兆。

根据试验研究,对常用的热轧钢筋和普通强度混凝土的钢筋混凝土受弯构件,其破坏形态主要受到纵向受拉钢筋配筋率 ρ 的影响。因此,按照钢筋混凝土受弯构件的配筋情况及相应破坏时的性质得到正截面破坏的3种形态,如图4-1所示。

1. 适筋梁破坏——塑性破坏

梁的受拉区主筋首先达到屈服强度,其应力保持不变而应变显著地增大,直到受压区边缘混凝土的应变达到极限压应变时,受压区出现纵向水平裂缝,随之因混凝土压碎而破坏。这种梁破坏前,梁的裂缝急剧开展,挠度较大,梁截面产生较大的塑性变形,因而具有明显的破坏预兆,属于塑性破坏性质。图4-1(a)所示钢筋混凝土试验梁的破坏即属于适筋梁破坏形态。

2. 超筋梁破坏——脆性破坏

当梁正截面主筋配筋率 ρ 增大,钢筋应力增加缓慢,受压区混凝土应力有较快的增长,ρ 越大,则主筋屈服时的弯矩越趋近于梁破坏时的弯矩。当 ρ 增大到主筋屈服和受压区混凝土压碎几乎同时发生时的梁的破坏,称为平衡破坏或界限破坏,相应的主筋配筋率 ρ 值称为最大配筋率 ρ_{max}。

当实际主筋配筋率 $\rho > \rho_{max}$ 时,梁的破坏是受压区混凝土被压坏,而受拉区钢筋应力尚未达到屈服强度。破坏前梁的挠度没有明显的转折点,受拉区的裂缝开展不宽,延伸不高,破坏是突然的,没有明显的预兆,属于脆性破坏,称为超筋梁破坏形态(图4-1(b))。

超筋梁破坏时受压区混凝土抗压强度耗尽,而钢筋的抗拉强度没有得到充分的发挥,所以超筋梁破坏时的弯矩与钢筋强度无关,仅取决于混凝土的抗压强度。

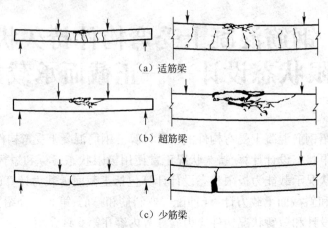

图 4-1 钢筋混凝土梁的 3 种破坏形态

3. 少筋梁破坏——脆性破坏

当梁的主筋配筋率 ρ 很小,受拉区混凝土开裂后,钢筋应力趋于屈服强度,即开裂时的弯矩趋近于主筋屈服时的弯矩。当受拉区混凝土裂缝一旦出现,主筋应力立即达到屈服强度的主筋配筋率称为最小配筋率 $\rho_{\min}$。

梁中实际主筋配筋率 $\rho < \rho_{\min}$ 时,梁受拉区混凝土一旦开裂,受拉区主筋达到屈服点,并迅速经历整个流幅而进入强化阶段,梁仅出现一条集中裂缝,不仅宽度较大,而且沿梁高延伸很高,此时受压区混凝土还未压坏,而裂缝宽度已很宽,挠度过大,钢筋甚至拉断。由于破坏很突然,故属脆性破坏。把具有这种破坏形态的梁称为少筋梁(图4-1(c))。

少筋梁的抗弯承载力取决于混凝土的抗拉强度,在桥梁工程中不允许采用。

4.1.2 正截面承载力计算的基本假定

根据钢筋混凝土受弯构件正截面破坏特征,其正截面承载力计算采用下述基本假定:

1. 平截面假定

对于钢筋混凝土受弯构件,从开始加载直至破坏的各阶段,截面的平均应变都能较好地符合平截面假定。因此,在正截面承载力计算时采用平截面假定是可行的。平截面假定为钢筋混凝土受弯构件正截面承载力计算提供了变形协调的几何关系。

2. 不考虑混凝土的抗拉强度

当钢筋混凝土受弯构件达到破坏时,在裂缝截面处,受拉区混凝土已大部分退出工作,仅靠近中性轴附近有一很小部分混凝土承担着拉应力,但其拉应力较小,内力偶臂也不大,因此在计算中忽略不计混凝土的抗拉强度。

3. 材料应力-应变关系

1) 混凝土受压应力-应变关系

《公路桥规》(JTG D62—2004)采用的混凝土受压应力-应变关系(图4-2)按下列规定采用:

$$\sigma_c = \begin{cases} f_{cd}\left[2\left(\dfrac{\varepsilon_c}{\varepsilon_{c0}}\right) - \left(\dfrac{\varepsilon_c}{\varepsilon_{c0}}\right)^2\right], & \varepsilon_c \leqslant \varepsilon_{c0} \\ f_{cd}, & \varepsilon_{c0} < \varepsilon_c \leqslant \varepsilon_{cu} \end{cases} \quad (4-1)$$

式中，f_{cd}——混凝土抗压强度设计值；
ε_{c0}——对应混凝土压应力达到f_{cd}时的压应变，取$\varepsilon_{c0}=0.002$；
ε_{cu}——混凝土极限压应变，取$\varepsilon_{cu}=0.0033$。

2）钢筋应力-应变曲线

钢筋应力-应变曲线采用弹性-全塑性曲线（图4-3），即

$$\sigma_s = \begin{cases} E_s \varepsilon_s, & \varepsilon_s \leqslant \varepsilon_y \\ f_{sd}, & \varepsilon_s > \varepsilon_y \end{cases} \tag{4-2}$$

式中，E_s——钢筋的弹性模量；
f_{sd}——钢筋抗拉强度设计值；
ε_y——钢筋屈服时的应变。

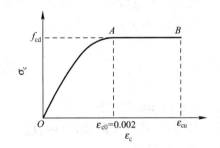
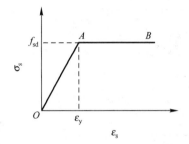

图4-2 混凝土受压应力-应变曲线　　图4-3 钢筋受拉应力-应变曲线

4.1.3 压区混凝土等效矩形应力图形

钢筋混凝土受弯构件正截面承载力M_u的计算前提是要知道破坏时混凝土压应力的分布图形。

对于如图4-4(a)所示的钢筋混凝土截面，根据平截面假定，可得到截面在破坏时的截面平均应变的分布图（图4-4(b)）。根据如图4-4(b)所示的截面的平均应变分布图和材料应力-应变关系式(4-1)与式(4-2)，以及不考虑混凝土的抗拉强度的假定，可得到如图4-4(c)所示的截面应力分布图。对适筋梁破坏而言，截面破坏时钢筋已发生屈服，因此钢筋的应力值为抗拉强度设计值f_{sd}，而实际受压区高度x_c范围内混凝土的应力分布则为不均匀分布。

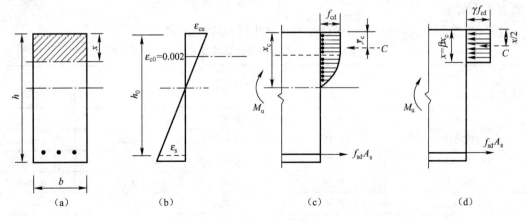

图4-4 受压区混凝土等效矩形应力图

由于受压区高度 x_c 范围内的混凝土应力分布不均匀,所以在计算抗弯承载力时需要积分,工作比较烦琐。为了计算简便,截面受压区混凝土的应力分布图形一般采用如图 4-4(d) 所示的等效矩形应力图,均匀分布的应力大小为 γf_{cd},压区高度 $x = \beta x_c$,γ 和 β 为无量纲参数。

《公路桥规》(JTG D62—2004) 基于受压区混凝土实际应力分布图与等效矩形应力图的等效分析(压应力合力大小和作用点不变),并结合国内外试验资料,确定取 $\gamma = 1.0$,C50 及以下强度混凝土取 $\beta = 0.8$,C50~C80 强度混凝土取 $\beta = 0.8 \sim 0.74$,中间按直线内插求得。

4.1.4 相对界限受压区高度——防止超筋梁破坏的条件

当截面受拉区钢筋达到屈服应变 ε_y 时,受压区混凝土边缘同时达到其极限压应变 ε_{cu} 的破坏,称为界限破坏。界限破坏为适筋截面与超筋截面的分界线,如图 4-5 所示。

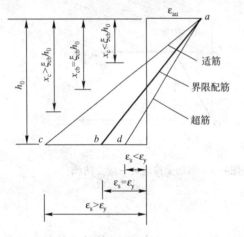

图 4-5 截面平均应变分布图

由图 4-5 可以看出,截面界限破坏时,实际受压区高度 x_{cb} 定义为

$$x_{cb} = \xi_{cb} h_0 \qquad (4-3)$$

式中,ξ_{cb}——相对界限实际受压区高度;

h_0——有效高度。

当截面实际受压区高度 $x_c < \xi_{cb} h_0$ 时,则为适筋梁截面;当截面实际受压区高度 $x_c > \xi_{cb} h_0$ 时,则为超筋梁截面。

等效矩形应力分布图的受压区界限高度 x_b 为

$$x_b = \beta x_{cb} \qquad (4-4)$$

把式(4-3)代入式(4-4),则得

$$x_b = \beta \xi_{cb} h_0 \qquad (4-5)$$

定义 $\xi_b = \beta \xi_{cb}$,ξ_b 被称为相对界限受压区高度,则式(4-5)变为

$$x_b = \xi_b h_0 \qquad (4-6)$$

对于采用等效矩形应力分布图计算的梁的截面,当截面受压区高度 $x < \xi_b h_0$ 时,为适筋梁截面;当截面受压区高度 $x > \xi_b h_0$ 时,为超筋梁截面。《公路桥规》(JTG D62—2004) 规定的 ξ_b 值如表 4-1 所示。

这样,通过 $x \leqslant \xi_b h_0$ 即可限制所设计的梁的截面为超筋梁截面。

表 4-1 相对界限受压区高度 ξ_b

混凝土强度等级 钢筋种类	C50 及以下	C55、C60	C65、C70	C75、C80
R235	0.62	0.60	0.58	—
HRB335	0.56	0.54	0.52	—
HRB400、KL400	0.53	0.51	0.49	—
钢绞线、钢丝	0.40	0.38	0.36	0.35
精轧螺纹钢筋	0.40	0.38	0.36	—

注:(1) 截面受拉区内配置不同种类钢筋的受弯构件,其 ξ_b 值应选用相应于各种钢筋的较小者;
(2) $\xi_b = x_b/h_0$,x_b 为纵向受拉钢筋和受压区混凝土同时达到其强度设计值时的受压区高度。

4.1.5 最小配筋率——防止少筋梁破坏的条件

最小配筋率是少筋梁与适筋梁的界限。当 $\rho > \rho_{\min}$ 时,为适筋梁截面;当 $\rho < \rho_{\min}$ 时,为少筋梁截面。

为了避免少筋梁破坏,必须确定钢筋混凝土受弯构件的最小配筋率 $\rho_{\min}$。$\rho_{\min}$ 可按最小配筋率 $\rho_{\min}$ 的钢筋混凝土梁破坏时的正截面承载力 M_u 等于同样截面尺寸、同样材料的素混凝土梁正截面开裂弯矩标准值的原则确定。《公路桥规》(JTG D62—2004)规定:受弯构件的受拉钢筋最小配筋百分率不应小于 $45f_{td}/f_{sd}$,同时不应小于 0.20。

4.2 单筋矩形截面抗弯承载力计算

钢筋混凝土受弯构件正截面承受弯矩作用时,中性轴以上受压,中性轴以下受拉,故在受拉区配置纵向受拉钢筋。仅配置纵向受拉钢筋的受弯构件称为单筋截面受弯构件(图 4-6);同时在截面受压区也配置受力钢筋的构件称为双筋截面受弯构件(图 4-7)。

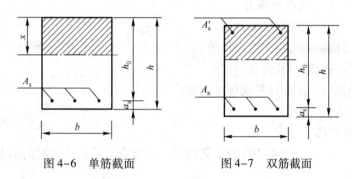

图 4-6 单筋截面　　图 4-7 双筋截面

本节介绍单筋矩形截面的抗弯承载力计算问题。

4.2.1 基本公式及适用条件

1. 基本公式

根据受弯构件正截面承载力计算的基本原则,可以得到适筋梁单筋矩形截面抗弯承载力计算图式,如图 4-8 所示。

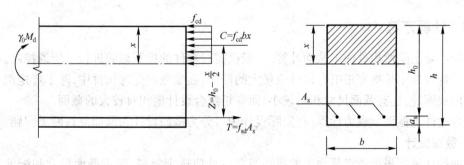

图 4-8 单筋矩形截面受弯构件正截面承载力计算图式

根据持久状况承载能力极限状态设计表达式 $\gamma_0 S_d \leq R$，对具体的适筋梁计算截面而言，则要求

$$\gamma_0 M_d \leq M_u \tag{4-7}$$

由图4-8所示的计算截面上水平方向内力之和为0的平衡条件，即 $T+C=0$，可得到

$$f_{cd}bx = f_{sd}A_s \tag{4-8}$$

由计算截面上对受拉钢筋合力 T 作用点取力矩求得抗弯承载力 M_u，并代入式(4-7)，可得到

$$\gamma_0 M_d \leq M_u = f_{cd}bx\left(h_0 - \frac{x}{2}\right) \tag{4-9}$$

对压区混凝土合力 C 作用点取力矩求得抗弯承载力 M_u，并代入式(4-7)，可得到

$$\gamma_0 M_d \leq M_u = f_{sd}A_s\left(h_0 - \frac{x}{2}\right) \tag{4-10}$$

式中，γ_0——结构的重要性系数；
M_d——计算截面上的弯矩组合设计值；
M_u——计算截面的抗弯承载力；
f_{cd}——混凝土轴心抗压强度设计值；
f_{sd}——纵向受拉钢筋抗拉强度设计值；
A_s——纵向受拉钢筋的截面面积；
x——等效矩形应力图的计算受压区高度；
b——截面宽度；
h_0——截面有效高度。

式(4-8)、式(4-9)和式(4-10)为单筋矩形截面抗弯承载力计算时的基本公式。

2. 适用条件

(1) 为防止出现超筋梁情况，要求计算受压区高度 x 应满足

$$x \leq \xi_b h_0 \tag{4-11}$$

式中，ξ_b——相对界限受压区高度，由表4-1查得。

(2) 为防止出现少筋梁的情况，要求计算的配筋率 ρ 应满足

$$\rho \geq \rho_{\min}\left(=0.45\frac{f_{td}}{f_{sd}}, \text{且不小于}0.2\%\right) \tag{4-12}$$

4.2.2 计算方法

钢筋混凝土受弯构件的正截面计算，一般仅需对构件的控制截面进行。所谓控制截面，在等截面受弯构件中是指弯矩组合设计值最大的截面；在变截面受弯构件中，除了弯矩组合设计值最大的截面外，还有截面尺寸相对较小，而弯矩组合设计值相对较大的截面。

受弯构件正截面承载力计算，在实际设计中可分为截面设计和截面复核两类问题。

1. 截面设计

截面设计是指根据所求截面上的弯矩组合设计值选定材料、确定截面尺寸和配筋。在桥梁工程中，最常见的设计工作是已知受弯构件控制截面上作用的弯矩计算值 ($M = \gamma_0 M_d$)、材料和截面尺寸，要求确定钢筋数量(面积)、选择钢筋规格和进行截面上的钢筋布置。

截面设计应满足 $M_u \geq M$,即确定钢筋数量后的截面承载力至少要等于弯矩计算值 M。因此,在利用基本公式进行截面设计时,一般取 $M_u = M$ 来计算。截面设计方法及计算步骤如下:

已知弯矩计算值 M、混凝土和钢筋材料级别、截面尺寸 $b \times h$,计算钢筋面积 A_s 并布置钢筋。

(1) 假设钢筋截面重心到截面受拉边缘距离 a_s。在 I 类环境条件下,对于绑扎钢筋骨架的梁,可设 $a_s \approx 40$ mm(布置一层钢筋时)或 65 mm(布置两层钢筋时)。对于板,一般可根据板厚假设 a_s 为 $25 \sim 35$ mm。这样可得到有效高度 $h_0 = h - a_s$。

(2) 由式(4-9)求解受压区高度 x,并要求满足 $x \leq \xi_b h_0$。此时取 $M_u = M$,即

$$x = h_0 - \sqrt{h_0^2 - \frac{2M}{f_{cd}b}} \leq \xi_b h_0 \quad (4-13)$$

若不满足式(4-13)的要求,则为超筋截面,可采取提高混凝土强度等级、修改截面尺寸或采用双筋截面等措施。

(3) 若满足式(4-13)的要求,由式(4-8)求解钢筋面积 A_s,即

$$A_s = \frac{f_{cd}bx}{f_{sd}} \quad (4-14)$$

(4) 选择钢筋直径和根数并按构造要求进行布置后,得到实际配筋面积 A_s、实际 a_s 及实际 h_0。计算实际配筋率 ρ,并应满足 $\rho \geq \rho_{min}$。

2. 截面复核

截面复核是指已知截面尺寸、混凝土强度等级和钢筋在截面上的布置,要求计算截面的承载力 M_u 并复核控制截面承受某个弯矩计算值 M 是否安全。截面复核时,应采用实际配筋面积 A_s、实际 a_s 及实际 h_0。截面复核方法及计算步骤如下:

(1) 由式(4-8)计算受压区高度 x,并要求 $x \leq \xi_b h_0$,即

$$x = \frac{f_{sd}A_s}{f_{cd}} \leq \xi_b h_0 \quad (4-15)$$

(2) 当 $x > \xi_b h_0$ 时,则为超筋截面,可采用提高混凝土级别、修改截面尺寸,或改为双筋截面等措施。

当 $x \leq \xi_b h_0$ 时,由式(4-9)或式(4-10)计算 M_u 并进行复核某个弯矩计算值 M 是否安全。

例题 4-1 单筋矩形截面设计算例(单层钢筋)。

1. 基本资料。
(1) 安全等级:二级,结构重要性系数 $\gamma_0 = 1.0$(查表 2-2)。
(2) 环境条件:I 类,受拉主筋的最小保护层厚度 $c_{min} = 30$ mm(查表 3-1)。
(3) 材料选择。

混凝土:C25,$f_{cu,k} = 25$ MPa,$f_{ck} = 16.7$ MPa,$f_{cd} = 11.5$ MPa,$f_{tk} = 1.78$ MPa,$f_{td} = 1.23$ MPa,$E_c = 2.80 \times 10^4$ MPa。

钢筋:HRB335,$f_{sk} = 335$ MPa,$f_{sd} = 280$ MPa,$E_s = 2.0 \times 10^5$ MPa。

(4) 相对界限受压区度:$\xi_b = 0.56$(查表 4-1)。

2. 尺寸拟定:$b \times h = 200$ mm $\times 500$ mm(根据经验拟定)。

3. 作用及作用效应计算:最大弯矩组合设计值 $M_d = 84.8$ kN·m(作为已知条件)。

4. 持久状况承载能力极限状态设计——正截面承载力计算。

(1) 选取控制截面:最大弯矩截面,计算弯矩 $M = \gamma_0 M_d = 84.8 \text{ kN} \cdot \text{m}$。

(2) 截面设计。

① 假设 a_s:采用绑扎钢筋骨架,按一层钢筋布置,$a_s = 40 \text{ mm}$,则
$$h_0 = h - a_s = 500 - 40 = 460 \text{ mm}$$

② 计算截面受压区高度 x:
$$x = h_0 - \sqrt{h_0^2 - \frac{2M}{f_{cd}b}} =$$
$$460 - \sqrt{460^2 - \frac{2 \times 84.8 \times 10^6}{11.5 \times 200}} =$$
$$88.7 \text{ mm} \leqslant \xi_b h_0 (= 0.56 \times 460 = 257.6 \text{ mm})$$

满足要求。

③ 计算受拉钢筋截面面积 A_s:
$$A_s = \frac{f_{cd}bx}{f_{sd}} = \frac{11.5 \times 200 \times 88.7}{280} = 728.6 \text{ mm}^2$$

④ 选择并布置钢筋。

• 选择钢筋:根据钢筋面积计算值和表 1-4,选用 3⚛18,直径 $d = 18 \text{ mm}$,外径 $d_{外} = 20.5 \text{ mm}$,实际 $A_s = 763 \text{ mm}^2$。

• 混凝土保护层厚度:$c = \max \begin{Bmatrix} c_{\min} \\ d \end{Bmatrix} = \max \begin{Bmatrix} 30 \\ 18 \end{Bmatrix} = 30 \text{ mm}$。

• 钢筋布置:按一层布置(见图 4-9),钢筋横向间净距
$$S_n = \frac{b - 3d_{外} - 2c}{2} = \frac{200 - 3 \times 20.5 - 2 \times 30}{2} = 39.25 \text{ mm} \geqslant$$
$$S_{n,\min} \left(= \max \begin{Bmatrix} 30 \\ d \end{Bmatrix} = \max \begin{Bmatrix} 30 \\ 18 \end{Bmatrix} = 30 \text{ mm} \right)$$

• 实际 a_s 和 h_0:$a_s = c + d_{外}/2 = 30 + 20.5/2 = 40.3 \text{ mm}$,$h_0 = h - a_s = 500 - 40.3 = 459.7 \text{ mm}$。

• 计算配筋率:
$$\rho = \frac{A_s}{bh_0} = \frac{763}{200 \times 459.7} = 0.8\% \geqslant$$
$$\rho_{\min} \left(= \max \begin{Bmatrix} 0.45 f_{td}/f_{sd} \\ 0.2\% \end{Bmatrix} = \max \begin{Bmatrix} 0.45 \times 1.23/280 \\ 0.2\% \end{Bmatrix} = 0.2\% \right)$$

• 受拉钢筋布置图:见图 4-9。

(3) 截面复核。

按如图 4-9 所示截面实际配筋情况进行复核,复核时采用实际受拉钢筋面积、实际 h_0。

① 计算截面受压区高度 x:
$$x = \frac{f_{sd}A_s}{f_{cd}b} = \frac{280 \times 763}{11.5 \times 200} = 92.9 \text{ mm} \leqslant$$
$$\xi_b h_0 (= 0.56 \times 459.7 = 257.6 \text{ mm})$$

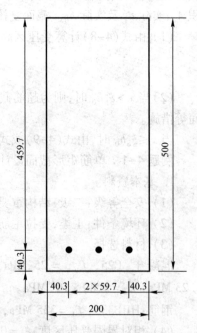

图 4-9 例题 4-1 截面钢筋布置图

② 计算抗弯承载力 M_u：

$$M_u = f_{cd}bx\left(h_0 - \frac{x}{2}\right) =$$

$$11.5 \times 200 \times 92.9 \times \left(459.7 - \frac{92.9}{2}\right) =$$

$$88.3 \text{ kN} \cdot \text{m} \geq M(=84.8 \text{ kN} \cdot \text{m})$$

满足抗弯承载要求。

例题 4-2 单筋矩形截面设计算例（多层钢筋）。

1. 基本资料。
(1) 安全等级：二级，结构重要性系数 $\gamma_0 = 1.0$（查表 2-2）。
(2) 环境条件：Ⅰ类，受拉主筋的最小保护层厚度 $c_{min} = 30$ mm（查表 3-1）。
(3) 材料选择。
混凝土：C30，$f_{cu,k} = 30$ MPa，$f_{ck} = 20.1$ MPa，$f_{cd} = 13.8$ MPa，$f_{tk} = 2.01$ MPa，$f_{td} = 1.39$ MPa，$E_c = 3.0 \times 10^4$ MPa。
钢筋：HRB335，$f_{sk} = 335$ MPa，$f_{sd} = 280$ MPa，$E_s = 2.0 \times 10^5$ MPa。
(4) 相对界限受压区度：$\xi_b = 0.56$（查表 4-1）。
2. 尺寸拟定：$b \times h = 200$ mm $\times 400$ mm（根据经验拟定，作为已知条件）。
3. 作用及作用效应计算：最大弯矩组合设计值 $M_d = 100$ kN·m（作为已知条件）。
4. 持久状况承载能力极限状态设计——正截面承载力计算。
(1) 选取控制截面：最大弯矩截面，计算弯矩 $M = \gamma_0 M_d = 100$ kN·m。
(2) 截面设计。
① 假设 a_s：采用绑扎钢筋骨架，按两层钢筋布置进行设计，$a_s = 65$ mm，则

$$h_0 = h - a_s = 400 - 65 = 335 \text{ mm}$$

② 计算截面受压区高度 x：

$$x = h_0 - \sqrt{h_0^2 - \frac{2M}{f_{cd}b}} =$$

$$335 - \sqrt{335^2 - \frac{2 \times 100 \times 10^6}{13.8 \times 200}} =$$

$$135.6 \text{ mm} \leq \xi_b h_0 (= 0.56 \times 335 = 187.6 \text{ mm})$$

满足要求。

③ 计算受拉钢筋截面面积 A_s：

$$A_s = \frac{f_{cd}bx}{f_{sd}} = \frac{13.8 \times 200 \times 136}{280} = 1336.6 \text{ mm}^2$$

④ 选择并布置钢筋。
- 选择钢筋：根据钢筋面积计算值和表 1-4，第一层选用 3⌀20，直径 $d_1 = 20$ mm，$d_{1,外} = 22.7$ mm，实际 $A_{s1} = 942$ mm²；第二层选用 2⌀20，直径 $d_2 = 20$ mm，$d_{2,外} = 22.7$ mm，实际 $A_{s2} = 628$ mm²；实际钢筋总面积 $A_s = A_{s1} + A_{s2} = 942 + 628 = 1570$ mm²。

- 混凝土保护层厚度：$c = \max\begin{Bmatrix} c_{min} \\ d \end{Bmatrix} = \max\begin{Bmatrix} 30 \\ 20 \end{Bmatrix} = 30$ mm。

- 钢筋布置:按两层布置(见图 4-10)。

第一层钢筋横向间净距:

$$S_{n1} = \frac{b - 3d_{1,\text{外}} - 2c}{2} = \frac{200 - 3 \times 22.7 - 2 \times 30}{2} = 36 \text{ mm} \geqslant$$

$$S_{n,\min}\left(= \max\begin{Bmatrix}30\\d\end{Bmatrix} = \max\begin{Bmatrix}30\\20\end{Bmatrix} = 30 \text{ mm}\right)$$

第二层钢筋横向间净距:

$$S_{n2} = \frac{b - 2d_{2,\text{外}} - 2c}{1} = \frac{200 - 2 \times 22.7 - 2 \times 30}{1} = 94.6 \text{ mm} \geqslant$$

$$S_{n,\min}\left(= \max\begin{Bmatrix}30\\d\end{Bmatrix} = \max\begin{Bmatrix}30\\20\end{Bmatrix} = 30 \text{ mm}\right)$$

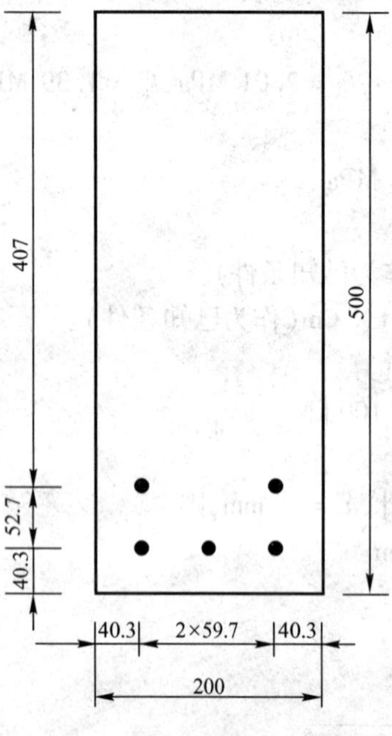

钢筋纵向层净距:

$$S_n = \max\begin{Bmatrix}30\\d\end{Bmatrix} = \max\begin{Bmatrix}30\\22\end{Bmatrix} = 30 \text{ mm}$$

- 实际 a_s 和 h_0。

第一层钢筋重心到截面下缘的距离:

$$a_{s1} = c + d_{1,\text{外}}/2 = 30 + 22.7/2 = 41.35 \text{ mm}$$

第二层钢筋重心到截面下缘的距离:

$$a_{s2} = a_{s1} + d_{1,\text{外}}/2 + S_n + d_{2,\text{外}}/2 = 41.35 + 22.7/2 + 30 + 22.7/2 = 94 \text{ mm}$$

实际 a_s:

$$a_s = \frac{A_{s1}a_{s1} + A_{s2}a_{s2}}{A_s} = \frac{942 \times 41.35 + 628 \times 94}{1570} = 62.4 \text{ mm}$$

实际 h_0:

$$h_0 = h - a_s = 400 - 62.4 = 337.6 \text{ mm}$$

- 计算配筋率:

$$\rho = \frac{A_s}{bh_0} = \frac{1570}{200 \times 337.6} = 2.3\% \geqslant$$

$$\rho_{\min}\left(= \max\begin{Bmatrix}0.45f_{td}/f_{sd}\\0.2\%\end{Bmatrix} = \max\begin{Bmatrix}0.45 \times 1.39/280\\0.2\%\end{Bmatrix} = 0.22\%\right)$$

- 受拉钢筋布置图:见图 4-10。

图 4-10 例题 4-2 截面钢筋布置图

(3) 截面复核。

按如图 4-10 所示截面实际配筋情况进行复核,复核时采用实际受拉钢筋面积、实际 h_0。

① 计算截面受压区高度 x:

$$x = \frac{f_{sd}A_s}{f_{cd}b} = \frac{280 \times 1570}{13.8 \times 200} = 162.8 \text{ mm} \leqslant$$

$$\xi_b h_0 (= 0.56 \times 337.6 = 189 \text{ mm})$$

满足要求。

② 计算抗弯承载力 M_u:

$$M_u = f_{cd}bx\left(h_0 - \frac{x}{2}\right) =$$
$$13.8 \times 200 \times 162.8 \times \left(337.6 - \frac{162.8}{2}\right) =$$
$$112.6 \text{ kN} \cdot \text{m} \geq M(=110 \text{ kN} \cdot \text{m})$$

满足抗弯承载要求。

4.3 双筋矩形截面抗弯承载力计算

在计算截面承受的弯矩组合计算值 M 较大,截面尺寸受到限制,并且混凝土强度不宜提高的情况下,当按单筋截面设计出现 $x > \xi_b h_0$ 时,应改用双筋截面。双筋截面通过在截面受压区配置受压钢筋协助混凝土承担压力达到 $x \leq \xi_b h_0$,从而使截面由超筋截面变为适筋截面。此外,当计算截面承受异号弯矩时,则必须采用双筋截面。

一般情况下,采用受压钢筋来承受截面的部分压力是不经济的。但是,受压钢筋的存在可以提高截面的延性,并可减少构件在长期荷载作用下的变形。

4.3.1 基本公式及适用条件

1. 基本公式

试验表明,双筋截面只要满足 $x \leq \xi_b h_0$,则仍具有适筋破坏特征,并且受压钢筋的应力一般也能达到其抗压强度。因此,在建立双筋截面承载力的计算公式时,受拉钢筋的应力取抗拉强度设计值 f_{sd},受压钢筋的应力一般取抗压强度设计值 f'_{sd},受压区混凝土仍采用等效矩形应力图形和混凝土抗压设计强度 f_{cd}。双筋矩形截面抗弯承载力计算的图式如图 4-11 所示。

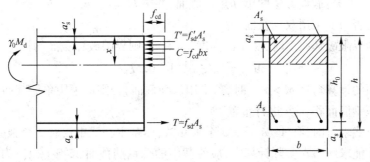

图 4-11 双筋矩形截面受弯构件正截面承载力计算图式

由计算截面上水平方向内力之和为 0 的平衡条件,可得到

$$f_{cd}bx + f'_{sd}A'_s = f_{sd}A_s \tag{4-16}$$

由计算截面上对受拉钢筋合力 T 作用点取力矩求得抗弯承载力 M_u,并代入式(4-7),可得到

$$\gamma_0 M_d \leq M_u = f_{cd}bx\left(h_0 - \frac{x}{2}\right) + f'_{sd}A'_s(h_0 - a'_s) \tag{4-17}$$

对受压钢筋合力 T' 作用点取力矩求得抗弯承载力 M_u,并代入式(4-7),可得到

$$\gamma_0 M_d \leq M_u = -f_{cd}bx\left(\frac{x}{2} - a'_s\right) + f_{cd}A_s(h_0 - a'_s) \tag{4-18}$$

式中,f'_{sd}——受压区钢筋的抗压强度设计值;

A'_s——受压区钢筋的截面面积；

a'_s——受压区钢筋合力点至截面受压边缘的距离。

2. 适用条件

（1）为了防止出现超筋梁情况，计算受压区高度应 x 满足

$$x \leq \xi_b h_0 \tag{4-19}$$

（2）为了保证受压钢筋 A'_s 达到抗压强度设计值 f'_{sd}，计算受压区高度 x 应满足

$$x \geq 2a'_s \tag{4-20}$$

在实际设计中，若求得 $x < 2a'_s$，则表明受压钢筋 A'_s 可能达不到其抗压强度设计值。《公桥桥规》（JTG D62—2004）规定此时可取 $x = 2a'_s$，即假定混凝土压应力合力作用点与受压钢筋 A'_s 合力作用点重合，对受压钢筋合力作用点取矩，可得到正截面抗弯承载力的近似表达式为

$$M_u = f_{sd} A_s (h_0 - a'_s) \tag{4-21}$$

双筋截面的配筋率 ρ 一般均能大于 ρ_{min}，所以往往不必再予计算。

4.3.2 计算方法

1. 截面设计

双筋截面设计的任务是确定受拉钢筋 A_s 和受拉钢筋 A'_s 的数量。利用基本公式进行截面设计时，仍取 $\gamma_0 M_d = M_u$ 来计算。

已知计算截面尺寸、材料强度级别、弯矩计算值 $M = \gamma_0 M_d$，求受拉钢筋面积 A_s 和受压钢筋面积 A'_s，并进行布置。

（1）假设 a_s 和 a'_s：假设方法同单筋矩形截面，并求 $h_0 = h - a_s$。

（2）判断是否需要采用双筋截面。

计算截面为界限破坏截面时，受压区高度 $x = \xi_b h_0$，则界限破坏截面的抗弯承载力为

$$M_{u,b} = f_{cd} b \xi_b h_0^2 (1 - 0.5\xi_b) \tag{4-22}$$

当计算截面的计算弯矩 $M > M_{u,b}$ 时，需采用双筋截面，否则可采用单筋截面。

（3）求受压钢筋面积 A'_s 并进行布置。

利用基本公式求解时，有 A'_s、A_s 及 x 3 个未知数，而基本公式中仅有 2 个独立方程，故尚需增加一个条件才能求解。在实际计算中，应使截面的总钢筋截面积（$A_s + A'_s$）为最小，为此，压力应尽量让混凝土承担，多余的压力由钢筋承担。为简便，一般增加 $x = \xi_b h_0$ 条件，再利用式(4-17)求得 A'_s，为

$$A'_s = \frac{M - f_{cd} b \xi_b h_0^2 (1 - 0.5\xi_b)}{f'_{sd}(h_0 - a'_s)} \tag{4-23}$$

选择受压钢筋直径和根数并按构造要求布置后，得到实际配筋面积 A'_s 和实际 a'_s。

（4）求受压区高度 x：根据实际配筋面积 A'_s、实际 a'_s，由式(4-17)求得

$$x = h_0 - \sqrt{h_0^2 - \frac{2[M - f'_{sd} A'_s (h_0 - a'_s)]}{f_{cd} b}} \tag{4-24}$$

（5）求受拉钢筋 A_s。

当 $2a'_s \leq x \leq \xi_b h_0$ 时，由式(4-16)求得 A_s 为

第4章 钢筋混凝土受弯构件持久状况承载能力极限状态设计——正截面承载力计算

$$A_s = \frac{f_{cd}bx + f'_{sd}A'_s}{f_{sd}} \quad (4-25)$$

当 $x \leqslant \xi_b h_0$，且 $x < 2a'_s$ 时，由式(4-21)求得 A_s 为

$$A_s = \frac{M}{f_{sd}(h_0 - a'_s)} \quad (4-26)$$

选择受拉钢筋直径和根数并按构造要求布置后，得到实际配筋面积 A_s 和实际 a_s。

2. 截面复核

已知截面尺寸、材料强度级别、钢筋面积 A_s 和 A'_s 及截面钢筋布置，求截面抗弯承载力 M_u 并进行复核。

(1) 由式(4-16)计算受压区高度：

$$x = \frac{f_{sd}A_s - f'_{sd}A'_s}{f_{cd}b} \quad (4-27)$$

(2) 计算截面抗弯承载力 M_u：

当 $2a'_s \leqslant x \leqslant \xi_b h_0$ 时，由式(4-17)或式(4-18)求得 $M_u \geqslant M$；

当 $x \leqslant \xi_b h_0$，且 $x < 2a'_s$ 时，由式(4-21)求得 $M_u \geqslant M$。

例题 4-3 双筋矩形截面设计算例。

1. 基本资料。

(1) 安全等级：二级，结构重要性系数 $\gamma_0 = 1.0$（查表 2-2）。

(2) 环境条件：Ⅰ类，受拉和受压钢筋的最小保护层厚度 $c_{min} = 30$ mm（查表 3-1）。

(3) 材料选择。

混凝土：C25, $f_{cu,k} = 25$ MPa, $f_{ck} = 16.7$ MPa, $f_{cd} = 11.5$ MPa,

$f_{tk} = 1.78$ MPa, $f_{td} = 1.23$ MPa, $E_c = 2.80 \times 10^4$ MPa。

钢筋：HRB335, $f_{sk} = 335$ MPa, $f_{sd} = f'_{sd} = 280$ MPa, $E_s = 2.0 \times 10^5$ MPa。

(4) 相对界限受压区度：$\xi_b = 0.56$（查表 4-1）。

2. 尺寸拟定：$b \times h = 200$ mm $\times 450$ mm（根据经验拟定，作为已知条件）。

3. 作用及作用效应计算：最大弯矩组合设计值 $M_d = 168$ kN·m（作为已知条件）。

4. 持久状况承载能力极限状态设计——正截面承载力计算。

(1) 选取控制截面：最大弯矩截面，计算弯矩 $M = \gamma_0 M_d = 168$ kN·m。

(2) 截面设计。

① 假设 a_s 和 a'_s。

采用绑扎钢筋骨架，受拉主筋按两层钢筋布置，受压钢筋按一层布置，假设

$a_s = 65$ mm, $a'_s = 40$ mm，则 $h_0 = h - a_s = 450 - 65 = 385$ mm

② 判断是否需要采用双筋截面：

$$\begin{aligned} M_{u,b} &= f_{cd}b\xi_b h_0^2(1 - 0.5\xi_b) = \\ &11.5 \times 200 \times 0.56 \times 385^2 \times (1 - 0.5 \times 0.56) = \\ &137.5 \text{ kN·m} < M(=168 \text{ kN·m}) \end{aligned}$$

应采用双筋截面。

③ 计算受压钢筋面积 A'_s 并进行布置。

• 计算受压钢筋面积 A'_s：

$$A'_s = \frac{M - f_{cd}b\xi_b h_0^2(1 - 0.5\xi_b)}{f_{sd}(h_0 - a'_s)} =$$

$$\frac{168 \times 10^6 - 11.5 \times 200 \times 0.56 \times 385^2 \times (1 - 0.5 \times 0.56)}{280 \times (385 - 40)} =$$

316.2 mm

- 布置受压钢筋。

选择钢筋:根据受压钢筋面积计算值和表1-4,选用3 ⌶ 16,直径 $d_压 = 16$ mm, $d_{压,外} = 18.4$ mm,实际 $A'_s = 603$ mm²。

混凝土保护层厚度: $c = \max \begin{Bmatrix} c_{min} \\ d_压 \end{Bmatrix} = \max \begin{Bmatrix} 30 \\ 16 \end{Bmatrix} = 30$ mm。

钢筋布置:按一层布置(图4-12),则受压钢筋横向间净距

$$S_n = \frac{b - 3d_{压,外} - 2c}{2} = \frac{200 - 3 \times 18.4 - 2 \times 30}{2} = 42.4 \text{ mm} \geq$$

$$S_{n,min}\left(= \max \begin{Bmatrix} 30 \\ d_压 \end{Bmatrix} = \max \begin{Bmatrix} 30 \\ 16 \end{Bmatrix} = 30 \text{ mm} \right)$$

实际 a'_s: $a'_s = c + d_{压,外}/2 = 30 + 8.4 = 39.2$ mm。

④ 计算受拉钢筋面积 A_s 并进行布置。

- 计算截面受压区高度 x:

$$x = h_0 - \sqrt{h_0^2 - \frac{2[M - f'_{sd}A'_s(h_0 - a'_s)]}{f_{cd}b}} =$$

$$385 - \sqrt{385^2 - \frac{2 \times [168 \times 10^6 - 280 \times 603 \times (385 - 36.095)]}{11.5 \times 200}} =$$

154.3 mm $\leq \xi_b h_0 (= 0.56 \times 385 = 215.6$ mm)

满足要求,并且 $x > 2a'_s(= 2 \times 39.2 = 78.4$ mm)。

- 计算受拉钢筋面积 A_s:

$$A_s = \frac{f_{cd}bx + f'_{sd}A'_s}{f_{sd}} = \frac{11.5 \times 200 \times 209.3 + 280 \times 603}{280} = 1870.2 \text{ mm}^2$$

- 选择并布置受拉钢筋。

选择钢筋:根据受拉钢筋面积计算值和表1-4,第一层选用3 ⌶ 22,直径 $d_1 = 22$ mm, $d_{1,外} = 25.1$ mm,实际 $A_{s1} = 1140$ mm²;第二层选用3 ⌶ 22,直径 $d_2 = 22$ mm, $d_{2,外} = 25.1$ mm,实际 $A_{s2} = 1140$ mm²;实际钢筋总面积 $A_s = A_{s1} + A_{s2} = 1140 + 1140 = 2280$ mm²。

混凝土保护层厚度: $c = \max \begin{Bmatrix} c_{min} \\ d \end{Bmatrix} = \max \begin{Bmatrix} 30 \\ 22 \end{Bmatrix} = 30$ mm。

钢筋布置:按两层布置(图4-12)。

第一层钢筋横向间净距:

$$S_{n1} = \frac{b - 3d_{1,外} - 2c}{2} = \frac{200 - 3 \times 25.1 - 2 \times 30}{2} = 32.35 \text{ mm} \geq$$

$$S_{n,min}\left(= \max \begin{Bmatrix} 30 \\ d \end{Bmatrix} = \max \begin{Bmatrix} 30 \\ 22 \end{Bmatrix} = 30 \text{ mm} \right)$$

第二层钢筋横向间净距同第一层,满足要求。
钢筋纵向层净距:

$$S_n = \max\begin{Bmatrix}30\\d\end{Bmatrix} = \max\begin{Bmatrix}30\\22\end{Bmatrix} = 30 \text{ mm}$$

实际 a_s 和 h_0:
第一层钢筋重心到截面下缘的距离

$$a_{s1} = c + d_{1,\text{外}}/2 = 30 + 25.1/2 = 42.55 \text{ mm}$$

第二层钢筋重心到截面下缘的距离

$$a_{s2} = a_{s1} + d_{1,\text{外}}/2 + S_n + d_{2,\text{外}}/2 = \\ 42.55 + 25.1/2 + 30 + 25.1/2 = 97.65 \text{ mm}$$

实际 a_s 为

$$a_s = \frac{A_{s1}a_{s1} + A_{s2}a_{s2}}{A_s} = \frac{1\,140 \times 42.55 + 1\,140 \times 97.65}{2\,280} = 70.1 \text{ mm}$$

实际 h_0 为

$$h_0 = h - a_s = 450 - 70.1 = 379.9 \text{ mm}$$

(3) 截面复核。
按如图 4-12 所示截面实际配筋情况进行复核。
① 计算截面受压区高度 x:

$$x = \frac{f_{sd}A_s - f'_{sd}A'_s}{f_{cd}b} = \frac{280 \times 2\,280 - 280 \times 603}{11.5 \times 200} = \\ 204.2 \text{ mm} \leqslant \xi_b h_0 (= 0.56 \times 379.9 = 212.74 \text{ mm})$$

满足要求,并且 $x > 2a'_s (= 2 \times 39.2 = 78.4 \text{ mm})$。
② 计算抗弯承载力 M_u:

$$\begin{aligned}M_u &= f_{cd}bx\left(h_0 - \frac{x}{2}\right) + f'_{sd}A'_s(h_0 - a'_s) = \\ &\quad 11.5 \times 200 \times 204.2 \times \left(379.9 - \frac{204.2}{2}\right) + \\ &\quad 280 \times 603 \times (379.9 - 39.2) = \\ &\quad 188 \text{ kN} \cdot \text{m} \geqslant M(=168 \text{ kN} \cdot \text{m})\end{aligned}$$

满足抗弯承载要求。

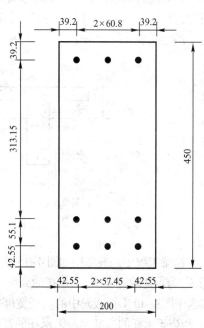

图 4-12 例题 4-3 截面钢筋布置图

4.4 T 形截面抗弯承载力计算

4.4.1 概述

1. T 形截面

矩形截面梁在破坏时,受拉区混凝土早已开裂,不再承担拉力,对截面的抗弯承载力不起作用。因此,可将受拉区混凝土挖去一部分,将受拉钢筋集中布置在剩余受拉区混凝土内,形成钢筋混凝土 T 形梁的截面(图 4-13),其承载能力与原矩形截面梁相同。这不仅可节省混凝土,而且可减轻梁自重,从而具有更大的跨越能力。

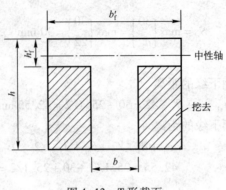

图 4-13　T 形截面

T 形截面一般由翼缘板(简称翼缘)和梁肋(或称梁腹、腹板)构成。当截面承受正弯矩作用时,翼缘受压(图 4-14(a));当截面承受负弯矩作用时,翼缘受拉,其承载能力与肋宽 b、梁高 h 的矩形截面梁相同(图 4-14(b))。

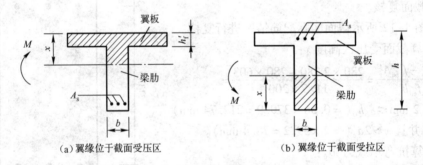

(a) 翼缘位于截面受压区　　　　(b) 翼缘位于截面受拉区

图 4-14　T 形截面的受压区位置

桥梁工程中一般常用如图 4-15 所示的 T 形截面梁,其中翼缘与梁肋交汇处为起加强作用的承托,b_h 为承托的宽度,h_h 为承托的高度。在过去,也常用如图 4-16 所示的变厚度翼缘 T 形截面梁,相当于图 4-15 T 形截面中的承托宽度等于悬臂翼缘的宽度。对于图 4-14(a)所示无承托 T 形截面,相当于承托的高度 $h_h=0$,承托的宽度等于悬臂翼缘的宽度。实际工程中不用无承托 T 形截面。一般是为了简化计算而把图 4-15 和图 4-16 的实际 T 形截面简化为无承托 T 形截面。

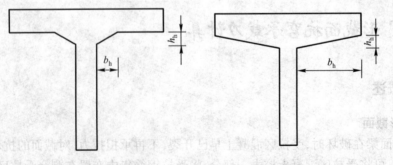

图 4-15　有承托 T 形截面　　　　图 4-16　变厚度翼缘 T 形截面

2. 等效T形截面

工程中常用的工字形梁、箱形梁和空心板等，在进行正截面抗弯承载力计算时，均可等效成T形截面来处理，等效的原则是等效前后的面积、惯性矩及形心位置不变。下面以空心板截面为例，介绍具体的等效方法。

设空心板板宽为b_f，截面高度为h，圆孔直径为D，孔洞面积形心轴距板截面上下缘距离分别为y_1和y_2，如图4-17所示。

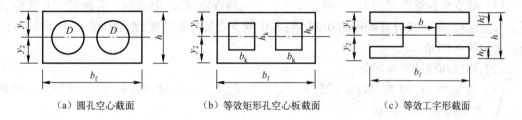

（a）圆孔空心截面　　　　（b）等效矩形孔空心板截面　　　　（c）等效工字形截面

图4-17　空心板截面换算成等效工字形截面

先根据面积、惯性矩不变的原则，将空心板的圆孔换算为$b_k \times h_k$的矩形孔，可按下列各式计算：

按面积相等　　　　　　　　$b_k h_k = \dfrac{\pi}{4} D^2$

按惯性矩相等　　　　　　　$\dfrac{1}{12} b_k h_k^3 = \dfrac{\pi}{64} D^4$

联立求解，可得到　　　　　$h_k = \dfrac{\sqrt{3}}{2} D, \quad b_k = \dfrac{\sqrt{3}}{6} \pi D$

然后在圆孔的形心位置和空心板截面宽度和高度都保持不变的条件下，可进一步得到等效的工字形截面尺寸：

上翼缘厚度　　　　$h_f' = y_1 - \dfrac{1}{2} h_k = y_1 - \dfrac{\sqrt{3}}{4} D$

下翼缘厚度　　　　$h_f = y_2 - \dfrac{1}{2} h_k = y_2 - \dfrac{\sqrt{3}}{4} D$

腹板厚度　　　　　$b = b_f - 2 b_k = b_f - \dfrac{\sqrt{3}}{3} \pi D$

在弯矩作用时，工字形截面总会有上翼缘或下翼缘位于受压区，故正截面抗弯承载力可按T形截面计算。

3. 计算时的受压翼缘计算厚度和计算宽度

正截面抗弯承载力计算时，受压翼缘的厚度和宽度的取值方法如下。

1）受压翼缘的计算厚度

对于如图4-15所示的有承托T形截面，一般可忽略承托的影响，翼缘计算厚度取h_f'。如图4-16所示的T形截面，受压翼缘计算厚度取翼缘根部厚度和悬臂端厚度的平均值$\overline{h_f'}$。对于等效T形截面的计算厚度显然取翼缘的等效厚度h_f'。

2）受压翼缘的有效宽度

T形截面中的翼缘受压时，由于剪力滞的影响，在翼缘宽度方向上纵向压应力的分布是不均匀的,如图4-18所示。为了方便计算,根据等效受力原则,把与梁肋共同工作的翼缘宽度限制在一定范围内,称为受压翼板的有效宽度(或计算宽度)b_f'。在b_f'宽度范围内的翼缘可以假定全部参与工作,其压应力均匀分布,在这个范围以外部分,则不考虑它参与受力。

截面抗弯承载力计算时,受压翼缘的宽度取有效宽度b_f'。《公桥桥规》(JTG D62—2004)对T形截面梁受压翼缘有效宽度b_f'的规定如下。

内梁的翼缘有效宽度b_f'取下列三者中最小值。

(1)简支梁计算跨径的1/3。对连续梁各中间跨弯矩区段,取该跨计算跨径的0.2倍;边跨正弯矩区段,取该跨计算跨径的0.27倍;各中间支点负弯矩区段,则取该支点相邻梁跨计算跨径之和的0.07倍。

(2)相邻两梁的平均间距。

(3)当$h_h/b_h \geq 1/3$时,取$(b+2b_h+12h_f')$;当$h_h/b_h < 1/3$时,取$(b+6h_h+12h_f')$。此处,b、b_h、h_h和h_f'分别见图4-19。

边梁受压翼缘板的有效宽度为相邻内梁翼缘有效宽度之半加上边梁肋宽之半,再加上外侧悬臂板平均厚度的6倍与外侧悬臂板实际宽度两者中的较小者。

此外《公桥桥规》(JTG D62—2004)还规定,对超静定结构进行作用(或荷载)效应分析时,T形截面梁的翼缘宽度可取实际全宽。

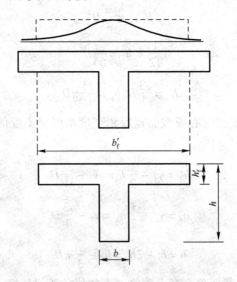

图4-18 T形梁受压翼缘的正应力分布

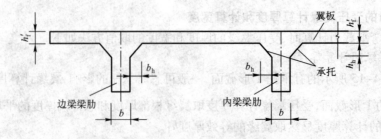

图4-19 T形截面受压翼缘有效宽度计算示意图

4.4.2 基本公式及适用条件

T形截面按受压区高度的不同可分为两类:受压区高度在翼板厚度内,即 $x \leqslant h'_f$(图4-20(a))为第一类T形截面;受压区已进入梁肋,即 $x > h'_f$(图4-20(b))为第二类T形截面。

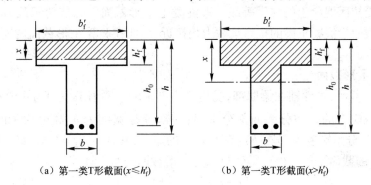

(a) 第一类T形截面($x \leqslant h'_f$)　　(b) 第一类T形截面($x > h'_f$)

图4-20　两类T形截面

下面介绍这两类单筋T形截面梁正截面抗弯承载力计算基本公式及适用条件。

1. 第一类T形截面

第一类T形截面,中性轴在受压翼板内,受压区高度 $x \leqslant h'_f$。此时,截面虽为T形,但受压区形状为宽 b'_f 的矩形,而受拉区截面形状与截面抗弯承载力无关,故以宽度为 b'_f 的矩形截面进行抗弯承载力计算。计算时只需将单筋矩形截面公式中梁宽 b 以翼缘板有效宽度 b'_f 置换即可。

由截面平衡条件(图4-21)得到基本计算公式:

$$f_{cd}b'_f x = f_{sd}A_s \tag{4-28}$$

$$\gamma_0 M_d \leqslant M_u = f_{cd}b'_f x \left(h_0 - \frac{x}{2}\right) \tag{4-29}$$

$$\gamma_0 M_d \leqslant M_u = f_{sd}A_s \left(h_0 - \frac{x}{2}\right) \tag{4-30}$$

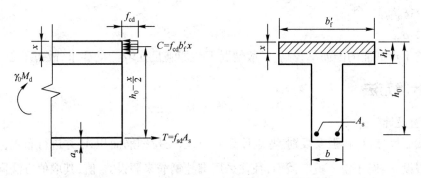

图4-21　第一类T形截面抗弯承载力计算图式

基本公式适用条件如下。

(1) $x \leqslant \xi_b h_0$。

由于一般T形截面的 h'_f 远小于 h_0,则 $h'_f \leqslant \xi_b h_0$ 一般都能满足。而对第一类T形截面来说,$x \leqslant h'_f$,所以 $x \leqslant \xi_b h_0$ 这个条件一般均能满足。

(2) $\rho \geqslant \rho_{\min}$。

这里的 $\rho = A_s/bh_0$,b 为 T 形截面的梁肋宽度。最小配筋率 $\rho_{\min}$ 是根据开裂后梁截面的抗弯承载力等于同样截面的素混凝土梁抗弯承载力这一条件提出的,而素混凝土梁的抗弯承载力主要取决于受拉区混凝土的强度等级。素混凝土 T 形截面梁的抗弯承载力与高度为 h、宽度为 b 的矩形截面素混凝土梁的抗弯承载力相接近,因此在验算 T 形截面的 $\rho_{\min}$ 时,近似地取梁肋宽 b 来计算。

2. 第二类 T 形截面

第二类 T 形截面,中性轴在梁肋部,受压区高度 $x > h'_f$,受压区为 T 形(图4-22),故可将受压区混凝土压应力的合力分为两部分求得:一部分是宽度为 b、高度为 x 的矩形,其合力 $C_1 = f_{cd}bx$,另一部分是宽度为 $(b'_f - b)$、高度为 h'_f 的矩形,其合力 $C_2 = f_{cd}h'_f(b'_f - b)$。

由图4-22的截面平衡条件可得到第二类 T 形截面的基本计算公式:

$$f_{cd}bx + f_{cd}h'_f(b'_f - b) = f_{sd}A_s \tag{4-31}$$

$$\gamma_0 M_d \leqslant M_u = f_{cd}bx\left(h_0 - \frac{x}{2}\right) + f_{cd}(b'_f - b)h'_f\left(h_0 - \frac{h'_f}{2}\right) \tag{4-32}$$

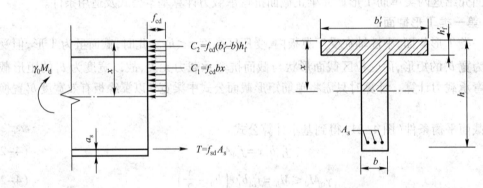

图4-22 第二类 T 形截面抗弯承载力计算图式

基本公式适用条件为:

(1) $x \leqslant \xi_b h_0$;

(2) $\rho \geqslant \rho_{\min}$。

第二类 T 形截面的配筋率较高,一般情况下均能满足 $\rho > \rho_{\min}$ 的要求,故可不必进行验算。

4.4.3 计算方法

1. 截面设计

已知截面尺寸、材料强度级别、弯矩计算值 M,求受拉钢筋面积 A_s 并进行布置。

(1) 假设 a_s:对于空心板等截面,往往采用绑扎钢筋来假设 a_s 值,其取值方法同单筋矩形截面。对于预制或现浇 T 形梁,往往多用焊接钢筋骨架,由于多层钢筋的叠高一般不超过 $(0.15 \sim 0.2)h$,故可假设 $a_s = 30 \text{ mm} + (0.07 + 0.1)h$。这样可得到有效高度 $h_0 = h - a_s$。

(2) 判定 T 形截面类型。

若满足

$$M \leqslant f_{cd} b'_f h'_f \left(h_0 - \frac{h'_f}{2} \right) \tag{4-33}$$

即弯矩计算值 M 小于或等于全部翼缘高度 h'_f 受压混凝土合力产生的力矩,则 $x \leqslant h'_f$,属于第一类 T 形截面,否则属于第二类 T 形截面。

① 当为第一类 T 形截面时。
- 由式(4-29)计算受压区高度 x,并要求满足 $x \leqslant \xi_b h_0$,此时取 $M_u = M$,

$$x = h_0 - \sqrt{h_0^2 - \frac{2M}{f_{cd} b'_f}} \leqslant \xi_b h_0 \tag{4-34}$$

并应满足 $x \leqslant h'_f$。

- 由式(4-28)计算受拉钢筋面积 A_s:

$$A_s = \frac{f_{cd} b'_f x}{f_{sd}} \tag{4-35}$$

- 选择钢筋直径和根数并按构造要求进行布置后,得到实际配筋面积 A_s、实际 a_s 及实际 h_0。计算实际配筋率 ρ,并应满足 $\rho \geqslant \rho_{min}$。

② 当为第二类 T 形截面时。
- 由式(4-32)计算受压区高度 x,并要求满足 $x \leqslant \xi_b h_0$,此时取 $M_u = M$,

$$x = h_0 - \sqrt{h_0^2 - \frac{2\left[M - f_{cd}(b'_f - b) h'_f \left(h_0 - \frac{h'_f}{2} \right) \right]}{f_{cd} b'_f}} \leqslant \xi_b h_0 \tag{4-36}$$

并应满足 $x > h'_f$。

- 由式(4-31)计算受拉钢筋面积 A_s:

$$A_s = \frac{f_{cd} b'_f x + f_{cd} h'_f (b'_f - b)}{f_{sd}} \tag{4-37}$$

- 选择钢筋直径和根数并按构造要求进行布置后,得到实际配筋面积 A_s、实际 a_s 及实际 h_0。计算实际配筋率 ρ,并应满足 $\rho \geqslant \rho_{min}$。

2. 截面复核

已知受拉钢筋截面面积及钢筋布置、截面尺寸和材料强度级别,要求复核截面的抗弯承载力。

(1)判定 T 形截面的类型。

若满足

$$f_{cd} b'_f h'_f \geqslant f_{sd} A_s \tag{4-38}$$

即钢筋所承受的拉力 $f_{sd} A_s$ 小于或等于全部受压翼板高度 h'_f 内混凝土压应力合力 $f_{cd} b'_f h'_f$,则 $x \leqslant h'_f$,属于第一类 T 形截面;否则属于第二类 T 形截面。

(2)当为第一类 T 形截面时。

① 由式(4-28)求受压区高度 x,并要求满足 $x \leqslant \xi_b h_0$。

$$x = \frac{f_{sd} A_s}{f_{cd} b'_f} \leqslant \xi_b h_0 \tag{4-39}$$

并要求 $x \leqslant h'_f$。

② 由式(4-29)求解正截面抗弯承载力,要求满足 $M_u \geqslant M$。

(3) 当为第二类 T 形截面时。

① 由式(4-31)求受压区高度 x,并要求满足 $x \leqslant \xi_b h_0$。

$$x = \frac{f_{sd}A_s - f_{cd}h'_f(b'_f - b)}{f_{cd}b'_f} \leqslant \xi_b h_0 \qquad (4-40)$$

并要求 $x > h'_f$。

② 由式(4-32),求解正截面抗弯承载力,要求满足 $M_u \geqslant M$。

例题 4-4 装配式钢筋混凝土简支 T 形梁桥内梁截面配筋设计计算例。

1. 基本资料。

(1) 安全等级:二级,结构重要性系数 $\gamma_0 = 1.0$(查表 2-2)。

(2) 环境条件:Ⅰ 类,受拉钢筋的最小保护层厚度 $c_{min} = 30$ mm(查表 3-1)。

(3) 材料选择。

混凝土:C25,$f_{cu,k} = 25$ MPa,$f_{ck} = 16.7$ MPa,$f_{cd} = 11.5$ MPa,$f_{tk} = 1.78$ MPa,$f_{td} = 1.23$ MPa,$E_c = 2.80 \times 10^4$ MPa。

钢筋:HRB335,$f_{sk} = 335$ MPa,$f_{sd} = f'_{sd} = 280$ MPa,$E_s = 2.0 \times 10^5$ MPa。

(4) 相对界限受压区度:$\xi_b = 0.56$(查表 4-1)。

2. 尺寸拟定(作为已知条件)。

计算跨径 $l = 21.6$ m,相邻两梁中心距为 1.6 m。

截面尺寸如图 4-23 所示,其中 $b = 160$ mm,$h = 1\,300$ mm,$h'_f = 100$ mm,$b_h = 700$ mm,$h_h = 40$ mm,括号内的数字为预制宽度值。

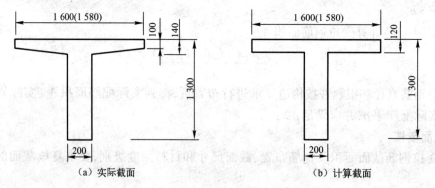

图 4-23 例 4-4 截面尺寸图(尺寸单位:mm)

3. 作用及作用效应计算:最大弯矩组合设计值 $M_d = 2\,200$ kN·m(作为已知条件)。

4. 持久状况承载能力极限状态设计——正截面承载力计算。

(1) 选取控制截面:最大弯矩截面,计算弯矩 $M = \gamma_0 M_d = 2\,200$ kN·m。

(2) 截面设计。

① 受压翼缘的平均厚度 h'_f 和有效宽度 b'_f:该主梁为内梁,则

$$\overline{h'_f} = \frac{140 + 100}{2} = 120 \text{ mm}$$

$$b'_f = \min \begin{cases} l/3 \\ \text{相邻两梁平均间距} \\ h_h/b_h = 40/700 < 1/3: b + 6b_h + 12h'_f \end{cases} =$$

$$\min \begin{Bmatrix} 19\,500/3 \\ 1\,600 \\ 180 + 6 \times 40 + 12 \times 100 \end{Bmatrix} = 1\,600 \text{ mm}$$

② 假设 a_s:该梁采用焊接钢筋骨架,受力主筋重心到梁底的距离 a_s 可假设为

$$a_s = 30 + 0.07h = 30 + 0.07 \times 1\,300 = 121 \text{ mm}$$

截面的有效高度则为 $\qquad h_0 = h - a_s = 1\,300 - 121 = 1\,179 \text{ mm}$。

③ 判断 T 形截面类型:

$$f_{cd}b'_f\overline{h'_f}(h_0 - \overline{h'_f}/2) = 11.5 \times 1\,600 \times 120 \times (1\,179 - 120/2) = 2\,470.75 \text{ kN} \cdot \text{m} > M(=2\,200 \text{ kN} \cdot \text{m})$$

为第一类 T 形截面。

④ 求受压区高度 x:

$$x = h_0 - \sqrt{h_0^2 - \frac{2M}{f_{cd}b'_f}} =$$

$$1\,179 - \sqrt{1\,179^2 - \frac{2 \times 2\,200 \times 10^6}{11.5 \times 1\,600}} =$$

$$106 \text{ mm} < \begin{cases} \overline{h'_f} = 120 \text{ mm} \\ \xi_b h_0 = 0.56 \times 1\,179 = 660.24 \text{ mm} \end{cases}$$

⑤ 求受拉主筋截面面积 A_s:

$$A_s = \frac{f_{cd}b'_f x}{f_{sd}} = \frac{11.5 \times 1\,600 \times 106}{280} = 6\,966 \text{ mm}^2$$

⑥ 选择并布置钢筋。

• 选择钢筋:根据钢筋面积计算值和表 1-4,第一至第四层每层选用 2 Φ 32,共 8 Φ 32,直径 $d_1 = 32$ mm,$d_{1,外} = 35.8$ mm,实际 $A_{s1} = 6\,434$ mm²;第五层至第六层每层选用 2 Φ 16,共 4 Φ 16,直径 $d_2 = 16$ mm,$d_{2,外} = 18.4$ mm,实际 $A_{s2} = 804$ mm²;实际钢筋总面积 $A_s = A_{s1} + A_{s2} = 6\,434 + 804 = 7\,238$ mm²。

• 混凝土保护层厚度:$c = \max \begin{Bmatrix} c_{\min} \\ d \end{Bmatrix} = \max \begin{Bmatrix} 30 \\ 32 \end{Bmatrix} = 32$ mm。

• 钢筋布置:焊接钢筋骨架,6 层布置(图 4-24)。

第一层至第四层钢筋横向间净距:

$$S_{n1} = \frac{b - 2d_{1,外} - 2c}{1} = \frac{200 - 2 \times 35.8 - 2 \times 32}{1} = 64.4 \text{ mm} \geqslant$$

$$S_{n,\min} \left(= \max \begin{Bmatrix} 40 \\ 1.25d \end{Bmatrix} = \max \begin{Bmatrix} 40 \\ 40 \end{Bmatrix} = 40 \text{ mm} \right)$$

满足构造要求。显然第五层至第六层钢筋横向间净距也满足构造要求。

• 实际 a_s 和 h_0。

第一层至第四层钢筋重心到截面下缘的距离:

$$a_{s1} = c + 2d_{1,外} = 32 + 2 \times 35.8 = 103.6 \text{ mm}$$

第五层至第六层钢筋重心到截面下缘的距离:

$$a_{s2} = a_{s1} + 2d_{1,\text{外}} + d_{2,\text{外}} =$$
$$103.6 + 2 \times 35.8 + 18.4 = 193.6 \text{ mm}$$

实际 a_s 为
$$a_s = \frac{A_{s1}a_{s1} + A_{s2}a_{s2}}{A_s} = \frac{6\,434 \times 103.6 + 804 \times 193.6}{7\,238} = 113.6 \text{ mm}$$

实际 h_0 为
$$h_0 = h - a_s = 1\,300 - 113.6 = 1\,186.4 \text{ mm}$$

- 计算配筋率：

$$\rho = \frac{A_s}{bh_0} = \frac{7\,238}{200 \times 1\,186.4} = 3\% \geqslant$$
$$\rho_{\min}\left(= \max\begin{Bmatrix}0.45f_{td}/f_{sd}\\0.2\%\end{Bmatrix} = \max\begin{Bmatrix}0.45 \times 1.23/280\\0.2\%\end{Bmatrix} = 0.2\%\right)$$

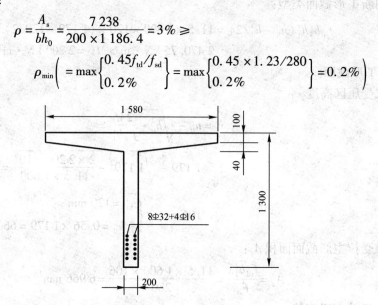

图 4-24 例 4-4 截面钢筋布置图(尺寸单位:mm)

(3) 截面复核。

按如图 4-24 所示截面实际配筋情况进行复核，复核时采用实际受拉钢筋面积，实际 h_0。

① 判断 T 形截面类型：
$$f_{cd}b'_f h'_f = 11.5 \times 1\,600 \times 120 = 2.21 \text{ kN} \cdot \text{m} \geqslant$$
$$f_{sd}A_s(= 7\,238 \times 280 = 2.03 \text{ kN} \cdot \text{m})$$

为第一类 T 形截面。

② 计算截面受压区高度 x：
$$x = \frac{f_{sd}A_s}{f_{cd}b'_f} = \frac{280 \times 7\,238}{11.5 \times 1\,600} = 1\,100 \text{ mm} \leqslant h'_f(= 120 \text{ mm})$$

③ 计算抗弯承载力 M_u：
$$M_u = f_{cd}b'_f x\left(h_0 - \frac{x}{2}\right) =$$
$$11.5 \times 1\,600 \times 110 \times \left(1\,186.4 - \frac{110}{2}\right) =$$
$$2\,290 \text{ kN} \cdot \text{m} \geqslant M(= 2\,200 \text{ kN} \cdot \text{m})$$

故截面复核满足要求。

例题 4-5 装配式钢筋混凝土简支空心板截面配筋设计算例。

1. 基本资料。
(1) 安全等级:二级,结构重要性系数 $\gamma_0 = 1.0$(查表 2-2)。
(2) 环境条件:Ⅰ类,受拉钢筋的最小保护层厚度 $c_{min} = 30$ mm(查表 3-1)。
(3) 材料选择。

混凝土:C25,$f_{cu,k} = 25$ MPa,$f_{ck} = 16.7$ MPa,$f_{cd} = 11.5$ MPa,$f_{tk} = 1.78$ MPa,$f_{td} = 1.23$ MPa,$E_c = 2.80 \times 10^4$ MPa。

钢筋:HRB400,$f_{sk} = 400$ MPa,$f_{sd} = f'_{sd} = 330$ MPa,$E_s = 2.0 \times 10^5$ MPa。

(4) 相对界限受压区度:$\xi_b = 0.53$(查表 4-1)。

2. 尺寸拟定(作为已知条件)。

截面尺寸如图 4-25 所示,其中 $b'_f = 1\,000$ mm,$h = 450$ mm,孔洞直径 $D = 300$ mm,孔洞中心距板截面上下缘距离分别为 $y_1 = 225$ mm 和 $y_2 = 225$ mm。

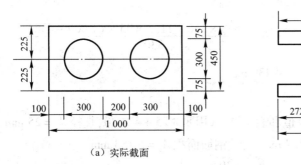

(a) 实际截面　　　　　　　　(b) 计算截面

图 4-25　例 4-5 截面尺寸图(尺寸单位:mm)

3. 作用及作用效应计算:最大弯矩组合设计值 $M_d = 500$ kN·m(作为已知条件)。
4. 持久状况承载能力极限状态设计——正截面承载力计算。
(1) 选取控制截面:最大弯矩截面,计算弯矩 $M = \gamma_0 M_d = 500$ kN·m。
(2) 截面设计。
① 等效 T 形截面(图 4-25(b))。

上翼缘厚度为 $\qquad h'_f = y_1 - \dfrac{\sqrt{3}}{4}D = 225 - \dfrac{\sqrt{3}}{4} \times 300 \approx 95$ mm;

下翼缘厚度为 $\qquad h_f \approx 95$ mm;

腹板厚度为 $\qquad b = b_f - \dfrac{\sqrt{3}}{3}\pi D = 1\,000 - \dfrac{\sqrt{3}}{3} \times 3.14 \times 300 \approx 456$ mm;

受压翼缘计算厚度即上翼缘厚度为 $\qquad h'_f \approx 95$ mm;

有效宽度为板实际宽度, $\qquad b'_f = 1\,000$ mm。

② 假设 a_s:该板采用一层绑扎钢筋骨架,$a_s = 40$ mm,则截面的有效高度为
$$h_0 = h - a_s = 450 - 40 = 410 \text{ mm}$$

③ 判断 T 形截面类型:
$$f_{cd} b'_f h'_f (h_0 - h'_f/2) = 11.5 \times 1\,000 \times 95 \times (410 - 95/2) =$$
$$396 \text{ kN·m} < M(= 500 \text{ kN·m})$$

为第二类 T 形截面。

④ 求受压区高度 x：

$$x = h_0 - \sqrt{h_0^2 - \frac{2\left[M - f_{cd}(b'_f - b)h'_f\left(h_0 - \frac{h'_f}{2}\right)\right]}{f_{cd}b'_f}} =$$

$$410 - \sqrt{410^2 - \frac{2\times[500\times10^6 - 11.5\times(1\,000-456)\times95\times(410-95/2)]}{11.5\times456}} =$$

$$166 \text{ mm} \begin{cases} > h'_f = 95 \text{ mm} \\ < \xi_b h_0 = 0.53\times410 = 217 \text{ mm} \end{cases}$$

⑤ 求受拉主筋截面面积 A_s：

$$A_s = \frac{f_{cd}bx + f_{cd}h'_f(b'_f - b)}{f_{sd}} =$$

$$\frac{11.5\times456\times166 + 11.5\times95\times(1\,000 - 456)}{330} =$$

$$4\,439 \text{ mm}^2$$

⑥ 选择并布置钢筋。

• 选择钢筋：根据钢筋面积计算值和表 1-4，选用 8⌀25 + 4⌀20，直径 $d_1 = 25$ mm, $d_{1,外} = 28.4$ mm；直径 $d_2 = 20$ mm, $d_{2,外} = 22.7$ mm；实际钢筋面积 $A_s = 5\,183$ mm²。

• 混凝土保护层厚度：$c = \max\begin{Bmatrix} c_{min} \\ d \end{Bmatrix} = \max\begin{Bmatrix} 30 \\ 25 \end{Bmatrix} = 25$ mm。

• 钢筋布置：绑扎钢筋骨架，一层布置（图 4-26）。

钢筋横向间净距：

$$S_n = \frac{b - 8d_{1,外} - 4d_{2,外} - 2c}{11} = \frac{1\,000 - 8\times28.4 - 4\times22.7 - 2\times30}{11} = 57 \text{ mm} \geqslant$$

$$S_{n,\min}\left(= \max\begin{Bmatrix} 30 \\ d \end{Bmatrix} = \max\begin{Bmatrix} 30 \\ 25 \end{Bmatrix} = 30 \text{ mm}\right)$$

满足构造要求。

• 实际 a_s 和 h_0：

$$a_s = c + d_{1,外}/2 = 30 + 28.4/2 = 44.2 \text{ mm}$$

$$h_0 = h - a_s = 450 - 44.2 = 434.2 \text{ mm}$$

(3) 截面复核。

按如图 4-26 所示截面实际配筋情况进行复核，复核时采用实际受拉钢筋面积、实际 h_0。

① 判断 T 形截面类型：

$$f_{cd}b'_f h'_f = 11.5\times1\,000\times95 =$$
$$1\,092.5 \text{ kN} < f_{sd}A_s(= 330\times4\,439 = 1\,464.87 \text{ kN})$$

为第二类 T 形截面。

② 计算截面受压区高度 x：

第4章 钢筋混凝土受弯构件持久状况承载能力极限状态设计——正截面承载力计算

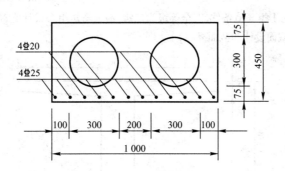

图 4-26 例 4-5 截面钢筋布置图(尺寸单位:mm)

$$x = \frac{f_{sd}A_s - f_{cd}h'_f(b'_f - b)}{f_{cd}b} =$$

$$\frac{330 \times 5\,183 - 11.5 \times 95 \times (1\,000 - 456)}{11.5 \times 456} =$$

$$212.83 \text{ mm}^2 \begin{cases} > h'_f = 95 \text{ mm} \\ < \xi_b h_0 = 0.53 \times 410 = 217 \text{ mm} \end{cases}$$

③ 计算抗弯承载力 M_u:

$$M_u = f_{cd}b'_f x \left(h_0 - \frac{x}{2}\right) + f_{cd}(b'_f - b)h'_f \left(h_0 - \frac{h'_f}{2}\right) =$$

$$11.5 \times 1\,000 \times 212.83 \times \left(410 - \frac{212.83}{2}\right) + 11.5 \times (1\,000 - 456) \times 95 \times \left(410 - \frac{95}{2}\right) =$$

$$958.5 \text{ kN} \cdot \text{m} \geqslant M(\ = 500 \text{ kN} \cdot \text{m})$$

故截面复核满足要求。

习题

4-1 钢筋混凝土受弯构件正截面破坏形态有哪几种? 各自有什么特点?

4-2 什么叫做钢筋混凝土受弯构件的截面相对受压区高度 ξ 和相对界限受压区高度 ξ_b? ξ_b 在正截面承载力计算中起什么作用?

4-3 在什么情况下可采用双筋截面?

4-4 名词解释:T 形截面、受压翼缘有效宽度。

4-5 在截面设计时,如何判定两类 T 形截面? 在截面复核时又如何判别?

4-6 截面尺寸 $b \times h = 20 \text{ mm} \times 500 \text{ mm}$ 的钢筋混凝土矩形截面梁,采用 C25 混凝土和 HRB335 级钢筋,I 类环境条件,安全等级为二级,最大弯矩组合设计值 $M_d = 145 \text{ kN} \cdot \text{m}$,试按单筋截面进行配筋设计(截面设计和截面复核)。

4-7 截面尺寸 $b \times h = 200 \text{ mm} \times 500 \text{ mm}$ 的钢筋混凝土矩形截面梁,采用 C20 混凝土和 HRB335 级钢筋,I 类环境条件,安全等级为一级,最大弯矩组合设计值 $M_d = 190 \text{ kN} \cdot \text{m}$,试按双筋截面进行配筋设计(截面设计和截面复核)。

4-8 计算跨径 $l = 12.6 \text{ mm}$ 的钢筋混凝土简支梁,中梁间距为 2.1 m,截面尺寸如图 4-27 所示,采用 C25

混凝土和 HRB335 级钢筋，Ⅰ类环境条件，安全等级为二级，最大弯矩组合设计值 $M_d = 1\,187\,\text{kN}\cdot\text{m}$，试按焊接钢筋骨架进行配筋设计(截面设计和截面复核)。

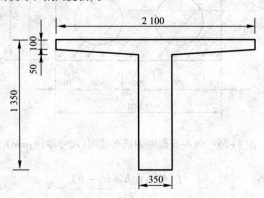

图 4-27　题 4-8 图(尺寸:mm)

第5章 钢筋混凝土受弯构件持久状况承载能力极限状态设计
——斜截面承载力计算

钢筋混凝土受弯构件受力后,在主要承受弯矩的区段内将产生竖向裂缝,如果它的抗弯能力不足,构件将沿正截面发生破坏。为此,钢筋混凝土受弯构件的设计必须进行正截面承载力计算,这在第4章中已介绍过。然而对受弯构件而言,在荷载作用下除了在各个截面上引起弯矩外,同时还伴随着剪力的作用,在弯曲正应力及剪应力的共同作用下,受弯构件中将产生与梁纵轴斜交的主拉应力及主压应力。因为混凝土的抗压强度较高,所以一般受弯构件当其截面尺寸不是太小时,将不会由于主压应力而引起梁的破坏。但当主拉应力较大时,则可能使构件沿着垂直于主拉应力方向产生斜裂缝,并导致沿斜截面发生破坏。因此,钢筋混凝土受弯构件除应进行正截面承载力计算外,尚需对弯矩和剪力同时作用区段,进行斜截面承载力计算,此乃本章所要叙述之内容。

为了防止梁沿斜截面发生破坏,除了在构造上使梁具有合理的截面尺寸外,并应采用横向配筋的方法来承受此项斜截面上的拉力。此种横向配筋的方法就是在受弯构件中配置箍筋和弯起钢筋(或斜筋)。一般将此类钢筋统称为梁的腹筋,也称抗剪钢筋。把配有纵向受拉钢筋和腹筋的梁称为有腹筋梁,而把仅配有纵向受拉钢筋而不设腹筋的梁称为无腹筋梁。在第3章受弯构件的构造中,已介绍了钢筋混凝土梁中箍筋和弯起钢筋(或斜筋)的构造要求。

5.1 钢筋混凝土受弯构件的斜截面承载力计算

5.1.1 钢筋混凝土梁沿斜截面破坏的主要形态

在讨论梁沿斜截面破坏的主要形态之前,首先介绍"剪跨比"的概念。剪跨比是一个无量纲常数,一般用 m 表示,为

$$m = \frac{M}{Vh_0} \tag{5-1}$$

式中,M 和 V——剪弯区段中某个竖直截面的弯矩和剪力;
h_0——该截面的有效高度。

一般把 m 的这个表达式称为"广义剪跨比"。

对于集中荷载作用下的简支梁(图 5-1),则可用更为简便的形式来表达。例如,图 5-1 中的 CC' 截面的剪跨比为

$$m = \frac{M_C}{V_C h_0} = \frac{a}{h_0} \tag{5-2}$$

式中,a——集中力作用点至简支梁最近的支座之间的距离,称为"剪跨"。

一般称 $m = a/h_0$ 为"狭义剪跨比"。

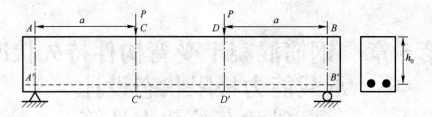

图 5-1　钢筋混凝土简支梁

试验研究表明,梁沿斜截面的破坏形态大致可分为以下 3 种情形。

1. 斜压破坏

试验指出,当荷载增加到一定程度后,首先在跨中出现细而短的受弯竖向裂缝及在支点附近剪跨范围内出现弯剪斜裂缝。随着荷载的继续增加,被弯剪斜裂缝分开的靠近支点的梁端部分,在加载点和支点连线附近的混凝土将被一系列平行的斜裂缝分割成许多倾斜的受压短柱,这些短柱最后在弯矩和剪力的共同作用下被压碎。此种破坏形态称为斜压破坏,如图 5-2(a)所示。

斜压破坏一般发生在剪力较大而弯矩较小的区段内,或者当梁内腹筋配置过多或当梁腹很薄时。对于无腹筋梁,往往发生在剪跨比比较小($m<1$)时。

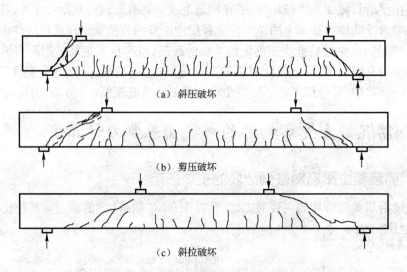

图 5-2　梁沿斜截面破坏的主要形态

2. 剪压破坏

这种破坏是最常见的斜截面破坏形态。斜裂缝是从先出现的竖向裂缝斜向延伸出来的,并随着荷载的增加向集中荷载的作用点处延伸。这种斜裂缝可能不止一条,但随着荷载的增加,在众多的斜裂缝中形成一条延伸较长、扩展较宽的主要斜裂缝,通常称为"临界斜裂缝"。当临界斜裂缝出现后,梁还能继续加载,但与斜裂缝相交的腹筋应力迅速增长而达到屈服强度,荷载主要由剪压区的混凝土承受。斜裂缝继续向上延伸,剪压区面积减小,最后使混凝土在弯矩和剪力的作用下,即在压应力和剪应力的复合作用下达到混凝土复合受力时的极限强度而破坏,这时剪压区混凝土有一些水平裂缝和混凝土碎渣。所以,当剪压破坏时所施加的荷载,明显大于斜裂缝出现时的荷载。此种破坏形态称为剪压破坏,如图 5-2(b)所示。

对于有腹筋梁,只要腹筋数量配置适当均可能发生剪压破坏。对于无腹筋梁,多见于剪跨比为 $1 \leqslant m \leqslant 3$ 的情况中。

3. 斜拉破坏

当斜裂缝一出现,很快形成临界裂缝,并迅速延伸到集中荷载作用点处,使梁斜向被拉断成两部分而破坏,这种破坏称为斜拉破坏(图 5-2(c))。斜拉破坏时所施加的荷载一般稍高于斜裂缝出现时的荷载。

斜拉破坏一般发生在无腹筋梁或腹筋配置量过少的有腹筋梁情况,且其剪跨比的数值较大($m > 3$)。这种破坏比较突然,具有明显的脆性性质,危险性较大,因此在设计中应采用构造措施避免发生斜拉破坏。

除上述 3 种主要的斜截面破坏形态外,还可能出现纵向受拉钢筋的锚固破坏,这一般是由于钢筋与混凝土的握裹锚固不够,在纵向钢筋尚未充分发挥其强度前即发生破坏,这是不符合结构设计的安全和经济要求的,一般可通过构造措施来防止。

5.1.2 斜截面抗剪承载力计算

如前所述,钢筋混凝土梁沿斜截面的主要破坏形态有斜压破坏、斜拉破坏和剪压破坏等。在设计时,对于斜压和斜拉破坏,一般是采用截面限制条件和一定的构造措施予以避免。对于常见的剪压破坏形态,梁的斜截面抗剪能力变化幅度较大,故必须进行斜截面抗剪承载力计算。《公路桥规》(JTG D62—2004)的基本公式就是针对这种破坏形态的受力特征而建立的。

1. 基本公式

《公路桥规》(JTG D62—2004)根据国内外的有关试验资料,对配有腹筋的钢筋混凝土梁斜截面抗剪承载力的计算采用如图 5-3 所示的计算图示,得到半经验半理论的公式:

$$\gamma_0 V_d \leqslant V_u = V_{cs} + V_{sb} \tag{5-3}$$

$$V_{cs} = \alpha_1 \alpha_2 \alpha_3 (0.45 \times 10^{-3}) bh_0 \sqrt{(2 + 0.6P) \sqrt{f_{cu,k}} \rho_{sv} f_{sv}} \tag{5-4}$$

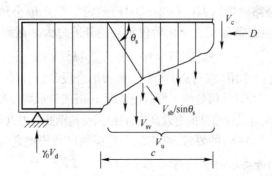

图 5-3 斜截面抗剪承载力计算图式

$$V_{sb} = (0.75 \times 10^{-3}) f_{sd} \sum A_{sb} \sin \theta_s \tag{5-5}$$

式中,V_d——斜截面受压端上由作用(或荷载)效应所产生的最大剪力组合设计值,kN;

V_u——斜截面抗剪承载力,kN;

V_{cs}——斜截面内混凝土和箍筋共同的抗剪承载力设计值,即 $V_{cs} = V_c + V_{sv}$,V_c 为斜截面内混凝土的抗剪承载力设计值,V_{sv} 为斜截面内箍筋的抗剪承载力设计值,kN;

V_{sb}——与斜截面相交的普通弯起钢筋抗剪承载力设计值,kN;

α_1——异号弯矩影响系数,计算简支梁和连续梁近边支点梁段的抗剪承载力时,$\alpha_1 = 1.0$;计算连续梁和连续梁近中间支点梁段的抗剪承载力时,$\alpha_1 = 0.9$;

α_2——预应力提高系数,对钢筋混凝土受弯构件,$\alpha_2 = 1.0$;

α_3——受压翼缘的影响系数,对具有受压翼缘的截面,$\alpha_3 = 1.1$;

b——斜截面受压端正截面处的矩形截面宽度,mm;或T形截面和I形截面腹板宽度,mm;

h_0——斜截面受压端正截面的有效高度,自纵向受拉钢筋合力点至受压边缘的距离,mm;

P——斜截面内纵向受拉钢筋的配筋百分率,$P = 100\rho$,$\rho = A_s / bh_0$,当 $P > 2.5$ 时,取 $P = 2.5$;

$f_{cu,k}$——混凝土立方体抗压强度标准值,MPa;

ρ_{sv}——斜截面内箍筋配箍率,$\rho_{sv} = A_{sv}/bS_v$;

f_{sv}——箍筋抗拉强度设计值,MPa;

f_{sd}——弯起钢筋抗拉强度设计值,MPa;

A_{sb}——斜截面内在同一个弯起钢筋平面内的弯起钢筋总截面面积,mm^2;

θ_s——弯起钢筋的切线与构件水平线的夹角。

这里需要指出的是式(5-3)~式(5-5)为半经验半理论公式,在使用时必须按规定的单位代入数值,计算得到的斜截面抗剪承载力 V_u 的单位为 kN。

2. 适用范围

式(5-3)~式(5-5)是根据剪压破坏形态发生时的受力特征和试验资料而制定的,仅在一定的条件下才适用,因而必须限定其适用范围,称为计算公式的上、下限值。

1) 上限值——截面的最小尺寸

当梁的截面尺寸较小而剪力过大时,可能在梁的肋部产生过大的主压应力,使梁发生斜压破坏。这种梁的抗剪承载力取决于混凝土的抗压强度及梁的截面尺寸,不能用增加腹筋数量来提高抗剪承载力。《公路桥规》(JTG D62—2004)规定了截面最小尺寸的限制条件,这种限制同时也为了防止梁特别是薄腹梁在使用阶段斜裂缝开展过大。截面尺寸应满足:

$$\gamma_0 V_d \leq (0.51 \times 10^{-3}) \sqrt{f_{cu,k}} bh_0 (kN) \tag{5-6}$$

式中,V_d——验算截面处由作用(或荷载)产生的剪力组合设计值,kN;

b——相应于剪力组合设计值处的矩形截面宽度,mm;或T形截面和I形截面腹板宽度,mm;

h_0——相应于剪力组合设计值处的有效高度,自纵向受拉钢筋合力点至受压边缘的距离,mm。

若验算截面不满足式(5-6)的要求,则应加大截面的尺寸或提高混凝土强度等级。

2) 下限值——按构造要求配置箍筋

钢筋混凝土梁出现斜裂缝后,斜裂缝处原来由混凝土承受的拉力全部传给箍筋承担,使箍筋的拉应力突然增大。如果配置的箍筋数量过少,则斜裂缝一出现,箍筋应力很快达到其屈服强度,不能有效地抑制斜裂缝的发展,甚至箍筋被拉断而导致斜拉破坏。当梁内配置一定数量的箍筋,且其间距又不过大,能保证与斜裂缝相交时,即可防止发生斜拉破坏。《公路桥规》(JTG D62—2004)规定,若符合下式,则不需要进行斜截面抗剪承载力的计算,而仅按构造要求配置箍筋：

$$\gamma_0 V_d \leqslant (0.5 \times 10^{-3}) f_{td} b h_0 (\text{kN}) \tag{5-7}$$

式中，f_{td}——混凝土轴心抗拉强度设计值，MPa。

对于板式受弯构件，式(5-7)右边计算值应乘以 1.25 的提高系数。关于箍筋的构造要求详见第 3 章相关内容。

5.1.3 斜截面抗弯承载力计算

受弯构件中纵向受拉钢筋的数量是按控制截面最大弯矩计算值计算的，实际弯矩沿梁长通常是变化的。从正截面抗弯角度来看，沿梁长各截面纵向钢筋数量也是随弯矩的减小而减少的，所以在实际工程中可以把纵向钢筋弯起或截断，但如果弯起或截断的位置不恰当，这时会引起斜截面的受弯破坏。下面介绍钢筋混凝土梁的斜截面抗弯承载力计算方法。

图 5-4 为斜截面抗弯承载力的计算图式。以受压区混凝土合力作用点 O（转动铰）为中心取矩，则得到斜截面抗弯承载力计算的基本公式为

$$\gamma_0 M_d \leqslant f_{sd} A_s Z_s + \sum f_{sd} A_{sb} Z_{sb} + \sum f_{sv} A_{sv} Z_{sv} \tag{5-8}$$

式中，M_d——斜截面受压端正截面的最大弯矩组合设计值；

A_s、A_{sv}、A_{sb}——与斜截面相交的纵向受拉钢筋、箍筋与弯起钢筋的截面面积；

Z_s、Z_{sv}、Z_{sb}——钢筋 A_s、A_{sv} 和 A_{sb} 的合力点对混凝土受压区中心点 O 的力臂。

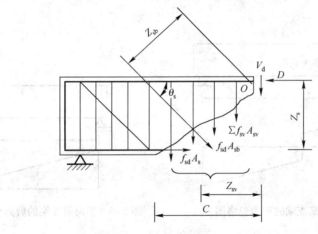

图 5-4 斜截面抗弯承载力计算图式

式(5-8)中的 Z_s、Z_{sv}、Z_{sb} 与混凝土受压区中心点位置 O 有关，斜截面顶端受压区高度 x 可由所有的力在水平投影上的平衡条件求得，即

$$f_{cd} A_c = f_{sd} A_s + \sum f_{sd} A_{sb} \cos \theta_s \tag{5-9}$$

式中，A_c——受压区混凝土面积，矩形截面取 $A_c = bx$，T 形截面取 $A_c = bx + (b'_f - b) h'_f$。

在确定最不利斜截面位置时，应在验算截面处自上而下沿斜向计算几个不同角度的斜截面，按下列条件确定最不利的斜截面位置：

$$\gamma_0 V_d = \sum f_{sd} A_{sb} \sin \theta_s + \sum f_{sv} A_{sv} \tag{5-10}$$

在实际设计中，一般可不具体按式(5-8)~式(5-10)来计算，而是采用构造规定来避免斜截面受弯破坏。《公路桥规》(JTG D62—2004)规定，钢筋混凝土梁当设置弯起钢筋时，受拉区弯起钢筋的弯起点应设在按正截面抗弯承载力计算充分利用该截面钢筋强度的截面以外不

小于 $h_0/2$ 处,此处 h_0 为梁有效高度。若弯起钢筋的弯起点满足此项要求,则可不进行斜截面抗弯承载力的计算。具体情况在 5.3 节进行介绍。

5.2 剪力包络图、弯矩包络图与抵抗弯矩图

在钢筋混凝土受弯构件腹筋设计时,要用到剪力包络图、弯矩包络图和抵抗弯矩图这些概念,所以在此先进行介绍。

5.2.1 剪力包络图

沿梁的长度方向各截面上设计剪力(或计算剪力)的分布图为设计剪力 V_d(或计算剪力 V)包络图,如图 5-5 所示,其纵坐标表示该截面上作用的最大设计剪力(或计算剪力)。其中,设计剪力 V_d 即剪力基本组合设计值,计算剪力 V 即剪力基本组合计算值,$V = \gamma_0 V_d$,γ_0 为结构重要性系数。

对于简支梁而言,设计(或计算)剪力包络图沿跨中截面成反对称形状(图 5-5),在实际应用中一般仅绘制半跨设计(或计算)剪力包络图(图 5-6)即可。半跨设计(或计算)剪力包络图可近似为一条直线,若以梁支点截面处为横坐标原点,则简支梁设计剪力包络图(图 5-6)可描述为

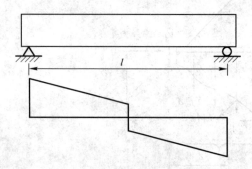 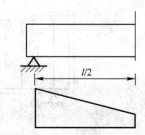

图 5-5 全跨简支梁的剪力包络图　　图 5-6 半跨简支梁的剪力包络图

$$V_{d,x} = V_{d,0} - \frac{V_{d,0} - V_{d,l/2}}{l/2} x = V_{d,0} - kx \tag{5-11}$$

式中,$V_{d,0}$ 为支点截面的设计剪力,$V_{d,l/2}$ 为跨中截面的设计剪力,$k = \frac{V_{d,0} - V_{d,l/2}}{l/2}$ 为直线的斜率。

同理,计算剪力包络图可描述为

$$V_x = V_0 - \frac{V_0 - V_{l/2}}{l/2} x = V_0 - kx \tag{5-12}$$

式中,V_0 为支点截面的设计剪力,$V_{l/2}$ 为跨中截面的设计剪力,$k = \frac{V_0 - V_{l/2}}{l/2}$ 为直线的斜率。

这样只要计算出支点截面和跨中截面的设计剪力(或计算剪力)即可确定简支梁的设计剪力(或计算剪力)包络图。

5.2.2 弯矩包络图

沿梁的长度方向各截面上设计弯矩(或计算弯矩)的分布图为设计弯矩 M_d(或计算弯矩 M)包络图,如图 5-7 所示,其纵坐标表示该截面上作用的最大设计弯矩(或计算弯矩)。其中,设计弯矩 M_d 即弯矩基本组合设计值,计算弯矩 M 即弯矩基本组合计算值,$M = \gamma_0 M_d$,γ_0 为结构重要性系数。

对于简支梁而言,设计(或计算)弯矩包络图沿跨中截面对称(图5-7),则一般仅绘制半跨设计(或计算)弯矩包络图(图5-8)即可。半跨设计(或计算)弯矩包络图可近似为抛物线,若以梁支点截面处为横坐标原点,则简支梁设计弯矩包络图(图5-8)可描述为

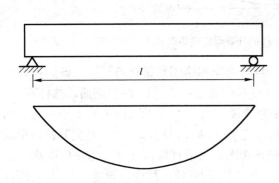

图 5-7 全跨简支梁的弯矩包络图

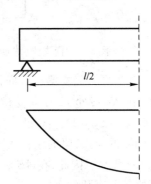

图 5-8 半跨简支梁的弯矩包络图

$$M_{d,x} = M_{d,l/2} \cdot \frac{4}{l^2} \cdot (lx - x^2) \tag{5-13}$$

同理,计算弯矩包络图可描述为

$$M_x = M_{l/2} \cdot \frac{4}{l^2} \cdot (lx - x^2) \tag{5-14}$$

由于简支梁支点截面处的弯矩为0,所以只要计算出跨中截面的设计弯矩(或计算弯矩),即可确定简支梁的设计弯矩(或计算弯矩)包络图。

关于计算简支梁控制截面上的内力组合设计值 (M_d, V_d) 或计算值 (M, V) 的方法,将在"桥梁工程"课程中介绍。

5.2.3 抵抗弯矩图

抵抗弯矩图,又称材料图,就是沿梁的长度方向各个正截面按实际配置的总受拉钢筋面积产生的抵抗弯矩图,即表示各个正截面所具有的抗弯承载力。

图 5-9 表示一等截面简支梁的计算弯矩包络图与抵抗弯矩图。图中曲线 aob 为在使用荷载作用下梁的计算弯矩包络图,曲线上任意一点的纵坐标值即表示该点所在截面所需要承受的最大计算弯矩值。按跨中最大计算弯矩值经正截面抗弯承载力计算后需配置 2Φ25 + 2Φ12 的纵向受拉钢筋,若此 4 根钢筋全部沿梁长通长布置,则沿跨长方向任意正截面的抗弯承载力大小均相等,于是可绘制一条水平线 $a'o'b'$,这就形成了该梁的实际抵抗弯矩图。在进行构件的截面设计时,梁内实际配置的纵向钢筋的截面面积通常都略大于计算弯矩值,例如,图 5-9 中跨中截面处的实际抗弯承载力 o' 点的弯矩值一般略大于计算弯矩包络图 5-9 中 o 点的弯矩值。

从图 5-9 中可以看出，由于计算弯矩包络图中跨中 o 点的弯矩值最大，离 o 点越远弯矩值越小，在支点处弯矩值为 0。这样，除 o 点截面外，梁上多数截面处的纵向钢筋并未被充分利用，这就说明纵向钢筋沿梁长通长布置是不经济的。因此，从正截面抗弯承载力来考虑，把纵向受拉钢筋按计算弯矩值的变化在梁内适当位置弯起或截断是经济和合理的。

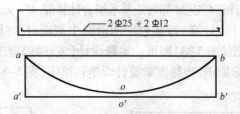

图 5-9　简支梁（纵筋不弯起、不截断）的计算弯矩包络图和抵抗弯矩图

图 5-10 为同一简支梁在纵向钢筋弯起后的计算弯矩包络图和抵抗弯矩图。该梁在跨中截面布置 $2\underline{\Phi}25+2\underline{\Phi}12$ 纵向受拉钢筋，在 C、D 点对称地弯起 $2\underline{\Phi}12$ 纵向钢筋。这样在 CD 段共有 $2\underline{\Phi}25+2\underline{\Phi}12$ 钢筋，抵抗弯矩图是水平直线段 cd，在 AE 和 FB 段（E 和 F 点为弯起钢筋与梁纵轴线的交点，梁的纵轴线可近似地取梁高之半，即 $h/2$）只有 $2\underline{\Phi}25$ 钢筋，其抗弯承载力必然比 CD 段小。因此，在 AE 和 FB 段的抵抗弯矩图是水平直线 ae 和 fb。在 EC 和 DF 段，纵向钢筋弯起而离开截面的下缘，但因仍位于中性轴以下的受拉区故尚能承受一些弯矩，所以抵抗弯矩图分别以斜线 ec 和 df 相连。在 GE 和 FH 段，因纵向钢筋已弯起而进入截面的受压区，故不再考虑其抗弯承载力。

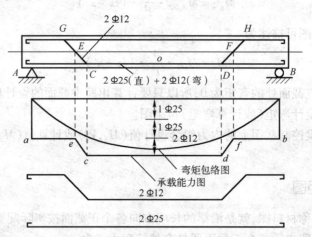

图 5-10　简支梁（纵筋弯起）的计算弯矩包络图和抵抗弯矩图

对于钢筋混凝土简支梁而言，由于纵向钢筋一般是沿跨中截面对称地弯起或截断，故其抵抗弯矩图也是沿跨中截面对称的。因此，在实际工程中，一般仅绘制半跨抵抗弯矩图。

5.3　钢筋混凝土等高度简支梁的腹筋设计

钢筋混凝土等高度简支梁的设计工作主要包括截面尺寸设计和配筋设计两部分。因为截面尺寸一般是根据以往经验而进行拟定的，所以设计的主要工作是进行配筋设计。由第 3 章梁内的钢筋部分可知,梁内纵向受拉钢筋和腹筋(包括弯斜筋和箍筋)为受力钢筋,需要通过计算进行配置,其他钢筋为构造钢筋,按构造要求进行配置。第4章介绍了纵向受拉钢筋(即抗弯钢筋)的配置计算方法,下面介绍腹筋的配置计算方法。钢筋混凝土梁的腹筋设计包括腹筋初步设计和全梁承载力校核两部分。

在钢筋混凝土梁的腹筋设计时,需已知条件:梁的截面尺寸和计算跨径、混凝土强度等级、纵向受拉钢筋和箍筋的抗拉强度设计值、跨中截面纵向受拉钢筋布置、梁的计算剪力包络图(图 5-11)。

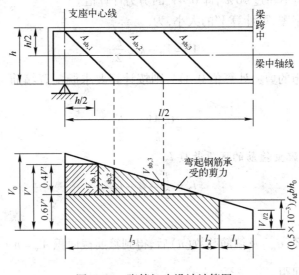

图 5-11 腹筋初步设计计算图

5.3.1 腹筋初步设计

1. 截面尺寸检查

由梁的计算剪力包络图 5-11 可知,支点处截面的计算剪力最大,所以一般选取该截面进行尺寸检查。

考虑到梁支座处的支承反力较大和纵向受拉钢筋的锚固要求,《公路桥规》(JTG D62—2004)规定,在钢筋混凝土梁的支点处,应至少有两根并且不少于总数 1/5 的下层受拉主钢筋通过。根据此项规定,确定通过支点处的受拉主钢筋,从而可计算出支点截面的有效高度。根据已知条件和支点处的最大剪力计算值 $V_0 = \gamma_0 V_{d,0}$,按照公式(5-6)对支点处截面尺寸进行检查,若不满足,必须修改截面尺寸或提高混凝土强度等级,以满足公式(5-6)的要求。

2. 计算剪力包络图分配

1) 按构造要求配置箍筋的区段长度 l_1

由梁的计算剪力包络图 5-11 可知,跨中截面的计算剪力最小,所以一般选取该截面计算按构造要求配置箍筋的区段长度。

由式(5-7)求得按构造要求配置箍筋的剪力 $V'' = (0.5 \times 10^{-3}) f_{td} b h_0$,其中 b 和 h_0 取跨中截面计算值。根据计算剪力包络图可得到按构造要求配置箍筋的区段长度 l_1(图 5-11)为

$$l_1 = \frac{V'' - V_{l/2}}{k} \tag{5-15}$$

式中,$k = \dfrac{V_0 - V_{l/2}}{l/2}$。

2) 按计算要求配置箍筋和弯起钢筋的区段长度 l_3

在支点和按构造要求配置箍筋区段之间的计算剪力包络图中的计算剪力应该由混凝土、箍筋和弯起钢筋共同承担,但各自承担多大的比例,涉及计算剪力包络图面积的合理分配问题。《公路桥规》(JTG D62—2004)规定:最大剪力计算值取用距支座中心 $h/2$(梁高一半)处截面的数值(记做 V'),其中混凝土和箍筋共同承担不少于 60%,即 $0.6V'$ 的剪力计算值;弯起钢筋(按 45°弯起)承担不超过 40%,即 $0.4V'$ 的剪力计算值。

根据计算剪力包络图,可计算 V' 的大小,为

$$V' = V_0 - k \cdot \dfrac{h}{2} \tag{5-16}$$

若取弯起钢筋承担的剪力计算值 $0.4V'$,则按计算要求既配置箍筋又配置弯起钢筋的区段长度 l_3(图 5-11)为

$$l_3 = \dfrac{0.4V'}{k} + \dfrac{h}{2} \tag{5-17}$$

3) 按计算要求仅配置箍筋的区段长度 l_2

$$l_2 = \dfrac{l}{2} - l_1 - l_3 \tag{5-18}$$

3. 箍筋设计

当选择了箍筋直径(d_{sv})及箍筋肢数(n)后,得到箍筋截面积 $A_{sv} = n \cdot \dfrac{\pi}{4} d_{sv}^2$,则箍筋的设计工作主要是确定箍筋间距。

《公路桥规》(JTG D62—2004)规定:支座中心向跨径方向长度不小于一倍梁高范围内,即 $(0 \sim h)$ 范围内,箍筋间距不宜大于 100 mm。

区段 l_1 为按构造要求配置箍筋,箍筋间距构造要求见 3.3 节。

区段 $(l_2 + l_3 - h)$ 为按计算要求配置箍筋。若取混凝土和箍筋共同的抗剪能力 $V_{cs} = 0.6V'$,由式(5-4)可得到

$$0.6V' = \alpha_1 \alpha_3 (0.45 \times 10^{-3}) b h_0 \sqrt{(2 + 0.6P)} \sqrt{f_{cu,k} \rho_{sv} f_{sv}} \tag{5-19}$$

解得斜截面内配箍率为

$$\rho_{sv} = \dfrac{1.78 \times 10^6}{(2 + 0.6P) \sqrt{f_{cu,k}} f_{sv}} \left(\dfrac{V'}{\alpha_1 \alpha_3 b h_0} \right)^2 \tag{5-20}$$

箍筋计算间距为

$$S_v = \dfrac{A_{sv}}{b \cdot \max(\rho_{sv}, \rho_{sv,\min})} \tag{5-21}$$

取整并满足规范构造要求后,即可确定区段 $(l_2 + l_3 - h)$ 内的箍筋间距,其中 $\rho_{sv,\min}$ 为《公路桥规》(JTG D62—2004)规定的最小配箍率(见 3.3 节)。

4. 弯起钢筋的数量及初步的弯起位置

弯起钢筋是由纵向受拉钢筋弯起而成,常对称于梁跨中截面成对弯起,以承担计算剪力包络图中分配的计算剪力。

根据梁斜截面抗剪要求,所需的第 i 排弯起钢筋的截面面积,要根据图 5-11 分配的、应由

第 i 排弯起钢筋承担的计算剪力值 $V_{sb,i}$ 来决定。由式(5-5)且仅考虑弯起钢筋,则可得到

$$V_{sb,i} = (0.75 \times 10^{-3}) f_{sd} A_{sb,i} \sin \theta_s \tag{5-22}$$

$$A_{sb,i} = \frac{1333.33 V_{sb,i}}{f_{sd} \sin \theta_s} (mm^2) \tag{5-23}$$

对于式(5-23)中的计算剪力 $V_{sb,i}$ 的取值方法,《公路桥规》(JTG D62—2004)规定如下。

(1) 计算第一排(即图5-11中所示 $A_{sb,1}$)时,取用距支座中心 $h/2$ 处由弯起钢筋承担的那部分剪力计算值 $0.4V'$。

(2) 计算以后每一排弯起钢筋时,取用前一排弯起钢筋弯起点处由弯起钢筋承担的那部分剪力值。

同时,《公路桥规》(JTG D62—2004)对弯起钢筋的弯角及弯筋之间的位置关系有以下要求。

(1) 钢筋混凝土梁的弯起钢筋一般与梁纵轴线成45°角。弯起钢筋以圆弧弯折,圆弧半径(以钢筋轴线为准)不宜小于20倍钢筋直径。

(2) 简支梁第一排(从支座向跨中计算)弯起钢筋的末端弯折点应位于支座中心截面处(图5-11),以后各排弯起钢筋的末端弯折点应落在或超过前一排弯起钢筋弯起点截面。

根据《公路桥规》(JTG D62—2004)的上述要求及规定,可以初步确定弯起钢筋的位置及要承担的计算剪力值 $V_{sb,i}$,从而由式(5-23)计算得到所需的每排弯起钢筋的数量。根据每排弯起钢筋的数量,确定具体的弯起钢筋,数量不够可加焊斜筋。

5.3.2 全梁承载力校核

对基本设计好的钢筋混凝土梁进行全梁承载力校核,就是进一步检查梁截面的正截面抗弯承载力、斜截面抗弯承载力和斜截面抗剪承载力是否满足要求。

1. 正截面抗弯承载力和斜截面抗弯承载力检查

由于部分钢筋弯起了,正截面抗弯承载力和斜截面抗弯承载力不一定满足了,所以需要进行检查。正截面抗弯承载力和斜截面抗弯承载力的检查是采用抵抗弯矩图外包计算弯矩图的图解方法进行检查的。

1) 绘制计算弯矩包络图

对于如图5-12所示的半跨简支梁,其计算弯矩包络图的绘制方法见5.2节弯矩包络图部分内容。绘制的计算弯矩包络图如图5-12所示。

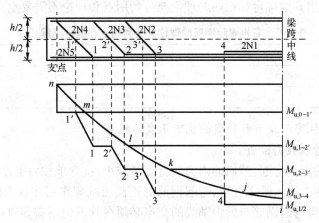

图5-12 计算弯矩包络图与抵抗弯矩图

2) 绘制抵抗弯矩图

对于如图 5-12 所示的配筋半跨简支梁,其受拉钢筋数量沿梁长的变化情况如图 5-13 所示。根据 4.4 节介绍的方法计算图 5-13 配筋截面的抗弯承载力,并按 5.2 节抵抗弯矩图部分内容绘制抵抗弯矩图,绘制的抵抗弯矩图如图 5-12 所示。

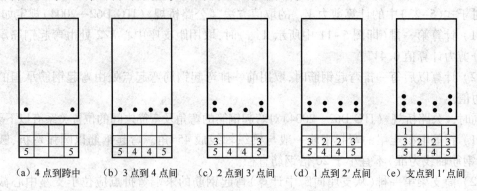

图 5-13　沿梁长方向截面受拉主筋的变化

3) 确定各排弯起钢筋的理论充分利用点和理论不需要点

在进行正截面抗弯承载力和斜截面抗弯承载力检查时,需要确定各排弯起钢筋的理论充分利用点和理论不需要点。

以图 5-12 中的 2N2 弯起钢筋为例介绍如何确定弯起钢筋的理论充分利用点和理论不需要点。2N2 弯起钢筋的起弯点为 3 点,与梁纵中轴线的交点为 3′点。

3 点到 4 点间梁截面的纵向受拉钢筋包含 2N2 钢筋,其抗弯承载力为 $M_{u,3\sim4}$,则沿图 5-12 中的 $M_{u,3\sim4}$ 绘出的水平线与计算弯矩包络图的交点 j 即为 2N2 钢筋的理论充分利用点。在充分利用点 j 处截面,计算弯矩等于 $M_{u,3\sim4}$,而从 j 点到支点间的截面计算弯矩均小于 $M_{u,3\sim4}$,也就是说从理论上讲从 j 点处截面 2N2 钢筋就可以弯起了。

若不考虑受压区钢筋对抗弯承载力的贡献,则 2 点到 3′点梁截面的纵向受拉钢筋不包含 2N2 钢筋,其抗弯承载力为 $M_{u,2\sim3'}$,则沿图 5-12 中的 $M_{u,2\sim3'}$ 绘出的水平线与计算弯矩包络图的交点 k 即为 2N2 钢筋的理论不需要点。从 k 点到支点间的截面计算弯矩均小于 $M_{u,2\sim3'}$,也就是说从理论上讲从 k 点处截面 2N2 钢筋就可以取消不要了。

同理,可以确定出其他排弯起钢筋的理论充分利用点和理论不需要点,如表 5-1 所示。

表 5-1　各排弯起钢筋的理论充分利用点和理论不需要点

钢　筋	2N2	2N3	2N4	2N5
理论充分利用点	j	k	l	m
理论不需要点	k	l	m	n

4) 进行正截面抗弯承载力和斜截面抗弯承载力检查

(1) 正截面抗弯承载力检查。

随着弯起钢筋的逐渐弯起,截面的内力偶臂逐渐减小,抗弯承载力也逐渐减小。只有当弯筋穿过梁中轴线基本上进入受压区后,弯起钢筋的正截面抗弯作用才认为消失。为了保证正截面抗弯承载力,每排弯起钢筋与梁中轴线的交点必须在其理论不需要点以外。对于图 5-12 所示弯筋,为了保证正截面抗弯承载力,则要求 3′、2′、1′分别处于 k、l、m 之外。

(2) 斜截面抗弯承载力检查。

为了保证斜截面抗弯承载力,每排弯起钢筋只能在距其理论充分利用点的距离 $s \geq h_0/2$ 处起弯。也就是说,要求每排弯起钢筋的起弯点与其理论充分利用点之间的距离 $s \geq h_0/2$。对于图 5-12 所示弯筋,为了保证斜截面抗弯承载力,则要求 $s_{3\sim j} \geq h_0/2, s_{2\sim k} \geq h_0/2, s_{1\sim l} \geq h_0/2$。

5) 弯起钢筋的起弯点位置调整与纵向受拉钢筋的截断与锚固

(1) 弯起钢筋的起弯点位置调整。

由图 5-12 可以看出,一部分纵向钢筋弯起后,所剩下的纵向钢筋数量减少,正截面抗弯承载力也相应减小。如果抵抗弯矩图切入弯矩包络图,则表明在切入处正截面抗弯承载力不足,此时就应将纵筋继续向支点方向延伸而推迟弯起;如果抵抗弯矩图外离弯矩包络图,则表明纵筋弯起后正截面抗弯承载力尚有富余。若抵抗弯矩图与弯矩包络图相切,则表明此梁设计是最经济合理的。

在正截面抗弯承载力和斜截面抗弯承载力检查结果的基础上,并考虑经济性,进行弯起钢筋起弯点的调整。调整过程中,为了保证弯起钢筋能首尾相接,必要时可加焊斜筋。

(2) 纵向受拉钢筋的截断与锚固。

当梁的抵抗弯矩图离开计算弯矩包络图时,除了将纵向钢筋弯起来以承受剪力,有时也可将纵筋在适当位置截断,如图 5-12 中的 2N1 钢筋。当将纵筋截断时,应在其端部保留一定的锚固长度,以保证钢筋与混凝土之间有足够的握裹力,否则纵筋将可能因锚固不足而发生滑移,甚至有可能从混凝土中被拔出,从而使截面的承载能力大大降低,并可能导致锚固破坏。钢筋锚固长度规定见表 1-8。

2. 斜截面抗剪承载力复核

上述介绍的腹筋的初步设计仅仅是根据近支座斜截面上的作用效应(即计算剪力包络图)进行的,并不能得出梁间其他斜截面抗剪承载力一定大于或等于相应的剪力计算值。再者在正截面抗弯承载力和斜截面抗弯承载力检查时,根据检查结果对弯起钢筋的弯起点进行了调整,所以应该对已配置腹筋的梁进行斜截面抗剪承载力复核。

对已基本设计好腹筋的钢筋混凝土简支梁的斜截面抗剪承载力复核,采用式(5-3)至式(5-5)进行。在进行斜截面抗剪承载力复核时,应注意以下问题。

1) 斜截面抗剪承载力复核截面的选择

《公路桥规》(JTG D62—2004)规定,在进行钢筋混凝土简支梁斜截面抗剪承载力复核时,其复核位置应按照下列规定选取:

(1) 距支座中心 $h/2$(梁高一半)处的截面(图 5-14 中的截面 1-1);

(2) 受拉区弯起钢筋弯起处的截面(图 5-14 中的截面 2-2、3-3),以及锚固于受拉区的纵向钢筋开始不受力处的截面(图 5-14 中的截面 4-4);

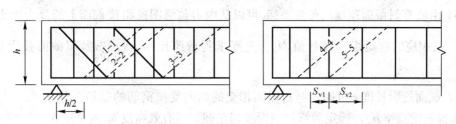

图 5-14 斜截面抗剪承载力的复核截面位置示意图

(3) 箍筋数量或间距有变动处的截面(图5-14中的截面5-5);
(4) 梁的肋板宽度改变处的截面。

2) 斜截面顶端位置的确定

按照式(5-3)至式(5-5)进行斜截面抗剪承载力复核时,式中的 V_d、b 和 h_0 均指斜截面顶端位置处的数值。但选择复核截面时仅指出了斜截面底端的位置,而此时通过底端的斜截面的方向角 β(如图5-15中的 b 点)是未知的,它受到斜截面投影长度 c 的控制(图5-15)。同时,式(5-3)至式(5-5)计入斜截面抗剪承载力计算的箍筋和弯起钢筋(斜筋)的数量,也受到斜截面投影长度 c 的控制。

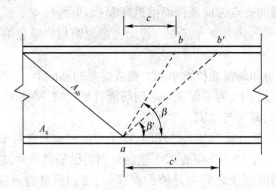

图5-15 斜截面投影长度

斜截面投影长度 c 是自纵向钢筋与斜裂缝底端相交点至斜裂缝顶端距离的水平投影长度,其大小与有效高度 h_0 和剪跨比 $m\dfrac{M_d}{V_d h_0}$ 有关。根据国内外的试验资料,《公路桥规》(JTG D62—2004)建议斜截面投影长度的计算式为

$$c = 0.6mh_0 = 0.6\frac{M_d}{V_d} \tag{5-24}$$

式中,m——斜截面受压端正截面处的广义剪跨比,当 $m>3$ 时,取 $m=3$;

V_d——通过斜截面顶端正截面的剪力组合设计值;

M_d——相应于上述最大剪力组合设计值的弯矩组合设计值。

由此可见,只有通过试算的方法当算得的某一水平投影长度 c' 值正好或接近斜截面底端 a 点时(图5-15),才能进一步确定验算斜截面的顶端位置。

采用试算法确定斜截面的顶端位置的工作过于麻烦,也可采用下述简化计算方法。

(1) 按照图5-14来选择斜截面底端位置。

(2) 以底端位置向跨中方向取距离为 h_0 的截面,认为验算斜截面顶端就在此正截面上。

(3) 由验算斜截面顶端的位置坐标,可以从内力包络图推得该截面上的最大剪力组合设计值 $V_{d,x}$ 及相应的弯矩组合设计值 $M_{d,x}$,进而求得剪跨比 $m = \dfrac{M_{d,x}}{V_{d,x} h_0}$ 及斜截面投影长度 $c = 0.6mh_0$。

由斜截面投影长度 c 可确定与斜截面相交的纵向受拉钢筋的配筋百分率 P、弯起钢筋数量 A_{sb} 和箍筋配箍率 ρ_{sv}。确定验算斜截面顶端正截面的有效高度 h_0 及宽度 b。

(4) 将上述各值及与斜截面相交的箍筋和弯起钢筋数量代入式(5-3)至式(5-5),即可进行斜截面抗剪承载力复核。

上述简化计算方法,实际上通过已知的斜截面底端位置,近似确定斜截面顶端位置,从而减少了斜截面投影长度 c 的试算工作量。

习题

5-1 钢筋混凝土受弯构件沿斜截面破坏的形态有哪几种?各在什么情况下发生?

5-2 钢筋混凝土受弯构件斜截面抗剪承载力基本公式的适用范围是什么?公式的上下限值的物理意义是什么?

5-3 名词解释:广义剪跨比、狭义剪跨比、理论充分利用点、理论不需要点、弯矩包络图、抵抗弯矩图。

5-4 钢筋混凝土梁抗剪承载力复核时,如何选择复核截面?

5-5 如图 5-16 所示的计算跨径 $l = 4.8$ m 的钢筋混凝土矩形截面梁,$b \times h = 200$ mm $\times 500$ mm,C20 混凝土,Ⅰ类环境条件,安全等级为二级。简支梁跨中截面弯矩组合设计值 $M_{d,l/2} = 147$ kN·m,支点处剪力组合设计值 $V_{d,0} = 124.8$ kN,跨中处剪力组合设计值 $V_{d,l/2} = 25.2$ kN。试求所需的纵向受拉钢筋 A_s(HRB335 级钢筋)和仅配置箍筋(R235 级钢筋)时其布置间距 s_v,并对距支座中心为 1 300 mm 处斜截面抗剪承载力进行复核。

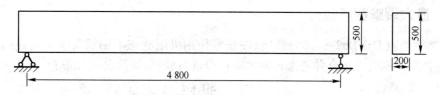

图 5-16 习题 5-5 图(尺寸单位:mm)

第6章 钢筋混凝土受弯构件持久状况正常使用极限状态验算与短暂状况构件的应力验算

钢筋混凝土受弯构件除进行持久状况承载能力极限状态设计计算外,还需进行持久状况正常使用极限状态验算和短暂状况构件的应力验算。持久状况正常使用极限状态验算包括最大裂缝宽度验算和变形验算两部分内容。

6.1 持久状况正常使用极限状态验算

6.1.1 最大裂缝宽度验算

《公路桥规》(JTG D62—2004)规定,在正常使用极限状态下钢筋混凝土构件的最大裂缝宽度应按作用短期效应组合并考虑长期效应组合进行验算,验算公式如下:

$$W_{fk} = c_1 c_2 c_3 \frac{\sigma_{ss}}{E_s} \left(\frac{30+d}{0.28+10\rho} \right) \leq [W_{fk}] \tag{6-1}$$

式中,W_{fk}——按作用短期效应组合并考虑长期效应组合计算的最大裂缝宽度,mm;

c_1——钢筋表面形状系数,对光圆钢筋,取 $c_1 = 1.4$;对带肋钢筋,取 $c_1 = 1.0$;

c_2——作用长期效应影响系数,$c_2 = 1 + 0.5N_l/N_s$,其中 N_l 和 N_s 分别为按作用长期效应组合和短期效应组合计算的内力值(弯矩或轴力);

c_3——与构件受力性质有关的系数,当为钢筋混凝土板式受弯构件时,$c_3 = 1.15$;其他受弯构件时,$c_3 = 1.0$;偏心受拉构件时,$c_3 = 1.1$;偏心受压构件时,$c_3 = 0.9$;轴心受拉构件时,$c_3 = 1.2$;

d——纵向受拉钢筋的直径,mm,当用不同直径的钢筋时,改用换算直径 d_e,$d_e = \frac{\sum n_i d_i^2}{\sum n_i d_i}$,式中对钢筋混凝土构件,$n_i$ 为受拉区第 i 种普通钢筋的根数,d_i 为受拉区第 i 种普通钢筋的公称直径;对于焊接钢筋骨架,式(6-1)中的 d 或 d_e 应乘以 1.3 的系数;

ρ——纵向受拉钢筋配筋率,$\rho = \frac{A_s}{bh_0 + (b_f - b)h_f}$,对于钢筋混凝土构件,当 $\rho > 0.02$ 时,取 $\rho = 0.02$;当 $\rho < 0.006$ 时,取 $\rho = 0.006$;对于轴心受拉构件,ρ 按全部受拉钢筋截面面积 A_s 的一半计算;

b_f、h_f——受拉翼缘的宽度与厚度;

h_0——有效高度;

σ_{ss}——由作用(或荷载)短期效应组合引起的开裂截面纵向受拉钢筋在使用荷载作用下的应力,MPa;对于钢筋混凝土受弯构件,$\sigma_{ss} = \frac{M_s}{0.87 A_s bh_0}$;其他受力性质构件的计算式参见《公

路桥规》(JTG D62—2004);

E_s——钢筋弹性模量,MPa;

$[W_{fk}]$——裂缝宽度限值,在Ⅰ类和Ⅱ类环境条件下的钢筋混凝土受弯构件为 0.2 mm,在Ⅲ类和Ⅳ类环境条件下的钢筋混凝土受弯构件为 0.15 mm。

值得说明的是,对于跨径较大的钢筋混凝土简支梁、连续梁等,截面配筋一般不是由承载力控制的,而是由裂缝宽度控制的。因此,在这类结构设计时,宜尽可能采用较小直径的螺纹钢筋,尤其是负弯矩区的裂缝宽度更应严格控制,在有条件时可采用防锈蚀的环氧涂层钢筋。

6.1.2 变形验算

1. 换算截面

钢筋混凝土受弯构件在正常使用极限状态的特征是弯曲裂缝已形成并开展,中性轴以下大部分混凝土已退出工作,由钢筋承受拉力,钢筋应力 σ_s 还远小于其屈服强度,受压区混凝土的压应力图形大致是抛物线形。

1) 换算截面的概念

(1) 基本假定。

① 平截面假定。即认为梁的正截面在梁受力并发生弯曲变形以后,仍保持为平面,如图 6-1(b) 所示。同时,由于钢筋与混凝土之间的黏结,钢筋与其同一水平线的混凝土应变相等,即

$$\varepsilon_s = \varepsilon_t \tag{6-2}$$

② 线弹性假设。在正常使用极限状态下,混凝土受压区的应力分布为抛物线形,但此时并不丰满,与直线形相差不大,可以近似地看作直线分布,即受压区混凝土的应力 - 应变曲线表达式为

$$\sigma_c = E_c \varepsilon_c \tag{6-3}$$

同时假定在受拉钢筋水平位置处混凝土的平均拉应变与拉应力成正比,即

$$\sigma_t = E_c \varepsilon_t \tag{6-4}$$

由于在正常使用极限状态下,钢筋应力还远小于其屈服强度,所以钢筋应力 - 应变曲线表达式为

$$\sigma_s = E_s \varepsilon_s \tag{6-5}$$

③ 受拉区混凝土完全不能承受拉应力,拉应力完全由钢筋承受。

在上述基本假定下,钢筋混凝土受弯构件在正常使用极限状态下截面的应变分布和应力分布如图 6-1 所示。

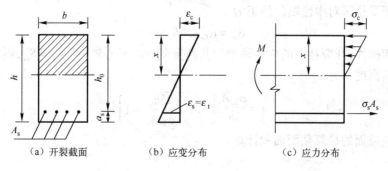

图 6-1 受弯构件的开裂截面

(2) 换算截面的概念。

图 6-1 所示的钢筋混凝土受弯构件在正常使用极限状态下截面的应力分布与材料力学中匀质梁计算图式非常接近,主要区别是钢筋混凝土受弯构件的受拉区混凝土不参与工作和截面材料不匀质(钢筋和混凝土两种力学性能不同的材料)。

换算截面就是将钢筋和受压区混凝土两种材料组成的实际截面换算成一种拉压性能相同的假想材料组成的匀质截面,从而可以采用材料力学公式进行截面计算。通常将钢筋截面面积 A_s 换算成假想的受拉混凝土截面面积 A_{sc},位于钢筋重心处(图 6-2)。

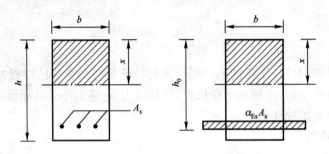

图 6-2 原截面和换算截面

换算的原则是假想的混凝土所承受的总拉力与钢筋承受的总拉力相等,即

$$\sigma_s A_s = A_{sc} \sigma_t \tag{6-6}$$

把式(6-4)、式(6-5)代入式(6-6),并考虑式(6-2),则换算截面面积 A_{sc} 为

$$A_{sc} = \frac{E_s}{E_c} A_s = \alpha_{Es} A_s \tag{6-7}$$

式中,α_{Es}——钢筋混凝土构件截面的换算系数。

一般将受压区的混凝土面积和受拉区的钢筋换算面积组成的截面称为钢筋混凝土构件开裂截面的换算截面(图 6-2),这样就可按材料力学的方法来计算换算截面的几何特性。

2) 矩形截面开裂截面的换算截面几何特性计算

下面计算图 6-2 所示的换算截面的几何特性。

(1) 开裂截面的换算截面受压区高度 x 计算。

换算截面受压区对中性轴的静矩为

$$S_{oc} = \frac{1}{2} b x^2 \tag{6-8}$$

换算截面受拉区对中性轴的静矩为

$$S_{ot} = \alpha_{Es} A_s (h_0 - x) \tag{6-9}$$

对于受弯构件,开裂截面的中性轴通过其换算截面的形心轴,即 $S_{oc} = S_{ot}$,则开裂截面的换算截面受压区高度 x 为

$$x = \frac{\alpha_{Es} A_s}{b} \left[\sqrt{1 + \frac{2 b h_0}{\alpha_{Es} A_s}} - 1 \right] \tag{6-10}$$

(2) 开裂截面的换算截面面积计算:

$$A_{cr} = bx + \alpha_{Es} A_s \tag{6-11}$$

(3) 开裂截面的换算截面惯性矩计算:

$$I_{cr} = \frac{1}{3}bx^3 + \alpha_{Es}A_s(h_0 - x)^2 \qquad (6\text{-}12)$$

3）T 形截面的几何特性计算

（1）T 形截面开裂截面的换算截面几何特性计算。

图 6-3 是受压翼缘有效宽度为 b'_f 时，T 形截面开裂截面的换算截面计算图式。

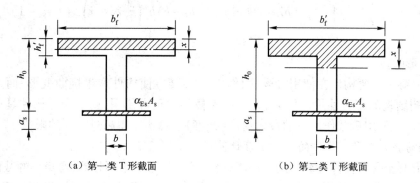

(a) 第一类 T 形截面　　　　　　(b) 第二类 T 形截面

图 6-3　开裂状态下 T 形截面换算截面计算图式

受压区高度 $x \leq h'_f$ 时，为第一类 T 形截面，可按宽度为 b'_f 的矩形截面来计算开裂截面的换算截面几何特性。

受压区高度 $x > h'_f$ 时，为第二类 T 形截面。这时，换算截面受压区高度 x 计算式为

$$x = \sqrt{A^2 + B} - A; \qquad (6\text{-}13)$$

$$A = \frac{\alpha_{Es}A_s + (b'_f - b)h'_f}{b}, \quad B = \frac{2\alpha_{Es}A_s h_0 + (b'_f - b)(h'_f)^2}{b}。$$

开裂截面的换算截面对其中性轴的惯性矩为

$$I_{cr} = \frac{1}{3}b'_f x^3 - \frac{(b'_f - b)(x - h'_f)^3}{3} + \alpha_{Es}A_s(h_0 - x)^2。 \qquad (6\text{-}14)$$

（2）T 形截面全截面的换算截面几何特性计算。

全截面的换算截面是混凝土全截面面积和钢筋的换算截面面积所组成的截面。对于如图 6-4 所示的 T 形截面，全截面的换算截面几何特性计算式如下。

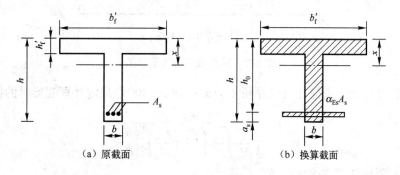

(a) 原截面　　　　　　(b) 换算截面

图 6-4　T 形截面全截面换算计算图式

换算截面面积为

$$A_0 = bh + (b'_f - b)h'_f + (\alpha_{Es} - 1)A_s \qquad (6\text{-}15)$$

受压区高度为

$$x = \frac{\frac{1}{2}bh^2 + \frac{1}{2}(b'_f - b)(h'_f)^2 + (\alpha_{Es} - 1)A_s h_0}{A_0} \tag{6-16}$$

换算截面对中性轴的惯性矩为

$$I_{cr} = \frac{1}{12}bh^3 + bh\left(\frac{1}{2}h - x\right)^2 + \frac{1}{12}(b'_f - b)(h'_f)^3 + (b'_f - b)h'_f\left(\frac{1}{2}h'_f - x\right)^2 + (\alpha_{Es} - 1)A_s(h_0 - x)^2 \tag{6-17}$$

2. 变形验算

钢筋混凝土受弯构件在使用阶段,因作用(或荷载)使构件产生挠曲变形,而过大的挠曲变形将影响结构的正常使用。因此,为了确保桥梁的正常使用,要求受弯构件具有足够的刚度,使得构件在使用荷载作用下的最大变形(挠度)计算值不得超过容许的限值。

1) 钢筋混凝土受弯构件的抗弯刚度计算

钢筋混凝土受弯构件各截面的配筋不一样,承受的弯矩也不相等,弯矩小的截面可能不出现弯曲裂缝,其刚度要较弯矩大的开裂截面大得多,因此沿梁长度的抗弯刚度是个变值,如图6-5(b)所示。将一根带裂缝的受弯构件视为一根不等刚度的构件,裂缝处刚度小,两裂缝间截面刚度大,图中实线表示截面刚度变化规律。为简化起见,把图6-5(b)中变刚度构件等效为图6-5(c)中的等刚度构件,采用结构力学的方法,按在两端部弯矩作用下构件转角相等的原则,则可求得等刚度受弯构件的等效刚度B,即为开裂构件等效截面的抗弯刚度。

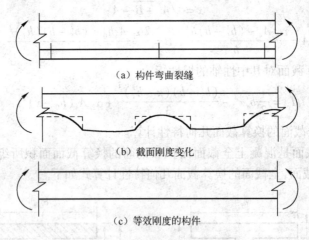

图6-5 构件截面等效示意图

对于钢筋混凝土受弯构件,《公路桥规》(JTG D62—2004)规定计算变形时的抗弯刚度为

$$B = \frac{B_0}{\left(\frac{M_{cr}}{M_s}\right)^2 + \left[1 - \left(\frac{M_{cr}}{M_s}\right)^2\right]\frac{B_0}{B_{cr}}} \tag{6-18}$$

式中,B——开裂构件等效截面的抗弯刚度;

B_0——全截面的抗弯刚度,$B_0 = 0.95E_0 I_0$;

B_{cr}——开裂截面的抗弯刚度,$B_{cr} = E_c I_{cr}$;

E_c——混凝土的弹性模量;

I_0——全截面换算截面惯性矩;

I_{cr}——开裂截面换算截面惯性矩;

M_s——按短期效应组合计算的弯矩值;

M_{cr}——开裂弯矩,$M_{cr} = \gamma f_{tk} W_0$;

γ——构件受拉区混凝土塑性影响系数,$\gamma = 2S_0/W_0$;

S_0——全截面换算截面重心轴以上(或以下)部分面积对重心轴的面积矩;

W_0——全截面换算截面抗裂验算边缘的弹性抵抗矩。

2) 钢筋混凝土受弯构件的挠度计算

对钢筋混凝土受弯构件而言,可按结构力学方法和式(6-18)计算的抗弯刚度计算在各种作用下的挠度。对计算跨径为 l 和跨中弯矩为 M 的简支梁而言,可近似按式(6-19)计算跨中截面的挠度,即

$$\omega = \frac{5}{48} \cdot \frac{Ml^2}{B} \tag{6-19}$$

(1) 短期挠度。

钢筋混凝土受弯构件按作用(或荷载)短期效应组合和式(6-18)计算的抗弯刚度计算的挠度称为短期挠度,用符号 ω_s 表示。根据式(2-5)可知短期效应组合设计值包括永久作用效应和可变作用的频遇值两部分,短期挠度 ω_s 则可分为永久作用效应产生的短期挠度 ω_{Gs} 和可变作用频遇值引起的短期挠度 ω_{Qs},即

$$\omega_s = \omega_{Gs} + \omega_{Qs} \tag{6-20}$$

(2) 长期挠度。

钢筋混凝土受弯构件在使用阶段的长期挠度 ω_l 应考虑作用(或荷载)长期效应的影响,即短期挠度乘以挠度长期增长系数 η_θ。挠度长期增长系数 η_θ 取值规定是:当采用 C40 以下混凝土时,$\eta_\theta = 1.60$;当采用 C40~C80 混凝土时,$\eta_\theta = 1.45 \sim 1.35$,中间强度等级可按直线内插取用。长期挠度 ω_l 由永久作用效应产生的长期挠度 ω_{Gl} 和可变作用频遇值引起的长期挠度 ω_{Ql},即

$$\omega_l = \eta_\theta \omega_s = \eta_\theta \omega_{Gs} + \eta_\theta \omega_{Qs} = \omega_{Gl} + \omega_{Ql} \tag{6-21}$$

3) 规范限值

《公路桥规》(JTG D62—2004)规定,钢筋混凝土受弯构件按上述计算的长期挠度值,在消除结构自重产生的长期挠度后不应超过以下规定的限制:梁式桥最大挠度处为 $l/600$,梁式桥主梁悬臂端为 $l_1/300$,其中 l 为受弯构件的计算跨径,l_1 为悬臂长度。

4) 预拱度的设置

对于钢筋混凝土梁式桥,梁的变形是由结构重力(恒载)和可变荷载两部分作用产生的。《公路桥规》(JTG D62—2004)对受弯构件主要验算作用(或荷载)短期效应组合并考虑作用(或荷载)长期效应影响的长期挠度值(扣除结构重力产生的影响值)并满足限值。对结构重力引起的变形,一般可在施工中设置预拱度来加以消除。

《公路桥规》(JTG D62—2004)规定:当由作用(或荷载)短期效应组合并考虑作用(或荷载)长期效应影响的长期挠度值不超过 $l/1600$(l 为计算跨径)时,可不设预拱度,反之应设置预拱度。若设置预拱度,钢筋混凝土受弯构件预拱度值按结构自重和一半可变荷载频遇值计

算的长期挠度值之和采用,即

$$\Delta = \omega_{Gl} + \frac{1}{2}\omega_{Ql} \tag{6-22}$$

式中,Δ——预拱度值;

ω_{Gl}——结构重力产生的长期竖向挠度;

ω_{Ql}——可变荷载频遇值计算的长期竖向挠度。

需要注意的是,预拱度的设置按最大的预拱值沿顺桥向做成平顺的曲线。

6.2 短暂状况构件的应力验算

钢筋混凝土梁的施工阶段包括制作、运输和安装等阶段。在施工过程中,梁的支承条件、受力图式将会发生变化。例如,图6-6(b)所示的简支梁吊装,当吊点距支座的距离 a 较大时,将会在吊点截面处引起较大的负弯矩。又如图6-6(c)所示,采用"钓鱼法"架设简支梁时,其受力简图不再是简支体系。因此,应该根据受弯构件在施工中的实际受力体系进行应力验算,以保证施工过程中人和构件的安全。

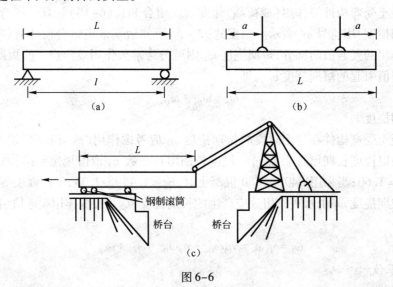

图 6-6

对于钢筋混凝土受弯构件,《公路桥规》(JTG D62—2004)要求进行施工阶段构件的应力验算,即短暂状况构件的应力验算。

6.2.1 施工时的荷载及其组合

钢筋混凝土受弯构件进行短暂状况构件的应力验算时考虑的荷载有构件自重、施工荷载等。施工荷载除有特别规定外均采用标准值,当有荷载组合时不考虑荷载组合系数。

当用吊机(车)行驶于桥梁上进行安装时,应对已安装就位的构件进行验算,吊机(车)应乘以1.15的荷载系数。但当由吊机(车)产生的效应设计值小于按持久状况承载能力极限状态计算的荷载效应组合设计值时,则可不比验算。

当进行构件运输和安装计算时,构件自重应乘以动力系数1.2或0.85,并可视构件具体情况适当增减。

6.2.2 短暂状况构件的应力验算

短暂状况构件的应力验算包括正截面应力验算和斜截面应力验算。

1. 正截面应力验算

钢筋混凝土受弯构件正截面应力应按下列公式进行计算,并应符合下列规定。

(1) 受压区混凝土边缘的压应力:

$$\sigma_{cc}^{t} = \frac{M_{k}^{t} x_0}{I_{cr}} \leq 0.80 f_{ck}' \tag{6-23}$$

(2) 受拉钢筋的应力:

$$\sigma_{si}^{t} = \alpha_{Es} \frac{M_{k}^{t}(h_{0i} - x_0)}{I_{cr}} \leq 0.75 f_{sk} \tag{6-24}$$

式中,M_{k}^{t}——由临时的施工荷载标准值产生的弯矩值;

x_0——换算截面的受压区高度,按换算截面受压区和受拉区对中性轴静矩相等的原则求得;

I_{cr}——开裂截面换算截面的惯性矩,根据已求得的受压区高度 x_0,按开裂换算截面对中性轴惯性矩之和求得;

σ_{si}^{t}——按短暂状况计算时受拉区第 i 层钢筋的应力;

h_{0i}——受压区边缘至受拉区第 i 层钢筋截面重心的距离;

f_{ck}'——施工阶段相应的混凝土轴心抗压强度标准值;

f_{sk}——普通钢筋抗拉强度标准值。

2. 斜截面应力验算

钢筋混凝土受弯构件中性轴处的主拉应力(剪应力)σ_{tp}^{t} 应符合下列规定:

$$\sigma_{tp}^{t} = \frac{V_{k}^{t}}{b z_0} \leq f_{tk}' \tag{6-25}$$

式中,V_{k}^{t}——由施工荷载标准值产生的剪力值;

b——矩形截面宽度、T 形或 I 形截面的腹板宽度;

z_0——受压区合力点至受拉钢筋合力点的距离,按受压区应力图形为三角形计算确定;

f_{tk}'——施工阶段混凝土轴心抗拉强度标准值。

若 $\sigma_{tp}^{t} \leq 0.25 f_{tk}'$,则主拉应力全部由混凝土承受,此时,抗剪钢筋按构造要求配置。

若 $0.25 f_{tk}' < \sigma_{tp}^{t} < f_{tk}'$,则主拉应力(剪应力)全部由箍筋和弯起钢筋承受。箍筋和弯起钢筋可按如图 6-7 所示的剪应力图配置,并按下列公式计算:

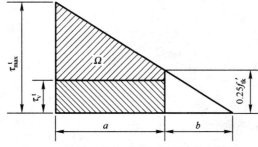

图 6-7 钢筋混凝土受弯构件剪应力图分配

a—箍筋、弯起钢筋承受的剪应力的区段;b—混凝土承受剪应力的区段

(1) 箍筋：

$$\tau_v^t = \frac{nA_{sv1}[\sigma_s^t]}{bS_v} \tag{6-26}$$

(2) 弯起钢筋：

$$A_{sb} \geq \frac{b\Omega}{[\sigma_s^t]\sqrt{2}} \tag{6-27}$$

式中，τ_v^t——由箍筋承受的主拉应力(剪应力)值；

n——同一截面内箍筋的肢数；

$[\sigma_s^t]$——短暂状况时钢筋应力的限制，取用 $0.75f_{sk}$；

A_{sv1}——一肢箍筋的截面面积；

S_v——箍筋的间距；

A_{sb}——弯起钢筋的总截面面积；

Ω——相应于由弯起钢筋承受的剪应力图的面积。

习题

6-1 什么是钢筋混凝土构件的换算截面？将钢筋混凝土开裂截面等效为换算截面的基本前提是什么？

6-2 已知一钢筋混凝土 T 形截面梁计算跨径 $l = 19.5$ m，截面尺寸为 $b_f' = 1\,580$ mm，$h_f' = 110$ mm，$b = 180$ mm，$h = 1\,300$ mm，$h_0 = 1\,180$ mm；C25 混凝土，HRB335 级钢筋；在截面受拉区配置纵向抗弯受拉钢筋为 $6\underline{\Phi}32 + 6\underline{\Phi}16$，$A_s = 6\,031$ mm²；永久作用产生的弯矩标准值 $M_G = 750$ kN·m，汽车荷载产生的弯矩标准值为 $M_Q = 710$ kN·m（未计入汽车冲击系数）；I 类环境条件，安全等级为二级。试验算此梁跨中挠度并确定是否应设计预拱度。

第7章 装配式钢筋混凝土简支T梁桥主梁(内梁)设计示例

1. 设计依据
(1)《公路工程技术标准》(JTG B01—2003)。
(2)《公路桥涵设计通用规范》(JTG D60—2004)。
(3)《公路钢筋混凝土及预应力混凝土桥涵设计规范》(JTG D62—2004)。

2. 设计资料
(1) 安全等级:中桥,安全等级为二级,结构重要性系数 $\gamma_0 = 1.0$。
(2) 环境条件:Ⅰ类环境条件,受力主筋的最小保护层厚度 $C_{\min,主} = 30$ mm。
(3) 材料选择:

① 混凝土:C30, $f_{cu,k} = 30$ MPa, $f_{ck} = 20.1$ MPa, $f_{cd} = 13.8$ MPa, $f_{tk} = 2.01$ MPa, $f_{td} = 1.39$ MPa, $E_c = 3.0 \times 10^4$ MPa。

② 钢筋。
- 受力主筋:HRB335, $f_{sk} = 335$ MPa, $f_{sd} = f'_{sd} = 280$ MPa, $E_s = 2.0 \times 10^5$ MPa。
- 弯起钢筋(斜筋):由受力主筋弯起,因此弯起钢筋(斜筋)强度等级同受力主筋。
- 箍筋:R235, $f_{sk} = 235$ MPa, $f_{sv} = 195$ MPa, $E_s = 2.1 \times 10^5$ MPa。
- 架立钢筋:HRB335。
- 水平纵向钢筋:R235,选 φ8,即 $d_{水平} = 8$ mm。
- 相对受压区高度:$\xi_b = 0.56$。

3. 尺寸拟定
主梁尺寸是根据以往的设计经验进行拟定的,具体尺寸如图 7-1 所示。

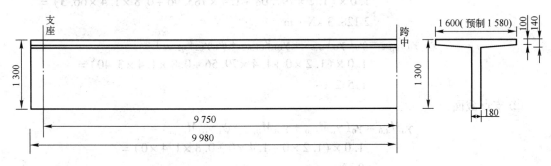

图 7-1 20 m 钢筋混凝土简支梁尺寸(单位:mm)

1) 跨径尺寸
标准化跨径:$L_k = 20$ m。
计算跨径:$l = 19.5$ m。

梁全长:$L_{全}$ = 19.96 m。

2) 截面尺寸

(1) 相邻两梁中心间距为 1 600 mm,截面上翼缘预制宽度为 1 580 mm。

(2) 跨中截面尺寸:b = 180 mm,h = 1 300 mm,b_h = 710 mm,h_h = 40 mm。

(3) 其他截面尺寸:同跨中截面。

4. 作用、作用效应与作用效应组合

1) 作用及其作用效应(本部分计算在"桥梁工程"课程中介绍,这里作为已知条件给出)

(1) 永久作用产生的作用效应标准值。

跨中截面:$M_{G,l/2}$ = 797.08 kN·m,$V_{G,l/2}$ = 0 kN。

支点截面:$M_{G,0}$ = 0 kN·m,$V_{G,0}$ = 164.78 kN。

注:跨中截面用下标 $l/2$ 表示,支点截面即支座中心所在的截面,用下标 0 表示。

(2) 可变作用及其作用效应标准值。

① 汽车荷载及其效应标准值。

• 不计冲击系数的汽车荷载效应标准值。

跨中截面:$M_{Q1,l/2}$ = 627.22 kN·m,$V_{Q1,l/2}$ = 63.65 kN。

支点截面:$M_{Q1,0}$ = 0 kN·m,$V_{Q1,0}$ = 161.90 kN。

• 计冲击系数的汽车荷载效应标准值。

跨中截面:$M_{Q1,l/2}$ = 783.96 kN·m,$V_{Q1,l/2}$ = 79.56 kN。

支点截面:$M_{Q1,0}$ = 0 kN·m,$V_{Q1,0}$ = 202.360 kN。

② 人群荷载及其效应标准值。

跨中截面:$M_{Q2,l/2}$ = 66.30 kN·m,$V_{Q2,l/2}$ = 3.40 kN。

支点截面:$M_{Q2,0}$ = 0 kN·m,$V_{Q2,0}$ = 5.78 kN。

2) 作用效应组合

(1) 承载能力极限状态:基本组合。

① 跨中截面:

$$\gamma_0 M_{d,l/2} = \gamma_0 (\gamma_G M_{G,l/2} + \gamma_{Q1} M_{Q1,l/2} + \psi_C \gamma_{Q2} M_{Q2,l/2}) =$$
$$1.0 \times (1.2 \times 797.08 + 1.4 \times 783.96 + 0.8 \times 1.4 \times 66.3) =$$
$$2\ 128.3 \text{ kN} \cdot \text{m}$$

$$\gamma_0 V_{d,l/2} = \gamma_0 (\gamma_G V_{G,l/2} + \gamma_{Q1} V_{Q1,l/2} + \psi_C \gamma_{Q2} V_{Q2,l/2}) =$$
$$1.0 \times (1.2 \times 0 + 1.4 \times 79.56 + 0.8 \times 1.4 \times 3.40) =$$
$$115.2 \text{ kN}$$

② 支点截面:

$$\gamma_0 M_{d,0} = \gamma_0 (\gamma_G M_{G,0} + \gamma_{Q1} M_{Q1,0} + \psi_C \gamma_{Q2} M_{Q2,0}) =$$
$$1.0 \times (1.2 \times 0 + 1.4 \times 0 + 0.8 \times 1.4 \times 0) =$$
$$0 \text{ kN} \cdot \text{m}$$

$$\gamma_0 V_{d,0} = \gamma_0 (\gamma_G V_{G,0} + \gamma_{Q1} V_{Q1,0} + \psi_C \gamma_{Q2} V_{Q2,0}) =$$
$$1.0 \times (1.2 \times 164.78 + 1.4 \times 202.36 + 0.8 \times 1.4 \times 5.78) =$$
$$487.5 \text{ kN}$$

(2) 正常使用极限状态:仅计算跨中截面的弯矩组合即可。

① 短期效应组合:

$$M_{sd} = M_{G,l/2} + \psi_{11}M_{Q2,l/2} + \psi_{12}M_{Q2,l/2} =$$
$$797.08 + 0.7 \times 627.22 + 1.0 \times 66.3 =$$
$$1\,302.43 \text{ kN} \cdot \text{m}$$

② 长期效应组合:

$$M_{ld} = M_{G,l/2} + \psi_{11}M_{Q1,l/2} + \psi_{12}M_{Q2,l/2} =$$
$$797.08 + 0.4 \times 627.22 + 0.4 \times 66.3 =$$
$$1\,074.49 \text{ kN} \cdot \text{m}$$

5. 持久状况承载能力极限状态设计

1) 正截面承载力计算

(1) 控制截面:设计弯矩最大的截面,为跨中截面,$\gamma_0 M_{d,l/2} = 2\,128.3 \text{ kN} \cdot \text{m}$。

(2) 截面设计。

① 受压翼缘的有效宽度 b'_f 和平均厚度 $\overline{h}'_f$。

该主梁为内梁,则

$$b'_f = \min \begin{cases} l/3 \\ 相邻两梁平均间距 \\ b + 6h_h + 12h'_f \ (h_h/b_h = 40/710 < 1/3) \end{cases} =$$

$$\min \begin{cases} 19\,500/3 \\ 1\,600 \\ 180 + 6 \times 40 + 12 \times 100 \end{cases} =$$

$$1\,600 \text{ mm}$$

$$\overline{h}'_f = \frac{140 + 100}{2} = 120 \text{ mm}$$

② 假设 a_s:该梁采用焊接钢筋骨架,受力主筋重心到梁底的距离 a_s 可假设为 $a_s = 30 + 0.07h = 30 + 0.07 \times 1\,300 = 121 \text{ mm}$,截面的有效高度则为 $h_0 = h - a_s = 1\,300 - 121 = 1\,179 \text{ mm}$。

③ 判断 T 形截面类型:

$$M_u = f_{cd} b'_f \overline{h}'_f (h_0 - h\overline{h}'_f/2) =$$
$$13.8 \times 1\,600 \times 120 \times (1\,179 - 120/2) =$$
$$2\,964.9 \text{ kN} \cdot \text{m} > \gamma_0 M_{d,l/2} (= 2\,128.3 \text{ kN} \cdot \text{m})$$

为第一类 T 形截面。

④ 计算截面受压区高度 x:

$$x = h_0 - \sqrt{h_0^2 - \frac{2\gamma_0 M_{d,l/2}}{f_{cd} b'_f}} =$$

$$1\,179 - \sqrt{1\,179^2 - \frac{2 \times 2\,128.3 \times 10^6}{13.8 \times 1\,600}} =$$

$$84.8 \text{ mm} < \begin{cases} \overline{h}'_f = 120 \text{ mm} \\ \xi_b h_0 = 0.56 \times 1\,179 = 660.24 \text{ mm} \end{cases}$$

符合第一类 T 形截面的要求且不会发生超筋梁情况。

⑤ 计算受力主筋截面面积 A_s：

$$A_s = \frac{f_{cd}b'_f x}{f_{sd}} = \frac{13.8 \times 1\,600 \times 84.8}{280} = 6\,687.6 \text{ mm}^2$$

⑥ 选择并布置钢筋。

- 选择钢筋：$8 \Phi 32 + 4 \Phi 16$。

$$d_1 = 32 \text{ mm}, d_{1,外} = 35.8 \text{ mm}, n_1 = 8, A_{s1} = 6\,434 \text{ mm}^2;$$
$$d_2 = 16 \text{ mm}, d_{2,外} = 18.4 \text{ mm}, n_2 = 4, A_{s2} = 804 \text{ mm}^2;$$

实际钢筋总截面面积为 $A_s = A_{s1} + A_{s1} = 6\,434 + 804 \text{ mm}^2 = 7\,238 \text{ mm}^2$。

- 布置钢筋：受力主钢筋按 6 层布置，如图 7-2 所示。

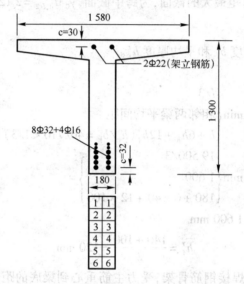

图 7-2　跨中截面的主筋配置图（单位：mm）

混凝土保护层厚度：

$$c_主 = \max\{d, c_{\min,主}\} = \max\{32, 30\} = 32 \text{ mm}$$

间净距 S_n：

$$S_n = \frac{b - 2c_主 - 2d_外}{2 - 1} = \frac{180 - 2 \times 32 - 2 \times 35.8}{1} = 44.4 \text{ mm} > \max\begin{cases}40 \\ 1.25d_主 = 40\end{cases},$$

故间净距符合规范要求。

实际 a_s：

$$a_{s1} = c_主 + 2d_外 = 32 + 2 \times 35.8 = 103.6 \text{ mm}$$
$$a_{s2} = c_主 + 4d_{1,外} + d_{2,外} = 32 + 4 \times 35.8 + 18.4 = 193.6 \text{ mm}$$
$$a_s = \frac{A_{s1}a_{s1} + A_{s2}a_{s2}}{A_{s1} + A_{s2}} = \frac{6\,434 \times 103.6 + 804 \times 193.6}{6\,434 + 804} = 113.6 \text{ mm}$$

实际 h_0：

$$h_0 = h - a_s = 1\,300 - 113.6 = 1\,186.4 \text{ mm}$$

- 配筋率：

$$\rho = \frac{A_s}{bh_0} = \frac{7\,238}{180 \times 1\,186.4} = 3.4\% > \rho_{\min}\left(= \max\begin{Bmatrix} 0.45\dfrac{f_{td}}{f_{sd}} \\ 0.002 \end{Bmatrix} = \max\begin{Bmatrix} 0.45 \times \dfrac{1.39}{280} \\ 0.002 \end{Bmatrix} = 2\% \right)$$

故满足规范要求。

(3) 截面复核。

① 判断 T 形截面类型:

$f_{cd}b'_f h'_f = 13.8 \times 1\,600 \times 120 = 2.65 \times 10^6 \text{ N} \cdot \text{mm} > f_{sd}A_s (= 280 \times 7\,238 = 2.03 \times 10^6 \text{ N} \cdot \text{mm})$

故为第一类型 T 形截面。

② 计算受压区高度 x:

$$x = \frac{f_{sd}A_s}{f_{cd}b'_f} = \frac{280 \times 7\,238}{13.8 \times 1\,600} = 91.8 \text{ mm} < \xi_b h_0 (= 0.56 \times 1\,186.4 = 664.4 \text{ mm})$$

③ 计算抗弯承载力 M_u:

$$M_u = f_{cd}b'_f x\left(h_0 - \frac{x}{2}\right) =$$

$$13.8 \times 1\,600 \times 91.8 \times \left(1\,186.4 - \frac{91.8}{2}\right) =$$

$$2\,311.7 \text{ kN} \cdot \text{m} > \gamma_0 M_d (= 2\,128.3 \text{ kN} \cdot \text{m})$$

故抗弯承载力满足要求。

2) 斜截面承载力计算

(1) 绘制计算剪力包络图,如图 7-3 所示。

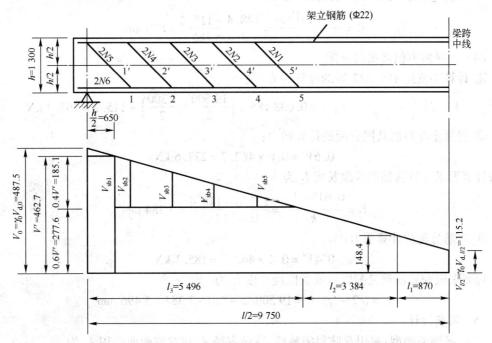

图 7-3 计算剪力包络图分配(尺寸单位为 mm,剪力单位为 kN)

(2) 截面尺寸检查(上限检查)。

① 控制截面:支点截面,$\gamma_0 V_{d,0} = 487.5$ kN。

② 确定通过支点截面的主筋。

《公路桥规》(JTG D62—2004)规定在钢筋混凝土梁的支点处,应至少有两根并且不少于总数 1/5 的下层受拉主钢筋通过。本算例确定支点截面的主筋为 2N6(2Φ32),钢筋截面面积 $A_{s,0} = 1608 \text{ mm}^2$。

③ 计算支点截面的有效高度 $h_{0,0}$ 和配筋率 ρ_0:

$$h_{0,0} = h - (c + d_{y}/2) = 1300 - (32 + 35.8/2) = 1250.1 \text{ mm}$$

$$\rho_0 = \frac{A_{s,0}}{bh_{0,0}} = \frac{1608}{180 \times 1250.1} = 0.0071$$

④ 检查:

$$(0.51 \times 10^{-3})\sqrt{f_{cu,k}} bh_{0,0} = (0.51 \times 10^{-3}) \times \sqrt{30} \times 180 \times 1250.1 = 628.6 \text{ kN} > \gamma_0 V_{d,0} (= 487.5 \text{ kN})$$

故截面尺寸满足要求。

(3) 确定按照构造要求配置箍筋的区段长度 l_1(下限检查)。

① 控制截面:跨中截面,$\gamma_0 V_{d,l/2} = 115.2 \text{ kN}$。

② 计算 V_{l_1}:

$$V_{l_1} = (0.50 \times 10^{-3}) f_{td} bh_{0,l/2} = (0.50 \times 10^{-3}) \times 1.39 \times 180 \times 1186.4 = 148.4 \text{ kN}$$

③ 计算剪力包络图的斜率:

$$k = \frac{\gamma_0 V_{d,0} - \gamma_0 V_{d,l/2}}{l/2} = \frac{487.5 - 115.2}{19500/2} = 0.038185$$

④ 按构造要求配置箍筋的区段长度 l_1:

$$l_1 = \frac{V_{l_1} - \gamma_0 V_{d,l/2}}{k} = \frac{148.4 - 115.2}{0.038185} = 870 \text{ mm}$$

(4) 计算剪力包络图的分配。

① 计算距支座中心 $h/2$ 处的计算剪力 V':

$$V' = k\left(\frac{l}{2} - \frac{h}{2}\right) + \gamma_0 V_{d,l/2} = 0.038185 \times \left(\frac{19500}{2} - \frac{1300}{2}\right) + 115.2 = 462.7 \text{ kN}$$

② 混凝土与箍筋共同分配的计算剪力:

$$0.6V' = 0.6 \times 462.7 = 277.6 \text{ kN}$$

仅按计算要求配置箍筋的区段长度 l_2 为

$$l_2 = \frac{0.6V' - V_{l_1}}{k} = \frac{277.6 - 148.4}{0.038185} = 3384 \text{ mm}$$

③ 弯筋分配的计算剪力:

$$0.4V' = 0.4 \times 462.7 = 185.1 \text{ kN}$$

按计算要求既配置箍筋又配置弯筋的区段长度 l_3 为

$$l_3 = l/2 - l_1 - l_2 = 19500/2 - 870 - 3384 = 5496 \text{ mm}$$

(5) 箍筋设计。

① 选择箍筋类型:采用双肢封闭箍筋,箍筋直径 d_{sv} 和双肢截面面积 A_{sv} 为

$$d_{sv} = \max\left\{\begin{array}{c} 8 \\ \frac{1}{4}d_{主} \end{array}\right\} = \max\left\{\begin{array}{c} 8 \\ \frac{1}{4} \times 32 \end{array}\right\} = 8 \text{ mm}$$

$$A_{sv} = 2 \times \frac{\pi}{4} d_{sv}^2 = 2 \times \frac{\pi}{4} \times 8^2 = 100.5 \text{ mm}^2$$

② 计算配筋百分率 P 和截面有效高度 h_0。

配筋百分率 P 和截面有效高度 h_0 取跨中截面和支点截面的平均值，为

$$P = \frac{100\rho_{l/2} + 100\rho_0}{2} = \frac{100 \times 0.034 + 100 \times 0.0071}{2} = 2.055 < 2.5$$

$$h_0 = \frac{h_{0,l/2} + h_{0,0}}{2} = \frac{1186.4 + 1250.1}{2} = 1218.25 \text{ mm}$$

③ 计算配箍率 ρ_{sv}：

$$\rho_{sv} = \frac{1.78 \times 10^6}{(2 + 0.6P)\sqrt{f_{cu,k}} \cdot f_{sv}} \left(\frac{V'}{\alpha_1 \alpha_3 b h_0}\right)^2 =$$

$$\frac{1.78 \times 10^6}{(2 + 0.6 \times 2.055)\sqrt{30} \times 195} \left(\frac{462.7}{1 \times 1.1 \times 180 \times 1218.25}\right)^2 =$$

$$0.19\% > \rho_{min}(= 0.18\%)$$

④ 计算箍筋间距 S_v：

$$S_v = \min \begin{Bmatrix} A_{sv}/b\rho_{sv} \\ h/2 \\ 400 \end{Bmatrix} = \min \begin{Bmatrix} 100.5/(180 \times 0.19\%) \\ 1300/2 \\ 400 \end{Bmatrix} = 294 \text{ mm}$$

取 $S_v = 250$ mm。

⑤ 箍筋布置。

- 支点到一倍梁高范围内，即 $0 \sim h$ 段内的箍筋间距取构造要求值，$S_v = 100$ mm。
- l_3（除 $0 \sim h$ 段）段内和 l_2 段内的箍筋间距取上述计算值，$S_v = 250$ mm。
- l_1 段内的箍筋间距取构造要求值：

$$S_v = \min \begin{Bmatrix} h/2 \\ 400 \end{Bmatrix} = \min \begin{Bmatrix} 1300/2 \\ 400 \end{Bmatrix} = 400 \text{ mm}$$

（6）弯筋设计。

① 架立钢筋选择：选 2 Φ22，$d_架 = 22$ mm，$d_{架,外} = 25.1$ mm，如图 7-4 所示。

混凝土保护层厚度：$C_架 = \max \begin{Bmatrix} d_架 \\ c_{min} \end{Bmatrix} = \max \begin{Bmatrix} 22 \text{ mm} \\ 30 \text{ mm} \end{Bmatrix} = 30$ mm。

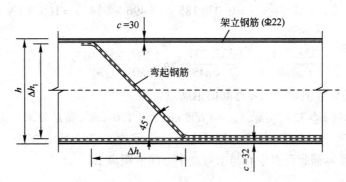

图 7-4 架立钢筋和弯起钢筋细节（单位：mm）

② 第一排弯筋设计。

- 计算 V_{sb1}：

第一排弯筋承担的计算剪力值 V_{sb1} 取用距支座中心 $h/2$ 处由弯起钢筋承担的那部分剪力计算值，即

$$V_{sb1} = 0.4V' = 185.1 \text{ kN}$$

- 计算 A_{sb1}：

$$A_{sb1} = \frac{1\,333.33 V_{sb1}}{f_{sd}\sin\theta_s} = \frac{1\,333.33 V_{sb1}}{f_{sd}\sin 45°} = \frac{1\,333.33 \times 185.1}{280 \times 0.707} = 1\,247 \text{ mm}^2$$

- 根据 A_{sb1} 的计算值确定实际弯起的钢筋。

实际弯起 2N5(2Φ32)，实际 $A_{sb1} = 1\,608 \text{ mm}^2 > 1\,247 \text{ mm}^2$，满足要求。第一排弯起钢筋按 45°角弯起，末端弯折点位于支座中心截面处，如图 7-3 所示。

- 计算第一排弯筋起弯点中心与末弯点中心间的距离 Δh_1（图 7-4）

$$\Delta h_1 = h - \left(C_{架} + d_{架,外} + \frac{1}{2}d_{主,外}\right) - \left(C_{主} + \frac{3}{2}d_{主,外}\right) =$$

$$1\,300 - \left(30 + 25.1 + \frac{1}{2} \times 35.8\right) - \left(32 + \frac{3}{2} \times 35.8\right) =$$

$$1\,141 \text{ mm}$$

- 起弯点 1 到支座中心的距离 x_1：

$$x_1 = \Delta h_1 = 1\,141 \text{ mm} < l_3(=5\,496 \text{ mm})$$

这表明弯起钢筋没有覆盖需要弯起钢筋的区域，需要弯起第一排弯起钢筋。

- 第一排弯筋与梁轴线的交点 1' 到末弯点中心间的距离 $\Delta h_1'$：

$$\Delta h_1' = \frac{h}{2} - \left(C_{架} + d_{架,外} + \frac{1}{2}d_{主,外}\right) = \frac{1\,300}{2} - \left(30 + 25.1 + \frac{1}{2} \times 35.8\right) = 577 \text{ mm}$$

- 第一排弯筋与梁轴线的交点 1' 到支座中心的距离 x_1'：

$$x_1' = \Delta h_1' = 577 \text{ mm}$$

③ 第二排弯筋设计。

- 计算 V_{sb2}。

第二排弯起钢筋承担的计算剪力值 V_{sb2} 取用第一排弯起钢筋弯起点处由弯起钢筋承担的那部分剪力值（见图 7-3），为

$$V_{sb2} = k(l_3 - x_1) = 0.038\,185 \times (5\,496 - 1\,141) = 166.3 \text{ kN}$$

- 计算 A_{sb2}：

$$A_{sb2} = \frac{1\,333.33 V_{sb2}}{f_{sd}\sin\theta_s} = \frac{1\,333.33 V_{sb2}}{f_{sd}\sin 45°} = \frac{1\,333.33 \times 166.3}{280 \times 0.707} = 1\,120 \text{ mm}^2$$

- 根据 A_{sb2} 的计算值确定实际弯起的钢筋。

实际弯起 2N4(2Φ32)，实际 $A_{sb2} = 1\,608 \text{ mm}^2 > 1\,120 \text{ mm}^2$，满足要求。第二排弯起钢筋按 45°角弯起，末端弯折点落第一排弯起钢筋弯起点截面，如图 7-3 所示。

- 计算第二排弯筋起弯点中心与末弯点中心间的距离 Δh_2：

$$\Delta h_2 = h - \left(C_{架} + d_{架,外} + \frac{1}{2}d_{主,外}\right) - \left(C_{主} + \frac{5}{2}d_{主,外}\right) =$$

$$1\,300 - \left(30 + 25.1 + \frac{1}{2} \times 35.8\right) - \left(32 + \frac{5}{2} \times 35.8\right) =$$
$$1\,106 \text{ mm}$$

- 起弯点 2 到支座中心的距离 x_2：
$$x_2 = x_1 + \Delta h_2 = 1\,141 + 1\,106 = 2\,247 \text{ mm} < l_3 (= 5\,496 \text{ mm})$$

这表明弯起钢筋没有覆盖需要弯起钢筋的区域，需要弯起第二排弯起钢筋。

- 第二排弯筋与梁轴线的交点 2′ 到末弯点中心间的距离 $\Delta h_2'$：
$$\Delta h_2' = \frac{h}{2} - \left(C_{架} + d_{架,外} + \frac{1}{2}d_{主,外}\right) = \frac{1\,300}{2} - \left(30 + 25.1 + \frac{1}{2} \times 35.8\right) = 577 \text{ mm}$$

- 第二排弯筋与梁轴线的交点 2′ 到支座中心的距离 x_2'：
$$x_2' = x_1 + \Delta h_2' = 1\,141 + 577 = 1\,718 \text{ mm}$$

④ 第三排弯筋设计。
- 计算 V_{sb3}。

第三排弯起钢筋承担的计算剪力值 V_{sb3} 取用第二排弯起钢筋弯起点处由弯起钢筋承担的那部分剪力值（见图 7-3），为
$$V_{sb3} = k(l_3 - x_2) = 0.038\,185 \times (5\,496 - 2\,247) = 124.1 \text{ kN}$$

- 计算 A_{sb3}。
$$A_{sb3} = \frac{1\,333.33 V_{sb3}}{f_{sd}\sin\theta_s} = \frac{1\,333.33 V_{sb3}}{f_{sd}\sin 45°} = \frac{1\,333.33 \times 124.1}{280 \times 0.707} = 836 \text{ mm}^2$$

- 根据 A_{sb3} 的计算值确定实际弯的钢筋。

实际弯起 2N3（2Φ32），实际 $A_{sb3} = 1\,608 \text{ mm}^2 > 836 \text{ mm}^2$，满足要求。第三排弯起钢筋按 45°角弯起，末端弯折点落第二排弯起钢筋弯起点截面，如图 7-3 所示。

- 计算第三排弯筋起弯点中心与末弯点中心间的距离 Δh_3：
$$\Delta h_3 = h - \left(C_{架} + d_{架,外} + \frac{1}{2}d_{主,外}\right) - \left(C_{主} + \frac{7}{2}d_{主,外}\right) =$$
$$1300 - \left(30 + 25.1 + \frac{1}{2} \times 35.8\right) - \left(32 + \frac{7}{2} \times 35.8\right) =$$
$$1\,070 \text{ mm}$$

- 起弯点 3 到支座中心的距离 x_3：
$$x_3 = x_2 + \Delta h_3 = 2\,247 + 1\,070 = 3\,317 \text{ mm} < l_3 (= 5\,496 \text{ mm})$$

这表明弯起钢筋没有覆盖需要弯起钢筋的区域，需要弯起第三排弯起钢筋。

- 第三排弯筋与梁轴线的交点 3′ 到末弯点中心间的距离 $\Delta h_3'$：
$$\Delta h_3' = \frac{h}{2} - \left(C_{架} + d_{架,外} + \frac{1}{2}d_{主,外}\right) = \frac{1\,300}{2} - \left(30 + 25.1 + \frac{1}{2} \times 35.8\right) = 577 \text{ mm}$$

- 第三排弯筋与梁轴线的交点 3′ 到支座中心的距离 x_3'：
$$x_3' = x_2 + \Delta h_3' = 2\,247 + 577 = 2\,824 \text{ mm}$$

⑤ 第四排弯筋设计。
- 计算 V_{sb4}。

第四排弯起钢筋承担的计算剪力值 V_{sb4} 取用第三排弯起钢筋弯起点处由弯起钢筋承担的那部分剪力值（见图 7-3），为

$$V_{sb4} = k(l_3 - x_3) = 0.038185 \times (5496.8 - 3317) = 83.2 \text{ kN}$$

- 计算 A_{sb4}：

$$A_{sb4} = \frac{1333.33 V_{sb4}}{f_{sd}\sin\theta_s} = \frac{1333.33 V_{sb4}}{f_{sb}\sin 45°} = \frac{1333.33 \times 83.2}{280 \times 0.707} = 560 \text{ mm}^2$$

- 根据 A_{sb4} 的计算值确定实际弯起的钢筋。

实际弯起 2N2(2 ⌀ 16)，实际 $A_{sb4} = 402 \text{ mm}^2 < 560 \text{ mm}^2$，不满足要求。此时可在 2N2 弯筋上加焊 2 ⌀ 16 的斜筋，则实际 $A_{sb4} = 804 \text{ mm}^2 > 560 \text{ mm}^2$，满足要求。第四排弯起钢筋按 45° 角弯起，末端弯折点落第三排弯起钢筋弯起点截面，如图 7-3 所示。

- 计算第四排弯筋起弯点中心与末弯点中心间的距离 Δh_4：

$$\Delta h_4 = h - \left(C_架 + d_{架,外} + \frac{1}{2}d_{主,外}\right) - \left(C_主 + 4 \times 35.8 + \frac{1}{2} \times 18.4\right) =$$
$$1300 - \left(30 + 25.1 + \frac{1}{2} \times 18.4\right) - \left(32 + 4 \times 35.8 + \frac{1}{2} \times 18.4\right) =$$
$$1051 \text{ mm}$$

- 起弯点 4 到支座中心的距离 x_4：

$$x_4 = x_3 + \Delta h_4 = 3317 + 1051 = 4368 \text{ mm} < l_3(=5496 \text{ mm})$$

这表明弯起钢筋没有覆盖需要弯起钢筋的区域，需要弯起第四排弯起钢筋。

- 第四排弯筋与梁轴线的交点 4′ 到末弯点中心间的距离 $\Delta h'_4$：

$$\Delta h'_4 = \frac{h}{2} - \left(C_架 + d_{架,外} + \frac{1}{2} \times 18.4\right) = \frac{1300}{2} - \left(30 + 25.1 + \frac{1}{2} \times 18.4\right) = 586 \text{ mm}$$

- 第四排弯筋与梁轴线的交点 4′ 到支座中心的距离 x'_4：

$$x'_4 = x_3 + \Delta h'_4 = 3317 + 586 = 3903 \text{ mm}$$

⑥ 第五排弯筋设计。

- 计算 V_{sb5}。

第五排弯起钢筋承担的计算剪力值 V_{sb5} 取用第四排弯起钢筋弯起点处由弯起钢筋承担的那部分剪力值(见图 7-3)，为

$$V_{sb5} = k(l_3 - x_4) = 0.038185 \times (5496 - 4360) = 43.4 \text{ kN}$$

- 计算 A_{sb5}：

$$A_{sb5} = \frac{1333.33 V_{sb5}}{f_{sd}\sin\theta_s} = \frac{1333.33 V_{sd5}}{f_{sd}\sin 45°} = \frac{1333.33 \times 43.4}{280 \times 0.707} = 292 \text{ mm}^2$$

- 根据 A_{sb5} 的计算值确定实际弯起的钢筋。

实际弯起 2N1(2 ⌀ 16)，实际 $A_{sb5} = 402 \text{ mm}^2 > 292 \text{ mm}^2$，满足要求。第五排弯起钢筋按 45° 角弯起，末端弯折点落第四排弯起钢筋弯起点截面。

- 计算第五排弯筋起弯点中心与末弯点中心间的距离 Δh_5：

$$\Delta h_5 = h - \left(C_架 + d_{架,外} + \frac{1}{2}d_{主,外}\right) - \left(C_主 + 4 \times 35.8 + \frac{3}{2} \times 18.4\right) =$$
$$1300 - \left(30 + 25.1 + \frac{1}{2} \times 18.4\right) - \left(32 + 4 \times 18.4 + \frac{3}{2} \times 18.4\right) =$$
$$1033 \text{ mm}$$

- 起弯点 5 到支座中心的距离 x_5：

$$x_5 = x_4 + \Delta h_5 = 4\,368 + 1\,033 = 5\,401 \text{ mm} < l_3\,(\,=5\,496 \text{ mm})$$

这表明弯起钢筋没有覆盖需要弯起钢筋的区域,需要弯起第五排弯起钢筋。

• 第五排弯筋与梁轴线的交点 $4'$ 到末弯点中心间的距离 $\Delta h'_5$:

$$\Delta h'_5 = \frac{h}{2} - \left(C_{架} + d_{架,外} + \frac{1}{2} \times 18.4\right) = \frac{1\,300}{2} - \left(30 + 25.1 + \frac{1}{2} \times 18.4\right) = 586 \text{ mm}$$

• 第五排弯筋与梁轴线的交点 $4'$ 到支座中心的距离 x'_5:

$$x'_5 = x_4 + \Delta h'_5 = 4\,368 + 586 = 4\,954 \text{ mm}$$

⑦ 第六排弯筋设计。

• 计算 V_{sb6}。

第五排弯起钢筋承担的计算剪力值 V_{sb6} 取用第五排弯起钢筋弯起点处由弯起钢筋承担的那部分剪力值,为

$$V_{sb6} = k(l_3 - x_5) = 0.038\,185 \times (5\,496 - 5\,384) = 4.3 \text{ kN}$$

• 计算 A_{sb6}:

$$A_{sb6} = \frac{1\,333.33 V_{sb6}}{f_{sd}\sin\theta_s} = \frac{1\,333.33 V_{sb6}}{f_{sd}\sin 45°} = \frac{1\,333.33 \times 4.3}{280 \times 0.707} = 29 \text{ mm}^2$$

• 根据 A_{sb6} 的计算值确定实际弯起的钢筋。

加焊 $2\,\underline{\Phi}\,16$,实际 $A_{sb6} = 402 \text{ mm}^2 > 29 \text{ mm}^2$,满足要求。第六排斜筋按 $45°$ 角焊接,末端弯折点落第五排弯起钢筋弯起点截面。

• 计算第六排弯筋起弯点中心与末弯点中心间的距离 Δh_6

$$\Delta h_6 = h - \left(C_{架} + d_{架,外} + \frac{1}{2}d_{主,外}\right) - \left(C_{主} + 4 \times 35.8 + \frac{5}{2} \times 18.4\right) =$$
$$1\,300 - \left(30 + 25.1 + \frac{1}{2} \times 18.4\right) - \left(32 + 4 \times 35.8 + \frac{5}{2} \times 18.4\right) =$$
$$1\,015 \text{ mm}$$

• 起弯点 6 到支座中心的距离 x_6:

$$x_6 = x_5 + \Delta h_6 = 5\,401 + 1\,015 = 6\,416 \text{ mm} > l_3\,(\,=5\,496 \text{ mm})$$

这表明斜筋的起弯点已处于需要弯起钢筋区域之外,故不需要第六排斜筋了。

由上述计算可知,弯起五排弯筋即可满足设计要求。各排弯起钢筋的计算结果如表 7-1 所示。

表 7-1 弯起钢筋计算表

第 i 排弯筋	1	2	3	4	5	6
起弯点 i	1	2	3	4	5	6
V_{sbi}/kN	185.1	166.3	124.1	83.2	43.4	4.3
A_{sbi}/mm^2	1 247	1 120	836	560	292	29
实际弯起钢筋	2N5 ($2\,\underline{\Phi}\,32$)	2N4 ($2\,\underline{\Phi}\,32$)	2N3 ($2\,\underline{\Phi}\,32$)	2N2 + $2\,\underline{\Phi}\,16$(斜筋) ($2\,\underline{\Phi}\,16$)	2N1 ($2\,\underline{\Phi}\,16$)	斜筋 ($2\,\underline{\Phi}\,16$)
实际 A_{sbi}/mm^2	1 608	1 608	1 608	804	402	402
$\Delta h_i/\text{mm}$	1 141	1 106	1 070	1 051	1 033	1 015
x_i/mm	1 141	2 247	3 317	4 468	5 401	6 416
弯筋与梁轴交点 i'	$1'$	$2'$	$3'$	$4'$	$5'$	—
$\Delta h'_i/\text{mm}$	577	577	577	586	586	—
x'_i/mm	577	1 718	2 824	3 903	4 954	—

(7) 正截面和斜截面抗弯承载力检查。

① 计算弯起钢筋后的各正截面抗弯承载力 M_u。

• 绘制有主筋数量变化的各个正截面的配筋图,如图 7-5 所示。

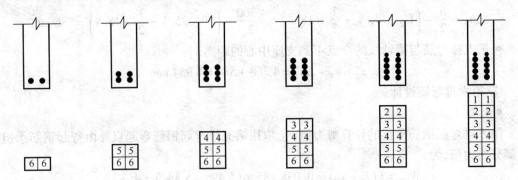

(a) 支座～1'点间　(b) 1 点～2'点间　(c) 2 点～3'点间　(d) 3 点～4'点间　(e) 4 点～5'点间　(f) 5 点～跨中间

图 7-5　主筋数量变化的各个正截面的配筋图

• 计算各个截面的有效高度和抗弯承载力,计算结果见表 7-2。

表 7-2　钢筋弯起后相应各正截面抗弯承载力

梁 区 段	截面纵筋	有效高度 h_0/mm	截 面 类 型	受压区高度 x/mm	抗弯承载力 M_u/(kN·m)
支座～1'点	2Φ32	1 250	第一类	20.4	558.3
1 点～2'点	4Φ32	1 232	第一类	40.8	1 091.2
2 点～3'点	6Φ32	1 214	第一类	61.2	1 598.9
3 点～4'点	8Φ32	1 196	第一类	81.6	2 081.2
4 点～5'点	8Φ32+2Φ16	1 192	第一类	86.7	2 198.6
5 点～跨中	8Φ32+4Φ16	1 186.4	第一类	91.8	2 311.7

② 绘制计算弯矩包络图,如图 7-6 所示(注:简支梁近似计算弯矩包络图表达式为 $M_x = \frac{4}{l^2}\gamma_0 M_{d,l/2}(lx-x^2)$,坐标原点为支座中心)。

③ 根据弯起钢筋和表 7-2 所示的抗弯承载力值,绘制抵抗弯矩图,如图 7-6 所示。

④ 确定各排弯起钢筋的理论充分利用点和理论不需要点,如表 7-3 所示。

⑤ 根据图 7-6 和计算弯矩包络图的表达式,分别计算各排弯起钢筋的理论充分利用点和理论不需要点与支座中心的距离,计算公式为 $x = \frac{l}{2}\left(1-\sqrt{1-\frac{M_x}{\gamma_0 M_{d,l/2}}}\right)$,计算结果如表 7-3 所示。

⑥ 正截面抗弯承载力检查。

为了保证正截面抗弯承载力,每排弯起钢筋与梁中轴线的交点必须在其理论不需要点以外,即需要满足 $x_i' \leqslant x_{不需}$。从表 7-3 中的计算数据看见,均满足此要求,从而满足正截面抗弯承载力的要求。

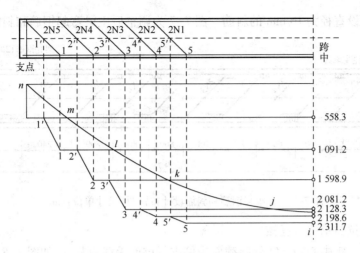

图 7-6 计算弯矩包络图与抵抗弯矩图

⑦ 斜截面抗弯承载力检查。

为了保证斜截面抗弯承载力,要求每排弯起钢筋的起弯点与其理论充分利用点之间的距离 $s \geq h_0/2$。从表 7-3 中的计算数据看见,均满足此要求,从而满足斜截面抗弯承载力的要求。

表 7-3 正截面和斜截面承载力检查计算表

第 i 排弯筋		1	2	3	4	5
实际弯起钢筋		2N5	2N4	2N3	2N2+2Φ16(斜)	2N1
起弯点 i		1	2	3	4	5
起弯点横坐标 x_i/mm(表 7-1)		1 141	2 247	3 317	4 468	5 401
弯筋与梁轴交点 i'		1'	2'	3'	4'	5'
弯筋与梁轴交点横坐标 x_i'/mm (表 7-1)		577	1 718	2 824	3 903	4 954
理论充分利用点		l	k	j	i	i
理论充分利用点横坐标 $x_{充分}$/mm		$x_l=2\,944$	$x_k=4\,887$	$x_j=8\,300$	$x_i=9\,750$	$x_i=9\,750$
理论不需要点		m	l	k	j	i
理论不需要点横坐标 $x_{不需}$/mm		$x_m=1\,376$	$x_l=2\,944$	$x_k=4\,887$	$x_j=8\,300$	$x_i=9\,750$
正截面抗弯承载力检查	$x_i' \leq x_{不需}$ 满足否	满足	满足	满足	满足	满足
斜截面抗弯承载力检查	$s = x_{充分} - x_i$/mm	1 803	2 640	4 983	5 290	4 366
	包含弯筋的截面有效高度 h_0/mm(表 7-2)	1 232	1 214	1 196	1 192	1 186.4
	$0.5h_0$/mm	616	607	598	596	593.2
	$s \geq 0.5h_0$ 满足否	满足	满足	满足	满足	满足

(8) 根据弯矩包洛图和抵抗弯矩包络图对弯筋进行调整。

由图 7-6 可见,抵抗弯矩图远大于计算弯矩包络图,故进一步调整弯起钢筋的弯起点位置。在满足规范对弯起钢筋弯起点要求的前提下,使抵抗弯矩图接近计算弯矩包络图,同时在弯起钢筋之间增设直径为 16 mm 的斜筋。图 7-7 为调整后主梁弯起钢筋和斜筋的布置图。

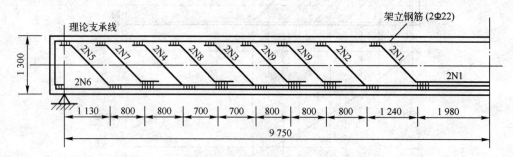

图 7-7　梁弯起钢筋和斜筋设计布置图(尺寸单位:mm)

(9) 斜截面抗剪承载力复核。

本算例以距支座中心为 $h/2$ 处斜截面为例进行抗剪承载力复核,如图 7-8 所示。

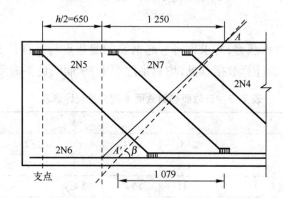

图 7-8　距支座中心 $h/2$ 处斜截面抗剪承载力计算图式(尺寸单位:mm)

① 斜截面底端位置。
- 斜截面底端位置对应正截面的主筋配置图如图 7-5(a)所示;
- 斜截面底端位置对应正截面的有效高度即 $h_{0,0} = 1\,250$ mm。

② 斜截面顶端位置。
- 取斜截面投影长度为 $c' \approx h_{0,0}$,则斜截面顶端位置(即 A 处)距支座中心距离为
$$x_A = h/2 + c' = 1\,300/2 + 1\,250 = 1\,900 \text{ mm}$$
- 斜截面顶端位置(即 A 处)的计算弯矩和计算剪力
$$M_A = \frac{4}{l^2}\gamma_0 M_{d,l/2}(x_A^2 - lx_A) = \frac{4}{19\,500^2} \times 2\,128.3 \times 10^6 \times (19\,500 \times 1\,900 - 1\,900^2) = 748.7 \text{ kN·m}$$
$$V_A = k\left(\frac{l}{2} - x_A\right) + \gamma_0 V_{d,l/2} = 0.038\,185 \times \left(\frac{19\,500}{2} - 1\,900\right) + 115.2 = 415 \text{ kN}$$
- 斜截面顶端位置(即 A 处)对应正截面的主筋配置图如图 7-5(b)所示。
- 斜截面顶端位置(即 A 处)对应正截面的截面有效高度 $h_{0,A} = 1\,232$ mm。

③ 实际斜截面。
- 实际广义剪跨比:
$$m = \frac{M_A}{V_A h_{0,A}} = \frac{748.7 \times 10^6}{415 \times 10^3 \times 1\,232} = 1.46 < 3$$

- 实际斜截面的投影长度

$$c = 0.6mh_{0,A} = 0.6 \times 1.46 \times 1\,232 = 1\,079 \text{ mm} < 1\,250 \text{ mm}$$

将要复核的实际斜截面为图 7-8 中所示 $A—A'$ 斜截面(虚线表示),斜角 β 为

$$\beta = \arctan(h_A/c) = \arctan(1\,232/1\,079) = 48.8°$$

- 实际斜截面内的主筋即为支点截面的主筋,为 2N6(2Φ32),其配筋百分率为

$$P = 100\frac{A_{s,0}}{bh_{0,0}} = 100 \times \frac{1\,608}{180 \times 1\,250} = 0.71 < 2.5$$

- 实际斜截面内的配箍率(取 $S_v = 250$ mm)

$$\rho_{sv} = \frac{A_{sv}}{bS_v} = \frac{100.5}{180 \times 250} = 0.22\% > \rho_{min}(= 0.18\%)$$

- 与实际斜截面相交的弯筋为 2N5(2Φ32)、2N4(2Φ32),斜筋为 2N7(2Φ16),则弯筋和斜筋的总截面面积

$$A_{sb} = 2 \times 1\,608 + 402 = 3\,618 \text{ mm}^2$$

- 实际斜截面抗剪承载力复核

$$V_u = \alpha_1\alpha_2\alpha_3(0.45 \times 10^{-3})bh_{0,A}\sqrt{(2+0.6P)\sqrt{f_{cu,k}}\rho_{sv}f_{sk}} + (0.75 \times 10^{-3})f_{sd}\sum A_{sb}\sin\theta_s =$$
$$1.0 \times 1.0 \times 1.1 \times (0.45 \times 10^{-3}) \times 180 \times 1\,232 \times \sqrt{(2+0.6 \times 0.71) \times \sqrt{30} \times 0.002\,2 \times 195} +$$
$$(0.75 \times 10^{-3}) \times 280 \times 3\,618 \times \sin(48.8°) =$$
$$833.54 \text{ kN} > V_A(= 415 \text{ kN})$$

故距支座中心为 $h/2$ 处的斜截面抗剪承载力满足设计要求。

同理,可依次复核其他斜截面的抗剪承载力。

6. 持久状况正常使用极限状态验算

1) 最大裂缝宽度验算

(1) 钢筋表面形状系数 c_1:HRB335 钢筋为带肋钢筋,所以 $c_1 = 1.0$。

(2) 作用长期效应影响系数 c_2:

$$c_2 = 1 + 0.5M_l/M_s = 1 + 0.5 \times 1\,074.49/1\,302.43 = 1.41$$

(3) 与构件受力性质有关的系数 c_3:该受弯构件为钢筋混凝土 T 形梁,所以 $c_3 = 1.0$。

(4) 换算直径 d_e:

$$d_e = \frac{\sum n_i d_i^2}{\sum n_i d_i} = \frac{8 \times 32^2 + 4 \times 16^2}{8 \times 32 + 4 \times 16} = 28.8 \text{ mm}$$

对于焊接钢筋骨架,$d_e = 1.3 \times 28.8 = 37.44$ mm。

(5) 纵向受拉钢筋配筋率:

$$\rho = \frac{A_s}{bh_0} = \frac{7\,238}{180 \times 1\,160.6} = 3.4\% > 2\%$$

取 $\rho = 0.02$。

(6) 钢筋应力:

$$\sigma_{ss} = \frac{M_s}{0.87A_sh_0} = \frac{1\,302.43 \times 10^6}{0.87 \times 7\,238 \times 1\,186.4} = 174.3 \text{ MPa}$$

(7) 验算:

$$W_{fk} = c_1 c_2 c_3 \frac{\sigma_{ss}}{E_s}\left(\frac{30+d_e}{0.28+10\rho}\right) =$$

$$1.0 \times 1.41 \times 1.0 \times \frac{174.3}{2.0 \times 10^5} \times \left(\frac{30+37.44}{0.28+10 \times 0.02}\right) =$$

$$0.173 < [W_{fk}](=0.2 \text{ mm})$$

故满足规范要求。

2) 变形(挠度)验算

(1) 跨中截面换算截面的几何特性。

① 跨中截面开裂截面换算截面几何特性。

• 按第一类 T 型截面求受压区高度:

$$x = \frac{\alpha_{Es}A_s}{b'_f}\left(\sqrt{1+\frac{2b'_f h_0}{\alpha_{Es}A_s}}-1\right) =$$

$$\frac{E_s A_s}{E_c b}\left(\sqrt{1+\frac{2bh_0}{\alpha_{Es}A_s}}-1\right) =$$

$$\frac{2.0 \times 10^5 \times 7\,238}{3.0 \times 10^4 \times 1\,600}\left(\sqrt{1+\frac{2 \times 1\,600 \times 1\,186.4}{2.0 \times 10^5/3.0 \times 10^4 \times 7\,238}}-1\right) =$$

$$239 \text{ mm} > \overline{h}'_f(=120 \text{ mm})$$

故跨中截面为第二类截面。

• 按第二类 T 型截面求受压区高度:

$$A = \frac{\alpha_{Es}A_s + (b'_f - b)\overline{h}'_f}{b} = \frac{(2.0 \times 10^5)/(3.0 \times 10^4) \times 7\,238 + (1\,600-180) \times 120}{180} = 1\,215$$

$$B = \frac{2\alpha_{Es}A_s h_0 + (b'_f - b)\overline{h}'^2_f}{b} =$$

$$\frac{2 \times (2.0 \times 10^5)/(3.0 \times 10^4) \times 7\,238 \times 1\,186.4 + (1\,600-180) \times 120^2}{180} = 749\,688$$

$$x = \sqrt{A^2 + B} - A = \sqrt{1\,215^2 + 749\,688} - 1\,215 = 277 \text{ mm} > h'_f(=120 \text{ mm})$$

• 开裂截面换算截面惯性矩计算:

$$I_{cr} = \frac{b'_f x^3}{3} - \frac{(b'_f - b)(x - h'_f)^3}{3} + \alpha_{Es} A_s (h_0 - x)^2 =$$

$$\frac{1\,600 \times 277^3}{3} - \frac{(1\,600-180) \times (277-120)^3}{3} +$$

$$2.0 \times 10^5/3.0 \times 10^4 \times 7\,238 \times (1\,186.4 - 277)^2 =$$

$$49\,409.8 \times 10^6 \text{ mm}^4$$

② 全截面换算截面几何特性。

• 全截面换算截面面积:

$$A_0 = bh + (b'_f - b)\overline{h}'_f + (\alpha_{Es} - 1)A_s =$$

$$180 \times 1\,300 + (1\,600 - 180) \times 120 + (2.0 \times 10^5/3.0 \times 10^4 - 1) \times 7\,238 =$$

$$445\,415.3 \text{ mm}^2$$

- 全截面换算截面惯性矩计算：

$$x = \frac{\frac{1}{2}bh^2 + \frac{1}{2}(b_f' - b)h_f'^2 + (\alpha_{Es} - 1)A_s h_0}{A_0} =$$

$$\frac{\frac{1}{2} \times 180 \times 1\,300^2 + \frac{1}{2} \times (1\,600 - 180) \times 120^2 + (2.0 \times 10^5/3.0 \times 10^4 - 1) \times 7\,238 \times 1\,186.4}{445\,415.3} =$$

474 mm

$$I_0 = \frac{1}{12}bh^3 + bh\left(\frac{1}{2}h - x\right)^2 + \frac{1}{12}(b_f' - b)\overline{h_f'}^3 + (b_f' - b)\overline{h_f'}\left(x - \frac{\overline{h_f'}}{2}\right)^2 + (\alpha_{Es} - 1)A_s(h_0 - x)^2 =$$

$$\frac{1}{12} \times (1\,600 - 180) \times 120^3 + \frac{1}{12} \times (1\,600 - 180) \times 120^3 +$$

$$(1\,600 - 180) \times 120 \times \left(474 - \frac{120}{2}\right)^2 + (2.0 \times 10^5/3.0 \times 10^4 - 1) \times 7\,238 \times (1\,186.4 - 474)^2 =$$

9.043×10^{10} mm^4

重心轴以上（或以下）部分面积对重心轴的面积矩为

$$S_0 = \frac{1}{2}b_f'x^2 - \frac{1}{2}(b_f' - b)(x - \overline{h_f'})^2 =$$

$$\frac{1}{2} \times 1\,600 \times 474^2 - \frac{1}{2} \times (1\,600 - 180) \times (474 - 120)^2 = 9.07 \times 10^7 \text{ mm}^3$$

（2）计算开裂构件的抗弯刚度。

① 全截面的抗弯刚度：

$$B_0 = 0.95 E_c I_0 = 0.95 \times 3 \times 10^4 \times 9.043 \times 10^{10} = 2.58 \times 10^{15} \text{ N} \cdot \text{mm}^2$$

② 开裂截面的抗弯刚度：

$$B_{cr} = E_c I_{cr} = 3 \times 10^4 \times 49\,409.8 \times 10^6 = 1.48 \times 10^{15} \text{ N} \cdot \text{mm}^2$$

③ 全截面换算截面受拉区边缘的弹性抵抗矩：

$$W_0 = I_0/(h - x) = 9.043 \times 10^{10}/(1\,300 - 474) = 1.1 \times 10^8 \text{ mm}^3$$

④ 塑性影响系数：

$$\gamma = \frac{2S_0}{W_0} = \frac{2 \times 9.07 \times 10^7}{6.87 \times 10^8} = 1.66$$

⑤ 开裂弯矩：

$$M_{cr} = \gamma f_{tk} W_0 = 1.66 \times 2.01 \times 1.1 \times 10^8 \text{ N} \cdot \text{mm} = 364.6 \text{ kN} \cdot \text{m}$$

⑥ 开裂构件的抗弯刚度：

$$B = \frac{B_0}{\left(\frac{M_{cr}}{M_s}\right)^2 + \left[1 - \left(\frac{M_{cr}}{M_s}\right)^2\right]\frac{B_0}{B_{cr}}} =$$

$$\frac{2.58 \times 10^{15}}{\left(\frac{364.6}{1\,302.43}\right)^2 + \left[1 - \left(\frac{364.6}{1\,302.43}\right)^2\right] \times \frac{2.58 \times 10^{15}}{1.48 \times 10^{15}}} =$$

1.53×10^{15} N · mm^2

(3) 挠度验算。

① 短期效应组合并考虑长期效应组合影响引起的长期挠度。

- 挠度长期增长系数：$\eta_\theta = 1.60$。
- 长期挠度：

$$\omega_l = \frac{5}{48} \cdot \frac{M_s l^2}{B} \eta_\theta = \frac{5}{48} \times \frac{1\,302.43 \times 10^6 \times 19\,500^2}{1.53 \times 10^{15}} \times 1.6 = 53.8 \text{ mm}$$

② 结构自重作用效应引起的长期挠度：

$$\omega_{Gl} = \frac{5}{48} \times \frac{M_G l^2}{B} \eta_\theta = \frac{5}{48} \times \frac{797.08 \times 10^6 \times 19\,500^2}{1.53 \times 10^{15}} \times 1.6 = 33 \text{ mm}$$

③ 消除结构自重的长期挠度，即可变作用效应产生的长期挠度：

$$\omega_{Ql} = \omega_l - \omega_{Gl} = 53.8 - 33 = 20.8 \text{ mm} < \frac{l}{600}\left(=\frac{19.5 \times 10^3}{600} = 32 \text{ mm}\right)$$

满足规范要求。

④ 预拱度设置。

- 判断是否设置预拱度：

$$\omega_l = 53.8 \text{ mm} > \frac{l}{1\,600}\left(=\frac{19\,500}{1\,600} = 12.2 \text{ mm}\right)$$

故跨中截面需设置预拱度。

- 预拱度大小：

$$\Delta = \omega_{Gl} + \frac{1}{2}\omega_{Ql} = 33 + \frac{1}{2} \times 20.8 = 43.4 \text{ mm}$$

第8章 钢筋混凝土轴心受压构件

理论上认为,轴向外力的作用线与构件轴线重合的受压构件,称为轴心受压构件(柱)。在实际结构中,真正的轴心受压构件几乎是不存在的,因为混凝土材料的组成的不均匀性,构件施工误差,安装就位不准,都会导致压力偏心。但是,在实际工程中,例如,钢筋混凝土桁架拱中的某些杆件(如受压腹杆)是可以按轴心受压构件设计的;同时,由于轴心受压构件计算简便,故可作为受压构件初步估算面积、复核承载力的手段。

钢筋混凝土轴心受压构件按照配筋形式不同,可分为两种形式:一种是配有纵向受压钢筋及普通箍筋的构件,称为普通箍筋柱(直接配筋),如图 8-1(a)所示;另一种为配有纵向受压钢筋和密集的螺旋箍筋或焊接环形箍筋的构件,称为螺旋箍筋柱(间接配筋),如图 8-1(b)所示。

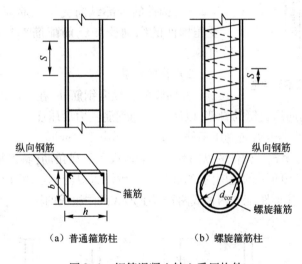

图 8-1 钢筋混凝土轴心受压构件

在一般情况下,承受同一荷载时,螺旋箍筋柱所需截面尺寸较小,但是施工较复杂,用钢量较多,一般只在承受荷载较大,而截面尺寸又受到限制时才采用。

8.1 普通箍筋柱

8.1.1 构造要点

1. 截面形式

普通箍筋柱的截面常采用正方形或矩形。因为长细比越大,承载力降低越多,不能充分利用材料强度,所以构件截面尺寸一般不宜小于 250 mm。

2. 混凝土

轴心受压构件的正截面承载力主要由混凝土提供,故一般多采用 C25～C40 级混凝土。

3. 钢筋

1) 纵向受压钢筋

纵向受压钢筋用来协助混凝土承担压力,以减小截面尺寸,并增加抵抗意外弯矩的能力,防止构件的意外破坏。

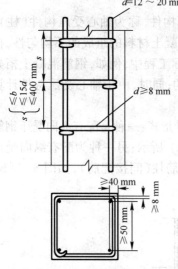

图 8-2 普通箍筋柱钢筋构造

(1) 纵向受压钢筋的公称直径不应小于 12 mm。在构件截面上,纵向受压钢筋至少应有 4 根并且在截面每一角隅处必须布置一根(图 8-2)。

(2) 纵向受压钢筋的净距不应小于 50 mm,也不应大于 350 mm;对于水平浇注的预制件,其纵向钢筋的最小净距应按受弯构件的有关规定处理。

(3) 当混凝土强度等级小于 C50 时,纵向受压钢筋的配筋率不应小于 0.5%;当混凝土强度等级为 C50 或大于 C50 时不应小于 0.6%;同时一侧钢筋的配筋率不应小于 0.2%。构件的全部纵向受压钢筋配筋率不宜超过 5%。受压构件的纵向受压钢筋配筋率按构件的毛截面面积计算。

2) 普通箍筋

柱内除配置纵向钢筋外,在横向围绕着纵向钢筋配置有箍筋,箍筋与纵向钢筋形成钢筋骨架,以防止纵向钢筋受力后压屈。

(1) 箍筋直径应不小于纵向受压钢筋的 1/4,且不小于 8 mm。

(2) 箍筋应做成封闭式。构件的纵向受压钢筋应设置于离角筋(箍筋折角处的纵向受压钢筋)中心距离 s 不大于 150 mm 的范围内,当超出此范围设置纵向钢筋时,应设复合箍筋(沿构件纵轴方向同一截面按一定间距配置两种或两种以上形式共同组成的箍筋),如图 8-3 所示。

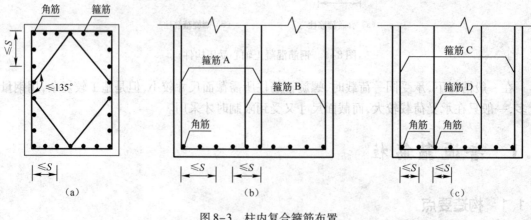

图 8-3 柱内复合箍筋布置

A、B、C、D—箍筋编号

(3) 箍筋的间距应不大于纵向受压钢筋直径的 15 倍或构件短边尺寸(圆形截面采用 0.8 倍直径),并且不大于 400 mm。在纵向受压钢筋搭接范围内箍筋间距应不大于搭接受压钢筋直径的 10 倍,且不大于 200 mm。当纵向受压钢筋的配筋率大于 3% 时,箍筋间距不应大于纵向受压钢筋直径的 10 倍,且不大于 200 mm。

(4) 相邻箍筋的弯钩接头,在纵向应错开布置。

8.1.2 破坏形态分析

钢筋混凝土轴心受压构件的长细比为 l_0/i,i 为截面的最小回转半径,$i=\sqrt{I/A}$,I 为截面惯性矩,A 为截面面积。对矩形截面可用 l_0/b 表示,b 为矩形截面的短边尺寸。对圆形截面可用 $l_0/2r$ 表示,r 为圆形截面的半径。l_0 为构件计算长度,其取值为:当构件两端固定时取 $0.5l$;当一端固定为不移动的铰时取 $0.7l$;当两端为不移动的铰时取 l;当一端固定一端自由时取 $2l$,l 为构件支点间长度。

钢筋混凝土轴心受压构件按长细比的大小可分为长柱和短柱。当长细比 $l_0/i \leq 28$ 或 $l_0/b \leq 8$(矩形截面)或 $l_0/2r \leq 7$(圆形截面)时为短柱;当长细比 $l_0/i > 28$ 或 $l_0/b > 8$(矩形截面)或 $l_0/2r > 7$(圆形截面)时为长柱。

1. 短柱的破坏形态

当轴向力 P 逐渐增加时,试件 A 柱(为短柱)随之缩短,混凝土全截面和纵向钢筋均发生压缩变形。当轴向力 P 达到破坏荷载的 90% 左右时,柱中部四周混凝土表明出现纵向裂缝,部分混凝土保护层剥落,最后是箍筋间的纵向钢筋发生屈曲,向外鼓出,混凝土被压碎而整个试件破坏(图 8-4)。破坏时,柱中部的横向挠度很小;混凝土压应变均在 0.002 附近,混凝土已达到其轴心抗压强度;采用普通热轧钢筋的纵向钢筋也均能达到抗压屈服强度。因此,钢筋混凝土短柱的破坏属于材料破坏,即混凝土压碎破坏,其承载力由混凝土和钢筋共同负担。

2. 长柱的破坏形态

上述破坏情况是针对短柱而言的。当柱子比较细长时,其破坏是由于丧失稳定所造成的。破坏时柱子侧向挠度增大,一侧混凝土被压碎,另一侧出现横向裂缝(图 8-5)。与截面尺寸、混凝土强度等级和配筋相同的短柱相比,长柱的破坏荷载较小,一般是采用纵向稳定系数 φ 来表示长柱承载能力的降低程度。试验表明,稳定系数 φ 与构件的长细比有关。长细比越大,柱子越细长,则纵向稳定系数值 φ 越小,承载力越低。

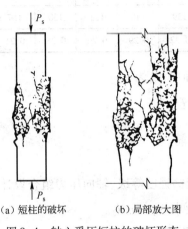

(a) 短柱的破坏　　(b) 局部放大图

图 8-4　轴心受压短柱的破坏形态

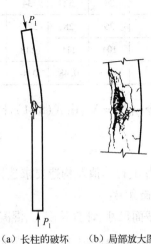

(a) 长柱的破坏　　(b) 局部放大图

图 8-5　轴心受压长柱的破坏形态

8.1.3 正截面抗压承载力计算

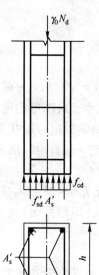

图 8-6 普通箍筋柱正截面承载力计算图式

1. 计算公式

普通箍筋柱正截面承载力计算图式如图 8-6 所示,其计算公式可由构件破坏时轴向力平衡条件求得:

$$\gamma_0 N_d \leq N_u = 0.9\varphi(f_{cd}A + f'_{sd}A'_s) \tag{8-1}$$

式中,N_d——轴向力组合设计值;

γ_0——结构的重要性系数;

φ——轴心受压构件稳定系数,按表 8-1 采用;

A'_s——全部纵向受压钢筋的截面面积;

A——构件截面面积,当纵向钢筋配筋率大于 3% 时,应扣除钢筋所占的混凝土面积,即将 A 改为 A_n,$A_n = A - A'_s$。

2. 计算方法

在实际计算中,轴心受压构件承载力计算可分为截面设计和截面复核两种情况。

1) 截面设计

已知截面尺寸、计算长度 l_0、混凝土强度等级、钢筋强度等级、轴向压力组合设计值 N_d,进行纵向钢筋配筋设计。

(1) 计算构件长细比,由表 8-1 查得相应的稳定系数 φ。

表 8-1 钢筋混凝土轴心受压构件的稳定系数

l_0/b	≤8	10	12	14	16	18	20	22	24	26	28
$l_0/2r$	≤7	8.5	10.5	12	14	15.5	17	19	21	22.5	24
l_0/i	≤28	35	42	48	55	62	69	76	83	90	97
φ	1.0	0.98	0.92	0.92	0.87	0.81	0.75	0.70	0.65	0.60	0.56
l_0/b	30	32	34	36	38	40	42	44	46	48	50
$l_0/2r$	26	28	29.5	31	33	34.5	36.5	38	40	41.5	43
l_0/i	104	111	118	125	132	139	146	153	160	167	174
φ	0.52	0.48	0.44	0.40	0.36	0.32	0.29	0.26	0.23	0.21	0.19

(2) 令 $\gamma_0 N_d = N_u$,由式 (8-1) 计算纵向钢筋截面面积,为

$$A'_s = \frac{\gamma_0 N_d - 0.9\varphi f_{cd}A}{0.9\varphi f_{sd}} \tag{8-2}$$

(3) 由 A'_s 计算值及构造要求选择并布置纵向钢筋。

2) 截面复核

已知截面尺寸、计算长度 l_0、混凝土强度等级、钢筋强度等级、轴向压力组合设计值 N_d,全部纵向钢筋的截面面积 A'_s,计算截面承载力 N_u,并要求 $N_u \geq \gamma_0 N_d$。

① 计算构件长细比,由表 8-1 查得相应的稳定系数 φ。

② 由式(8-1)计算正截面承载力 N_u,且应满足 $N_u \geq \gamma_0 N_d$。

例题 8-1 预制的钢筋混凝土轴心受压构件配筋设计。

1. 基本资料。

(1) 安全等级:二级,$\gamma_0 = 1.0$。

(2) 环境条件:I 类,$c_{min} = 30$ mm(查表 3-1,预制受压构件要求同受弯构件)。

(3) 材料。

① 混凝土:C25,$f_{cd} = 11.5$ MPa。

② 钢筋:纵向受压钢筋为 HRB335,$f'_{sd} = 280$ MPa;箍筋为 R235。

2. 构件尺寸。

(1) 截面尺寸:矩形截面,$b \times h = 300$ mm $\times 350$ mm。

(2) 计算长度:$l_0 = 4.5$ m。

3. 作用及作用效应。

轴向压力组合设计值 $N_d = 1\,600$ kN。

4. 持久状况承载能力极限状态设计——正截面抗压承载力计算(纵向钢筋配筋)。

① 构件长细比:$l_0/b = 4\,500/300 = 15$,查表 8-1 得稳定系数 $\varphi = 0.895$。

② 纵向钢筋截面面积 A'_s 为

$$A'_s = \frac{\gamma_0 N_d - 0.9 \varphi f_{cd} A}{0.9 \varphi f_{sd}} =$$

$$\frac{1.0 \times 1\,600 \times 10^3 - 0.9 \times 0.895 \times 11.5 \times (300 \times 350)}{0.9 \times 0.895 \times 280} =$$

$2\,782$ mm²

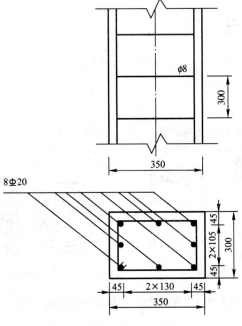

图 8-7 例 8-1 纵向钢筋布置(尺寸单位:mm)

③ 选择并配置纵向钢筋。
- 选择:$8 \underline{\Phi} 22, d = 22$ mm,$d_{外} = 25.1$ mm,实际 $A'_s = 3\,041$ mm²。
- 布置:纵向钢筋在截面上的布置如图 8-7。

混凝土保护层厚度:$c = \max \begin{Bmatrix} c_{\min} \\ d \end{Bmatrix} = \max \begin{Bmatrix} 30 \\ 22 \end{Bmatrix} = 30$ mm。

短边方向上钢筋间净距

$$S_n = \frac{b - 2c - 3d_{外}}{2} = \frac{300 - 2 \times 30 - 3 \times 25.1}{2} = 82.35 \text{ mm} > 50 \text{ mm,且小于 350 mm,}$$

满足规范要求。

长边方向钢筋间净距自然满足。

- 配筋率。

全截面纵筋配筋率:$\rho' = \dfrac{A'_s}{A} = \dfrac{3\,041}{300 \times 350} = 2.89\% > \rho'_{\min}(= 0.5\%)$,且小于 $\rho'_{\max}(= 5\%)$。

截面一侧纵筋配筋率:$\rho' = \dfrac{1\,140}{300 \times 350} = 1.04\% > 0.2\%$,满足规范要求。

5. 箍筋选择并布置。

(1) 选择:$R235, d_{sv} = \max \begin{Bmatrix} \frac{1}{4}d \\ 8 \end{Bmatrix} = \max \begin{Bmatrix} \frac{1}{4} \times 22 \\ 8 \end{Bmatrix} = 8$ mm。

(2) 布置:箍筋间距 $S = \min \begin{Bmatrix} 15d \\ b \\ 400 \end{Bmatrix} = \min \begin{Bmatrix} 15 \times 22 \\ 300 \\ 400 \end{Bmatrix} = 300$ mm。

8.2 螺旋箍筋柱

8.2.1 构造要点

1. 截面形式

螺旋箍筋柱的截面,通常做成圆形或正多边形(图 8-8)。

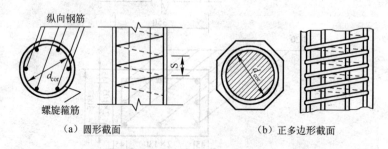

图 8-8 螺旋箍筋柱(阴影部分代表核心面积)

2. 钢筋

螺旋箍筋柱的配筋特点是除了纵向受压钢筋外,还配置间距较密的螺旋式箍筋。

1) 纵向受压钢筋

(1) 纵向受压钢筋沿圆周均匀分布,其截面面积应不小于螺旋箍筋圈内混凝土核心截面面积的 0.5%。常用的配筋率 $\rho' = A'_s/A_{cor}$ 在 0.8% ~ 1.2% 之间。

(2) 构件核心混凝土截面面积应不小于整个截面面积的 2/3。

2) 螺旋箍筋

螺旋箍筋的作用是使截面中间部分(核心)混凝土成为约束混凝土,从而提高构件的承载力和延性。

(1) 螺旋箍筋的直径应不小于纵向受力钢筋直径的 1/4,且不小于 8 mm。

(2) 为了保证螺旋箍筋能起到限制核心混凝土横向变形的作用,必须对箍筋的间距(即螺距)加以限制。《公路桥规》(JTG D62—2004)规定:箍筋的间距应不大于核心混凝土直径的 1/5,亦不大于 80 mm,也不应小于 40 mm,以利于混凝土浇筑施工。

(3) 螺旋箍筋的数量一般以换算截面面积 A_{s0} 表示。所谓换算截面面积是将箍筋的截面面积折算成相当的纵向钢筋截面面积,即一圈螺旋箍筋的体积除以螺旋箍筋的间距,即

$$A_{s0} = \frac{\pi d_{cor} A_{s01}}{S} \tag{8-3}$$

式中,A_{s0}——螺旋箍筋的换算截面面积;

d_{cor}——构件截面的核心直径,$d_{cor} = d - 2c$,c 为纵向钢筋至柱截面边缘的径向混凝土保护层厚度;

A_{s01}——单根螺旋箍筋的截面面积;

S——沿构件轴线方向螺旋箍筋的间距。

8.2.2 破坏形态分析

螺旋箍筋柱承受轴向压力时,包围着核心混凝土的螺旋形箍筋犹如环筒一样,阻止核心混凝土的横向变形,使混凝土处于三向受压状态,因而大大提高了核心混凝土的抗压强度。当轴向压力增加到一定数值时,混凝土保护层开始剥落。随着轴向压力的进一步增加,螺旋箍筋的应力也逐渐加大。最后,由于螺旋箍筋的应力达到屈服强度,失去了对核心混凝土的约束作用,使混凝土压碎而破坏。由此可见,螺旋箍筋柱的承载力是由核心混凝土、纵向钢筋和螺旋箍筋共同负担的。

螺旋箍筋的作用是间接地提高了核心混凝土的抗压强度,从而增加了柱的承载力。所以,又常将这种螺旋箍筋柱称为间接箍筋柱。螺旋箍筋对柱的承载力的影响程度,与螺旋箍筋换算截面面积的大小有关。试验研究与理论分析表明,螺旋箍筋所提高的承载力约为同体积纵向受力钢筋承载力的 2 ~ 2.5 倍,一般以 $kf_{sd}A_{so}$ 表示,其中 k 为间接箍筋影响系数,f_{sd} 为间接箍筋的抗拉强度。

8.2.3 正截面抗压承载力计算

1. 计算公式

螺旋箍筋柱的承载力计算图式见图 8-9。螺旋箍筋柱的承载力由 3 部分组成:核心混凝土承载力 $f_{cd}A_{cor}$;纵向受压钢筋的承载力 $f'_{sd}A'_s$;螺旋箍筋的承载力 $kf_{sd}A_{so}$。因此,螺旋箍筋柱的承载力计算的基本公式可写为

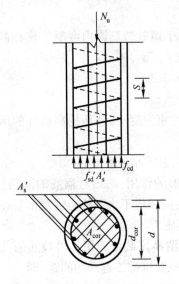

图 8-9 螺旋箍筋柱受力计算图式

$$\gamma_0 N_d \leq N_u = 0.9(f_{cd}A_{cor} + f'_{sd}A'_s + kf_{sd}A_{s0}) \quad (8-4)$$

式中，A_{cor}——螺旋箍筋圈内的核心混凝土截面面积；

A_{s0}——螺旋箍筋的换算截面面积，其数值按公式(8-3)计算；

f_{sd}——螺旋箍筋的抗拉设计值；

k——间接钢筋影响系数，其数值与混凝土强度等级有关：混凝土强度等级为 C50 及以下时，取 $k=2.0$；混凝土强度等级为 C50～C80 时，分别取 $k=2.0$～1.7，中间值直线插入取用。

对于式(8-4)的使用，《公路桥规》(JTG D62—2004)有如下规定条件。

(1) 当遇到下列任意一种情况时，不考虑螺旋箍筋的作用，而按普通箍筋柱计算构件的承载力：

① 当螺旋箍筋换算截面面积 A_{s0} 小于全部纵向钢筋截面面积的 25% 时，螺旋箍筋配置的过少，不能起显著作用；

② 当构件的长细比 $l_0/i \geq 48$，对圆形截面柱，长细比 $l_0/2r \geq 12$ 时，由于长细比较大的影响，螺旋箍筋柱不能发挥其作用；

③ 柱截面外围混凝土较厚，核心混凝土面积相对较小，按式(8-4)计算的抗压承载力小于按式(8-1)计算的抗压承载；

④ 箍筋间距大于核心混凝土直径的 1/5 或 80 mm。

(2) 为了保证在使用荷载作用下，螺旋箍筋混凝土保护层不致过早剥落，螺旋箍筋柱的承载力计算值不应大于按普通箍筋柱计算的承载力计算值的 1.5 倍，即

$$0.9(f_{cd}A_{cor} + f'_{sd}A'_s + kf_{sd}A_{s0}) \leq 1.35\varphi(f_{cd}A + f'_{sd}A'_s) \quad (8-5)$$

2. 计算方法

1) 截面设计

已知截面尺寸、计算长度 l_0、混凝土强度等级、纵向钢筋和螺旋箍筋的强度等级、轴向压力组合设计值 N_d、环境条件和安全等级，进行螺旋箍筋柱纵向钢筋和螺旋箍筋的配筋设计。

(1) 计算构件的长细比，根据长细比的大小判断构件是否可以按螺旋箍筋柱设计。

(2) 纵向钢筋配筋

① 由表 3-1 确定纵向钢筋的混凝土保护层厚度，计算构件核心直径 d_{cor}、核心面积 A_{cor}、截面面积 A；

② 假定纵向钢筋的配筋率 ρ'，计算纵向钢筋截面面积 $A'_s = \rho' A_{cor}$；

③ 根据 A'_s 计算值选择布置纵向钢筋。

(3) 螺旋箍筋配筋

① 令 $\gamma_0 N_d = N_u$，由式(8-4)计算螺旋箍筋换算截面面积 A_{s0} 为

$$A_{s0} = \frac{\gamma_0 N_d / 0.9 - f_{cd}A_{cor} - f'_{sd}A'_s}{kf_{sd}} \quad (8-6)$$

② 选择螺旋箍筋直径，计算单肢箍筋截面面积 A_{s01}。

③ 根据 A_{s0} 的计算值和 A_{s01}，由式(8-3)计算螺旋箍筋的间距 S 为

$$S = \frac{\pi d_{cor} A_{s01}}{A_{s0}} \tag{8-7}$$

④ 根据 S 计算值和构造要求,确定实际的箍筋间距。

2) 截面复核

(1) 根据实际的 A'_s 和实际的 A_{s0},由式(8-4)计算螺旋箍筋的抗压承载力 N_u,并要求满足 $N_u \geqslant \gamma_0 N_d$。

(2) 按式(8-5)检查混凝土保护层厚度是否剥落。

例题 8-2 钢筋混凝土圆形截面螺旋箍筋柱配筋设计。

1. 基本资料。

(1) 安全等级:二级,$\gamma_0 = 1.0$。

(2) 环境条件:Ⅰ 类,$c_{min} = 30$ mm(查表 3-1,预制受压构件要求同受弯构件)。

(3) 材料。

① 混凝土:C25,$f_{cd} = 11.5$ MPa。

② 钢筋:纵向受压钢筋为 HRB335,$f'_{sd} = 280$ MPa;箍筋为 R235,$f_{sd} = 195$ MPa。

2. 构件尺寸。

(1) 截面尺寸:圆形截面,$d = 400$ mm。

(2) 计算长度:$l_0 = 2.75$ m。

3. 作用及作用效应。

轴向压力组合设计值 $N_d = 1\,640$ kN。

4. 持久状况承载能力极限状态设计——正截面抗压承载力计算。

(1) 截面设计。

① 构件长细比:$l_0/d = 2\,750/400 = 6.88 < 12$,故可按螺旋箍筋柱设计。

② 纵向钢筋配筋。

• 纵向钢筋的混凝土保护层厚度:$c = 30$ mm。

• 柱截面面积: $A = \frac{\pi}{4}d^2 = \frac{\pi}{4} \times 400^2 = 125\,600$ mm^2。

核心面积直径: $d_{cor} = d - 2c = 400 - 2 \times 30 = 340$ mm。

核心面积:
$$A_{cor} = \frac{\pi}{4}d_{cor}^2 = \frac{\pi}{4} \times 340^2 = 90\,746 \text{ mm}^2 > \frac{2}{3}A\left(=\frac{2}{3} \times 125\,600 = 83\,733 \text{ mm}^2\right)。$$

• 假定纵向钢筋的配筋率 $\rho' = 0.012$,则纵向钢筋面积
$$A'_s = \rho' A_{cor} = 0.012 \times 90\,746 = 1\,089 \text{ mm}^2$$

• 选择并配置纵向钢筋:

选用 6⌀16,则实际 $A'_s = 1\,206$ mm^2,实际 $\rho' = 1\,206/90\,746 = 1.32\% > 0.5\%$。

③ 螺旋箍筋配筋。

• 螺旋箍筋换算截面面积 A_{s0}:
$$A_{s0} = \frac{\gamma_0 N_d/0.9 - f_{cd}A_{cor} - f'_{sd}A'_s}{k f_{sd}} =$$
$$\frac{1\,640\,000/0.9 - 11.5 \times 90\,746 - 280 \times 1\,206}{2 \times 195} =$$

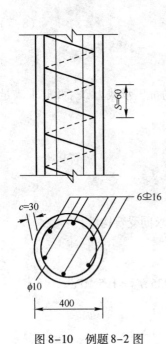

图 8-10 例题 8-2 图

$1\,130\text{ mm}^2 > 0.25A'_s(\,=0.25\times1\,206=302\text{ mm}^2)$

● 选择并布置螺旋箍筋。

选用 φ10 单肢箍筋,单肢箍筋截面面积 $A_{s01}=78.5\text{ mm}^2$。此时螺旋箍筋所需间距为

$$S=\frac{\pi d_{cor}A_{s01}}{A_{s0}}=\frac{3.14\times340\times78.5}{1\,130}=74\text{ mm}$$

根据构造要求,间距 S 应满足 $S\leqslant d_{cor}/5(\,=68\text{ mm})$ 和 $S\leqslant 80\text{ mm}$,故取 $S=60\text{ mm}>40\text{ mm}$。

实际 $A_{s0}=\dfrac{\pi d_{cor}A_{s01}}{S}=\dfrac{3.14\times340\times78.5}{60}=1\,397\text{ mm}^2$。

截面设计布置图如图 8-10 所示。

(2)截面复核。

① 计算抗压承载力:

$N_u=0.9(f_{cd}A_{cor}+kf_{sd}A_{s0}+f'_{sd}A'_s)=$
$0.9(11.5\times90\,746+2\times195\times1\,397+280\times1\,206)=$
$1\,733.48\text{ kN}>\gamma_0N_d(\,=1640\text{ kN})$。

② 检查混凝土保护层是否剥落:

$1.35\varphi(f_{cd}A+f'_{sd}A'_s)=1.35\times1\times(11.5\times125\,600+280\times1\,206)=$
$2\,405.81\text{ kN}>N_u(\,=1\,733.48\text{ kN})$

故混凝土保护层不会剥落。

习 题

8-1 钢筋混凝土轴心受压构件按照配筋形式不同,可分为哪些形式?

8-2 普通箍筋柱中的纵向钢筋和普通箍筋的作用各自是什么?

8-3 普通箍筋短柱与长柱的破坏形态有何不同?

8-4 什么是纵向稳定系数?影响纵向稳定系数的主要因素是什么?

8-5 螺旋箍筋柱中螺旋箍筋的作用是什么?

8-6 预制普通箍筋柱的截面尺寸为 $b\times h=250\text{ mm}\times250\text{ mm}$,计算长度 $l_0=5\text{ m}$;C25 混凝土,纵向钢筋采用 HRB335 级钢筋,箍筋采用 R235 级钢筋;I 类环境条件,安全等级为二级;轴向压力组合设计值 $N_d=560\text{ kN}$。试进行构件的截面设计和截面复核。

8-7 预制圆形截面螺旋箍筋柱,直径 $d=450\text{ mm}$,构件计算长度 $l_0=3\text{ m}$;C25 混凝土,纵向钢筋采用 HRB335 级钢筋,箍筋采用 R235 级钢筋;II 类环境条件,安全等级为一级;轴向压力组合设计值 $N_d=1\,560\text{ kN}$。试进行构件的截面设计和截面复核。

第9章 钢筋混凝土偏心受压构件

当轴向压力 N 的作用线偏离受压构件的轴线时,称为偏心受压构件,如图 9-1 所示。图 9-1 中 e_0 为压力 N 的作用点与构件截面形心的距离,称为偏心距。根据力的平移法则,截面承受偏心距为 e_0 的轴向压力 N 相当于承受轴力 N 和弯矩 $M(=Ne_0)$ 的共同作用(如图 9-1),所以偏心受压构件的基本受力特征与压弯构件是一致的。

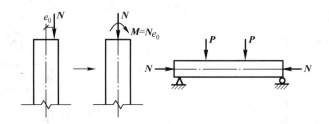

图 9-1 偏心受压构件与压弯构件

钢筋混凝土偏心受压构件是实际工程中应用较为广泛的受力构件之一,如拱桥的钢筋混凝土拱肋、桁架桥上的上弦杆、刚架桥的立柱、柱式墩(台)的墩(台)柱等。

实际结构中,偏心受压构件的截面在轴向力和弯矩作用的同时,还作用有横向剪力,如钢架桥的立柱。在设计时,由于构件的截面尺寸较大,而横向剪力较小,所以为简化计算,在承载力计算时一般不考虑横向剪力,仅考虑轴力和弯矩的作用。

9.1 钢筋混凝土偏心受压构件的构造

9.1.1 截面形式

钢筋混凝土偏心受压构件的截面形式如图 9-2 所示。

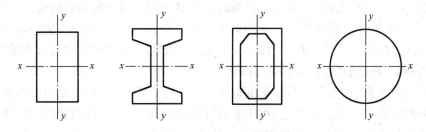

图 9-2 偏心受压构件的截面形式

矩形截面为最常用的截面形式。矩形截面的长边(即截面的高度 h)应布置在弯矩作用方向(图 9-3),长边与短边的比值 h/b 为 1.5~3.0。截面的最小尺寸不宜小于 300 mm。为了模板尺寸的模数化,边长宜采用 50 mm 的倍数。

为了节省混凝土和减轻构件的自重,对于截面高度 h 大于 600 mm 的偏心受压构件,多采用工字形或箱形截面。圆形截面主要用于柱式墩台、桩基础中。

9.1.2 钢筋构造

在钢筋混凝土偏心受压构件的截面上,布置有纵向受力钢筋和箍筋。

1. 矩形截面偏心受压构件

矩形截面偏心受压构件的纵向受力钢筋,集中沿短边 b 布置,布置在受压较大短边的钢筋用 A'_s 表示,布置在受压较小短边或受拉短边的钢筋用 A_s 表示(图 9-4)。

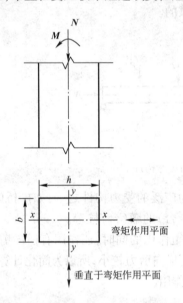
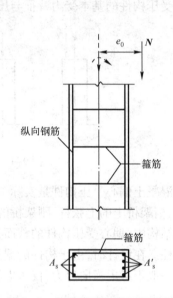

图 9-3 矩形截面弯矩作用平面示意图　　图 9-4 矩形截面钢筋布置形式

截面全部纵向受力钢筋的配筋率($\rho = (A_s + A'_s)/bh$)应不小于 0.5%,当混凝土强度等级为 C50 及以上时,不应小于 0.6%;同时,一侧纵向受力钢筋配筋率($\rho = A_s/bh$ 或 A'_s/bh)不应小于 0.2%。在桥梁结构中,常由于荷载作用位置的变化,在截面中产生数值变化接近而方向相反的弯矩,这时纵向受力钢筋大多采用对称布置,即 $A_s = A'_s$。

轴心受压构件关于纵向受力钢筋和箍筋的构造要求均适用于偏心受压构件,但应注意的是:由于偏心受压构件沿弯矩作用方向的截面高度较大,当截面高度 $h \geqslant 600$ mm 时,在侧面(即沿截面长边)应设置直径为 10~16 mm 的纵向构造钢筋,并相应设置复合钢筋(图 9-5)。

2. 工字形、T 形、箱形截面偏心受压构件

对于工字形、T 形、箱形截面偏心受压构件的钢筋构造要求,与矩形截面偏心受压构件相同。但应注意的是:在箍筋的布置上,由于有内折角的箍筋受力后有拉直的趋势,其合力可使内折角处混凝土崩裂,所以不允许采用有内折角的箍筋(图 9-6(b)),而应采用图 9-6(a)所示的叠套箍筋形式并要求在箍筋转角处设置纵向钢筋,以形成骨架。

3. 圆形截面偏心受压构件

圆形截面偏心受压构件的纵向受力钢筋,通常是沿截面周边均匀布置(图 9-7),其根数不少于6根。对于预制或现浇的一般钢筋混凝土圆形截面偏心受压构件,纵向钢筋的直径不宜小于12 mm,混凝土保护层厚度详见表3-1。而对于钻孔灌注桩,其截面尺寸较大,桩内纵向受力钢筋的直径不宜小于14 mm,根数不宜少于8根,钢筋间净距不宜小于50 mm,混凝土保护层厚度不小于60～80 mm。箍筋直径不小于8 mm,箍筋间距200～400 mm。

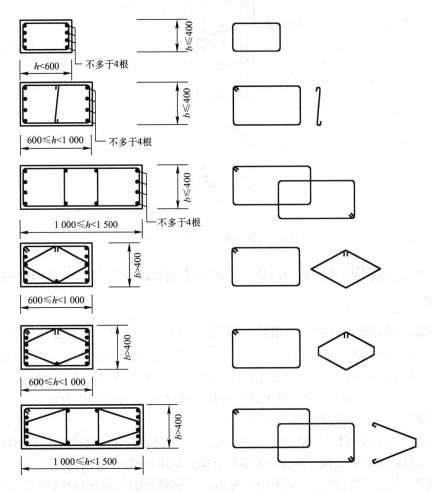

图9-5 矩形偏心受压构件的复合箍筋布置形式(尺寸单位:mm)

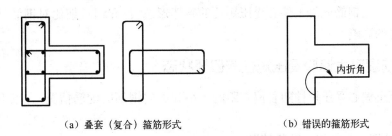

图9-6 T形截面偏心受压构件箍筋形式

其他构造要求同普通箍筋轴心受压构件(即普通箍筋柱)的构造要求。

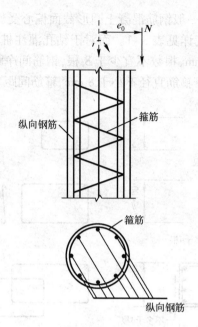

图 9-7 圆形截面钢筋布置形式

9.2 钢筋混凝土偏心受压构件承载力计算的一般问题

钢筋混凝土偏心受压构件的长细比,一般截面为 l_0/i(i 为截面弯矩作用方向的回转半径),矩形截面为 l_0/h,圆形截面为 l_0/d(d 为直径),其中 l_0 为构件在弯矩作用方向的计算长度,确定方法同轴心受压构件。但需要注意的是,轴心受压构件的长细比 l_0/i 中,i 为截面最小回转半径,l_0 为截面最小回转半径方向的构件计算长度;矩形截面长细比为 l_0/b,b 为截面短边尺寸,l_0 为截面短边方向的构件计算长度。

钢筋混凝土偏心受压构件按长细比可分为短柱、长柱和细长柱。长细比 $l_0/i \leqslant 28$(或 $l_0/h \leqslant 8$ 或 $l_0/d \leqslant 7$)的偏心受压构件称为钢筋混凝土偏心受压短柱;长细比 $28 < l_0/i \leqslant 104$(或 $8 < l_0/h \leqslant 30$ 或 $7 < l_0/d \leqslant 26$)的偏心受压构件称为钢筋混凝土偏心受压长柱;长细比 $l_0/i > 104$(或 $l_0/h > 30$ 或 $l_0/d > 26$)的偏心受压构件称为钢筋混凝土偏心受压细长柱。

本节首先介绍钢筋混凝土偏心受压短柱的破坏形态,再介绍长细比对钢筋混凝土偏心受压构件承载力的影响。

9.2.1 钢筋混凝土偏心受压短柱的破坏状态

钢筋混凝土偏心受压短柱随着偏心距的大小和纵向钢筋的配筋情况,有以下两种主要破坏形态。

1. 受拉破坏——大偏心受压破坏

当偏心距较大,且纵向受拉钢筋的配筋率不高时,偏心受压短柱的破坏是纵向受拉筋首先到达屈服强度,然后受压区混凝土压坏,称为受拉破坏(图9-8),其破坏形态与双筋矩形截面适筋梁的破坏形态相似。临近破坏时有明显的预兆,裂缝显著开展,构件的承载力取决于受拉钢筋的强度和数量。

2. 受压破坏——小偏心受压破坏

小偏心受压破坏一般是受压区边缘混凝土的应变达到极限压应变,受压区混凝土被压碎;同一侧的钢筋应力达到屈服强度,而另一侧的钢筋不论受拉还是受压,其应力均达不到屈服强度。破坏前构件横向变形无明显的急剧增长,称为受压破坏(图9-9),其破坏形态与双筋矩形截面超筋梁的破坏形态相似。构件的承载力取决于受压区混凝土抗压强度和受压钢筋强度。

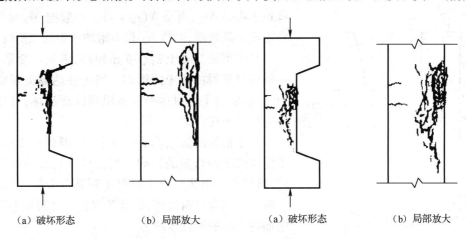

(a) 破坏形态　　(b) 局部放大　　　　(a) 破坏形态　　(b) 局部放大

图9-8　大偏心受压短柱破坏形态　　图9-9　小偏心受压短柱破坏形态

小偏心受压短柱破坏时截面的受力情况如图9-10所示。

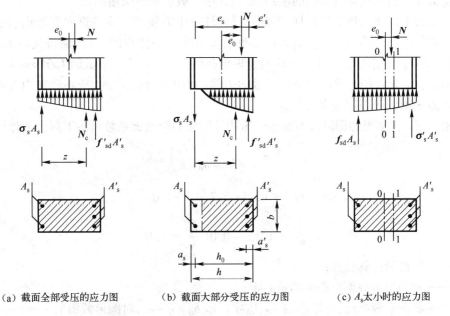

(a) 截面全部受压的应力图　(b) 截面大部分受压的应力图　(c) A_s 太小时的应力图

图9-10　小偏心受压短柱截面受力的几种情况

3. 大、小偏心受压破坏的判断

据上所述,钢筋混凝土偏心受压构件的破坏形态与双筋截面梁的破坏形态相似,这样,即可用相对界限受压区高度 ξ_b 来判断偏心受压构件的破坏类型:当 $x \leqslant \xi_b h_0$ 时,截面为大偏心受压破坏；当 $x > \xi_b h_0$ 时，截面为小偏心受压破坏。ξ_b 值可由表 4-1 查得。

9.2.2 纵向弯曲影响

试验表明，长细比较大的钢筋混凝土偏心受压构件在初始偏心距为 e_0 的轴向力 N 的作用下，在弯曲作用平面内将发生纵向弯曲，即会产生侧向变形 y（图 9-11）。在构件高度中点处，侧向变形最大，为 u。由于侧向变形的影响，各截面的弯矩不再是 Ne_0，而是 $N(e_0+y)$。一般把 Ne_0 称为初始弯矩或一阶弯矩，而将 Ny 称为附加弯矩或二阶弯矩。

对于钢筋混凝土偏心受压短柱，因侧向变形很小，一般可忽略附加弯矩的影响。当短柱达到极限承载能力时，截面由于材料达到其极限强度而破坏，其破坏类型为材料破坏。

对于钢筋混凝土偏心受压长柱，因侧向变形较大，不能忽略附加弯矩的影响。当长柱达到极限承载能力时，虽然截面仍然是由于材料达到其极限强度而破坏，其破坏类型为材料破坏，但是其承载力已明显小于忽略附加弯矩时的短柱承载力。

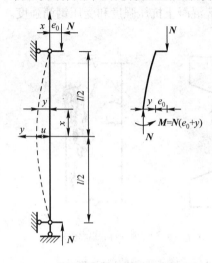

图 9-11　偏心受压构件的纵向弯曲

对于钢筋混凝土偏心受压细长柱，由于侧向变形很大，其破坏类型不再是材料破坏，而是发生失稳破坏。由于失稳破坏与材料破坏有本质的区别，故设计中一般尽量不采用细长柱。

实际工程中最常遇到的是长柱，因此在设计计算中需要考虑构件侧向变形而引起的附加弯矩的影响。这个影响是通过轴向力偏心距增大系数 η 来体现的。《公路桥规》(JTG D62—2004) 规定，对于长细比 $l_0/i > 17.5$（相当于矩形截面 $l_0/h > 5$ 或圆形截面 $l_0/d > 4.4$）的构件，应考虑构件在弯矩作用平面内的挠曲对轴向力偏心距的影响。此时，应将轴向力对截面重心轴的偏心距 e_0 乘以偏心距增大系数 η。

矩形、T形、工字形和圆形截面偏心受压构件的偏心距增大系数可按下列公式计算：

$$\eta = 1 + \frac{1}{1\,400 e_0/h_0}\left(\frac{l_0}{h}\right)^2 \zeta_1 \zeta_2 \tag{9-1}$$

$$\zeta_1 = 0.2 + 2.7\frac{e_0}{h_0} \leq 1.0 \tag{9-2}$$

$$\zeta_2 = 1.15 - 0.01\frac{l_0}{h} \leq 1.0 \tag{9-3}$$

式中，l_0——构件的计算长度；

e_0——轴向力对截面重心轴的偏心距；

h_0——截面有效高度，对矩形、T形、工字形取 $h_0 = h - a_s$，对圆形截面取 $h_0 = r + r_s$；

h——截面高度，对圆形截面取 $h = 2r$，r 为圆形截面半径；

ζ_1——荷载偏心率对截面曲率的影响系数；

ζ_2——构件长细比对截面曲率的影响系数。

9.3 矩形截面偏心受压构件正截面承载力计算

9.3.1 矩形截面偏心受压构件正截面承载力计算的基本公式

1. 基本假定

与钢筋混凝土受弯构件正截面承载力计算相似,钢筋混凝土偏心受压构件正截面承载力计算采用如下基本假定:

(1) 构件截面变形符合平截面假设;
(2) 不考虑受拉区混凝土的抗拉强度,拉力全部由纵向受拉钢筋承担;
(3) 混凝土和钢筋的应力-应变关系表达式分别采用式(4-1)和式(4-2)表达式;
(4) 在极限状态下,混凝土的压应力图形采用等效矩形应力图,应力集度为f_{cd}。

2. 计算图式

对于矩形截面偏心受压构件,用ηe_0表示纵向弯曲的影响。只要是材料破坏类型,无论是大偏心受压破坏,还是小偏心受压破坏,受压区边缘混凝土都达到极限压应变,同一侧的受压钢筋A'_s一般都能达到抗压强度设计值f'_{sd}。而对面一侧的钢筋A_s的应力,可能受拉(达到或未达到抗拉强度设计值f_{sd}),也可能受压,故以σ_s表示A_s钢筋中的应力,并且假定为拉应力,这样就可以建立一种包括大、小偏心受压情况的统一正截面承载力计算图式,如图9-12所示。

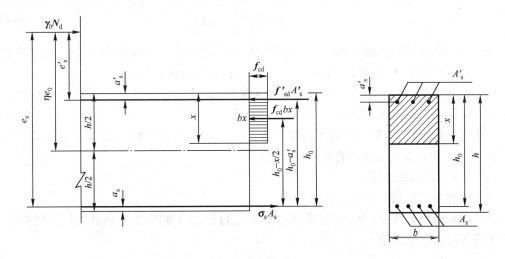

图9-12 矩形截面偏心受压构件正截面承载力计算图式

3. 基本公式

钢筋混凝土矩形截面偏心受压构件正截面承载力计算的基本公式,可根据构件破坏时的内力平衡条件求得。

由轴向力平衡条件,即$\sum N = 0$,得

$$\gamma_0 N_d \leq N_u = f_{cd}bx + f'_{sd}A'_s - \sigma_s A_s \tag{9-4}$$

由所有的力对受拉边(或受压较小边)钢筋A_s合力作用点取矩的平衡条件,即$\sum M_{As} = 0$,得

$$\gamma_0 N_d e_s \leq M_u = f_{cd}bx\left(h_0 - \frac{x}{2}\right) + f'_{sd}A'_s(h_0 - a'_s) \tag{9-5}$$

由所有的力对受压较大边钢筋 A'_s 合力作用点取矩的平衡条件,即 $\sum M_{A'_s}=0$,得

$$\gamma_0 N_d e'_s \leq M_u = -f_{cd}bx\left(\frac{x}{2} - a'_s\right) + \sigma_s A_s(h_0 - a'_s) \tag{9-6}$$

由所有的力对轴向力 $\gamma_0 N_d$ 作用点取矩的平衡条件,即 $\sum M_{\gamma_0 N_d}=0$,得

$$f_{cd}bx\left(e_s - h_0 + \frac{x}{2}\right) = \sigma_s A_s e_s - f'_{sd}A'_s e'_s \tag{9-7}$$

式中,x——混凝土受压区高度;

e_0——轴向力作用点至混凝土截面重心轴的距离,即初始偏心距,$e_0 = M_d/N_d$;

η——偏心距增大系数,按式(9-1)计算;

e_s——轴向力作用点至受拉边(或受压较小边)钢筋 A_s 合力作用点的距离,为

$$e_s = \eta e_0 + \frac{h}{2} - a_s \tag{9-8}$$

e'_s——轴向力作用点至受压较大边钢筋 A'_s 合力作用点的距离,为

$$e'_s = \eta e_0 - \frac{h}{2} + a'_s \tag{9-9}$$

σ_s——受拉边(或受压较小边)钢筋 A_s 的应力,其取值与受压区高度 x 有关,当 $x \leq \xi_b h_0$ 时,取 $\sigma_s = f_{sd}$;当 $x > \xi_b h_0$ 时,σ_s 为

$$\sigma_{si} = \varepsilon_{cu}E_s\left(\frac{\beta h_{0i}}{x} - 1\right) \tag{9-10}$$

式中,σ_{si}——第 i 层纵向钢筋的应力,按式(9-10)计算为正值表示拉应力,负值表示压应力;

h_{0i}——第 i 层纵向钢筋截面面积重心至受压较大边边缘的距离;

ε_{cu}——混凝土极限压应变,混凝土强度等级 C50 及以下时取 $\varepsilon_{cu} = 0.0033$,C80 时 $\varepsilon_{cu} = 0.003$,中间强度等级用直线插入求得;

β——截面受压区矩形应力图高度系数,混凝土强度等级 C50 及以下时取 $\beta = 0.8$,C80 时取 $\beta = 0.74$,中间强度等级用直线插入求得;

E_s——钢筋的弹性模量。

关于上述基本公式的使用要求如下。

(1) 在承载力计算中,为了保证截面受压较大边钢筋 A'_s 的应力达到其抗压强度设计值,混凝土受压区高度应满足

$$x \geq 2a'_s \tag{9-11}$$

若不符合式(9-11)的条件,说明构件破坏时,钢筋 A'_s 的应力达不到抗压强度设计值,这时近似取 $x = 2a'_s$。

(2) 对于小偏心受压构件,若轴向力作用在纵向钢筋 A_s 和 A'_s 之间,为使钢筋 A_s 不致过少,防止钢筋 A_s 一侧混凝土先压坏(图9-13),尚应满足下列条件:

$$\gamma_0 N_d e' \leq f_{cd}bh\left(h'_0 - \frac{h}{2}\right) + f'_{sd}A_s(h'_0 - a_s) \tag{9-12}$$

式中,e'——轴向力作用点至受压较大边钢筋 A'_s 合力作用点的距离,$e' = h/2 - e_0 - a'_s$;

h'_0——受压较大边钢筋合力作用点至截面受压较小边的距离,$h'_0 = h - a'_s$。

9.3.2 实用计算方法

在实际设计工作中，偏心受压构件正截面承载力计算通常遇到截面设计和截面复核两类问题。

1. 截面设计

在进行偏心受压构件的截面设计时，通常已知轴向力组合设计值 N_d 和相应的弯矩组合设计值 M_d 或偏心距 e_0，材料强度等级，截面尺寸 $b \times h$，以及弯矩作用平面内构件的计算长度，要求确定纵向受力钢筋的数量，并进行配置。

1) 非对称配筋

(1) 大、小偏心受压的初步判别。

如9.2节所述，当 $x \leqslant \xi_b h_0$ 时，截面为大偏心受压；当 $x_b > \xi_b h_0$ 时，截面为小偏心受压。但是在截面设计时，由于纵向受力钢筋的数量未知，无法计算受压区高度 x，所以还不能利用上述条件进行判别。

在截面设计时，可采用如下方法来初步判定大、小偏心受压：当 $\eta e_0 > 0.3 h_0$ 时，可先按大偏心受压构件进行设计计算；当 $\eta e_0 \leqslant 0.3 h_0$ 时，可先按小偏心受压构件进行设计计算。

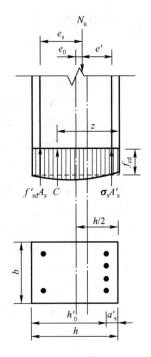

图 9-13 偏心距很小时截面计算图式

(2) 当 $\eta e_0 > 0.3 h_0$ 时，按大偏心受压构件进行设计计算。

① 令 $x = \xi_b h_0$。

偏心受压构件的基本公式中有 A_s、A'_s 和 x 3个未知数，但独立公式仅有两个，无法求得唯一解，必须补充设计条件。与双筋矩形截面受弯构件截面设计相仿，从充分利用混凝土的抗压强度，从受拉区和受压区钢筋的总用量最少的原则出发，近似取 $x = \xi_b h_0$ 作为补充条件。

② 计算并配置受压区钢筋 A'_s。

根据式(9-5)，令 $\gamma_0 N_d e_s = M_u$，代入 $x = \xi_b h_0$，求得受压区钢筋的截面面积 A'_s 为

$$A'_s = \frac{\gamma_0 N_d e_s - f_{cd} b \xi_b h_0^2 (1 - 0.5 \xi_b)}{f'_{sd}(h_0 - a'_s)} \geqslant \rho'_{min} bh \tag{9-13}$$

若 $A'_s < \rho'_{min} bh$，则取 $A'_s = \rho'_{min} bh$。ρ'_{min} 为截面一侧(受压)钢筋的最小配筋率，为 $\rho'_{min} = 0.2\%$。根据 A'_s 的计算值，选择并布置受压区钢筋。

③ 计算并配置受拉区钢筋 A_s。

根据实际配置的受压区钢筋截面面积 A'_s，由式(9-5)，并令 $\gamma_0 N_d e_s = M_u$，则可得到受压区高度为

$$x = h_0 - \sqrt{h_0^2 - \frac{2[\gamma_0 N_d e_s - f'_{sd}(h_0 - a'_s)]}{f_{cd} b}} \tag{9-14}$$

当计算的 x 满足 $2a'_s \leqslant x \leqslant \xi_b h_0$，则由式(9-4)和实际配置的受压区钢筋截面面积 A'_s，取 $\sigma_s = f_{sd}$，可得到受拉区钢筋截面面积 A_s 为

$$A_s = \frac{f_{cd} bx + f'_{sd} A'_s - \gamma_0 N_d}{f_{sd}} \geqslant \rho_{min} bh \tag{9-15}$$

当计算的 x 满足 $x \leqslant \xi_b h_0$，但 $x < 2a'_s$，则取 $x = 2a'_s$，由式(9-6)，取 $\sigma_s = f_{sd}$，可得到受拉区钢

筋截面面积 A_s 为

$$A_s = \frac{\gamma_0 N_d e'_s}{f_{sd}(h_0 - a'_s)} \geqslant \rho_{\min} bh \tag{9-16}$$

若 $A_s < \rho_{\min} bh$，则取 $A_s = \rho_{\min} bh$。$\rho_{\min}$ 为截面一侧（受压）钢筋的最小配筋率，为 $\rho_{\min} = 0.2\%$。根据 A_s 的计算值，选择并布置受拉区钢筋。

④ 全部纵向钢筋的配筋率。

全部纵向钢筋的配筋率要求 $\rho = (A_s + A'_s)/bh \geqslant \rho_{\min}(=0.5\%)$。

(3) 当 $\eta e_0 \leqslant 0.3 h_0$ 时，按小偏心受压构件进行设计计算。

① 令 $A_s = \rho_{\min} bh = 0.002 bh$，并配置钢筋 A_s。

试验表明，对于小偏心受压的一般情况，远离偏心压力一侧的纵向钢筋无论受拉还是受压，其应力一般均未达到屈服强度。显然，A_s 可取等于受压构件截面一侧钢筋的最小配筋量，故令 $A_s = \rho_{\min} bh = 0.002 bh$。

根据 $A_s = 0.002 bh$，选择并布置钢筋 A_s，得到实际钢筋 A_s 的截面面积。

② 计算并配置受压区钢筋 A'_s。

由式(9-6)和式(9-10)可得到以 x 为未知数的一元三次方程，为

$$Ax^3 + Bx^2 + Cx + D = 0$$
$$A = -0.5 f_{cd} b, \quad B = f_{cd} b a'_s \tag{9-17}$$
$$C = \varepsilon_{cu} E_s A_s (a'_s - h_0) - \gamma_0 N_d e'_s, \quad D = \beta \varepsilon_{cu} E_s A_s (h_0 - a'_s) h_0$$

根据钢筋 A_s 的实际截面面积，求解此方程（如牛顿迭代法），可得到受压区高度 x。

当 $x \leqslant \xi_b h_0$ 时，按大偏心受压重新进行设计。

当 $\xi_b h_0 < x < h$ 时，截面部分受拉、部分受压。此时，由式(9-5)可求得钢筋 A'_s 的截面面积，为

$$A'_s = \frac{\gamma_0 N_d e_s - f_{cd} bx (h_0 - x/2)}{f_{sd}(h_0 - a'_s)} \geqslant \rho'_{\min} bh \tag{9-18}$$

当 $x > h$ 时，截面为全截面受压，但实际受压区最多也只能为截面高度 h，所以取 $x = h$。由式(9-5)可得钢筋 A'_s 的截面面积，为

$$A'_s = \frac{\gamma_0 N_d e_s - f_{cd} bh (h_0 - h/2)}{f_{sd}(h_0 - a'_s)} \geqslant \rho'_{\min} bh \tag{9-19}$$

根据受压区钢筋 A'_s 的计算值，选择并布置钢筋 A'_s。

③ 全部纵向钢筋的配筋率。

全部纵向钢筋的配筋率要求 $\rho = (A_s + A'_s)/bh \geqslant \rho_{\min}(=0.5\%)$。

2) 对称配筋

对称配筋是指截面的两侧用相同的钢筋等级和数量的配筋，$A_s = A'_s, f_{sd} = f'_{sd}, a_s = a'_s$。

(1) 大、小偏心受压的判别。

先假定为大偏心受压，根据 $A_s = A'_s, f_{sd} = f'_{sd}$，由式(9-4)可得到受压区高度 x 为

$$x = \frac{\gamma_0 N_d}{f_{cd} b} \tag{9-20}$$

当 $x \leqslant \xi_b h_0$ 时，按大偏心受压进行设计；当 $x > \xi_b h_0$ 时，按小偏心受压进行设计。

(2) 当 $x \leqslant \xi_b h_0$ 时的大偏心受压构件的计算。

当 $2a'_s \leq x \leq \xi_b h_0$ 时,则由式(9-5)可得到。

$$A'_s = A_s = \frac{\gamma_0 N_d e_s - f_{cd}bx(h_0 - x/2)}{f'_{sd}(h_0 - a'_s)} \geq \rho_{min}bh \quad (9-21)$$

当 $x < 2a'_s$ 时,按照式(9-16)计算,为

$$A'_s = A_s = \frac{\gamma_0 N_d e'_s}{f_{sd}(h_0 - a'_s)} \geq \rho_{min}bh \quad (9-22)$$

全部纵向钢筋的配筋率要求 $\rho = (A_s + A'_s)/bh \geq \rho_{min}(=0.5\%)$。

根据纵向钢筋截面面积的计算值,选择并布置纵向钢筋。

(3) 当 $x > \xi_b h_0$ 时按小偏心受压构件的计算。

对称配筋的小偏心受压构件,由于 $A_s = A'_s$,即使在全截面受压情况下,也不会出现远离偏心压力作用点一侧混凝土先破坏的情况。

① 计算截面受压区高度 x。

《公路桥规》(JTG D62—2004)建议矩形截面对称配筋的小偏心受压构件截面的受压区高度计算公式为

$$x = \frac{\gamma_0 N_d - f_{cd}bh_0\xi_b}{\frac{\gamma_0 N_d e_s - 0.43 f_{cd}bh_0^2}{(\beta - \xi_b)(h_0 - a'_s)} + f_{cd}bh_0} h_0 + \xi_b h_0 \quad (9-23)$$

② 计算纵向钢筋截面面积。

由式(9-21)计算可得纵向钢筋截面面积,但全部纵向钢筋的配筋率满足。

$$\rho = (A_s + A'_s)/bh \geq \rho_{min}(=0.5\%)$$

根据纵向钢筋截面面积的计算值,选择并布置纵向钢筋。

2. 截面复核

在进行偏心受压构件的截面复核时,必须已知偏心受压构件的截面尺寸 $b \times h$,弯矩作用平面内和垂直于弯矩作用平面内的构件计算长度,材料强度等级,纵向钢筋截面面积 A_s 和 A'_s,轴向力组合设计值 N_d 和相应的弯矩组合设计值 M_d 或偏心距 e_0,复核构件截面是否能承受已知的作用效应组合设计值。

偏心受压构件需要进行截面在两个方向的承载力复核,即弯矩作用平面内和垂直于弯矩作用平面内的截面承载力复核。

1) 弯矩作用平面内的截面承载力复核

(1) 先假设为大偏心受压,此时钢筋 A_s 中的应力 $\sigma_s = f_{sd}$,代入式(9-7)可得截面受压区高度 x 为

$$x = \sqrt{(e_s - h_0)^2 + 2\frac{f_{sd}A_s e_s - f'_{sd}A'_s e'_s}{f_{cd}b}} - (e_s - h_0) \quad (9-24)$$

当 $x \leq \xi_b h_0$ 时,按大偏心受压进行复核;当 $x > \xi_b h_0$ 时,按小偏心受压进行设复核。

(2) 当 $x \leq \xi_b h_0$ 时的大偏心受压构件截面复核。

当 $2a'_s \leq x \leq \xi_b h_0$ 时,则由按式(9-4)进行截面承载力复核。

当 $x < 2a'_s$ 时,令 $x = 2a'_s$,由式(9-6)求截面承载力,进行复核,为

$$N_u = \frac{M_u}{e'_s} = \frac{f_{sd}(h_0 - a'_s)}{e'_s} \geq \gamma_0 N_d \quad (9-25)$$

(3) 当 $x > \xi_b h_0$ 时的小偏心受压构件截面复核。

由于在小偏心受压情况下,离偏心压力较远一侧钢筋 A_s 中的应力往往达不到屈服强度,则截面受压区高度 x 不能由式(9-24)来确定。这时,联合式(9-7)和式(9-10),得到关于 x 的一元三次方程,为

$$Ax^3 + Bx^2 + Cx + D = 0 \quad (9-26)$$
$$A = 0.5 f_{cd} b, B = f_{cd} b(e_s - h_0)$$
$$C = \varepsilon_{cu} E_s A_s e_s + f'_{sd} A'_s e'_s, D = -\beta \varepsilon_{cu} E_s A_s e_s h_0$$

求解此方程(如牛顿迭代法),可得到受压区高度 x。

当 $\xi_b h_0 < x < h$ 时,截面部分受拉、部分受压。由式(9-5)求截面承载力,进行复核,为

$$N_u = \frac{M_u}{e_s} = \frac{f_{cd} b x \left(h_0 - \frac{x}{2} \right) + f'_{sd} A'_s (h_0 - a'_s)}{e_s} \geqslant \gamma_0 N_d \quad (9-27)$$

当 $x > h$ 时,截面为全截面受压。这种情况下,偏心距很小。首先考虑近纵向压力作用点侧的截面边缘混凝土破坏,取 $x = h$,由式(9-5)求截面承载力,进行复核,为

$$N_{u1} = \frac{M_u}{e_s} = \frac{f_{cd} b h \left(h_0 - \frac{h}{2} \right) + f'_{sd} A'_s (h_0 - a'_s)}{e_s} \geqslant \gamma_0 N_d \quad (9-28)$$

其次,还需要考虑距纵向压力作用点远侧截面边缘破坏的可能性,由式(9-12)求截面承载力,进行复核,为

$$N_{u2} = \frac{f_{cd} b h \left(h'_0 - \frac{h}{2} \right) + f'_{sd} A_s (h'_0 - a_s)}{e'_s} \geqslant \gamma_0 N_d \quad (9-29)$$

此时构件的承载力为 N_{u1} 和 N_{u2} 中的较小值。

2) 垂直弯矩作用平面内的截面承载力复核

偏心受压构件除了在弯矩作用平面内可能发生破坏外,还可能在垂直于弯矩作用平面内发生破坏,如设计轴向压力 N_d 较大而在弯矩作用平面内偏心距较小时。垂直于弯矩作用平面的构件长细比 l_0/b 较大时,有可能是垂直于弯矩作用平面的承载力起控制作用,因此,还应对垂直于弯矩作用平面进行承载力复核。

《公路桥规》(JTG D62—2004)规定,对于偏心受压构件除应计算弯矩作用平面内的承载力外,还应按轴心受压构件复核垂直于弯矩作用平面的承载力。这时不考虑弯矩作用,而按轴心受压构件考虑稳定系数 φ,并取 b 来计算相应的长细比。

例题 9-1 钢筋混凝土非对称配筋大偏心受压构件设计示例。

1. 基本资料。

(1) 安全等级:二级,结构重要性系数 $\gamma_0 = 1.0$。

(2) 环境条件:I 类,纵向钢筋的最小保护层厚度 $c_{min} = 30$ mm(查表 3-1)。

(3) 材料选择。

混凝土:C20,$f_{cu,k} = 20$ MPa,$f_{ck} = 13.4$ MPa,$f_{cd} = 9.2$ MPa,
$f_{tk} = 1.54$ MPa,$f_{td} = 1.06$ MPa,$E_c = 2.55 \times 10^4$ MPa。

钢筋:HRB335,$f_{sk} = 335$ MPa,$f_{sd} = f'_{sd} = 280$ MPa,$E_s = 2.0 \times 10^5$ MPa。

(4) 相对界限受压区高度:$\xi_b = 0.56$。

(5) 水平浇筑混凝土施工。

2. 尺寸拟定。

$b \times h = 300 \text{ mm} \times 400 \text{ mm}$, 弯矩作用方向和垂直弯矩作用方向的计算长度为 $l_0 = 4 \text{ m}$。

3. 作用及作用效应计算(作为已知条件)。

轴向力组合设计值 $N_d = 188 \text{ kN}$, 相应弯矩组合设计值 $M_d = 120 \text{ kN·m}$。

4. 持久状况承载能力极限状态设计——正截面承载力计算。

1) 截面设计。

(1) 计算初始偏心距 e_0：

$$e_0 = \frac{M_d}{N_d} = \frac{120 \times 10^6}{188 \times 10^3} = 638 \text{ mm}$$

(2) 弯矩作用平面内的长细比：$l_0/h = 4\,000/400 = 10 > 5$，应考虑偏心距增大系数。

(3) 假设 a_s 和 a_s'：$a_s = a_s' = 40 \text{ mm}$，则 $h_0 = h - a_s = 400 - 40 = 360 \text{ mm}$。

(4) 计算偏心距增大系数 η：

$$\zeta_1 = 0.2 + 2.7\frac{e_0}{h_0} = 0.2 + 2.7 \times \frac{638}{360} = 4.99 > 1.0, \text{取} \zeta_1 = 1.0$$

$$\zeta_2 = 1.15 - 0.01 \times \frac{l_0}{h} = 1.15 - 0.01 \times \frac{4\,000}{400} = 1.05 > 1.0, \text{取} \zeta_2 = 1.0$$

$$\eta = 1 + \frac{1}{1\,400 e_0/h_0}\left(\frac{l_0}{h}\right)^2 \zeta_1 \zeta_2 = 1 + \frac{1}{1\,400 \times 638/360}\left(\frac{4\,000}{400}\right)^2 \times 1.0 \times 1.0 = 1.04$$

(5) 大、小偏心受压的初步判断：

$$\eta e_0 = 1.04 \times 638 = 644 \text{ mm} > 0.3 h_0 (= 0.3 \times 360 = 108 \text{ mm})$$

故可先按大偏心受压情况进行设计。此时轴向力作用点至钢筋 A_s 合力作用点的距离为

$$e_s = \eta e_0 + h/2 - a_s = 664 + 400/2 - 40 = 824 \text{ mm}$$

(6) 计算并配筋 A_s'。

① 由式(9-13)可计算 A_s' 为

$$A_s' = \frac{\gamma_0 N_d e_s - f_{cd} b \xi_b h_0^2 (1 - 0.5\xi_b)}{f_{sd}'(h_0 - a_s')} =$$

$$\frac{1.0 \times 188 \times 10^3 \times 824 - 9.2 \times 300 \times 0.56 \times 360^2 \times (1 - 0.5 \times 0.56)}{280 \times (360 - 40)} =$$

$$119 \text{ mm}^2 < \rho_{min}' bh (= 0.002 \times 300 \times 400 = 240 \text{ mm}^2)$$

故取 $A_s' = 240 \text{ mm}^2$。

② 选择并布置 A_s' (图9-14)。

根据 A_s' 的计算值，选择 3⏀12，$d' = 12 \text{ mm}$, $d_{外}' = 13.9 \text{ mm}$，则实际受压钢筋面积 $A_s' = 339 \text{ mm}^2$。

混凝土保护层厚度：$c = \max\begin{Bmatrix}c_{min}\\d'\end{Bmatrix} = \max\begin{Bmatrix}30\\12\end{Bmatrix} = 30 \text{ mm}$。

间净距：$S_n = b - 2c - 3d_{外}' = 300 - 2 \times 30 - 3 \times 13.9 = 198.3 \text{ mm} > \max\begin{Bmatrix}12\\30\end{Bmatrix} = 30 \text{ mm}$。

实际 a_s'：$a_s' = c + d_{外}'/2 = 30 + 13.9/2 = 36.95 \text{ mm}$。

配筋率:$\rho' = \dfrac{A_s'}{bh} = \dfrac{339}{300 \times 400} = 0.28\% > \rho_{min}'(= 0.2\%)$。

(7) 计算并配筋 A_s。

① 由式(9-14)可计算受压区高度 x,为

$$x = h_0 - \sqrt{h_0^2 - \dfrac{2[\gamma_0 N_d e_s - f_{sd}'(h_0 - a_s')]}{f_{cd} b}} =$$

$$360 - \sqrt{360^2 - \dfrac{2 \times [188 \times 10^3 \times 824 - 280 \times (360 - 36.95)]}{9.2 \times 300}} =$$

$$162 \text{ mm} \begin{cases} < \xi_b h_0 (= 0.56 \times 360 = 202 \text{ mm}) \\ > 2a_s' (= 2 \times 36.95 = 73.9 \text{ mm}) \end{cases}$$

② 由式(9-15)可计算 A_s 为

$$A_s = \dfrac{f_{cd} bx + f_{sd}' A_s' - \gamma_0 N_d}{f_{sd}} =$$

$$\dfrac{9.2 \times 300 \times 162 + 280 \times 339 - 188 \times 10^3}{280} =$$

$$1264 \text{ mm}^2 \geqslant \rho_{min} bh (= 0.002 \times 300 \times 400 = 240 \text{ mm}^2)$$

③ 选择并布置 A_s(图 9-14)。

根据 A_s 的计算值,选择 4⌀22,$d = 22$ mm,$d_{外} = 25.1$ mm,则实际受压钢筋面积 $A_s = 1520$ mm²。

混凝土保护层厚度:$c = \max\begin{Bmatrix} c_{min} \\ d \end{Bmatrix} = \max\begin{Bmatrix} 30 \\ 22 \end{Bmatrix} = 30$ mm。

间净距:$S_n = b - 2c - 3d_{外} = 300 - 2 \times 30 - 4 \times 25.1 = 139.6$ mm $> \max\begin{Bmatrix} 22 \\ 30 \end{Bmatrix} = 30$ mm。

实际 a_s: $a_s = c + d_{外}/2 = 30 + 25.1/2 = 42.55$ mm。

实际 h_0: $h_0 = h - a_s = 400 - 42.55 = 357.45$ mm。

配筋率:$\rho' = \dfrac{A_s}{bh} = \dfrac{1520}{300 \times 400} = 1.27\% > \rho_{min}'(= 0.2\%)$。

(8) 全部纵向钢筋的配筋率:

$$\rho = \dfrac{A_s' + A_s}{bh} = \dfrac{339 + 1520}{300 \times 400} = 1.33\% \geqslant 0.5\%$$

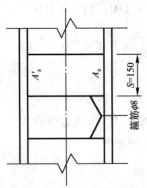

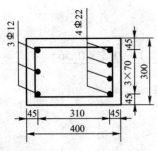

图 9-14 例 9-1 题配筋图
(尺寸单位:mm)

2) 截面复核。

(1) 弯矩作用平面内的截面复核。

① 计算偏心距增大系数 η:

$$\zeta_1 = 0.2 + 2.7 \dfrac{e_0}{h_0} = 0.2 + 2.7 \times \dfrac{638}{357.45} = 5.02 > 1.0, 取 \zeta_1 = 1.0$$

$$\zeta_2 = 1.15 - 0.01 \times \dfrac{l_0}{h} = 1.15 - 0.01 \times \dfrac{4000}{400} = 1.05 > 1.0, 取 \zeta_2 = 1.0$$

$$\eta = 1 + \frac{1}{1\,400 e_0/h_0}\left(\frac{l_0}{h}\right)^2 \zeta_1 \zeta_2 = 1 + \frac{1}{1\,400 \times 638/357.45}\left(\frac{4\,000}{400}\right)^2 \times 1.0 \times 1.0 = 1.04$$

则
$$e_s = \eta e_0 + h/2 - a_s = 1.04 \times 638 + 400/2 - 42.55 = 821 \text{ mm}$$
$$e'_s = \eta e_0 - h/2 + a'_s = 1.04 \times 638 - 400/2 + 36.95 = 500 \text{ mm}$$

② 假定为大偏心受压,则由式(9-24)可计算受压区高度 x,为

$$x = \sqrt{(e_s - h_0)^2 + 2\frac{f_{sd}A_s e_s - f'_{sd}A'_s e'_s}{f_{cd}b}} - (e_s - h_0) =$$

$$\sqrt{(821 - 357.45)^2 + 2 \times \frac{280 \times 1\,520 \times 821 - 280 \times 339 \times 500}{9.2 \times 300}} - (821 - 357.45) =$$

$$194 \text{ mm} \begin{cases} < \xi_b h_0 (= 0.56 \times 357.45 = 200 \text{ mm}) \\ > 2a'_s (= 2 \times 36.95 = 73.9 \text{ mm}) \end{cases}$$

故为大偏心受压。

③ 由式(9-4)计算截面承载力 N_u,为
$$N_u = f_{cd}bx + f'_{sd}A'_s - \sigma_s A_s =$$
$$9.2 \times 300 \times 194 + 280 \times 339 - 280 \times 1\,520 =$$
$$204.76 \text{ kN} > \gamma_0 N_d (= 188 \text{ kN})$$

故满足承载力要求。

(2) 垂直于弯矩作用平面的截面复核。

① 稳定系数 φ。

因为长细比 $l_0/b = 4\,000/300 = 13 > 8$,故由表 8-1 可查得稳定系数为 $\varphi = 0.935$。

② 计算轴向抗压承载力:
$$N_u = 0.9\varphi(f_{cd}A + f'_{sd}A'_s) =$$
$$0.9 \times 0.935 \times [9.2 \times 300 \times 400 + 280 \times (1\,520 + 339)] =$$
$$1\,367.03 \text{ kN} > \gamma_0 N_d (= 188 \text{ kN})$$

故满足承载力要求。

例题9-2 钢筋混凝土非对称配筋小偏心受压构件设计示例。

1. 基本资料。

(1) 安全等级:二级,结构重要性系数 $\gamma_0 = 1.0$。

(2) 环境条件:Ⅰ类,纵向钢筋的最小保护层厚度 $c_{min} = 30$ mm(查表3-1)。

(3) 材料选择。

混凝土:C20, $f_{cu,k} = 20$ MPa, $f_{ck} = 13.4$ MPa, $f_{cd} = 9.2$ MPa, $f_{tk} = 1.54$ MPa, $f_{td} = 1.06$ MPa, $E_c = 2.55 \times 10^4$ MPa。

钢筋:HRB335, $f_{sk} = 335$ MPa, $f_{sd} = f'_{sd} = 280$ MPa, $E_s = 2.0 \times 10^5$ MPa。

(4) 相对界限受压区高度: $\xi_b = 0.56$。

(5) 水平浇筑混凝土施工。

2. 尺寸拟定。

$b \times h = 400$ mm $\times 600$ mm,弯矩作用方向和垂直弯矩作用方向的计算长度为 $l_0 = 4.5$ m。

3. 作用及作用效应计算(作为已知条件)。

轴向力组合设计值 $N_d = 1\,500$ kN,相应弯矩组合设计值 $M_d = 200$ kN·m。

4. 持久状况承载能力极限状态设计——正截面承载力计算。

1) 截面设计。

(1) 计算初始偏心距 e_0:

$$e_0 = \frac{M_d}{N_d} = \frac{200 \times 10^6}{1\,500 \times 10^3} = 133 \text{ mm}$$

(2) 弯矩作用平面内的长细比: $l_0/h = 4\,500/600 = 7.5 > 5$,应考虑偏心距增大系数。

(3) 假设 a_s 和 a_s': $a_s = a_s' = 40$ mm,则 $h_0 = h - a_s = 600 - 40 = 560$ mm。

(4) 计算偏心距增大系数 η:

$$\zeta_1 = 0.2 + 2.7 \frac{e_0}{h_0} = 0.2 + 2.7 \times \frac{133}{560} = 0.84 < 1.0,\text{取 } \zeta_1 = 0.84$$

$$\zeta_2 = 1.15 - 0.01 \times \frac{l_0}{h} = 1.15 - 0.01 \times \frac{4\,500}{600} = 1.08 > 1.0,\text{取 } \zeta_2 = 1.0$$

$$\eta = 1 + \frac{1}{1\,400 e_0/h_0}\left(\frac{l_0}{h}\right)^2 \zeta_1 \zeta_2 = 1 + \frac{1}{1\,400 \times 133/560}\left(\frac{4\,500}{600}\right)^2 \times 0.84 \times 1.0 = 1.142$$

(5) 大、小偏心受压的初步判断:

$$\eta e_0 = 1.142 \times 133 = 152 \text{ mm} < 0.3 h_0 (= 0.3 \times 560 = 168 \text{ mm})$$

故可先按小偏心受压情况进行设计。此时轴向力作用点分别至钢筋 A_s 和 A_s' 合力作用点的距离为

$$e_s = \eta e_0 + h/2 - a_s = 152 + 600/2 - 40 = 412 \text{ mm}$$

$$e_s' = \eta e_0 - h/2 + a_s' = 152 - 600/2 + 40 = -108 \text{ mm}$$

(6) 计算并配筋 A_s。

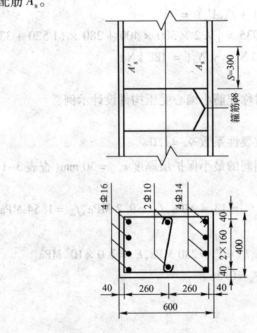

图 9-15 例 9-2 题配筋图(尺寸单位:mm)

① 取 $A_s = \rho_{\min}bh$，则 A_s 为
$$A_s = 0.002bh = 0.002 \times 400 \times 600 = 480 \text{ mm}^2$$

② 选择并布置 A_s（图 9-15）。

现选择 A_s 为 4$\underline{\Phi}$14，$d = 14$ mm，$d_{外} = 16.2$ mm，则实际筋面积 $A_s = 616$ mm^2。

混凝土保护层厚度：$c = \max\begin{Bmatrix} c_{\min} \\ d \end{Bmatrix} = \max\begin{Bmatrix} 30 \\ 14 \end{Bmatrix} = 30$ mm。

间净距：
$$S_n = b - 2c - 3d_{外} = 400 - 2 \times 30 - 4 \times 16.2 = 275.2 \text{ mm} > \max\begin{Bmatrix} 12 \\ 30 \end{Bmatrix} = 30 \text{ mm}$$

实际 a_s：$a_s = c + d_{外}/2 = 30 + 16.2/2 = 38.1$ mm。

实际 h_0：$h_0 = h - a_s = 600 - 38.1 = 561.9$ mm。

配筋率：$\rho = \dfrac{A_s}{bh} = \dfrac{616}{400 \times 600} = 0.26\% > \rho_{\min}(=0.2\%)$。

(7) 计算并配筋 A_s'。

① 由式(9-17)可计算受压区高度 x，为
$$Ax^3 + Bx^2 + Cx + D = 0$$
$$A = -0.5f_{cd}b = -0.5 \times 9.2 \times 400 = -1840$$
$$B = f_{cd}ba_s' = 9.2 \times 400 \times 40 = 147200$$
$C = \varepsilon_{cu}E_sA_s(a_s' - h_0) - \gamma_0 N_d e_s' =$
$0.0033 \times 2 \times 10^5 \times 616 \times (40 - 561.9) - 1.0 \times 1500 \times 10^3 \times (-108) =$
$-50\,183\,664$

$D = \beta\varepsilon_{cu}E_sA_s(h_0 - a_s')h_0 =$
$0.8 \times 0.0033 \times 2 \times 10^5 \times 616 \times (560 - 45) \times 560 =$
$95\,380\,800\,641$

用牛顿迭代法，可解得 $x = 375.3$ mm $\begin{cases} > \xi_b h_0(=0.56 \times 561.9 = 314.7 \text{ mm}) \\ < h(=600 \text{ mm}) \end{cases}$。

② 由式(9-18)可计算 A_s' 为
$$A_s' = \dfrac{\gamma_0 N_d e_s - f_{cd}bx(h_0 - x/2)}{f_{sd}'(h_0 - a_s')} =$$
$$\dfrac{1.0 \times 1500 \times 10^3 \times 412 - 9.2 \times 400 \times 375.3 \times (561.9 - 375.3/2)}{280 \times (561.9 - 40)} =$$
$$692 \text{ mm}^2 \geqslant \rho_{\min}'bh(= 0.002 \times 400 \times 600 = 480 \text{ mm}^2)$$

③ 选择并布置 A_s'（图 9-15）。

根据 A_s' 的计算值，选择 4$\underline{\Phi}$16，$d' = 16$ mm，$d_{外}' = 18.4$ mm，则实际受压钢筋面积 $A_s' = 804$ mm^2。

混凝土保护层厚度：$c = \max\begin{Bmatrix} c_{\min} \\ d' \end{Bmatrix} = \max\begin{Bmatrix} 30 \\ 16 \end{Bmatrix} = 30$ mm。

间净距：$S_n = b - 2c - 4d_{外}' = 400 - 2 \times 30 - 4 \times 18.4 = 266.4$ mm $> \max\begin{Bmatrix} 16 \\ 30 \end{Bmatrix} = 30$ mm。

实际 a_s'：$a_s' = c + d_{外}'/2 = 30 + 18.4/2 = 39.2$ mm。

配筋率：$\rho' = \dfrac{A'_s}{bh} = \dfrac{804}{400 \times 600} = 0.335\% > \rho'_{\min}(=0.2\%)$。

（8）全部纵向钢筋的配筋率

$$\rho = \dfrac{A'_s + A_s}{bh} = \dfrac{616 + 804}{400 \times 600} = 0.59\% > 0.5\%$$

2) 截面复核。

（1）弯矩作用平面内的截面复核。

① 计算偏心距增大系数 η：

$$\zeta_1 = 0.2 + 2.7\dfrac{e_0}{h_0} = 0.2 + 2.7 \times \dfrac{133}{561.9} = 0.84 < 1.0，取 \zeta_1 = 0.84$$

$$\zeta_2 = 1.15 - 0.01 \times \dfrac{l_0}{h} = 1.15 - 0.01 \times \dfrac{4\,500}{600} = 1.08 > 1.0，取 \zeta_2 = 1.0$$

$$\eta = 1 + \dfrac{1}{1\,400 e_0/h_0}\left(\dfrac{l_0}{h}\right)^2 \zeta_1 \zeta_2 = 1 + \dfrac{1}{1\,400 \times 133/560}\left(\dfrac{4\,500}{600}\right)^2 \times 0.84 \times 1.0 = 1.142$$

$$e_s = \eta e_0 + h/2 - a_s = 1.142 \times 133 + 600/2 - 38.1 = 414 \text{ mm}$$

$$e'_s = \eta e_0 - h/2 + a'_s = 1.142 \times 133 - 600/2 + 39.2 = -109 \text{ mm}$$

② 假定为大偏心受压，则由式(9-24)可计算受压区高度 x，为

$$x = \sqrt{(e_s - h_0)^2 + 2\dfrac{f_{sd}A_s e_s - f'_{sd}A'_s e'_s}{f_{cd}b}} - (e_s - h_0) =$$

$$\sqrt{(414 - 561.9)^2 + 2 \times \dfrac{280 \times 616 \times 414 - 280 \times 804 \times (-109)}{9.2 \times 400}} - (414 - 561.9) =$$

$420 \text{ mm} > \xi_b h_0(=0.56 \times 561.9 = 314.7 \text{ mm})$

故为小偏心受压。

③ 由式(9-26)重新计算受压区高度 x：

$$Ax^3 + Bx^2 + Cx + D = 0$$

$$A = 0.5 f_{cd} b = 0.5 \times 9.2 \times 400 = 1\,840$$

$$B = f_{cd} b(e_s - h_0) = 9.2 \times 400 \times (414 - 561.9) = -544\,272$$

$$C = \varepsilon_{cu} E_s A_s e_s + f'_{sd} A'_s e'_s = 0.003\,3 \times 2 \times 10^5 \times 616 \times 414 + 280 \times 804 \times (-109) = 143\,777\,760$$

$$D = -\beta \varepsilon_{cu} E_s A_s e_s h_0 = -0.8 \times 0.003\,3 \times 2 \times 10^5 \times 616 \times 414 \times 561.9 = -75\,661\,336\,397$$

用牛顿迭代法，可解得 $x = 377.4 \text{ mm} \begin{cases} > \xi_b h_0(=0.56 \times 561.9 = 314.7 \text{ mm}) \\ < h(=600 \text{ mm}) \end{cases}$

④ 由式(9-27)计算截面承载力 N_u，为

$$N_u = \dfrac{M_u}{e_s} = \dfrac{f_{cd} b x \left(h_0 - \dfrac{x}{2}\right) + f'_{sd} A'_s (h_0 - a'_s)}{e_s} =$$

$$\dfrac{9.2 \times 400 \times 377.4 \times (561.9 - 377.4/2) + 280 \times 804 \times (561.9 - 39.2)}{414} =$$

$1\,536.2 \text{ kN} \geq \gamma_0 N_d(=1\,500 \text{ kN})$

故满足承载力要求。

（2）垂直于弯矩作用平面的截面复核。

① 稳定系数 φ。

因为长细比 $l_0/b = 4\,500/400 = 11.25 > 8$，故由表 8-1 可查得稳定系数为 $\varphi = 0.96$。

② 计算轴向抗压承载力：

$N_u = 0.9\varphi(f_{cd}A + f'_{sd}A'_s) = 0.9 \times 0.96 \times [9.2 \times 400 \times 600 + 280 \times (616 + 804)] =$
$\quad 2\,251.24 \text{ kN} > \gamma_0 N_d(= 1\,500 \text{ kN})$

故满足承载力要求。

例题 9-3 钢筋混凝土对称配筋大偏心受压构件设计示例。

1. 基本资料。

(1) 安全等级：二级，结构重要性系数 $\gamma_0 = 1.0$。

(2) 环境条件：Ⅰ类，纵向钢筋的最小保护层厚度 $c_{min} = 30 \text{ mm}$（查表 3-1）。

(3) 材料选择。

混凝土：C20，$f_{cu,k} = 20$ MPa，$f_{ck} = 13.4$ MPa，$f_{cd} = 9.2$ MPa，$f_{tk} = 1.54$ MPa，$f_{td} = 1.06$ MPa，$E_c = 2.55 \times 10^4$ MPa。

钢筋：HRB335，$f_{sk} = 335$ MPa，$f_{sd} = f'_{sd} = 280$ MPa，$E_s = 2.0 \times 10^5$ MPa。

(4) 相对界限受压区高度：$\xi_b = 0.56$。

(5) 水平浇筑混凝土施工。

2. 尺寸拟定。

$b \times h = 400 \text{ mm} \times 500 \text{ mm}$，弯矩作用方向和垂直弯矩作用方向的计算长度为 $l_0 = 4$ m。

3. 作用及作用效应计算（作为已知条件）

轴向力组合设计值 $N_d = 400$ kN，相应弯矩组合设计值 $M_d = 240$ kN·m。

4. 持久状况承载能力极限状态设计——正截面承载力计算。

1) 截面设计。

(1) 计算初始偏心距 e_0：

$$e_0 = \frac{M_d}{N_d} = \frac{240 \times 10^6}{400 \times 10^3} = 600 \text{ mm}$$

(2) 弯矩作用平面内的长细比：$l_0/h = 4\,000/500 = 8 > 5$，应考虑偏心距增大系数。

(3) 假设 a_s 和 a'_s：$a_s = a'_s = 40$ mm，则 $h_0 = h - a_s = 500 - 40 = 460$ mm。

(4) 计算偏心距增大系数 η：

$$\zeta_1 = 0.2 + 2.7\frac{e_0}{h_0} = 0.2 + 2.7 \times \frac{600}{460} = 3.72 > 1.0, 取 \zeta_1 = 1.0$$

$$\zeta_2 = 1.15 - 0.01 \times \frac{l_0}{h} = 1.15 - 0.01 \times \frac{4\,000}{500} = 1.07 > 1.0, 取 \zeta_2 = 1.0$$

$$\eta = 1 + \frac{1}{1\,400 e_0/h_0}\left(\frac{l_0}{h}\right)^2 \zeta_1 \zeta_2 = 1 + \frac{1}{1\,400 \times 600/460}\left(\frac{4\,000}{500}\right)^2 \times 1.0 \times 1.0 = 1.035$$

$$\eta e_0 = 1.035 \times 600 = 621 \text{ mm}$$

$$e_s = \eta e_0 + h/2 - a_s = 621 + 500/2 - 40 = 831 \text{ mm}$$

(5) 大、小偏心受压的判断。

现假定为大偏心受压，则由式(9-20)可计算受压区高度 x 为

$$x = \frac{\gamma_0 N_d}{f_{cd} b} = \frac{1.0 \times 400 \times 10^3}{9.2 \times 400} = 109 \text{ mm} \begin{cases} < \xi_b h_0 (= 0.56 \times 460 = 258 \text{ mm}) \\ > 2a'_s (= 2 \times 40 = 80 \text{ mm}) \end{cases}$$

故可按大偏心受压情况进行设计。

(6) 计算并配筋 A_s 和 A'_s。

① 由式(9-21)计算 A_s 和 A'_s：

$$A'_s = A_s = \frac{\gamma_0 N_d e_s - f_{cd} b x (h_0 - x/2)}{f'_{sd}(h_0 - a'_s)} =$$

$$\frac{1.0 \times 400 \times 10^3 \times 831 - 9.2 \times 400 \times 109 \times (460 - 109/2)}{280 \times (460 - 40)} =$$

$$1\,443 \text{ mm}^2 > \rho_{min} bh (= 0.002 \times 400 \times 500 = 400 \text{ mm}^2)$$

② 选择并布置 A_s 和 A'_s。

现选择每侧钢筋为 5 ⏀ 20，$d = 20$ mm，$d_{外} = 22.7$ mm，则实际钢筋面积 $A_s = A'_s = 1\,570$ mm²。

混凝土保护层厚度：$c = \max\begin{Bmatrix} c_{min} \\ d \end{Bmatrix} = \max\begin{Bmatrix} 30 \\ 20 \end{Bmatrix} = 30$ mm。

间净距：

$$S_n = b - 2c - 5d_{外} = 400 - 2 \times 30 - 5 \times 22.7 = 227 \text{ mm} > \max\begin{Bmatrix} 20 \\ 30 \end{Bmatrix} = 30 \text{ mm}$$

实际 a_s： $a_s = a'_s = c + d_{外}/2 = 30 + 22.7/2 = 41.35$ mm

实际 h_0： $h_0 = h - a_s = 500 - 41.35 = 458.65$ mm

配筋率： $\rho = \dfrac{A_s}{bh} = \dfrac{1\,570}{400 \times 500} = 0.785\% > \rho_{min}(= 0.2\%)$

(7) 全部纵向钢筋的配筋率

$$\rho = \frac{A'_s + A_s}{bh} = \frac{1\,570 + 1\,570}{400 \times 500} = 1.57\% > 0.5\%$$

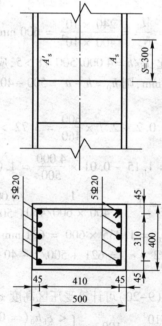

图 9-16 例 9-3 题配筋图(尺寸单位:mm)

2) 截面复核。

(1) 弯矩作用平面内的截面复核。

① 计算偏心距增大系数 η：

$$\zeta_1 = 0.2 + 2.7\frac{e_0}{h_0} = 0.2 + 2.7 \times \frac{600}{458.65} = 3.73 > 1.0, 取 \zeta_1 = 1.0$$

$$\zeta_2 = 1.15 - 0.01 \times \frac{l_0}{h} = 1.15 - 0.01 \times \frac{4\,000}{500} = 1.07 > 1.0, 取 \zeta_2 = 1.0$$

$$\eta = 1 + \frac{1}{1\,400 e_0/h_0}\left(\frac{l_0}{h}\right)^2 \zeta_1 \zeta_2 = 1 + \frac{1}{1\,400 \times 600/460}\left(\frac{4\,000}{500}\right)^2 \times 1.0 \times 1.0 = 1.035$$

$$\eta e_0 = 1.035 \times 600 = 621 \text{ mm}$$

$$e_s = \eta e_0 + h/2 - a_s = 621 + 500/2 - 40 = 831 \text{ mm}$$

$$e'_s = \eta e_0 - h/2 + a'_s = 621 - 500/2 + 41.35 = 412.35 \text{ mm}$$

② 假定为大偏心受压，则由式(9-24)可计算受压区高度 x，为

$$x = \sqrt{(e_s - h_0)^2 + 2\frac{f_{sd}A_s e_s - f'_{sd}A'_s e'_s}{f_{cd}b}} - (e_s - h_0) =$$

$$\sqrt{(831 - 458.65)^2 + 2 \times \frac{280 \times 1\,570 \times 831 - 280 \times 1\,570 \times 412.35}{9.2 \times 400}} - (831 - 458.65) =$$

$$116 \text{ mm} \begin{cases} < \xi_b h_0 (= 0.56 \times 458.65 = 257 \text{ mm}) \\ > 2a'_s (= 2 \times 41.35 = 82.7 \text{ mm}) \end{cases}$$

故为大偏心受压。

③ 由式(9-4)计算截面承载力 N_u，为

$$N_u = f_{cd}bx + f'_{sd}A'_s - \sigma_s A_s =$$
$$9.2 \times 400 \times 116 + 280 \times 1\,570 - 280 \times 1\,570 =$$
$$426.88 \text{ kN} > \gamma_0 N_d(= 400 \text{ kN})$$

故满足承载力要求。

(2) 垂直于弯矩作用平面的截面复核。

① 稳定系数 φ。

因为长细比 $l_0/b = 4\,000/400 = 10 > 8$，故由表8-1可查得稳定系数为 $\varphi = 0.98$。

② 计算轴向抗压承载力：

$$N_u = 0.9\varphi(f_{cd}A + f'_{sd}A'_s) =$$
$$0.9 \times 0.98 \times [9.2 \times 400 \times 500 + 280 \times (1\,570 + 1\,570)] =$$
$$12\,398 \text{ kN} > \gamma_0 N_d(= 400 \text{ kN})$$

故满足承载力要求。

例题9-4 钢筋混凝土对称配筋小偏心受压构件设计示例。

1. 基本资料。

(1) 安全等级：二级，结构重要性系数 $\gamma_0 = 1.0$。

(2) 环境条件：I类，纵向钢筋的最小保护层厚度 $c_{min} = 30$ mm（查表3-1）。

(3) 材料选择。

混凝土：C35，$f_{cu,k} = 35$ MPa，$f_{ck} = 23.4$ MPa，$f_{cd} = 16.1$ MPa，

$f_{tk} = 2.20$ MPa, $f_{td} = 1.52$ MPa, $E_c = 3.15 \times 10^4$ MPa。

钢筋：HRB335, $f_{sk} = 335$ MPa, $f_{sd} = f'_{sd} = 280$ MPa, $E_s = 2.0 \times 10^5$ MPa。

(4) 相对界限受压区高度：$\xi_b = 0.56$。

(5) 水平浇筑混凝土施工。

2. 尺寸拟定。

$b \times h = 400$ mm $\times 600$ mm，弯矩作用方向和垂直弯矩作用方向的计算长度为 $l_0 = 4.5$ m。

3. 作用及作用效应计算(作为已知条件)。

轴向力组合设计值 $N_d = 3\,000$ kN，相应弯矩组合设计值 $M_d = 235$ kN·m。

4. 持久状况承载能力极限状态设计——正截面承载力计算。

1) 截面设计。

(1) 计算初始偏心距 e_0：

$$e_0 = \frac{M_d}{N_d} = \frac{235 \times 10^6}{3\,000 \times 10^3} = 78 \text{ mm}$$

(2) 弯矩作用平面内的长细比：$l_0/h = 4\,500/600 = 7.4 > 5$，应考虑偏心距增大系数。

(3) 假设 a_s 和 a'_s：$a_s = a'_s = 40$ mm，则 $h_0 = h - a_s = 600 - 40 = 560$ mm。

(4) 计算偏心距增大系数 η：

$$\zeta_1 = 0.2 + 2.7\frac{e_0}{h_0} = 0.2 + 2.7 \times \frac{78}{560} = 0.576 < 1.0, 取 \zeta_1 = 0.576$$

$$\zeta_2 = 1.15 - 0.01 \times \frac{l_0}{h} = 1.15 - 0.01 \times \frac{4\,500}{600} = 1.075 > 1.0, 取 \zeta_2 = 1.0$$

$$\eta = 1 + \frac{1}{1\,400 e_0/h_0}\left(\frac{l_0}{h}\right)^2 \zeta_1 \zeta_2 = 1 + \frac{1}{1\,400 \times 78/560}\left(\frac{4\,500}{600}\right)^2 \times 0.576 \times 1.0 = 1.166$$

$$\eta e_0 = 1.166 \times 78 = 91 \text{ mm}$$

$$e_s = \eta e_0 + h/2 - a_s = 91 + 600/2 - 40 = 351 \text{ mm}$$

$$e'_s = \eta e_0 - h/2 + a'_s = 91 - 600/2 + 40 = -169 \text{ mm}$$

(5) 大、小偏心受压的判断。

由式(9-23)可计算受压区高度 x 为

$$x = \frac{\gamma_0 N_d - f_{cd} b h_0 \xi_b}{\frac{\gamma_0 N_d e_s - 0.43 f_{cd} b h_0^2}{(\beta - \xi_b)(h_0 - a'_s)} + f_{cd} b h_0} h_0 + \xi_b h_0 =$$

$$\frac{1.0 \times 3\,000 \times 10^3 - 16.1 \times 400 \times 560 \times 0.56}{\frac{1.0 \times 3\,000 \times 10^3 \times 351 - 0.43 \times 16.1 \times 400 \times 560^2}{(0.8 - 0.56) \times (560 - 40)} + 16.1 \times 400 \times 560} \times 560 +$$

$$0.56 \times 560 = 422 \text{ mm} > \xi_b h_0 (= 0.56 \times 560 = 314 \text{ mm})$$

故应按小偏心受压构件设计。

(6) 计算并配筋 A_s 和 A'_s。

① 由式(9-21)计算 A_s 和 A'_s：

$$A'_s = A_s = \frac{\gamma_0 N_d e_s - f_{cd} b x (h_0 - x/2)}{f'_{sd}(h_0 - a'_s)} =$$

$$\frac{1.0 \times 3\,000 \times 10^3 \times 351 - 16.1 \times 400 \times 422 \times (560 - 422/2)}{280 \times (560 - 40)} =$$

$$718 \text{ mm}^2 > \rho_{\min}bh(=0.002 \times 400 \times 600 = 480 \text{ mm}^2)$$

② 选择并布置 A_s 和 A'_s(图9-17)。

现选择每侧钢筋为 $3 \underline{\Phi} 18, d = 18$ mm, $d_{\text{外}} = 20.5$ mm, 则实际筋面积 $A_s = A'_s = 763$ mm²。

混凝土保护层厚度: $c = \max\begin{Bmatrix} c_{\min} \\ d \end{Bmatrix} = \max\begin{Bmatrix} 30 \\ 18 \end{Bmatrix} = 30$ mm。

间净距:

$$S_n = b - 2c - 3d_{\text{外}} = 400 - 2 \times 30 - 3 \times 20.5 = 278.5 \text{ mm} > \max\begin{pmatrix} 18 \\ 30 \end{pmatrix} = 30 \text{ mm}$$

实际 a_s 和 a'_s: $\quad a_s = a'_s = c + d_{\text{外}}/2 = 30 + 20.5/2 = 40.25$ mm

实际 h_0: $\quad h_0 = h - a_s = 600 - 40.25 = 559.75$ mm

配筋率: $\quad \rho = \dfrac{A_s}{bh} = \dfrac{763}{400 \times 600} = 0.32\% > \rho_{\min}(=0.2\%)$

(7) 全部纵向钢筋的配筋率

$$\rho = \frac{A'_s + A_s}{bh} = \frac{763 + 763}{400 \times 600} = 0.64\% > 0.5\%$$

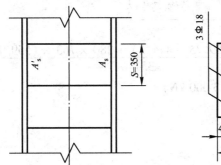
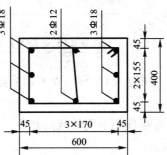

图9-17 例9-4题配筋图(尺寸单位:mm)

2) 截面复核。

(1) 弯矩作用平面内的截面复核。

① 计算偏心距增大系数 η:

$$\zeta_1 = 0.2 + 2.7 \frac{e_0}{h_0} = 0.2 + 2.7 \times \frac{78}{559.75} = 0.576 < 1.0, \text{取} \zeta_1 = 0.576$$

$$\zeta_2 = 1.15 - 0.01 \times \frac{l_0}{h} = 1.15 - 0.01 \times \frac{4\,500}{600} = 1.075 > 1.0, \text{取} \zeta_2 = 1.0$$

$$\eta = 1 + \frac{1}{1\,400 e_0/h_0}\left(\frac{l_0}{h}\right)^2 \zeta_1 \zeta_2 = 1 + \frac{1}{1\,400 \times 78/559.75}\left(\frac{4\,500}{600}\right)^2 \times 0.576 \times 1.0 = 1.166$$

$$\eta e_0 = 1.166 \times 78 = 91 \text{ mm}$$

$$e_s = \eta e_0 + h/2 - a_s = 91 + 600/2 - 40.25 = 351 \text{ mm}$$

$$e'_s = \eta e_0 - h/2 + a'_s = 91 - 600/2 + 40.25 = -169 \text{ mm}$$

② 假定为大偏心受压,则由式(9-24)可计算受压区高度 x,为

$$x = \sqrt{(e_s - h_0)^2 + 2\frac{f_{sd}A_s e_s - f'_{sd}A'_s e'_s}{f_{cd}b}} - (e_s - h_0) =$$

$$\sqrt{(351 - 559.75)^2 + 2 \times \frac{280 \times 763 \times 351 - 280 \times 763 \times (-169)}{16.1 \times 400}} -$$

$(351 - 559.75) = 488 \text{ mm} > \xi_b h_0 (= 0.56 \times 559.75 = 313 \text{ mm})$

故为小偏心受压。

③ 由式(9-26)重新计算受压区高度 x:

$$Ax^3 + Bx^2 + Cx + D = 0$$

$$A = 0.5 f_{cd} b = 0.5 \times 16.1 \times 400 = 3220$$

$$B = f_{cd} b (e_s - h_0) = 16.1 \times 400 \times (351 - 559.75) = -1344350$$

$$C = \varepsilon_{cu} E_s A_s e_s + f'_{sd} A'_s e'_s = 0.0033 \times 2 \times 10^5 \times 763 \times 351 + 280 \times 763 \times (-169) = 140651420$$

$$D = -\beta \varepsilon_{cu} E_s A_s e_s h_0 = -0.8 \times 0.0033 \times 2 \times 10^5 \times 763 \times 351 \times 559.75 = -79151596524$$

用牛顿迭代法,可解得 $x = 444 \text{ mm} \begin{cases} > \xi_b h_0 (= 0.56 \times 559.75 = 313 \text{ mm}) \\ < h (= 600 \text{ mm}) \end{cases}$

④ 由式(9-27)计算截面承载力 N_u,为

$$N_u = \frac{M_u}{e_s} = \frac{f_{cd} b x \left(h_0 - \frac{x}{2}\right) + f'_{sd} A'_s (h_0 - a'_s)}{e_s} =$$

$$\frac{16.1 \times 400 \times 444 \times (559.75 - 444/2) + 280 \times 763 \times (559.75 - 40.25)}{351} =$$

$3607.6 \text{ kN} \geq \gamma_0 N_d (= 3000 \text{ kN})$

故满足承载力要求。

(2) 垂直于弯矩作用平面的截面复核。

① 稳定系数 φ:

因为长细比 $l_0/b = 4500/400 = 11.25 > 8$,故由表 8-1 可查得稳定系数为 $\varphi = 0.96$。

② 计算轴向抗压承载力:

$$N_u = 0.9\varphi(f_{cd}A + f'_{sd}A'_s) =$$

$0.9 \times 0.96 \times [16.1 \times 400 \times 600 + 280 \times (763 + 763)]$

$3707.7 \text{ kN} > \gamma_0 N_d (= 3000 \text{ kN})$

故满足承载力要求。

9.4 圆形截面偏心受压构件正截面承载力计算

9.4.1 正截面承载力计算的基本公式

1. 正截面承载力计算的基本假定

沿周边均匀配筋的圆形截面偏心受压构件,其正截面承载力计算的基本假定如下:
(1) 构件截面变形符合平截面假设。
(2) 不考虑受拉区混凝土的抗拉强度,拉力全部由纵向受拉钢筋承担。

(3) 混凝土和钢筋的应力 - 应变关系表达式分别采用式(4-1)和式(4-2)表达式。

(4) 在极限状态下,混凝土的压应力图形采用等效矩形应力图,应力集度为 f_{cd},计算高度为 $x = \beta x_c$ (x_c 为实际受压区高度)。β 值与实际相对受压区高度 $\xi = x_c/2r$ (r 为圆形截面半径)有关,即当 $\xi < 1$ 时,$\beta = 0.8$;当 $\xi \geq 1$ 时,$\beta = 1.067 - 0.267\xi$。

(5) 为采用连续函数的数学方法推导纵向受力钢筋的抗力提供很大的方便,将离散的纵向受力钢筋转化为总截面面积为 $\sum_{i=1}^{n} A_{si}$ (A_{si} 为单根钢筋截面面积,n 为钢筋根数),壁厚中心至截面圆心的半径为 r_s 的等效钢环,如图 9-18 所示。

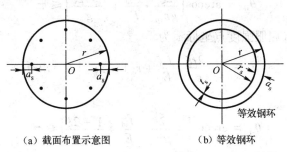

(a) 截面布置示意图　　(b) 等效钢环

图 9-18　等效钢环示意图

若令纵向钢筋配筋率为

$$\rho = \sum_{i=1}^{n} A_{si} / \pi r^2 \tag{9-30}$$

等效钢环半径与圆形截面半径之比为

$$g = r_s / r \tag{9-31}$$

则等效钢环的壁厚 t_s 为

$$t_s = \frac{\sum_{i=1}^{n} A_{si}}{2\pi r_s} = \frac{\sum_{i=1}^{n} A_{si}}{\pi r^2} \cdot \frac{r}{r_s} \cdot \frac{r}{2} = \frac{\rho r}{2g} \tag{9-32}$$

2. 正截面承载力计算的计算图式

根据基本假定,可以建立圆形截面偏心受压构件正截面承载力计算图式,如图 9-19 所示:

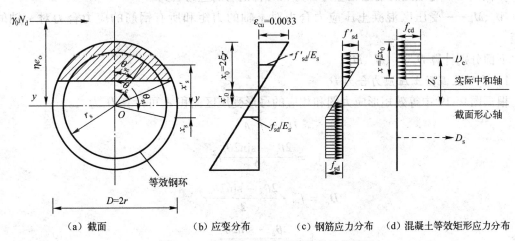

(a) 截面　　(b) 应变分布　　(c) 钢筋应力分布　　(d) 混凝土等效矩形应力分布

图 9-19　圆形截面偏心受压构件计算简图

图 9-19 中各有关直角坐标系中符号与极坐标系的相应表达式列示如下：

(1) 计算中性轴位置 x 处对应的圆心角之半为

$$\theta_c = \arccos(1 - 2\beta\xi) \leqslant \pi \tag{9-33}$$

(2) 钢环受压进入屈服强度点坐标 x'_s 为

$$x'_s = \left[\frac{2r\xi}{\varepsilon_{cu}} \cdot \frac{f'_{sd}}{E_s} + r(1 - 2\xi)\right] \leqslant gr \tag{9-34}$$

相应的圆心角之半为

$$\theta_{sc} = \arccos\left[\frac{2\xi}{g\varepsilon_{cu}} \cdot \frac{f'_{sd}}{E_s} + \frac{1 - 2\xi}{g}\right] \leqslant \pi \tag{9-35}$$

(3) 钢环受拉进入屈服强度点坐标 x_s 为

$$x_s = \left[-\frac{2r\xi}{\varepsilon_{cu}} \cdot \frac{f_{sd}}{E_s} + r(1 - 2\xi)\right] \geqslant -gr \tag{9-36}$$

相应的圆心角之半为

$$\theta_{st} = \arccos\left[-\frac{2\xi}{g\varepsilon_{cu}} \cdot \frac{f_{sd}}{E_s} + \frac{1 - 2\xi}{g}\right] \leqslant \pi \tag{9-37}$$

(4) 钢环上任意一点的应力表达式为

$$\sigma_s = \begin{cases} f'_{sd}, & \text{当 } 0 < \theta \leqslant \theta_{sc} \text{ 时} \\ \dfrac{g\cos\theta - (1-2\xi)}{g\cos\theta_{st} - (1-2\xi)} f'_{sd}, & \text{当 } \theta_{sc} < \theta \leqslant \theta_{st} \text{ 时} \\ -f_{sd}, & \text{当 } \theta_{st} < \theta \leqslant \pi \text{ 时} \end{cases} \tag{9-38}$$

(5) 实际中和轴位置为

$$x'_0 = r(1 - 2\xi) \tag{9-39}$$

3. 正截面承载力计算的基本公式

根据正截面承载力的计算图式，可由截面的平衡条件写出以下方程：

$$\gamma_0 N_d \leqslant N_u = D_c + D_s \tag{9-40}$$

$$\gamma_0 M_d \leqslant M_u = M_c + M_s \tag{9-41}$$

式中，D_c、D_s——受压区混凝土压应力合力和所有钢筋的应力合力；

M_c、M_s——受压区混凝土压应力合力对 y 轴的力矩和所有钢筋的应力合力对 y 轴的力矩。

下面分别计算 D_c、D_s、M_c、M_s。

1) 受压区混凝土压应力合力 D_c

根据图 9-19 中等效矩形应力图和相应的弓形受压区面积 A_c 可计算 D_c 为

$$D_c = f_{cd} A_c$$

而

$$A_c = \frac{2\theta_c - \sin 2\theta_c}{2} r^2$$

则

$$D_c = f_{cd} \cdot \frac{2\theta_c - \sin 2\theta_c}{2} r^2$$

若令

$$A = \frac{2\theta_c - \sin 2\theta_c}{2}$$

则
$$D_c = Ar^2 f_{cd} \tag{9-42}$$

2) 受压区混凝土压应力合力对 y 轴的力矩 M_c
$$M_c = f_{cd} A_c z_c$$

而
$$z_c = \frac{4\sin^3\theta_c}{3(2\theta_c - \sin2\theta_c)} \cdot r$$

则
$$M_c = \frac{2\theta_c - \sin2\theta_c}{2} \times \frac{4\sin^3\theta_c}{3(2\theta_c - \sin2\theta_c)} \cdot r^3 f_{cd} = \frac{2}{3}\sin^3\theta_c \cdot r^3 f_{cd}$$

令
$$B = \frac{2}{3}\sin^3\theta_c$$

则
$$M_c = Br^3 f_{cd} \tag{9-43}$$

3) 所有钢筋的应力合力 D_s
$$D_s = \sum_{i=1}^{n} \sigma_{si} A_{si} \approx 2\int_0^\pi \sigma_s dA_s$$

而
$$dA_s = t_s r_s d\theta = \frac{1}{2}\rho r^2 d\theta$$

故
$$D_s = 2\int_0^{\theta_{sc}} f'_{sd} \cdot \frac{1}{2}\rho r^2 d\theta + 2\int_{\theta_{sc}}^{\theta_{st}} \frac{g\cos\theta - (1-2\zeta)}{g\cos\theta_{sc} - (1-2\zeta)} f'_{sd} \cdot \frac{1}{2}\rho r^2 d\theta + 2\int_{\theta_{st}}^\pi (-f'_{sd}) \cdot \frac{1}{2}\rho r^2 d\theta =$$
$$\rho r^2 f_{sd} \left\{ \theta_{sc} - \pi + \theta_{st} + \frac{1}{g\cdot\cos\theta_{sc} - (1-2\zeta)} \times \left[g(\sin\theta_{st} - \sin\theta_{sc}) - (1-2\zeta)(\theta_{st} - \theta_{sc}) \right] \right\}$$

取上式中大括号内表示的内容为 C,则可得到
$$D_s = C \cdot \rho \gamma^2 f'_{sd} \tag{9-44}$$

4) 所有钢筋的应力合力对 y 轴的力矩 M_s
$$M_s = \sum_{i=1}^{n} \sigma_{si} A_{si} z_{si} \approx 2\int_0^\pi \sigma_s x dA_s$$

而
$$dA_s = \frac{1}{2}\rho r^2 d\theta, \quad x = gr\cos\theta$$

故
$$M_s = 2\int_0^{\theta_{sc}} f'_{sd}(gr\cos\theta) \cdot \frac{1}{2}\rho r^2 d\theta + 2\int_{\theta_{sc}}^{\theta_{st}} \frac{g\cos\theta - (1-2\xi)}{g\cos\theta_{sc} - (1-2\xi)} \cdot f_{sd} \cdot (gr\cos\theta) \cdot \frac{1}{2}\rho r^2 d\theta +$$
$$2\int_{\theta_{st}}^\pi (-f_{sd}) \cdot (gr\cos\theta) \cdot \frac{1}{2}\rho r^2 d\theta =$$
$$\rho gr^3 f_{sd} \left\{ \sin\theta_{sc} - \sin\theta_{st} + \frac{1}{g\cos\theta_{sc} - (1-2\xi)} \times \left[g\left(\frac{\theta_{st} - \theta_{sc}}{2} - \frac{\sin2\theta_{st} - \sin2\theta_{sc}}{4}\right) - \right.\right.$$
$$\left.\left. (1-2\xi)(\sin\theta_{st} - \sin\theta_{sc}) \right] \right\}$$

取上式中大括号内表示的内容为 D,则可得到
$$M_s = D\rho gr^3 f'_{sd} \tag{9-45}$$

将式(9-42)~式(9-45)分别代入式(9-40)和式(9-41),可得到圆形截面偏心受压构件正截面承载力计算的基本公式为
$$\gamma_0 N_d \leqslant N_u = Ar^2 f_{cd} + C\rho r^2 f_{sd} \tag{9-46}$$
$$\gamma_0 N_d (\eta e_0) \leqslant M_u = Br^3 f_{cd} + D\rho gr^3 f_{sd} \tag{9-47}$$

式中,系数 A、B 仅与 $\xi = x_0/2r$ 有关,系数 C、D 仅与 ξ、E_s 有关,其数值已编制成表,如表 9-1 所示。

表 9-1　圆形截面钢筋混凝土偏心受压构件正截面抗压承载力计算系数

ξ	A	B	C	D	ξ	A	B	C	D	ξ	A	B	C	D
0.20	0.3244	0.2628	-1.5296	1.4216	0.64	1.6188	0.6661	0.7373	1.6763	1.08	2.8200	0.2609	2.4924	0.5356
0.21	0.3481	0.2787	-1.4676	1.4623	0.65	1.6508	0.6651	0.8080	1.6343	1.09	2.8341	0.2511	2.5129	0.5204
0.22	0.3723	0.2945	-1.4076	1.5004	0.66	1.6827	0.6635	0.8766	1.5933	1.10	2.8480	0.2415	2.5330	0.5055
0.23	0.3969	0.3103	-1.3486	1.5361	0.67	1.7147	0.6615	0.9430	1.5534	1.11	2.8615	0.2319	2.5525	0.4908
0.24	0.4219	0.3259	-1.2911	1.5697	0.68	1.7466	0.6589	1.0071	1.5146	1.12	2.8747	0.2225	2.5716	0.4765
0.25	0.4473	0.3413	-1.2348	1.6012	0.69	1.7784	0.6559	1.0692	1.4769	1.13	2.8876	0.2132	2.5902	0.4624
0.26	0.4731	0.3566	-1.1796	1.6307	0.70	1.8102	0.6523	1.1294	1.4402	1.14	2.9001	0.2040	2.6084	0.4486
0.27	0.4992	0.3717	-1.1254	1.6584	0.71	1.8420	0.6483	1.1876	1.4045	1.15	2.9123	0.1949	2.6261	0.4351
0.28	0.5258	0.3865	-1.0720	1.6843	0.72	1.8736	0.6437	1.2440	1.3697	1.16	2.9242	0.1860	2.6434	0.4219
0.29	0.5526	0.4011	-1.0194	1.7086	0.73	1.9052	0.6386	1.2987	1.3358	1.17	2.9357	0.1772	2.6603	0.4089
0.30	0.5798	0.4155	-0.9675	1.7313	0.74	1.9367	0.6331	1.3517	1.3028	1.18	2.9469	0.1685	2.6767	0.3691
0.31	0.6073	0.4295	-0.9163	1.7524	0.75	1.9681	0.6271	1.4030	1.2706	1.19	2.9578	0.1600	2.6928	0.3836
0.32	0.6351	0.4433	-0.8656	1.7721	0.76	1.9994	0.6206	1.4529	1.2392	1.20	2.9684	0.1517	2.7085	0.3714
0.33	0.6631	0.4568	-0.8154	1.7903	0.77	2.0306	0.6136	1.5013	1.2086	1.21	2.9787	0.1435	2.7238	0.3594
0.34	0.6915	0.4699	-0.7657	1.8071	0.78	2.0617	0.6061	1.5482	1.1787	1.22	2.9886	0.1355	2.7387	0.3476
0.35	0.7201	0.4828	-0.7165	1.8225	0.79	2.0926	0.5982	1.5938	1.1496	1.23	2.9982	0.1277	2.7532	0.3361
0.36	0.7489	0.4952	-0.6676	1.8366	0.80	2.1234	0.5896	1.6381	1.1212	1.24	3.0075	0.1201	2.7675	0.3248
0.37	0.7780	0.5073	-0.6190	1.8494	0.81	2.1540	0.5810	1.6811	1.0934	1.25	3.0165	0.1126	2.7813	0.3137
0.38	0.8074	0.5191	-0.5707	1.8609	0.82	2.1845	0.5717	1.7228	1.0663	1.26	3.0252	0.1053	2.7948	0.3028
0.39	0.8369	0.5304	-0.5227	1.8711	0.83	2.2148	0.5620	1.7635	1.0398	1.27	3.0336	0.0982	2.8080	0.2922
0.40	0.8667	0.5414	-0.4749	1.8801	0.84	2.2450	0.5519	1.8029	1.0139	1.28	3.0417	0.0914	2.8209	0.2818
0.41	0.8966	0.5519	-0.4273	1.8878	0.85	2.2749	0.5414	1.8413	0.9886	1.29	3.0495	0.0847	2.8335	0.2715
0.42	0.9268	0.5620	-0.3798	1.8943	0.86	2.3047	0.5304	1.8786	0.9639	1.30	3.0569	0.0782	2.8457	0.2615
0.43	0.9571	0.5717	-0.3323	1.8996	0.87	2.3342	0.5191	1.9149	0.9397	1.31	3.0641	0.0719	2.8576	0.2517
0.44	0.9876	0.5810	-0.2850	1.9036	0.88	2.3636	0.5073	1.9503	0.9161	1.32	3.0709	0.0659	2.8693	0.2421
0.45	1.0182	0.5898	-0.2377	1.9065	0.89	2.3927	0.4952	1.9846	0.8930	1.33	3.0775	0.0600	2.8806	0.2327
0.46	1.0490	0.5982	-0.1903	1.9081	0.90	2.4215	0.4828	2.0181	0.8704	1.34	3.0837	0.0544	2.8917	0.2235
0.47	1.0799	0.6061	-0.1429	1.9084	0.91	2.4501	0.4699	2.0507	0.8483	1.35	3.0897	0.0490	2.9024	0.2145
0.48	1.1110	0.6136	-0.0954	1.9075	0.920	2.4785	0.4568	2.0824	0.8266	1.36	3.0954	0.0439	2.9129	0.2057
0.49	1.1422	0.6206	-0.0478	1.9053	0.93	2.5065	0.4433	2.1132	0.8055	1.37	3.1007	0.0389	2.9232	0.1970
0.50	1.1735	0.6271	0.0000	1.9018	0.94	2.5345	0.4295	2.1433	0.7847	1.38	3.1058	0.0343	2.9331	0.1886
0.51	1.2049	0.6331	0.0480	1.8971	0.95	2.5618	0.4155	2.1726	0.7645	1.39	3.1106	0.0298	2.9428	0.1803
0.52	1.2364	0.6386	0.0963	1.8909	0.96	2.5890	0.4011	2.2012	0.7446	1.40	3.1150	0.0256	2.9523	0.1722
0.53	1.2680	0.6437	0.1450	1.8834	0.97	2.6158	0.3865	2.2290	0.7251	1.41	3.1192	0.0217	2.9615	0.1643
0.54	1.2996	0.6483	0.1944	1.8744	0.98	2.6424	0.3717	2.2561	0.7061	1.42	3.1231	0.0180	2.9704	0.1566
0.55	1.3314	0.6523	0.2436	1.8639	0.99	2.6685	0.3566	2.2825	0.6874	1.43	3.1266	0.0146	2.9791	0.1491
0.56	1.3632	0.6559	0.2937	1.8519	1.00	2.6945	0.3413	2.3082	0.6692	1.44	3.1299	0.0115	2.9876	0.1417
0.57	1.3950	0.6589	0.3444	1.8381	1.01	2.7112	0.3311	2.3333	0.6513	1.45	3.1328	0.0086	2.9958	0.1345
0.58	1.4269	0.6615	0.3960	1.8226	1.02	2.7277	0.3209	2.3578	0.6337	1.46	3.1354	0.0061	3.0038	0.1275
0.59	1.4589	0.6635	0.4485	1.8052	1.03	2.7440	0.3108	2.3817	0.6165	1.47	3.1376	0.0039	3.0115	0.1206
0.60	1.4908	0.6651	0.5021	1.7856	1.04	2.7598	0.3006	2.4049	0.5997	1.48	3.1395	0.0021	3.0191	0.1140
0.61	1.5228	0.6661	0.5571	1.7636	1.05	2.7754	0.2906	2.4276	0.5832	1.49	3.1408	0.0007	3.0264	0.1075
0.62	1.5548	0.6666	0.6139	1.7387	1.06	2.7906	0.2806	2.4497	0.5670	1.50	3.1416	0.0000	3.0334	0.1011
0.63	1.5868	0.6666	0.6734	1.7103	1.07	2.8054	0.2707	2.4713	0.5512	1.51	3.1416	0.0000	3.0403	0.0950

9.4.2 实用计算方法

1. 截面设计

已知截面尺寸、计算长度、材料强度等级、轴向力设计值 N_d、弯矩设计值 M_d 等,确定纵向受力钢筋的面积 A_s 并进行布置。

直接利用式(9-46)和式(9-47)是无法求得纵向受力钢筋的面积 A_s 的,一般是采用试算法。现将式(9-47)除以式(9-46),整理可得到

$$\rho = \frac{f_{cd}}{f_{sd}} \cdot \frac{Br - A(\eta e_0)}{C(\eta e_0) - Dgr} \tag{9-48}$$

(1) 由已知条件求 ηe_0,确定 g 和 r_s。

(2) 先假设 ξ 值,由表查得相应的系数 A、B、C 和 D,代入式(9-48)得到配筋率 ρ。再将系数 A、C 和 ρ 代入式(9-46)可求得 N_u。若 N_u 值与已知的 $\gamma_0 N_d$ 基本相符,允许误差在 2% 以内,则假定的 ξ 值及依次计算的 ρ 值即为设计用值。若两者不符,需重新假定 ξ 值进行计算,直至基本相符为止。所确定的 ρ 值还必须 $\rho \geq \rho_{min}$,$\rho_{min} = 0.5\%$。

(3) 根据最后确定的 ρ 值,可得到纵向受力钢筋的截面面积 A_s 为

$$A_s = \rho \pi r^2 \tag{9-49}$$

(4) 根据 A_s 计算值进行纵向受力钢筋的选择和配置。

2. 截面复核

已知截面尺寸、计算长度、纵向受力钢筋的截面面积 A_s、材料强度等级、轴向力设计值 N_d、弯矩设计值 M_d 等,要求复核截面承载力。

与矩形截面偏心受压构件一样,圆形截面偏心受压构件的截面复核也需要进行弯矩作用平面内和垂直于弯矩作用平面的截面承载力复核。

1) 弯矩作用平面内的承载力复核

仍需用试算法。现将式(9-47)除以式(9-46),整理可得到

$$\eta e_0 = \frac{B f_{cd} + D \rho g f_{sd}}{A f_{cd} + C \rho f_{sd}} \tag{9-50}$$

(1) 先假设 ξ 值,由表查得相应的系数 A、B、C 和 D,代入式(9-50)得到 ηe_0。若此 ηe_0 值与已知的 ηe_0 基本相符,允许误差在 2% 以内,则假定的 ξ 值即为计算用值。若两者不符,需重新假定 ξ 值进行计算,直至基本相符为止。

(2) 根据确定的 ξ 值及其相应的系数 A、B、C 和 D 的值,代入式(9-46)中,则可求得截面承载力为 N_u,并要求满足 $N_u \geq \gamma_0 N_d$。

2) 垂直于弯矩作用平面内的承载力复核

垂直于弯矩作用平面内的承载力复核按轴心受压构件进行复核。

为了避免反复迭代的试算过程,《公路桥规》(JTG D62—2004)还提出了用查图法来进行圆形截面偏心受压构件截面设计和截面复核的方法,详见《公路桥规》(JTG D62—2004)条文说明。

例题 9-5 圆形截面偏心受压构件(柱式桥墩的柱)设计计算算例。

1. 基本资料。

(1) 安全等级:二级,结构重要性系数 $\gamma_0 = 1.0$。

(2) 环境条件:I 类,纵向主筋的最小保护层厚度 $c_{min} = 30$ mm(查表 3-1)。

(3) 材料选择。

混凝土：C20，$f_{cu,k} = 20$ MPa，$f_{ck} = 13.4$ MPa，$f_{cd} = 9.2$ MPa，$f_{tk} = 1.54$ MPa，$f_{td} = 1.06$ MPa，$E_c = 2.55 \times 10^4$ MPa。

钢筋：R235，$f_{sk} = 235$ MPa，$f_{sd} = f'_{sd} = 195$ MPa，$E_s = 2.1 \times 10^5$ MPa。

2. 尺寸拟定。

直径 $d = 1.2$ m，计算长度 $l_0 = 7.5$ m。

3. 作用及作用效应计算。

$N_d = 6\,450$ kN，$M_d = 1\,330.6$ kN·m。

4. 持久状况承载能力极限状态设计——正截面承载力计算。

1) 截面设计。

(1) 计算初始偏心距 e_0：

$$e_0 = \frac{M_d}{N_d} = \frac{1\,330.6 \times 10^6}{6\,450 \times 10^3} = 206 \text{ mm}$$

(2) 假设等效钢环半径与圆形截面半径之比 g：

假设 $g = 0.9$，则等效钢环半径为

$$r_s = 0.9r = 0.9 \times 600 = 540 \text{ mm}$$

截面有效高度为

$$h_0 = r + r_s = 600 + 540 = 1\,140 \text{ mm}$$

(3) 计算偏心距增大系数 η：

$$\zeta_1 = 0.2 + 2.7 \times \frac{e_0}{h_0} = 0.2 + 2.7 \times \frac{206}{1\,140} = 0.688 < 1.0,\text{取} \zeta_1 = 0.688$$

$$\zeta_2 = 1.15 - 0.01 \times \frac{l_0}{d} = 1.15 - 0.01 \times \frac{7.5 \times 10^3}{1.2 \times 10^3} = 1.1 > 1.0,\text{取} \zeta_2 = 1.0$$

$$\eta = 1 + \frac{1}{1\,400 e_0/h_0}\left(\frac{l_0}{d}\right)^2 \zeta_1 \zeta_2 = 1 + \frac{1}{1\,400 \times 206/1\,140}\left(\frac{7.5 \times 10^3}{1.2 \times 10}\right)^2 \times 0.688 \times 1.0 = 1.106$$

(4) 计算实际相对受压区高度 ξ。

由式(9-48)可得到

$$\rho = \frac{f_{cd}}{f_{sd}} \cdot \frac{Br - A(\eta e_0)}{C(\eta e_0) - Dgr} =$$

$$\frac{9.2}{195} \times \frac{B \times 600 - A \times 1.106 \times 206}{C \times 1.106 \times 206 - D \times 0.9 \times 600} =$$

$$\frac{5\,520B - 2\,097.6A}{44\,460C - 105\,300D}$$

由式(9-46)可得到

$$N_u = Ar^2 f_{cd} + C\rho r^2 f_{sd} = A \times 600^2 \times 9.2 + C\rho \times 600^2 \times 195 =$$

$$3\,312\,000A + 70\,200\,000C\rho$$

以下采用试算法列表9-2计算，各系数查表9-1。

表9-2　查表试算

ξ	A	B	C	D	ρ	N_u/N	$\gamma_0 N_d$	$N_u/\gamma_0 N_d$
0.71	1.842 0	0.648 3	1.187 6	1.404 5	0.003	$6\,351 \times 10^3$	$6\,450 \times 10^3$	0.98
0.73	1.905 2	0.638 6	1.298 7	1.335 8	0.005 68	$6\,828 \times 10^3$	$6\,450 \times 10^3$	1.06
0.72	1.873 6	0.643 7	1.244 0	1.369 7	0.004 2	$6\,575 \times 10^3$	$6\,450 \times 10^3$	1.019

由计算表9-2可见,当$\xi = 0.72$时,N_u与$\gamma_0 N_d$相近,这时得到$\rho = 0.004\,2$,但小于最小配筋率$\rho_{min} = 0.5\%$,所以配筋率最终取$\rho = 0.5\%$。

(5)计算纵向受力钢筋截面面积A_s。

由式(9-49)可得到
$$A_s = \rho \pi r^2 = 0.005 \times 3.14 \times 600^2 = 5\,652 \text{ mm}^2$$

(6)选择并配置纵向受力钢筋。

① 选择:选用20Φ20,直径$d = 20$ mm,外径$d_{外} = 22.7$ mm,实际$A_s = 6\,282$ mm^2。

② 混凝土保护层厚度:$c = \max\begin{Bmatrix}c_{min}\\d\end{Bmatrix} = \max\begin{Bmatrix}30\\20\end{Bmatrix} = 30$ mm。

③ 钢筋布置:沿圆周均匀布置,如图9-20所示。

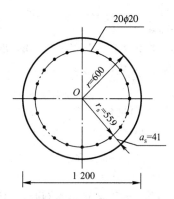

图9-20　例题9-5截面配筋图(尺寸单位:mm)

实际a_s:　　$a_s = c + \dfrac{d_{外}}{2} = 30 + \dfrac{22.7}{2} = 41.35$ mm

实际r_s:　　$r_s = r - a_s = 600 - 41.35 = 558.65$ mm

实际g:　　$g = \dfrac{r_s}{r} = \dfrac{558.65}{600} = 0.931\,2$

间净距:$S_n = \dfrac{2\pi r}{20} = \dfrac{2 \times 3.14 \times 558.65}{20} = 175.4$ mm,50 mm $\leqslant S_n \leqslant 350$ mm,故满足间净距的构造要求。

④ 配筋率:　$\rho = \dfrac{A_s}{\pi r^2} = \dfrac{6\,282}{3.14 \times 600^2} = 0.55\% > \rho_{min}(= 0.5\%)$。

2)截面复核。

(1)弯矩作用平面内的截面复核。

① 计算实际相对受压区高度 ξ。

由式(9-50)可得到

$$\eta e_0 = \frac{Bf_{cd} + D\rho g f_{sd}}{Af_{cd} + C\rho f_{sd}} r =$$

$$\frac{B \times 9.2 + D \times 0.0055 \times 0.9312 \times 195}{A \times 9.2 + C \times 0.0055 \times 195} \times 600 =$$

$$\frac{5520B + 599.15D}{9.2A + 1.073C}$$

以下采用试算法列表9-3计算,各系数查表9-1。

表9-3 查表试算

ξ	A	B	C	D	(ηe_0)/mm	ηe_0/mm	$(\eta e_0)/\eta e_0$
0.75	1.9681	0.6271	1.4030	1.2706	215	228	0.943
0.73	1.9052	0.6386	1.2987	1.3358	228.3	228	1.001

表9-3中的(ηe_0)为按上式计算的数值,ηe_0为设计值(见截面设计部分)。由表9-3可见,当$\xi = 0.73$时,(ηe_0)与ηe_0很接近,故取$\xi = 0.73$。

② 承载力计算：

$$N_u = Ar^2 f_{cd} + C\rho r^2 f_{sd} =$$
$$1.9052 \times 600^2 \times 9.2 + 1.2987 \times 0.0055 \times 600^2 \times 195 =$$
$$6811.45 \text{ kN} > \gamma_0 N_d (= 6450 \text{ kN}),$$

故满足承载力要求。

(2) 垂直于弯矩作用平面内的截面复核。

① 稳定系数：因长细比 $l_0/d = 7500/1200 = 6.25 < 7$,故稳定系数 $\varphi = 1.0$。

② 承载力计算：

$$N_u = 0.9\varphi(f_{cd} A_c + f'_{sd} A_s) =$$
$$0.9 \times 1.0 \times (9.2 \times 3.14 \times 600^2 + 195 \times 6282) =$$
$$10462.2 \text{ kN} > \gamma_0 N_d (= 6450 \text{ kN}),$$

故满足承载力要求。

习 题

9-1 钢筋混凝土偏心受压构件截面形式与纵向钢筋布置有什么特点？

9-2 简述钢筋混凝土偏心受压构件的破坏形态和破坏类型。

9-3 钢筋混凝土偏心受压构件是如何考虑构件长细比的影响的？

9-4 钢筋混凝土矩形非对称配筋截面偏心受压构件的截面设计和截面复核中,如何判断是大偏心受压还是小偏心受压？

9-5 与非对称布筋的矩形截面偏心受压构件相比,对称布筋设计时的大、小偏心受压的判别方法有何不同之处？

9-6 矩形截面偏心受压构件的截面尺寸为 $b \times h = 300 \text{ mm} \times 600 \text{ mm}$,弯矩作用平面内的构件计算长度 $l_0 = 6 \text{ m}$；C25混凝土,HRB335级钢筋；I类环境,安全等级为二级；轴向力组合设计值为 $N_d = 524.8 \text{ kN}$,相应弯

矩组合设计值为 $M_d = 326.6$ kN·m,试按截面非对称布筋进行截面设计。

9-7 矩形截面偏心受压构件的截面尺寸为 $b \times h = 300$ mm $\times 450$ mm,弯矩作用平面内的构件计算长度 $l_{0x} = 3.5$ m,垂直于弯矩作用平面方向的计算长度 $l_{0y} = 6$ m;C20 混凝土,HRB335 级钢筋;I 类环境,安全等级为二级;轴向力组合设计值 $N_d = 174$ kN,相应弯矩组合设计值 $M_d = 54.8$ kN·m,试按非对称布筋进行截面设计和截面复核。

9-8 矩形截面偏心受压构件的截面尺寸为 $b \times h = 300$ mm $\times 600$ mm,弯矩作用平面内和垂直于弯矩作用平面的计算长度 $l_0 = 6$ m;C20 混凝土和 HRB335 级钢筋;I 类环境,安全等级为一级;轴向力组合设计值为 $N_d = 2\,645$ kN,相应弯矩组合设计值为 $M_d = 119$ kN·m,试按非对称布筋进行截面设计和截面复核。

9-9 矩形截面偏心受压构件的截面尺寸为 $b \times h = 250$ mm $\times 300$ mm,弯矩作用平面内和垂直于弯矩作用平面的计算长度均为 $l_0 = 2.2$ m;C25 混凝土和 HRB335 级钢筋;I 类环境,安全等级为二级;轴向力组合设计值为 $N_d = 122$ kN,相应弯矩组合设计值为 $M_d = 58.5$ kN·m,试按对称布筋进行截面设计和截面复核。

9-10 圆形截面偏心受压构件的截面半径 $r = 400$ mm,计算长度 $l_0 = 8.8$ m;C20 混凝土和 HRB335 级钢筋;I 类环境,安全等级为二级;轴向力组合设计值为 $N_d = 969$ kN,相应弯矩组合设计值为 $M_d = 310$ kN·m,试进行截面设计和截面复核。

第 2 篇

预应力混凝土结构

第 10 章 预应力混凝土结构的基本概念及其材料物理力学性能

10.1 预应力混凝土结构的基本概念

10.1.1 预应力混凝土结构的基本原理

钢筋混凝土结构由于具有耐久性好、可就地取材、制造工艺简单等一系列优点,至今仍是工程结构的主要形式之一。但是钢筋混凝土结构也有其固有的缺点,主要表现为混凝土的抗拉强度过低,极限拉应变太小,在使用荷载作用下,混凝土容易开裂。

在钢筋混凝土结构中,只要混凝土的拉应变达到其极限拉应变,混凝土就要开裂。混凝土即将出现裂缝时,由于钢筋与其周围的混凝土因黏结力作用而具有相同的变形,所以钢筋中的应力仅为 $\sigma_s = E_s \varepsilon_{tu} = 2.0 \times 10^5 \times (0.001 \sim 0.0015) = 20 \sim 30$ MPa。即使允许开裂,为了保证构件的耐久性,常需将裂缝宽度限制在 0.2~0.25 mm 以内,此时钢筋的拉应力也只能达到 150~250 MPa。这些均与充分利用钢材特别是高强度钢材的抗拉性能产生了很大的矛盾。目前,国产高强钢丝和钢绞线的抗拉强度标准值已达 1 470~1 860 MPa,若将这种高强钢丝或钢绞线直接配置在混凝土中,按设计荷载作用下钢筋应力达到其抗拉强度的一半($\sigma_s = 735 \sim 930$ MPa)进行设计,则钢丝周围混凝土的拉应变为 $\varepsilon_t = \varepsilon_s = \sigma_s/E_s = (735 \sim 930)/(1.95 \times 10^5) = 0.0038 \sim 0.0048$。这个应变相当于混凝土极限拉应变的 30~40 倍,会引起混凝土的严重开裂,结构根本无法正常使用。即使提高混凝土的强度等级,其抗拉强度提高有限,仍解决不了抗裂问题。可见,在钢筋混凝土结构中,高强度钢筋和高强度等级混凝土根本无法充分发挥作用。

如何解决这一问题呢? 解决钢筋混凝土结构裂缝问题的积极措施是设法预先在混凝土中施加一种预压应力,用以抵消外荷载作用所产生的拉应力,使混凝土始终处于受压工作状态(或限制混凝土的拉应力小于其抗拉强度允许值),从而也就不会出现裂缝。这种预先在混凝土中施加预压应力的混凝土结构称为预应力混凝土结构。下面通过一个混凝土梁的例子,进一步说明对混凝土预加应力的原理。

图 10-1 所示为一根由 C30 混凝土制作的素混凝土梁,计算跨径 $l = 4$ m,截面尺寸 $b \times h = 200$ mm $\times 300$ mm,截面抵抗矩 $W_u = W_b = 200 \times 300^2/6 = 2\,000\,000$ mm^3,在 $q = 15$ kN/m 均布荷载作用下的跨中弯矩和跨中截面应力(压应力为正,拉应力为负)为

跨中弯矩 $\qquad M = \dfrac{1}{8}ql^2 = \dfrac{1}{8} \times 15 \times 10^3 \times 4^2 = 30\,000$ N·m

跨中截面上缘压应力 $\qquad \sigma_{cu} = \dfrac{M}{W_u} = \dfrac{30\,000 \times 10^3}{3\,000\,000} = 10$ MPa

跨中截面下缘拉应力 $\qquad \sigma_{cb} = -\dfrac{M}{W_b} = -\dfrac{30\,000 \times 10^3}{3\,000\,000} = -10$ MPa

由于C30混凝土抗压强度的标准值为20.1 MPa,所以该梁能承受10 MPa的压应力。但C30混凝土抗拉强度的标准值却仅为2.01 MPa,该梁无法承担10 MPa的拉应力。实际上,该梁在 $q = 15$ kN/m 作用下早已断裂。

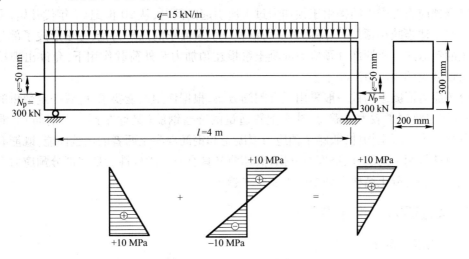

图 10-1　预应力混凝土梁工作原理

如果在梁端加一对偏心距 $e = 50$ mm、$N_p = 300$ kN 的预加力,那么跨中截面在预加力作用下的应力为

跨中截面上缘拉应力　　$\sigma_{cpu} = \dfrac{N_p}{A} - \dfrac{N_p e}{W_u} = \dfrac{300 \times 10^3}{200 \times 300} - \dfrac{300 \times 10^3 \times 50}{3\ 000\ 000} = 0$ MPa

跨中截面下缘压应力　　$\sigma_{cpb} = \dfrac{N_p}{A} + \dfrac{N_p e}{W_u} = \dfrac{300 \times 10^3}{200 \times 300} + \dfrac{300 \times 10^3 \times 50}{3\ 000\ 000} = +10$ MPa

这样,就相当于在梁的下缘预先储备了10 MPa的压应力,用以抵抗外荷载产生的拉应力,使得在外荷载和预加力共同作用下的跨中截面应力为

跨中截面上缘应力　　$\sigma_{cpu} = \dfrac{N_p}{A} - \dfrac{N_p e}{W_u} + \dfrac{M}{W_u} = 0 + 10 = +10$ MPa

跨中截面下缘应力　　$\sigma_{cpu} = \dfrac{N_p}{A} + \dfrac{N_p e}{W_u} - \dfrac{M}{W_u} = +10 - 10 = 0$ MPa

显然,这样的梁承受 $q = 15$ kN/m 的均布荷载是没有问题的,而且整个截面始终处于受压工作状态,从而也就不会出现裂缝。

预应力混凝土结构施工的通常做法是张拉钢筋,使其伸长后再加以锚固,将其反力传递于混凝土,造成钢筋受拉而混凝土受压的预应力状态。这种预应力状态必须依靠高强度钢筋的张拉和回压来建立,混凝土由于受到很高的压应力也必须采用高强度等级的混凝土。因此,预应力混凝土结构为合理使用高强度材料开辟了广阔的前景。

在预应力混凝土结构设计中,预加力的大小和偏心取决于设计期望达到的应力状态。传统的做法是按预加力和外荷载共同作用下截面不出现拉应力的设计准则,选择预加力的大小和偏心。这种在一切荷载组合情况下,都必须保持全截面受压的预应力混凝土称为全预应力混凝土。

全预应力混凝土虽然具有抗裂性好、刚度大等优点,但也发现存在一些严重的缺点。例如,反拱过大,并由于混凝土徐变的影响而不断发展。由于预加力过大易于产生平行于预应力混凝土的纵向裂缝,这些裂缝是不可恢复的,在一定程度上比可恢复的垂直裂缝对结构耐久性的影响更为严重。

针对全预应力混凝土结构由于预加力过大所引起的问题,从20世纪60年代开始,国际工程界就开始了适当减小预加力、降低预应力混凝土抗裂要求的热烈讨论,逐步形成了部分预应力混凝土的新概念。所谓部分预应力混凝土系指在预加力和外荷载作用下,允许出现拉应力或允许出现裂缝的预应力混凝土。

部分预应力混凝土构件一般采用混合配筋方案,根据使用性能要求,配置一定数量的预应力钢筋;为满足极限承载力的需要,补充配置适量的普通钢筋(又称非预应力钢筋)。混合配筋的部分预应力混凝土构件,兼顾了预应力混凝土和钢筋混凝土两者的优越性能,既能有效地控制使用荷载作用下的裂缝、挠度与反拱,破坏前又具有较好的延性。现在部分预应力混凝土结构已成为配筋混凝土结构系列中的重要发展趋势。

10.1.2 配筋混凝土构件的分类

1. 预应力度的定义

《公路桥规》(JTG D62—2004)将受弯构件的预应力度 λ 定义为

$$\lambda = \frac{M_0}{M_s} \tag{10-1}$$

式中,M_0——消压弯矩,也就是构件抗裂边缘预压应力抵消到0时的弯矩;

M_s——按作用(荷载)短期效应组合计算的弯矩。

2. 配筋混凝土结构的分类

1) 全预应力混凝土构件

全预应力混凝土构件是指在作用(或荷载)短期效应组合下控制的正截面受拉边缘不允许出现拉应力(不得消压),即 $\lambda \geq 1$ 的构件。

2) 部分预应力混凝土构件

部分预应力混凝土构件是指在作用(或荷载)短期效应组合下控制的正截面受拉边缘允许出现拉应力或出现不超过规定宽度的裂缝,即 $1 > \lambda > 0$ 的构件。部分预应力混凝土构件又可分为:

(1) A类部分预应力混凝土构件。

A类部分预应力混凝土构件是指对构件控制截面受拉边缘的拉应力加以限制的构件。

(2) B类部分预应力混凝土构件。

B类部分预应力混凝土构件是指对构件控制截面受拉边缘的拉应力超过限值或出现不超过规定宽度限值裂缝的构件。

3) 钢筋混凝土构件

钢筋混凝土构件是指不加预应力的混凝土构件,即 $\lambda = 0$ 的构件。

10.1.3 预应力混凝土结构的优缺点

1. 优点

(1) 提高了构件的抗裂度和刚度。构件在施加预加力后,在使用荷载作用下可不出现裂缝,或可使裂缝大大推迟出现,有效地改善了构件的使用性能,提高了构件的刚度,增强了结构的耐久性。

(2) 可以节省材料,减少自重。预应力混凝土由于采用高强度材料,因而可减小构件的截面尺寸,节省钢材与混凝土用量,减轻结构的自重。这对自重比例很大的大跨径桥梁来说,更有着明显的优越性。大跨度和重荷载结构,采用预应力混凝土结构一般是经济合理的。

(3) 可以减小混凝土梁的竖向剪力和主拉应力。预应力混凝土梁的曲线钢筋(束),可使梁中支座附近的竖向剪力减小;又由于混凝土截面上预压应力的存在,使荷载作用下的主拉应力也相应减小。这有利于减小梁的腹板厚度,使预应力混凝土梁的自重进一步减轻。

(4) 结构质量安全可靠。施加预加力时,钢筋(束)与混凝土都同时经受了一次强度检验。如果在张拉钢筋时构件质量表现良好,那么在使用时也可以认为是安全可靠的。因此,有人称预应力混凝土结构是经过预先检验的结构。

(5) 预应力可作为结构构件连接的手段,促进了桥梁结构新体系与施工方法的发展。

此外,预应力还可以提高结构的耐疲劳性能。因为具有强大预应力的钢筋,在使用阶段由加荷或卸荷所引起的应力变化幅度相对较小,所以引起疲劳破坏的可能性也小。这对承受动荷载的桥梁结构来说是有利的。

2. 缺点

预应力混凝土结构也存在着如下一些缺点。

(1) 工艺较复杂,对施工质量要求甚高,因而需要配备一支比较熟练的专业队伍。

(2) 需要有专门设备,如张拉机具、灌浆设备等。先张法需要有张拉台座;后张法还要耗用数量较多、质量可靠的锚具等。

(3) 预应力上拱度不易控制。它随混凝土徐变的增加而加大,如存梁时间过久再进行安装,就可能使上拱度很大,造成桥面不平顺。

(4) 预应力混凝土结构的开工费用大,对于跨径小、构件数量少的工程,成本较高。

但是,以上缺点是可以设法克服的。例如,应用于跨径较大的结构,或跨径虽不大,但构件数量很多时,采用预应力混凝土结构就比较经济了。总之,只要从实际出发,因地制宜地进行合理设计和妥善安排,预应力混凝土结构就能充分发挥其优越性,所以它在近数十年来得到了迅猛的发展,尤其对桥梁新体系的发展起到了重要的推动作用。

10.2 预加力的实施方法与设备

10.2.1 预加力的实施方法

在实际工程中,如何对混凝土施加预加力呢?一般是在混凝土中配置高强度的钢筋,采用千斤顶张拉钢筋的办法,对混凝土施加预加力。按施工工艺分为先张法和后张法。

1. 先张法

1) 先张法施工工艺

先张法即先张拉钢筋后浇筑混凝土的施工方法。其施工程序如图 10-2 所示。

首先将预应力钢筋按设计规定的张拉力用千斤顶进行张拉,并临时锚固在加力台座上;然后浇筑构件混凝土;待混凝土凝结硬化,并具有足够的强度后(一般要求不低于设计强度的

75%),解除预应力钢筋与加力台座之间的联系,让预应力钢筋回缩,通过预应力钢筋与混凝土间的黏结作用,除两端稍有内缩外,中部已不能自由滑动,从而使混凝土获得预压应力。先张法不专设永久锚具,预应力钢筋借助与混凝土的黏结力,以获得较好的自锚性能。

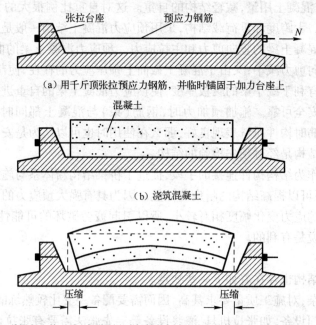

图 10-2 先张法施工程序示意图

先张法预应力混凝土的关键技术是如何保证预应力钢筋与混凝土的可靠黏结。为了增加预应力筋与混凝土的黏结力,先张法所用的预应力钢筋一般采用高强度的螺旋肋钢丝、刻痕钢丝、钢绞线和精轧螺纹钢筋。

先张法生产工艺简单,工序少,质量容易得到保证,临时固定所用的锚具(一般称为工具式锚具或夹具)可以重复使用,适宜工厂化大批量生产,是目前我国生产预应力混凝土中小型构件的主要施工方法。先张法在我国一般仅用于生产直线配筋的中小型构件。大型构件因需配合弯矩和剪力沿梁长度的分布而采用曲线配筋,使施工设备和工艺复杂化,且需配备庞大的张拉台座,因而很少采用先张法。

2)相关设备

采用先张法生产预应力混凝土构件时,需设置用作张拉和临时锚固预应力钢筋的加力台座。它因需要承受张拉预应力钢筋巨大的回缩力,设计时应保证具有足够的强度、刚度和稳定性。批量生产时,有条件的尽量设计成长线式台座,以提高生产效率。加力台座的台面(即预制构件的底模),为了提高产品质量,有的构件厂已采用了预应力混凝土滑动台面,可防止在使用过程中台面开裂。

2. **后张法**

1)施工工艺

后张法是先浇筑构件混凝土后张拉钢筋的施工方法,其施工程序如图 10-3 所示。

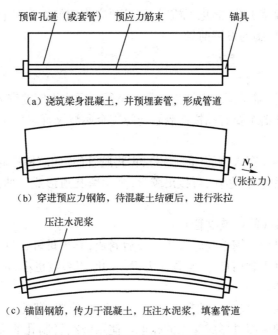

图 10-3 后张法施工程序示意图

预应力钢筋可以是预先放在套管内浇在混凝土里,也可以在后来穿进预先做好的混凝土管道中。一般用千斤顶张拉预应力钢筋,然后用锚具将预应力钢筋两端锚固在梁端混凝土上,使混凝土受到预压应力。这时,预应力钢筋与梁身混凝土之间尚无接触,需向管道压注水泥浆,使预应力钢筋与梁身混凝土黏结为一体。

后张法不用加力台座,张拉设备简单,便于现场施工,预应力筋可按设计要求布置成曲线形,是目前生产大型预应力混凝土构件的主要方法。

应该指出,近年来对后张法预应力混凝土管道灌浆的质量提出了质疑。国内外的大量工程实践表明,管道灌浆不饱满,水泥浆强度等级过低、质量得不到保证是较为普遍的现象。尤其是在管道弯起处,钢筋张拉后紧贴管道的凸出处,即使灌浆再饱满,也不可能将紧贴管壁凸出部分的钢筋与梁体混凝土黏结为整体。水分的浸入,造成预应力钢筋的锈蚀是不可避免的,对混凝土结构的耐久性构成了潜在的威胁。为此,我国工程界积极探索和逐步推广有利于提高结构耐久性的预应力混凝土新的结构构思和施工工艺,例如,无黏结预应力和体外预应力技术等。

无黏结预应力技术系指带有专用防腐油脂涂层和外包层(聚乙烯和聚丙烯材料)保护的钢绞线或高强度粗钢筋。无黏结预应力钢筋可以如同普通钢筋一样,按设计位置铺放在模板内,然后浇筑混凝土,待混凝土达到设计强度要求后,再进行预应力钢筋张拉,并将其锚固在梁端。由于预应力钢筋与梁体混凝土之间没有黏结,故称为无黏结预应力混凝土。

体外预应力技术是将具有专门防腐蚀保护层的预应力钢筋布置在梁体的外部(或箱内),钢筋张拉后,锚固在梁端或中间横梁上。体外预应力筋可以布置成折线,通过中间转向块调节预应力筋的位置和倾斜角,以适应设计上的要求。由于预应力钢筋在梁体混凝土之外,故称为体外预应力混凝土。

无黏结预应力混凝土和体外预应力混凝土从施工程序上分,仍属于后张法范畴。但是,由于取消了预留管道和灌浆工艺,简化了施工,而且预应力钢筋本身具有防腐蚀保护,使结构的耐久性大大提高,有着广阔的发展前景。

2) 相关设备

(1) 制孔器。

预制后张法构件时,需要预先留好待混凝土结硬后预应力钢筋穿入的孔道。目前,国内桥梁预留孔道所用的制孔器主要有抽拔橡胶管与螺旋金属波纹管。

① 抽拔橡胶管。

在钢丝网胶管内事先穿入钢筋(称芯棒),再将胶管(连同芯棒一起)放入模板内。待浇筑混凝土达到一定强度后,抽去芯棒,再拔出胶管,则预留孔道形成。抽拔橡胶管一般应用于形成直线形管道。

② 螺旋金属波纹管(简称波纹管)。

螺旋金属波纹管是用薄钢带经卷管机压波后卷成,其重量轻,纵向弯曲性能好,径向刚度较大,连接方便,与混凝土黏结良好,与预应力钢筋的摩阻系数也小,是后张法预应力混凝土构件一种较理想的制孔器。

在浇筑混凝土之前,将波纹管按预应力钢筋设计时位置,绑扎于与箍筋焊接的钢筋托架上,再浇筑混凝土,结硬后即可形成穿束的孔道。使用波纹管制孔的穿束方法,有先穿法和后穿法两种。先穿法即在浇筑混凝土之前将预应力钢筋穿入波纹管中,绑扎就位后再浇筑混凝土;后穿法即是浇筑混凝土成孔之后再穿预应力钢筋。

目前,在一些桥梁工程中已经开始采用塑料波纹管作为制孔器。这种波纹管是由聚丙烯或高密度聚乙烯制成。使用时,波纹管外表面的螺旋肋与周围的混凝土具有较高的黏结力。这种塑料波纹管具有耐腐蚀性能好、孔道摩阻损失小及有利于提高结构抗疲劳性能的优点。

(2) 穿索机。

当大跨径桥梁采用后穿法穿预应力钢筋时,由于预应力钢筋很长,人工穿束十分吃力,故采用穿索(束)机穿预应力钢筋。

穿索(束)机有两种类型:一种是液压式,另一种是电动式。桥梁中多采用液压式。液压式穿梭机由马达带动用4个托轮支承的链板,钢绞线置于链板上,并用4个与托轮相对应的压紧轮压紧,则钢绞线就可借链板的转动向前穿入构件的预留孔中。最大推力为3 kN,最大水平传送距离可达150 m。一般采用单根钢绞线穿入,穿束时应在钢绞线前端套一子弹形帽子,以减小穿束阻力。

(3) 灌孔水泥浆及压浆机。

① 灌孔水泥浆。

在后张法预应力混凝土构件中,为了使预应力钢筋与混凝土结合为一个整体,并防止预应力钢筋锈蚀,预应力钢筋张拉锚固后必须给预留孔道压注水泥浆。

水泥浆所用水泥宜采用硅酸盐水泥或普通水泥,水泥强度等级不宜低于42.5 MPa,水泥不得含有团块。水泥浆拌合所用水不应含有对预应力钢筋或水泥有害的成分,每升水不得含500 mg以上的氯离子或任何一种其他有机物。拌合用水可采用清洁的饮用水。

水泥浆的强度应符合设计要求,无具体规定时,70 mm × 70 mm × 70 mm立方体试件标准养护28 d的抗压强度标准值应不低于30 MPa。

为保证孔道内水泥浆密实,应严格控制水灰比和泌水率。水灰比一般以0.4 ~ 0.45 为宜,如加入适量的减水剂,则水灰比可减小到 0.35。水泥浆的泌水率最大不得超过3%,拌合后3 h 泌水率宜控制在2%,泌水应在 24 h 内重新全部被水泥浆吸回。另外可在水泥浆中掺入适量膨胀剂,使水泥浆在硬化过程中膨胀,但其自由膨胀率应小于10%。

② 压浆机。

压浆机是孔道灌浆的主要设备。它主要由灰浆搅拌桶、储浆桶和压送灰浆的灰浆泵及供水系统组成。压浆机最大工作压力约可达到 1.5 MPa,可压送的最大水平距离为 150 m,最大竖直高度为 40 m。

10.2.2 张拉设备

对预应力混凝土结构中的预应力钢筋进行张拉时所用的设备为张拉设备。与夹片锚具配套的张拉设备,是一种大直径的穿心单作用千斤顶,如图 10-4 所示。其他各种锚具也都有各自适用的张拉千斤顶,需要时可查各生产厂家的产品目录。

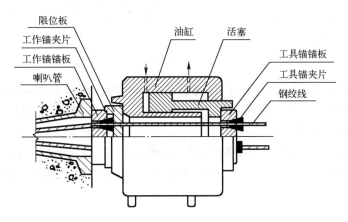

图 10-4　夹片锚张拉千斤顶安装示意图

10.2.3 锚固设备

当张拉千斤顶张拉完预应力钢筋后,需要用锚固设备进行锚固。临时夹具(在制作先张法或后张法预应力混凝土构件时,为保持预应力钢筋拉力的临时性锚固设备)和锚具(在后张法预应力混凝土构件中,为保持预应力钢筋的拉力并将其传递到混凝土上所用的永久性锚固设备)都是保证预应力混凝土施工安全、结构可靠的关键设备。因此,在设计、制造或选择锚固设备时应注意满足下列要求:受拉安全可靠,预应力损失小,构造简单紧凑,制作方便,用钢量少,张拉锚固方便迅速、设备简单。

锚固设备按其传力锚固的受力原理可分为摩阻锚固、承压锚固、黏着锚固 3 种。

1. 摩阻锚固

摩阻锚固的原理是利用锥形或阶梯楔块的侧向力产生的摩阻力来阻止钢丝滑动。这个侧向力最初是由于千斤顶推动(或锤击)楔块而产生的;然后当钢丝受力时,又产生了不可避免的滑动,这个滑动会带紧楔块,于是增加了侧向力,直至两者平衡为止,钢丝即被卡住。例如,锚固预应力钢丝束的钢制锥形锚、锚固预应力钢绞线的夹片锚等都属于摩阻锚固之列。

1) 钢制锥形锚

钢制锥形锚主要用于钢丝束的锚固(图 10-5)。这种锚具由锚塞(又称锥销)和锚圈组成,预应力钢丝束通过锚圈孔用双作用千斤顶张拉后,顶压锚塞,靠锥形锚塞的侧压力所产生的摩阻力来锚固钢丝。

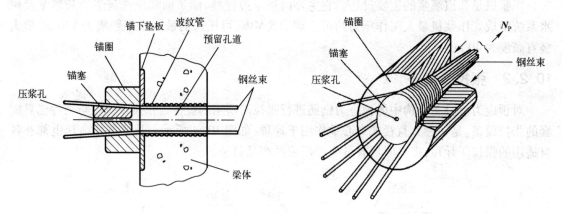

图 10-5 钢制锥形锚

在桥梁工程中采用的钢制锥形锚,有锚固 18ϕ5 和 24ϕ5 钢丝束等两种。锚塞用 45 号优质结构钢经热处理制成,其硬度一般要求为洛氏硬度 HRC55～HRC58 单位,锚圈用 5 号或 45 号钢冷作旋制而成,不作淬火处理。

钢制锥形锚的优点是锚固方便,锚具面积小,便于在梁上分散布置。但锚固时钢丝的回缩量较大(即预应力损失较大)。同时,它不能重复张拉和接长,使钢筋束的设计长度受到千斤顶行程的限制。

2) 夹片锚

夹片锚具体系主要作为锚固钢绞线筋束之用,如图 10-6 和图 10-7 所示。

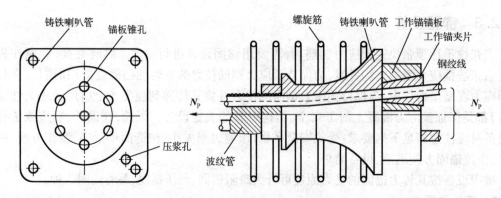

图 10-6 夹片锚具配套示意图

夹片锚由带锥孔的锚板和夹片组成。张拉时,每个锥孔穿进一根钢绞线,张拉后各自用夹片将孔中的钢绞线抱夹锚固,每个锥孔各自成为一个独立的锚固单元。每个夹片锚具由多个独立锚固单元组成,能锚固 1～55 根不等的 ϕ^s15.2 与 ϕ^s12.7 钢绞线所组成的筋束,其最大

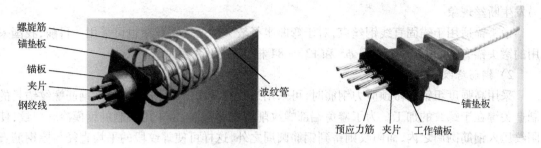

图 10-7 夹片锚具配套立体示意图

锚固吨位可达 11 000 kN,故夹片锚又称大吨位钢绞线群锚体系。其特点是各根钢筋束独立工作,即使单根锥孔的钢绞线锚固失效,也不会影响全锚,只需对失效的钢绞线进行补拉即可。夹片锚具因锚板锥孔布置的需要,预留管道端部必须扩孔,即工作锚下的一段预留管道做成喇叭形,或配置专门的铸铁喇叭形锚垫板。

由于钢筋线强度高,硬度大,与周围接触的面积小,故对夹片锚具的锚固性能要求很高。我国从 20 世纪 60 年代开始,研究锚固钢绞线的夹片锚,先后开发了 JM 锚具、XM 锚具、QM 锚具和 OVM 锚具系列。桥梁结构中较多采用 OVM 锚具。

2. 承压锚固

承压锚固是将预应力钢筋的端头做成螺纹(或镦成粗头),钢筋张拉后拧紧螺帽(或锚圈),通过螺帽(或锚圈)与垫板的承压作用将预应力钢筋锚固。目前我国采用的镦头锚和钢筋螺纹锚具都属于承压锚固之列。

1) 镦头锚

镦头锚由带孔眼的锚杯和固定锚杯的锚圈(螺帽)组成(图 10-8),钢丝穿过锚杯上的孔眼用墩头机将墩头镦粗呈圆头形,与锚杯锚定。在钢丝编束时,先将钢丝的一端穿进锚杯孔管,并将端头镦粗,另一端钢丝束通过构件的预留管道,并穿进另一端的锚杯孔眼之后再镦粗。预留管道两端均设置扩孔段。张拉千斤顶通过连接件与锚杯连接,张拉后拧紧锚圈(螺帽),将锚杯连同所锚固的钢丝锚固在构件的端部。

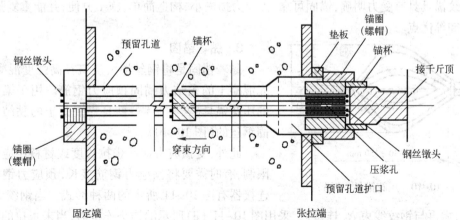

图 10-8 墩头锚工作示意图

镦头锚构造简单,工作可靠,不会出现"滑丝"现象,预应力损失小。但是墩头锚对钢丝下料长度要求精度高,误差不得超过 1/300。钢丝下料长度不准,张拉时各根钢丝受力不均,容易发生断丝现象。

镦头锚适用于锚固直线钢丝束,对于弯曲半径较大的曲线钢丝束也可采用。目前,我国采用的镦头锚有锚固 12～133 根 $\phi 5$ 和 12～84 根 $\phi 7$ 的两种系列。

2)钢筋螺纹锚具

采用高强度粗钢筋做预应力钢筋时,可采用螺纹锚具固定(见图 10-9)。钢筋螺纹锚具的制造关键在于螺纹的加工。为了避免端部螺纹削弱钢筋截面,常采用特制的钢模冷轧成纹,使阴纹压入钢筋圆周之内,而阳纹则挤到钢筋圆周之外,这样可使螺纹段的平均直径与原钢筋直径相差无几,而且通过冷轧还可提高钢筋的强度。由于螺纹系冷轧而成,故又将这种螺纹锚具称为轧系锚。

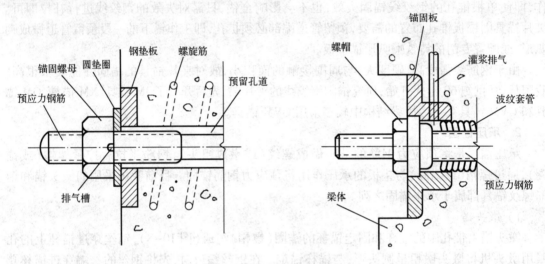

图 10-9　钢筋螺纹锚具

近年来,国内外相继采用可直接拧上螺帽和连接套筒的高强精轧螺纹钢筋,这种钢筋沿长度方向具有规则但不连续的凸形螺纹,可在任意位置进行锚固和接长。

螺纹锚具具有受力明确,锚固可靠,预应力损失小,构造简单,施工方便,并能重复张拉、放松或拆卸等优点。

3. 黏着锚固

黏着锚固是将钢丝端头浇筑在高强度混凝土中,靠混凝土的黏结力锚固预应力钢筋。用于梁体内部的压花锚具(又称暗锚)就是靠混凝土的黏结力来锚固钢丝的(图 10-10)。

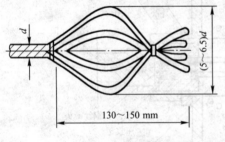

图 10-10　压花锚具(暗锚)

此外,受预应力钢筋张拉长度或材料供应长度的限制,有时需要将预应力钢筋接长,预应力钢筋接长连接器有图 10-11 所示的两种形式。当钢绞线束 N_1 锚固后,需再与钢绞线束 N_2 连接时,采用图 10-11(a)所示的锚头连接器;当未张拉的两根钢绞线束 N_1 和 N_2 需直接接长时,采用图 10-11(b)所示的接长连接器。

上面介绍的锚具设计参数和相应配件尺寸,可参阅各生产厂家的产品介绍材料。

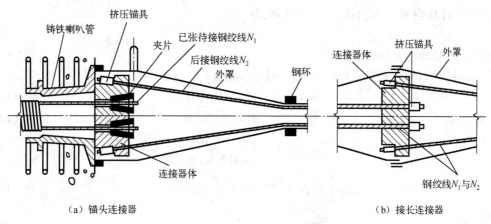

图 10-11 预应力钢筋连接器

10.3 预应力混凝土结构的材料

预应力混凝土结构必须采用高强度材料才能产生所需的预应力,而高强度材料也必须应用于预应力混凝土结构才能充分发挥材料的高强度。

10.3.1 预应力混凝土结构用混凝土

1. 强度要求

《公路桥规》(JTG D62—2004)规定:预应力混凝土构件的混凝土强度等级不应低于C40。钢材强度越高,混凝土强度级别也相应提高。只有这样才能发挥高强钢材的抗拉强度,有效地减小构件截面尺寸,因而也可减轻结构自重。混凝土的强度标准值与设计值分别见表1-1和表2-3,混凝土的弹性模量见表1-2。

预应力混凝土结构的混凝土不仅要求高强度,而且还要求能快硬、早强,以便能及早施加预加力,加快施工进度,提高设备、模板等的利用率。

2. 收缩、徐变的影响及其计算

混凝土的收缩与徐变的概念已在第1章中介绍,在此主要介绍混凝土收缩与徐变对预应力混凝土构件的影响及其计算方法。

预应力混凝土构件会因混凝土的收缩和徐变而缩短,从而将引起预应力钢筋中的预应力损失(即预应力钢筋中下降的应力)。相应地,预应力损失将使混凝土中的预压应力减小。混凝土的收缩、徐变值越大,则预应力损失值就越大,对预应力混凝土结构就越不利。因此,在预应力混凝土结构中的设计、施工中,应尽量减少混凝土的收缩和徐变并应尽量准确地确定混凝土的收缩变形和徐变变形值。

1) 混凝土徐变变形

混凝土徐变试验的结果表明,当混凝土所承受的持续应力 $\sigma_c \leqslant 0.5 f_{ck}$ 时,其徐变应变值 ε_c 与混凝土弹性应变 ε_e 之间存在着线性关系。在此范围内的徐变变形称为线性徐变,即有

$$\varepsilon_c = \phi(t, t_0)\varepsilon_e \tag{10-2}$$

式中,$\phi(t, t_0)$——徐变系数(又称徐变特征值),其中 t_0 为加载时的混凝土龄期,t 为计算所考虑时刻的混凝土龄期。

混凝土弹性应变 ε_e 可由式(10-3)计算,即

$$\varepsilon_e = \sigma_c / E_c \tag{10-3}$$

式中,E_c——混凝土弹性模量。

《公路桥规》(JTG D62—2004)建议的徐变系数 $\phi(t,t_0)$ 计算式为

$$\phi(t,t_0) = \phi_0 \cdot \beta_c(t-t_0) \tag{10-4}$$

$$\phi_0 = \phi_{RH} \cdot \beta(f_{cm}) \cdot \beta(t_0) \tag{10-5}$$

$$\phi_{RH} = 1 + \frac{1-RH/RH_0}{0.46(h/h_0)^{1/3}} \tag{10-6}$$

$$\beta(f_{cm}) = \frac{5.3}{(f_{cm}/f_{cm0})^{0.5}} \tag{10-7}$$

$$\beta(t_0) = \frac{1}{0.1 + (t_0/t_1)^{0.2}} \tag{10-8}$$

$$\beta_c(t-t_0) = \left[\frac{(t-t_0)/t_1}{\beta_H + (t-t_0)/t_1}\right]^{0.3} \tag{10-9}$$

$$\beta_H = 150\left[1 + \left(1.2\frac{RH}{RH_0}\right)^{1.8}\right] + \frac{h}{h_0} + 250 \leqslant 1\,500 \tag{10-10}$$

式中,ϕ_0——混凝土名义徐变系数;

$\beta_c(t-t_0)$——加载后徐变随时间发展的系数;

RH——环境年平均湿度,%;

h——构件理论厚度,mm,$h = 2A/u$,A 为构件截面面积,u 为构件与大气接触的周边长度;

f_{cm}——强度等级 C20 ~ C50 混凝土在 28 d 龄期时的平均立方体抗压强度,MPa,$f_{cm} = 0.8f_{cu,k} + 8$ MPa;

其余 $RH_0 = 100\%$,$h_0 = 100$ mm,$t_1 = 1$ d,$f_{cm0} = 10$ MPa。

在实际桥梁设计中需考虑徐变影响或计算阶段预应力损失时,强度等级 C20 ~ C50 混凝土的名义徐变系数 ϕ_0 可按表 10-1 采用。

表 10-1　混凝土名义徐变系数 ϕ_0

加载龄期/d	$40\% \leqslant RH < 70\%$				$70\% \leqslant RH < 99\%$			
	理论厚度 h/mm				理论厚度 h/mm			
	100	200	300	$\geqslant 600$	100	200	300	$\geqslant 600$
3	3.90	3.50	3.31	3.03	2.83	2.65	2.56	2.44
7	3.33	3.00	2.82	2.59	2.41	2.26	2.19	2.08
14	2.92	2.62	2.48	2.27	2.12	1.99	1.92	1.83
28	2.56	2.30	2.17	1.99	1.86	1.74	1.69	1.60
60	2.21	1.99	1.88	1.72	1.61	1.51	1.46	1.39
90	2.05	1.84	1.74	1.59	1.49	1.39	1.35	1.28

注:(1) 本表适用于一般硅酸盐类水泥或快硬水泥配制而成的混凝土;

(2) 本表适用于季节性变化的平均温度 −20℃ ~ +40℃;

(3) 本表数值系按 C40 混凝土计算所得,对强度等级 C50 及以上混凝土,表列数值应乘以 $\sqrt{\dfrac{32.4}{f_{ck}}}$,式中 f_{ck} 为混凝土轴心抗压强度标准值,MPa;

(4) 计算时,表中年平均相对湿度 $40\% \leqslant RH < 70\%$,取 $RH = 55\%$;$70\% \leqslant RH < 99\%$,取 $RH = 80\%$;

(5) 构件的实际理论厚度和加载龄期为表列中间值时,混凝土名义徐变系数可按直线内插法求得。

混凝土的徐变系数值可按下列步骤计算：

(1) 按式(10-10)计算 β_H 时,公式中的年平均相对湿度 RH,当 $40\% \leqslant RH < 70\%$ 时,取 $RH = 55\%$；当在 $70\% \leqslant RH < 90\%$ 时,$RH = 80\%$；

(2) 根据计算徐变所考虑的龄期 t、加载时的龄期 t_0 及已算得的 β_H,按式(10-9)计算徐变发展系数 $\beta_c(t-t_0)$；

(3) 根据 $\beta_c(t-t_0)$ 和表10-1所列名义徐变系数(必要时用内插求得),按式(10-4)计算徐变系数 $\phi(t,t_0)$。

当实际的加载龄期超过表10-1给出的90 d时,其混凝土名义徐变系数可按 $\phi'_0 = \phi_0 \cdot \beta(t'_0)/\beta(t_0)$ 求得,式中 ϕ_0 为表10-1所列名义徐变系数,$\beta(t'_0)$ 和 $\beta(t_0)$ 按式(10-8)计算,其中 t_0 为表10-1中的加载龄期,t'_0 为90 d以外计算所需的加载龄期。

一般当混凝土应力 $\sigma_c > 0.6 f_{ck}$,则徐变应变不再与 σ_c 成正比例关系,此时称为非线性徐变。在非线性徐变范围内,如果 σ_c 过大,则徐变应变急剧增加,不再收敛,将导致混凝土破坏。因此,预应力混凝土构件的预压应力不是越高越好,压应力过高对结构安全不利。在桥梁结构中,混凝土的持续应力一般都小于 $0.5 f_{ck}$,不会因徐变造成破坏,且可按线性关系计算徐变应变。

2) 混凝土的收缩变形

《公路桥规》(JTG D62—2004)建议的混凝土收缩应变可按式(10-11)～式(10-15)计算,即

$$\varepsilon_{cs}(t,t_s) = \varepsilon_{cs0} \cdot \beta_s(t-t_s) \tag{10-11}$$

$$\varepsilon_{cs0} = \varepsilon_s(f_{cm}) \cdot \beta_{RH} \tag{10-12}$$

$$\varepsilon_s(f_{cm}) = [160 + 10\beta_{sc}(9 - f_{cm}/f_{cm0})] \cdot 10^{-6} \tag{10-13}$$

$$\beta_{RH} = 1.55[1 - (RH/RH_0)^3] \tag{10-14}$$

$$\beta_s(t-t_s) = \left[\frac{(t-t_s)/t_1}{350(h/h_0)^2 + (t-t_s)/t_1}\right]^{0.5} \tag{10-15}$$

式中，t——计算考虑时刻的混凝土龄期,d；

t_s——收缩开始时的混凝土龄期,d,可假定为 3～7 d；

$\varepsilon_{cs}(t,t_s)$——收缩开始时的龄期为 t_s、计算考虑的龄期为 t 时的收缩应变；

ε_{cs0}——名义收缩系数；

$\beta_s(t-t_s)$——收缩随时间发展的系数；

β_{sc}——依水泥种类而定的系数,对一般的硅酸盐类水泥或快硬水泥,$\beta_{sc} = 5.0$；

其余符号同徐变计算公式。

在桥梁设计中,当需要考虑收缩影响或计算阶段预应力损失时,混凝土收缩应变值可按下列步骤计算：

(1) 按式(10-15)计算从 t_s 到 t、t_s 到 t_0 的收缩应变发展系数 $\beta_s(t-t_s)$、$\beta_s(t_0-t_s)$。当计算 $\beta_s(t_0-t_s)$ 时,式中的 t 均改为 t_0,其中 t_0 为桥梁结构开始受收缩影响时刻或预应力钢筋传力锚固时刻的混凝土龄期(d),$t > t_0 > t_s$。

(2) 按式(10-11)计算自 t_0 至 t 的收缩应变值 $\varepsilon_{cs}(t,t_0)$,即

$$\varepsilon_{cs}(t,t_0) = \varepsilon_{cs0} \cdot [\beta_s(t-t_s) - \beta_s(t_0-t_s)] \tag{10-16}$$

式中的名义收缩系数 ε_{cs0} 对于强度等级 C20～C50 混凝土,可按表 10-2 所列数值采用。

表 10-2 混凝土名义收缩系数 ε_{cs0} ($\times 10^{-3}$)

40% ≤ RH < 70%	70% ≤ RH < 99%
0.529	0.310

注:(1) 本表适用于一般硅酸盐类水泥或快硬水泥配制而成的混凝土;

(2) 本表适用于季节性变化的平均温度 -20℃～+40℃;

(3) 本表数值系按 C40 混凝土计算所得,对强度等级为 C50 及以上混凝土,表列数值应乘以 $\sqrt{\frac{32.4}{f_{ck}}}$,式中 f_{ck} 为混凝土轴心抗压强度标准值,MPa;

(4) 计算时,表中年平均相对湿度 40% ≤ RH < 70%,取 RH = 55%;70% ≤ RH < 99%,取 RH = 80%。

10.3.2 预应力混凝土结构用钢筋

预应力混凝土构件中设置有预应力钢筋和非预应力钢筋(即普通钢筋)。普通钢筋已在第1章相关内容作了介绍,这里主要介绍预应力钢筋。

1. 对预应力钢筋的要求

预应力钢筋必须采用高强度钢材,若不采用高强度钢材,则无法克服由于各种因素所造成的预应力损失,也就不可能有效地建立预应力;为了保证结构物在破坏之前有较大的变形能力,必须保证预应力钢筋具有较好的塑性性能;具有与混凝土能良好地黏结性能;应力松弛要低(钢筋的应力松弛即在一定拉应力值和恒定温度下,钢筋长度固定不变,则钢筋中的应力将随时间延长而降低的现象)。

预应力钢材今后发展的总要求就是高强度、粗直径、低松弛和耐腐蚀。

2. 预应力钢筋的种类

《公路桥规》(JTG D62—2004)推荐使用的预应力钢筋有钢绞线、消除应力高强钢丝和精轧螺纹钢筋。

1) 钢绞线

钢绞线是由 2、3 或 7 根高强钢丝扭结而成并经消除内应力后的盘卷状钢丝束(图 10-12)。最常用的是用6根钢丝围绕一根芯丝顺一个方向扭结而成的 7 股钢绞线。芯丝直径常比外围钢丝直径大 5%～7%,以使各根钢丝紧密接触,钢丝扭矩一般为钢绞线公称直径的 12～16 倍。

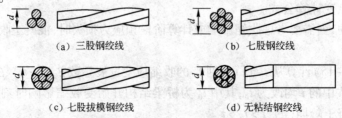

图 10-12 几种常见的预应力钢绞线

《公路桥规》(JTG D62—2004)选用的钢绞线有2股钢绞线、3股钢绞线和7股钢绞线3种规格,其抗拉强度标准值为1 470～1 860 MPa,并依松弛性能不同分为普通钢绞线和低松弛钢绞线两种。

2) 消除应力高强钢丝

预应力混凝土结构常用的消除应力钢丝(图10-13)是用优质碳素钢(含碳量为0.7%～1.4%)轧制成盘圆经温铅浴淬火处理后,再冷拉加工而成的钢丝。对于采用冷拔工艺生产的高强度钢丝,冷拔后还需经过回火矫直处理,以消除钢丝在冷拔中存在的内部应力,提高钢丝的比例极限、屈服强度和弹性模量。《公路桥规》(JTG D62—2004)中采用的消除应力高强钢丝有光面钢丝、螺旋肋钢丝和刻痕钢丝。

3) 精轧螺纹钢筋

精轧螺纹钢筋在轧制时沿钢筋纵向全部轧有规律性的螺纹肋条,可用螺丝套筒连接和螺帽锚固,因此不需要再加工螺丝,也不需要焊接。目前,这种高强度钢筋仅用于中、小型预应力混凝土构件或作为箱梁的竖向或横向预应力钢筋。

3. 预应力钢筋的强度与变形

精轧螺纹钢筋单向拉伸应力-应变关系曲线,类似于第1章的普通热轧,有明显的流幅。

钢绞线和消除应力高强钢丝单向拉伸应力-应变关系曲线则没有明显的流幅,如图10-14所示。无明显流幅的钢绞线和消除高强钢丝在受拉后,应力与应变按比例增长,其比例(弹性)极限约为 $\sigma_e = 0.75\sigma_b$。此后,钢筋应变逐渐加快发展,曲线的斜率渐减,当曲线到顶点极限强度 σ_b 后,曲线稍有下降,钢筋出现少量颈缩后立即被拉断,极限延伸率较小,约为5%～7%。在结构设计时,需定义一个名义的屈服强度作为设计值。将对于残余应变为0.2%时的应力 $\sigma_{0.2}$ 作为屈服点(又称条件屈服强度),《公路桥规》(JTG D62—2004)取 $\sigma_{0.2} = 0.85\sigma_b$。

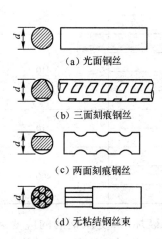

图10-13 几种常见的预应力高强钢丝

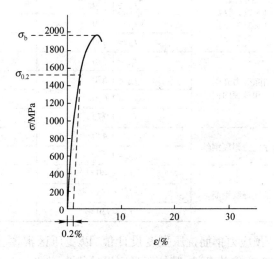

图10-14 钢绞线、消除应力高强钢丝无明显流幅应力-应变曲线

《公路桥规》(JTG D62—2004)规定的预应力钢筋符号、抗拉强度标准值见表10-3。

表10-3 预应力钢筋符号与抗拉强度标准值　　　　　　　　单位:MPa

钢筋种类			符号	f_{pk}
钢绞线	1×2(2股)	$d=8.0$、10.0 $d=12.0$	ϕ^S	1 470、1 570、1 720、1 860、 1 470、1 570、1 720
	1×3(3股)	$d=8.6$、10.8 $d=12.9$		1 470、1 570、1 720、1 860 1 470、1 570、1 720
	1×7(7股)	$d=9.5$、11.1、12.7 $d=15.2$		1 860 1 720、1 860
消除应力钢丝	光面 螺旋肋	$d=4、5$ $d=6$ $d=7、8、9$	ϕ^W ϕ^H	1 470、1 570、1 670、1 770 1 570、1 670 1 470、1 570
	刻痕	$d=5、7$	ϕ^I	1 470、1 570
精轧螺纹钢筋		$d=40$ $d=18、25、32$	JL	540 540、785、930

注:表中 d 系指国家标准中钢绞线、钢丝和精轧螺纹钢筋的公称直径,单位为 mm。

《公路桥规》(JTG D62—2004)规定精轧螺纹钢筋的材料性能分项系数取1.20,钢绞线和消除应力高强钢丝的材料性能分项系数取1.47,则可以得到如表10-4所示的预应力钢筋的抗拉强度设计值f_{pd}。

表10-4 预应力钢筋抗拉、抗压设计值　　　　　　　　单位:MPa

钢筋种类		f_{pd}	f'_{pd}
钢绞线 1×2(2股) 1×3(3股) 1×7(7股)	$f_{pk}=1\ 470$	1 000	390
	$f_{pk}=1\ 570$	1 070	
	$f_{pk}=1\ 720$	1 170	
	$f_{pk}=1\ 860$	1 260	
消除应力光面 钢丝和螺旋肋钢丝	$f_{pk}=1\ 470$	1 000	410
	$f_{pk}=1\ 570$	1 070	
	$f_{pk}=1\ 670$	1 140	
	$f_{pk}=1\ 770$	1 200	
消除应力刻痕钢丝	$f_{pk}=1\ 470$	1 000	410
	$f_{pk}=1\ 570$	1 070	
精轧螺纹钢筋	$f_{pk}=540$	450	400
	$f_{pk}=785$	650	
	$f_{pk}=930$	770	

预应力钢筋抗压强度设计值,以受压区混凝土达到极限破坏时,受压钢筋的应变$\varepsilon'_p=0.002$为取值条件,其抗压强度设计值为$f'_{pd}=\varepsilon'_p E_p$,但不得大于相应的抗拉强度设计值。预应力钢筋的抗压强度设计值见表10-4。

预应力钢筋的弹性模量E_p见表10-5。预应力钢筋公称截面面积和公称质量见表10-6。

表 10-5　预应力钢筋的弹性模量　　　　　　　　　　　　　　　单位：$\times 10^5$ MPa

钢筋种类	E_p	钢筋种类	E_p	钢筋种类	E_p
精轧螺纹钢筋	2.0	消除应力高强钢丝	2.05	钢绞线	1.95

表 10-6　预应力钢筋公称截面面积和公称质量

钢筋种类及公称直径/mm			截面面积/mm²	公称质量/(kg/m)
钢绞线	1×2	8.0	25.3	0.199
		10.0	39.5	0.310
		12.0	56.9	0.447
	1×3	8.6	37.4	0.295
		10.8	59.3	0.465
		12.9	85.4	0.671
	1×7 标准型	9.5	54.8	0.432
		11.1	74.2	0.580
		12.7	98.7	0.774
		15.2	139.0	1.101
钢丝		4	12.57	0.099
		5	19.63	0.154
		6	28.27	0.222
		7	38.48	0.302
		8	50.26	0.394
		9	63.62	0.499
精轧螺纹钢筋		18	254.5	2.1
		25	490.9	4.1
		32	804.2	6.6
		40	1247.0	10.3

习　题

10-1　在钢筋混凝土结构中，为什么高强度钢筋和高强度等级混凝土无法充分发挥作用？

10-2　何谓预应力混凝土结构？其基本原理是什么？

10-3　什么是预应力度？《公路桥规》(JTG D62—2004)对配筋混凝土结构是如何分类的？

10-4　什么是先张法？先张法构件是按什么样的工序施工的？先张法构件如何实现预应力筋的锚固？先张法构件有什么优缺点？

10-5　什么是后张法？后张法构件是按什么样的工序施工？后张法构件如何实现预应力筋的锚固？后张法构件有什么优缺点？

10-6　公路桥梁中常用的制孔器有哪些？

10-7　按传力锚固的受力原理，锚具如何分类？

10-8　预应力混凝土结构对所使用的混凝土有何要求？

10-9　混凝土的收缩、徐变对预应力混凝土构件有何影响？

10-10　什么是混凝土的线性徐变和非线性徐变？

10-11　预应力混凝土结构对所使用的预应力钢筋有何要求？公路桥梁中常用的预应力钢筋有哪些，且相应的表示符号是什么？

第11章 预应力混凝土受弯构件的构造

11.1 预应力混凝土受弯构件的一般构造

11.1.1 截面形式

在工程实践中,人们根据多年来的实践及对合理截面的研究,综合考虑设计、使用和施工等多种因素,已形成了一些常用的截面形式和基本尺寸,如图11-1所示。

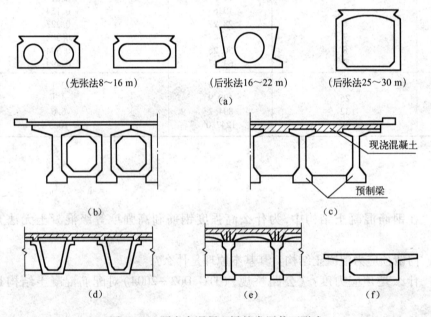

图11-1 预应力混凝土梁的常用截面形式

1. 预应力混凝土空心板(图11-1(a))

预应力混凝土空心板挖空部分常采用圆形、圆端形等截面,跨径较大的后张法空心板则做成薄壁箱形截面,仅在顶板做成拱形。空心板的截面高度与跨径有关,一般取高跨比 $h/L=1/15\sim1/20$。板宽一般取 $1\,000\sim1\,400$ mm,顶板和底板的厚度均不宜小于80 mm。预应力混凝土空心板一般采用现场预制直线配筋的先张法生产,适用跨径 $8\sim20$ m;后张法预应力混凝土空心板的适用跨径为 $16\sim22$ m;采用小箱梁形式时跨径可达30 m。

2. 预应力混凝土T形梁(图11-1(b))

T形梁是我国应用最多的预应力混凝土简支梁桥截面形式。预应力混凝土简支T梁的适用跨径为 $25\sim50$ m,高跨比一般为 $h/L=1/15\sim1/25$。T形梁的腹板起连接上、下翼缘和承受剪力的作用。由于梁中的剪应力较小,所以腹板无需太厚,一般取 160～220 mm。为了布置预应力钢筋的需要,常将下缘加宽成马蹄形。下缘马蹄形加宽部分的高度应与预应力的弯起相配合。在支点附近区段,通常是全高加宽,以适用预应力钢筋弯起和梁端布置锚具。对于主梁间距较大的情况,由于受构件起吊和运输设备的限制,通常在中间设置现浇段,将预制部分的上翼缘宽度限制在 1 800 mm 以下。上翼缘作为行车道板,其尺寸按计算要求确定,悬臂端的最小板厚不得小于 100 mm,两腹板间的最小板厚不应小于 120 mm。

3. 带现浇翼缘的预应力混凝土 T 形梁(图 11-1(c))

这种梁是在预制短翼 T 形梁安装定位后,再现浇部分翼缘、横梁和桥面混凝土使截面整体化。其受力性能如同 T 形截面,但横向联系较 T 形梁好,构件吊装质量相对较轻。特别是它能较好地适用于各种斜桥,平面布置较容易。

4. 预应力混凝土槽形截面梁(图 11-1(d))

槽形梁属于组合截面,预制主梁采用开口槽形截面。槽形梁架设就位后,接着在横向铺设先张法预应力混凝土板或钢筋混凝土板。最后浇筑混凝土铺装层,将全桥连接成整体。

槽形组合式截面具有抗扭刚度大,荷载横向分布均匀,承载力高,结构自重轻,节省钢材等优点,而且槽形截面运输及吊装的稳定性好。因此,近年来这种槽形组合截面的桥梁应用增多,适用跨径为 16～30 m,高跨比一般为 1/16～1/20。

5. 预应力混凝土箱形截面梁(图 11-1(f))

箱形截面为闭口截面,其抗扭刚度比一般开口截面(如 T 形截面)大得多,可使荷载横向分布更加均匀。预应力混凝土箱形截面梁具有跨越能力大,材料利用合理,结构自重轻等优点。箱形截面梁在简支梁中采用不多,更多的是用于预应力混凝土连续梁、T 形刚构等大跨径桥梁中。

11.1.2 钢筋构造

1. 预应力钢筋构造

1)后张法预应力混凝土构件预应力钢筋管道设置

对于后张法构件,预应力钢筋预留管道之间的水平净距,应保证混凝土中最大集料在浇筑混凝土时能顺利通过,同时也要保证预留管道间不致串孔(金属预埋波纹管除外)和锚具布置的要求等。后张法构件预应力钢筋管道的设置应符合下列规定:

(1)管道内径的截面面积不应小于预应力钢筋截面面积的两倍。

(2)按计算要求需要设置预拱度时,预留管道也应同时起拱。

(3)直线管道之间的水平净距不应小于 40 mm,且不宜小于管道直径的 0.6 倍;对于预埋的金属或塑料波纹管和铁皮管,在竖直方向可将两管道叠置。

(4)曲线形预应力钢筋相邻管道间的最小净距应符合下列要求:

① 曲线形预应力钢筋管道在曲线平面内相邻管道间的最小净距(图 11-2)计算式为

$$c_{in} \geq \frac{P_d}{0.266r\sqrt{f'_{cu}}} - \frac{d_s}{2} \tag{11-1}$$

式中,c_{in}——相邻两曲线管道外缘在曲线平面内净距,mm;

d_s——管道外缘直径,mm;

P_d——相邻两管道曲线半径较大的一根预应力钢筋的张拉力设计值,N;张拉力可取扣

除锚圈口摩擦、钢筋回缩及计算截面处管道摩擦损失后的张拉力乘以1.2;

f'_{cu}——预应力钢筋张拉时,边长为150 mm立方体混凝土抗压强度,MPa;

r——相邻两管道曲线半径较大的一根预应力钢筋的曲线半径,mm,计算式为

$$r = \frac{l}{2}\left(\frac{1}{4\beta} + \beta\right) \tag{11-2}$$

l——曲线弦长,mm;

β——曲线矢高 f 与弦长之比。

当按上述计算的净距小于相应直线管道净距时,应取用直线管道最小净距。

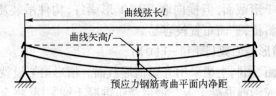

图11-2 曲线形预应力钢筋弯曲平面内净距

② 曲线形预应力钢筋管道在曲线平面外相邻管道间的最小净距计算式为

$$c_{out} \geqslant \frac{P_d}{0.266\pi r \sqrt{f'_{cu}}} - \frac{d_s}{2} \tag{11-3}$$

式中,c_{out}——相邻两曲线管道外缘在曲线平面外净距,mm;其他符号意义同上。

(5) 预应力钢筋的混凝土保护层厚度应符合下列要求。

① 普通钢筋和预应力直线钢筋的最小混凝土保护层(钢筋外缘或管道外缘至混凝土表面的距离)不应小于钢筋公称直径,后张法构件预应力直线形钢筋不应小于管道直径的1/2且应符合表3-1的要求。

② 对外形呈曲线形且布置有曲线预应力钢筋的构件(图11-3),其曲线平面内的管道的最小混凝土保护层厚度,应根据施加预应力时曲线预应力钢筋的张拉力,按式(11-1)计算,其

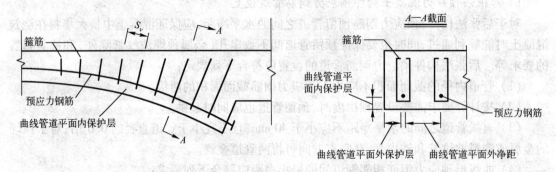

图11-3 预应力钢筋曲线管道保护层示意图

中 c_{in} 为管道外缘至曲线平面内混凝土表层的距离(mm);当按式(11-1)计算的混凝土保护层厚度过多地超过上述规定的直线管道保护层厚度时,也可按直线管道设置最小保护层厚度,但应在管道曲线段弯曲平面内设置箍筋,箍筋单肢的截面面积计算式为

$$A_{sv1} \geqslant \frac{P_d S_v}{2r f_{sv}} \tag{11-4}$$

式中，A_{sv1}——箍筋的单肢截面面积，mm^2；

S_v——箍筋间距，mm；

f_{sv}——箍筋的抗拉强度设计值，MPa。

曲线平面外的管道最小混凝土保护层厚度按式(11-3)计算，其中 c_{out} 为管道外缘在曲线平面外混凝土表层的距离(mm)。

按上述公式计算的保护层厚度，如小于各类环境的直线管道的保护层厚度，应取相应环境条件的直线管道的保护层厚度。

2) 先张法预应力混凝土构件预应力钢筋设置的构造要求

先张法预应力混凝土构件宜采用钢绞线、螺旋肋钢丝或刻痕钢丝用作预应力钢筋，当采用光面钢丝做预应力钢筋时，应采取适当措施(如钢丝刻痕、提高混凝土强度等级及施工中采用缓慢放张的工艺等)，保证钢丝在混凝土中可靠地锚固，防止因钢丝与混凝土间黏结力不足而使钢丝滑动，丧失预应力。

在先张法预应力混凝土构件中，预应力钢绞线之间的净距不应小于其直径的 1.5 倍，且对 2 股、3 股钢绞线不应小于 20 mm，对 7 股钢绞线不应小于 25 mm。预应力钢丝间净距不应小于 15 mm。

普通钢筋和预应力直线钢筋的最小混凝土保护层厚度(钢筋外缘至混凝土表面的距离)不应小于钢筋公称直径，且应符合表 3-1 的规定。

2. 非预应力钢筋构造

在预应力混凝土受弯构件中，除了预应力钢筋外，还需配置各种形式的非预应力钢筋。

1) 箍筋

箍筋与弯起钢筋同为预应力混凝土梁的腹筋，与混凝土一起共同承担着剪力，故可按抗剪要求来确定箍筋的数量(包括直径和间距的大小)。在剪力较小的梁段，按计算确定的箍筋数量通常很少，但为了防止剪应力造成的裂缝和突然的剪切破坏，《公路桥规》(JTG D62—2004)仍要求按下列规定配置构造箍筋：

(1) 预应力混凝土 T 形、I 形截面梁和箱形截面梁腹板内应设置直径不小于 10 mm 和 12 mm 的箍筋，且应采用带肋钢筋，其间距不宜大于 250 mm；自支座中心起长度不小于一倍梁高范围内应采用闭合式箍筋，其间距不宜大于 100 mm。

(2) 在 T 形、I 形截面梁配有预应力钢筋的马蹄内，应设置直径不小于 8 mm 的闭合式箍筋，其间距不应大于 200 mm，马蹄内尚应设直径不小于 12 mm 的定位钢筋。这是因为马蹄在预加应力阶段承受着很大的预压应力，为防止混凝土横向变形过大和沿梁轴方向发生纵向水平裂缝，而予以局部加强。

2) 水平纵向辅助钢筋

预应力混凝土 T 形梁，上有翼板，下有马蹄，它们在梁横向的尺寸都比腹板厚度大，在混凝土硬化和温度变化时，腹板的变形将受到翼缘与马蹄的约束作用而不能自由地收缩，很容易出现裂缝。梁的截面越高，就容易出现裂缝。为了防止裂缝(严格地讲是分散裂缝，减小裂缝宽度)，一般在腹板两侧设置水平纵向钢筋，通常称为防收缩钢筋。对预应力混凝土梁，水平纵向钢筋宜采用小直径带肋钢筋网，紧贴箍筋布置在腹板两侧，以增强与混凝土的黏结力，达到有效控制裂缝的目的。

设置在腹板两侧的水平纵向钢筋，直径一般为 6～8 mm，截面面积宜为 $(0.001 \sim 0.002)bh$，其

中 b 为腹板宽度,h 为梁的高度。其间距在受拉区不应大于腹板宽度,且不应大于200 mm,在受压区不应大于 300 mm,在支点附近剪力较大区段和预应力混凝土梁的锚固区段,腹板两侧的纵向钢筋截面面积应予增加,间距宜为 100～150 mm。

3) 局部加强钢筋

对于局部受力较大的部位,应相应地设置加强钢筋。除前述"马蹄"内设置的闭合箍筋外,尚有以下 2 种。

(1) 梁端锚固区加强钢筋。

在先张法预应力混凝土构件中,对于单根预应力钢筋,其端部应设置长度不小于 150 mm 的螺旋筋;对于多根预应力钢筋,在构件端部 10 倍预应力钢筋直径范围内,应设置 3～5 片钢筋网。

后张法预应力混凝土构件的端部锚固区,在锚具下面应设置厚度不小于 16 mm 的垫板或采用具有喇叭管的锚具垫板。锚具垫板下应设间接钢筋,其体积配筋率 ρ_v 不应小于 0.5%。

(2) 梁底支承处,亦相应地设置钢筋网。

4) 架立钢筋与定位钢筋

架立钢筋是用于支撑箍筋的,一般采用直径为 12～20 mm 的光圆钢筋;定位钢筋系指用于固定预留孔道制孔器位置的钢筋,常做成网格式。

3. 锚具的防护

对埋入梁体内的锚具,在预应力钢筋张拉完成后,锚具周围应设置构造钢筋与梁体连接,并浇筑混凝土封锚。封锚混凝土强度等级不应低于构件本身混凝土强度等级的 80%,且不低于 C30。

11.2 预应力混凝土受弯构件构造示例

11.2.1 先张法预应力混凝土简支空心板构造示例

图 11-4 至图 11-7 为标准跨径 $L_k=16$ m 的整体式路基预制装配式先张法预应力混凝土简支空心板桥行车道板的图纸。板全长为 15.96 m,计算跨径 $l=15.6$ m,板厚为 0.7 m,预制中板宽为 0.99 m,边板宽为 1.44 m,铰缝宽为 0.01 m。采用 C40 混凝土预制。钢筋图 11-6 至图 11-7 中,1～9 号钢筋为配置在板底的纵向预应力钢筋,15 号筋为吊装用构造钢筋,17 号筋为防内模上浮定位筋,13 号和 14 号筋为铰缝构造钢筋,11 号和 12 号筋为箍筋。

11.2.2 后张法预应力混凝土简支 T 形梁桥主梁构造示例

图 11-8 至图 11-14 为标准跨径 $L_k=40$ m 的整体式路基预制装配式预应力混凝土简支 T 形梁桥主梁构造图,主梁一端设置伸缩缝,另一端为桥面连续。梁体全长为 39.88 m,计算跨径 $l=38.76$ m,梁高为 2.5 m,内梁预制翼缘宽度为 1.7 m,外梁预制翼缘宽度为 1.975 m,湿接缝宽度为 0.55 m。采用 C50 混凝土预制。外梁预应力钢筋束为 6 束,内梁预应力钢筋束为 5 束。

预应力混凝土结构的识图步骤同钢筋混凝土结构的试识图步骤,具体见 3.3 节。

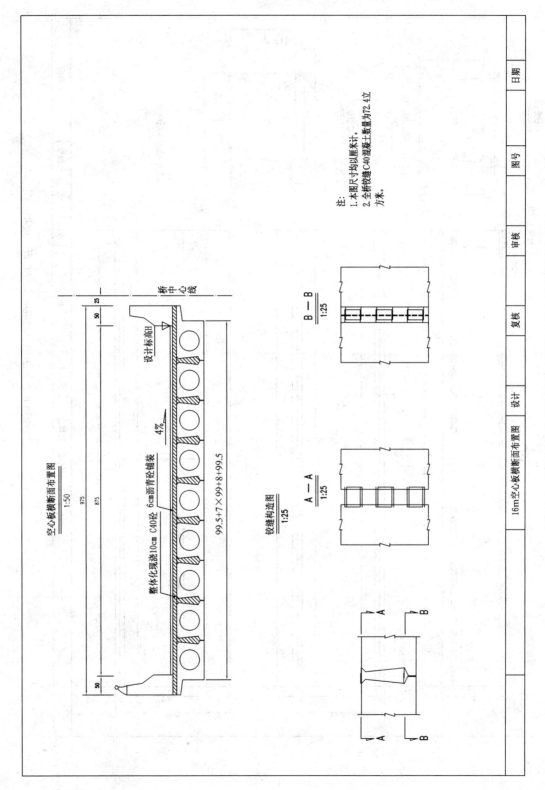

图11-4 跨径16m先张法预应力混凝土空心板横断面布置图

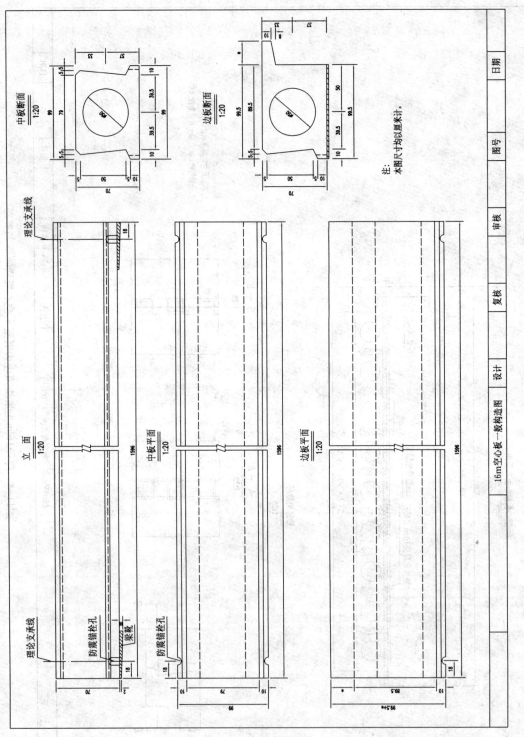

图11-5 跨径16 m先张法预应力混凝土空心板一般构造图

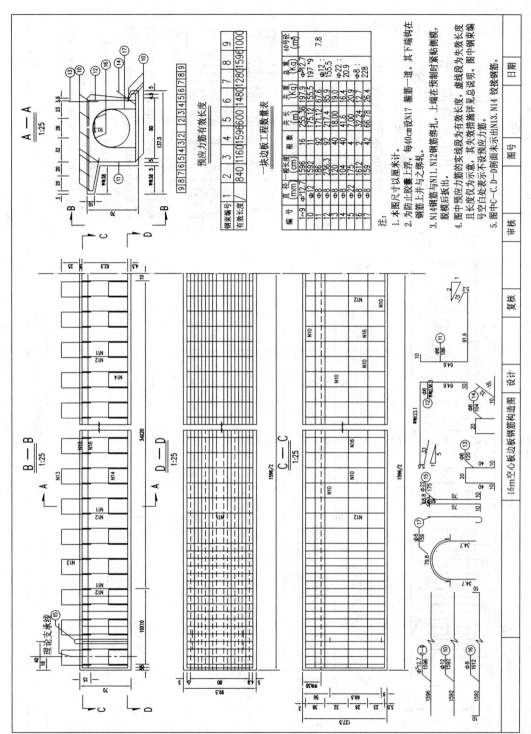

图 11-6 跨径 16m 先张法预应力混凝土空心板边板钢筋构造图

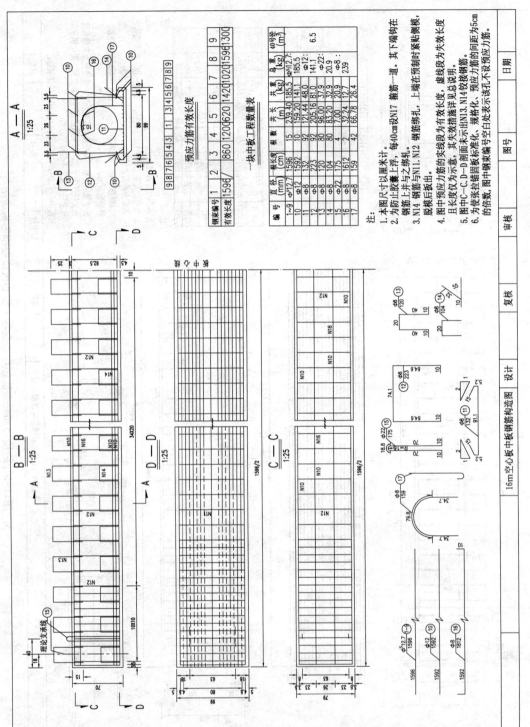

图11-7 跨径16m先张法预应力混凝土空心中板钢筋构造图

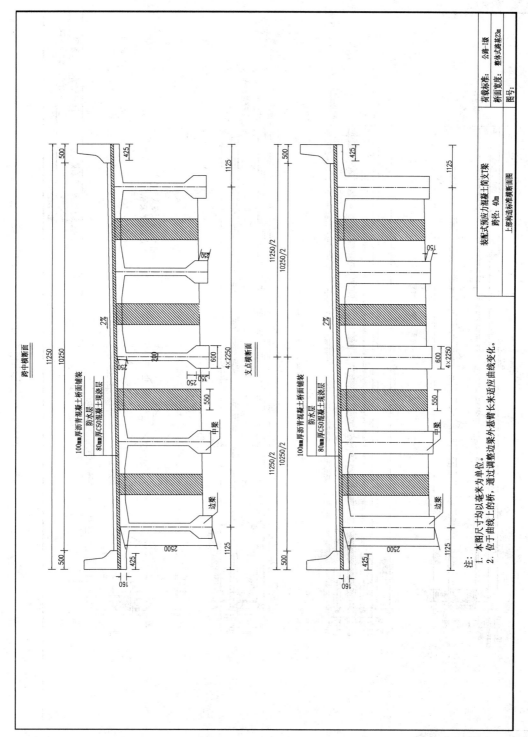

图11-8 跨径40 m后张法预应力混凝土T形梁桥横断面图

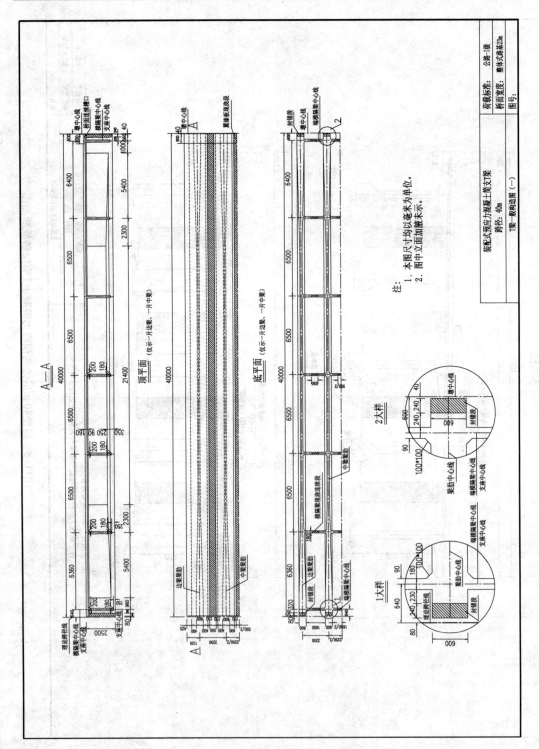

图11-9 跨径40 m后张法预应力混凝土T形梁桥一般构造图（一）

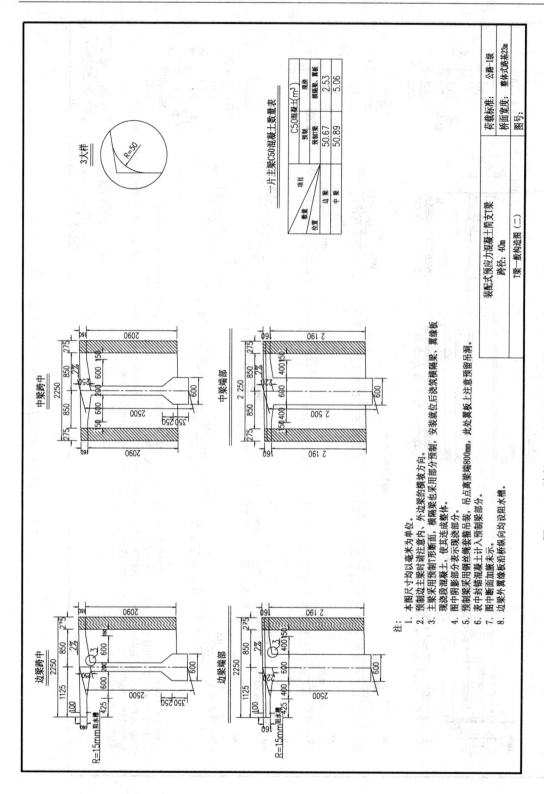

图 11-10 跨径 40 m 后张法预应力混凝土 T 形梁桥一般构造图（二）

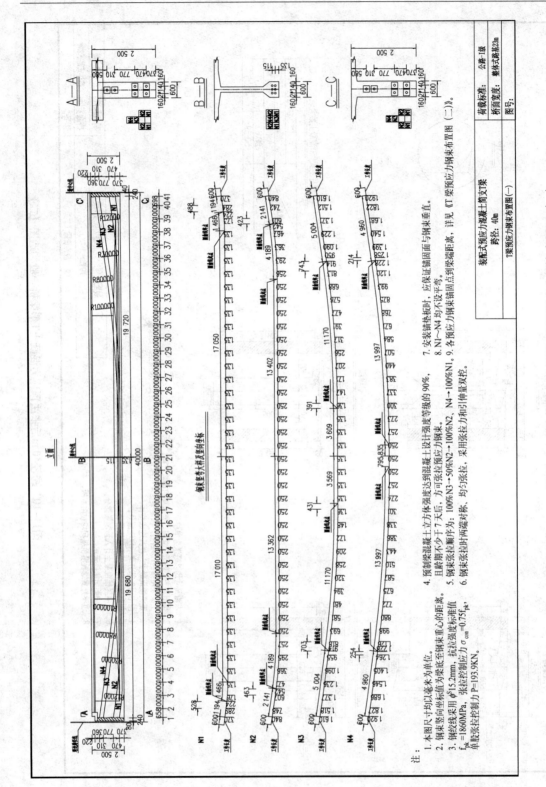

图11-11 跨径40m后张法预应力混凝土T梁预应力钢束布置图（一）

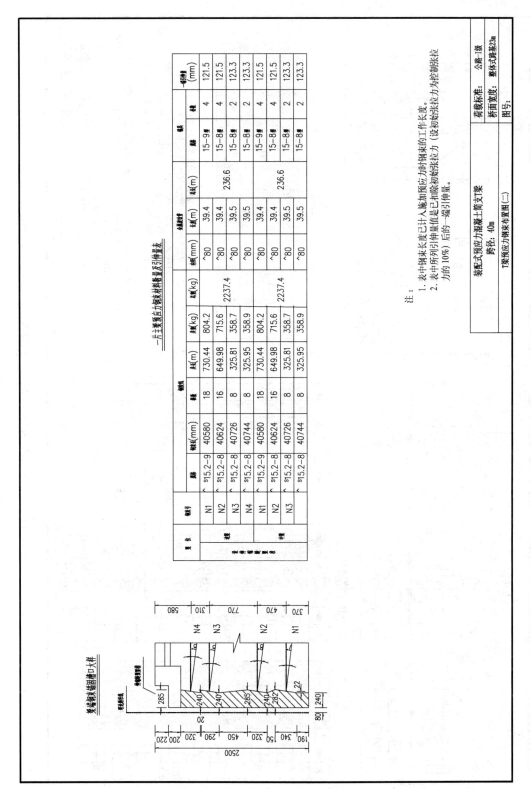

图11-12 跨径40 m后张法预应力混凝土T梁预应力钢束布置图（二）

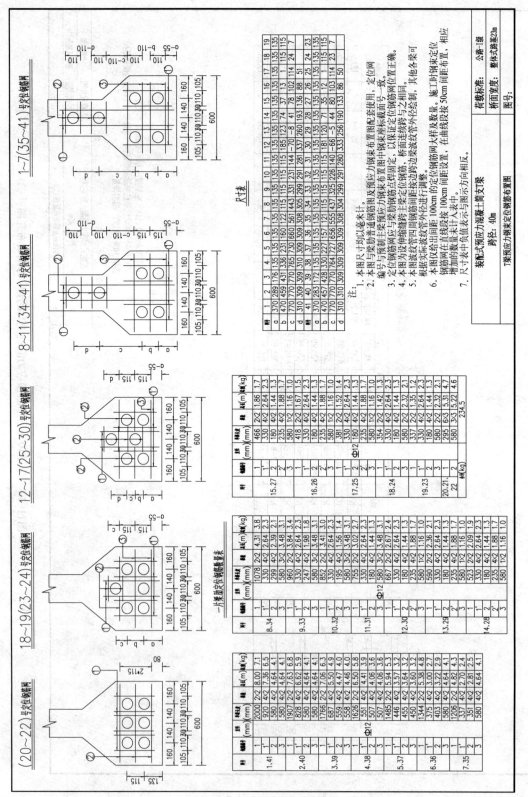

图11-13 跨径40m后张法预应力混凝土T梁预应力钢束定位钢筋布置图

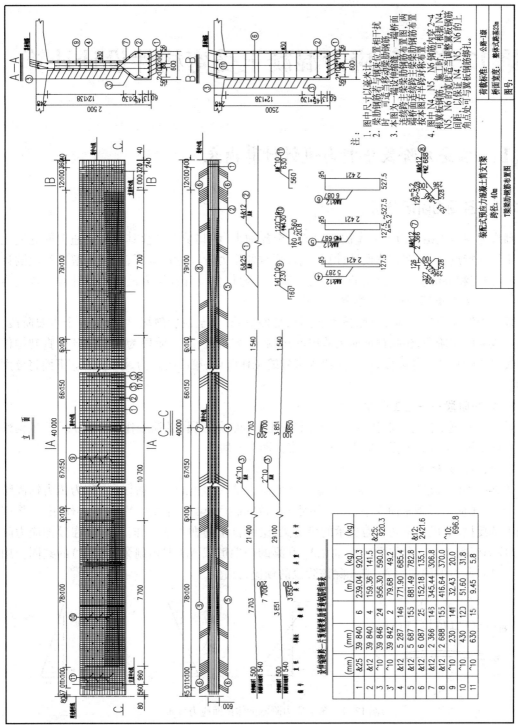

图 11-14 跨径 40 m 后张法预应力混凝土 T 梁梁肋钢筋布置图

第12章 预应力混凝土受弯构件设计计算

12.1 各受力阶段分析与设计计算内容

12.1.1 各受力阶段分析

预应力混凝土结构由于事先被施加了一个预加力,使其受力过程具有与普通钢筋混凝土结构不同的特点,因此在具体设计计算之前,须对各受力阶段进行分析,以便了解其相应的计算目的、内容和方法。本章介绍的预应力混凝土受弯构件设计计算方法主要是针对全预应力混凝土构件和 A 类部分预应力混凝土构件。

预应力混凝土受弯构件从张拉钢筋到承受外荷载,直至最后破坏,可分为 4 个主要阶段:第一阶段为施工阶段,包括预加应力阶段和运输、安装阶段;第二阶段为从受荷开始直到构件出现裂缝前的整体工作阶段;第三阶段为带裂缝工作阶段;第四阶段为破坏阶段。下面将分别叙述。

1. 第一阶段——施工阶段

预应力混凝土构件在制作、运输和安装施工中,将承受不同的荷载作用。施工阶段依构件受力条件不同,又可分为预加应力和运输、安装两个阶段。

1)预加应力阶段

预加应力阶段是指从预加应力开始至预加应力结束为止的受力阶段(也称为传力锚固阶段)。对于预应力混凝土简支梁,预应力钢筋张拉锚固后,梁在预加力 N_p 的偏心作用下,将产生向上的反拱,形成以梁两端为支承的简支梁,梁的自重随即参加工作。因此,在预加应力阶段,预应力混凝土简支梁将受到预加力 N_p 和梁的一期恒载 G_1(即预制梁体自重)的共同作用(图 12-1),此时的预加力 N_p 应扣除该阶段的预应力损失。

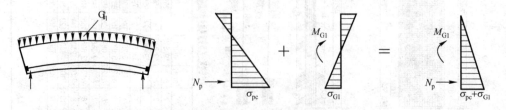

图 12-1 预加应力阶段梁体截面应力分布

预加应力阶段的梁体全截面参与工作并处于弹性工作状态,截面应力可按材料力学公式计算。计算中应注意采用构件混凝土的实际强度和相应的截面特性。先张法构件由于在传力锚固时预应力钢筋与混凝土良好黏结,应按混凝土换算截面(包括预应力钢筋和非预应力筋)计算,而后张法构件由于管道未灌浆,应按混凝土净截面(仅包括非预应力钢筋,且应扣除管道面积)计算。本阶段梁体截面应力分布情况如图12-1所示。

2) 运输、安装阶段

在运输、安装阶段,混凝土梁体所承受的作用仍是预加力N_p和梁的一期恒载G_1,梁体全截面参与工作并处于弹性工作状态,截面应力按材料力学公式计算。与预加应力阶段不同的是:

(1) 由于引起预应力损失的因素相继增加,所以此阶段的预加力N_p应在预加应力阶段的基础上,进一步扣除相继增加的预应力损失;

(2) 梁的一期恒载作用应根据《公路桥规》(JTG D62—2004)的规定计入1.20或0.85的动力系数;

(3) 构件在运输中的支点位置或在安装中的吊点位置常与正常支承点不同,应按梁起吊时一期恒载作用下的计算图式进行验算,特别需注意验算构件支点或吊点截面上缘混凝土的拉应力以防开裂;

(4) 计算构件截面应力时,后张法构件由于管道已灌浆并结硬,应按混凝土换算截面(包括预应力钢筋和非预应力钢筋,并计入管道面积)计算,先张法构件仍按混凝土换算截面计算。

2. 第二阶段——从承受使用荷载到构件出现裂缝前的整体工作阶段

在此阶段,构件除承受偏心预加力N_p和梁的一期恒载G_1外,还要承受桥面铺装、人行道、栏杆等后加的二期恒载G_2和汽车、人群等可变荷载Q作用。需要注意的是,由于本阶段各项预应力损失相继发生并全部完成,所以预加力N_p应扣除全部预应力损失,为永存预加力。

试验研究表明,梁体在该阶段基本处于弹性工作状态,截面应力计算可按材料力学公式计算。先张法构件和后张法构件均采用混凝土换算截面几何特性。该阶段梁体截面应力分布情况如图12-2所示。

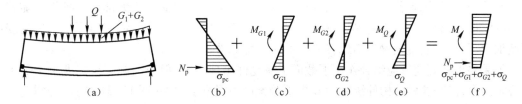

图12-2 整体工作阶段梁体截面应力分布

在上述荷载作用下,梁体的上缘保持较大的压应力,其数值应小于规范规定的允许值。梁体下缘应力有可能为零或保持较小的压应力,也可能出现小于或等于规范规定允许值的有限拉应力。

如果要求在短期效应组合作用下,控制截面下缘混凝土的应力为压应力(即不允许出现拉应力),这样的构件统称为全预应力混凝土构件(图12-3(a))。

当构件加载至某一特定的荷载,其下缘混凝土的预压应力σ_{pc}恰被抵消为零(图12-3(b)),此时在控制截面上所产生的弯矩M_0称为消压弯矩,则有

$$\sigma_{pc} - M_0/W_0 = 0 \tag{12-1}$$

或写成

$$M_0 = \sigma_{pc} W_0 \tag{12-2}$$

式中,σ_{pc}——由永存预加力 N_p 引起的梁体下缘混凝土的有效预压应力;

W_0——换算截面对受拉边缘的弹性抵抗矩。

如果要求在作用短期效应组合下,控制截面下缘允许出现小于或等于规范规定允许值的有限拉应力,这样的构件统称为 A 类部分预应力混凝土构件(图 12-3(c))。

当构件加载至使梁体下缘混凝土应力达到其抗拉强度极限值 f_{tk} 时,裂缝即将出现。构件即将出现裂缝时的临界弯矩称为开裂弯矩 M_{cr}。如果把梁体下缘混凝土应力从零增加到应力 f_{tk} 所需外弯矩用 $M_{cr,c}$ 表示,则 $M_{cr,c}$ 相当于同样截面钢筋混凝土梁的开裂弯矩。此时,预应力混凝土梁的开裂弯矩 M_{cr} 为消压弯矩 M_0 与 $M_{cr,c}$ 之和,即

$$M_{cr} = M_0 + M_{cr,c} \tag{12-3}$$

由以上分析可以看出,在消压状态出现以后,预应力混凝土梁的受力情况,就如同普通钢筋混凝土梁一样了。但是,由于预应力混凝土梁的开裂弯矩 M_{cr} 要比同截面、同材料的普通钢筋混凝土梁的开裂弯矩 $M_{cr,c}$ 大一个消压弯矩 M_0,故预应力混凝土梁在外荷载作用下裂缝的出现被大大推迟了。

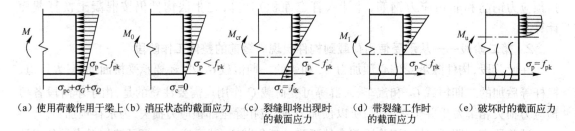

(a) 使用荷载作用于梁上 (b) 消压状态的截面应力 (c) 裂缝即将出现时的截面应力 (d) 带裂缝工作时的截面应力 (e) 破坏时的截面应力

图 12-3 梁体使用及破坏阶段的截面应力图

3. 第三阶段——带裂缝工作阶段

裂缝的出现,标志着混凝土中用以抵消拉应力的预压应力储备已大部分被抵消。随着荷载的继续增加,裂缝进一步向纵深发展,混凝土受压区逐渐缩小,裂缝宽度不断增大,梁的变形不断加大,预应力混凝土梁逐渐地转变为钢筋混凝土梁。

如果要求在短期效应组合作用下截面下缘允许出现裂缝,但应限制裂缝宽度小于等于规范规定的允许值,这样的构件统称为 B 类部分预应力混凝土构件(图 12-3(d))。带裂缝工作的初期阶段,控制截面受压区混凝土基本上仍处于弹性工作状态。B 类部分预应力混凝土构件开裂后的截面应力,可按开裂的钢筋混凝土弹性体计算。

4. 第四阶段——破坏阶段

对于配筋率适当的预应力混凝土受弯构件,也就是预应力混凝土适筋梁,在荷载作用下,受拉区全部钢筋(包括预应力钢筋和非预应力钢筋)将首先达到屈服强度,裂缝迅速向上延伸,而后受压区混凝土被压碎,构件即告破坏(图 12-3(e))。破坏时,截面的应力分布与钢筋混凝土受弯构件相似,计算方法也基本相同。

试验表明,预应力混凝土梁的破坏弯矩主要与构件的组成材料受力性能有关,其破坏弯矩值与同条件普通钢筋混凝土梁的破坏弯矩值几乎相同,而是否在受拉区钢筋中施加预拉应力对梁的破坏弯矩的影响很小。这说明预应力混凝土结构并不能创造出超越其本身材料强度能力之外的奇迹,而只是大大改善了结构在正常使用阶段的工作性能。

12.1.2 设计计算内容

按《公路桥规》(JTG D62—2004)规定,预应力混凝土受弯构件设计计算应包括下列主要内容。

1. 持久状况承载能力极限状态计算

预应力混凝土受弯构件持久状况承载能力极限状态计算,包括正截面承载力计算和斜截面承载力计算两部分内容。正截面承载力计算即为正截面抗弯承载力计算,斜截面承载力计算包括斜截面抗剪承载力计算和斜截面抗弯承载力计算两部分。

在分析预应力混凝土受弯构件的破坏阶段受力时已经指出,预应力混凝土受弯构件的破坏弯矩值几乎等同于普通钢筋混凝土受弯构件的破坏弯矩值,所以预应力混凝土受弯构件的承载力计算实质上是钢筋混凝土受弯构件的承载力计算问题。钢筋混凝土受弯构件正截面承载力和斜截面承载力计算图式及计算方法,原则上均可推广于预应力混凝土受弯构件的承载力计算。

2. 持久状况正常使用极限状态计算

全预应力混凝土及 A 类部分预应力混凝土受弯构件持久状况正常使用极限状态计算,包括抗裂性验算和变形验算两部分。

1) 抗裂性验算

抗裂性验算是通过作用短期效应组合下正截面混凝土法向拉应力和斜截面混凝土主拉应力来控制的。

在作用短期效应组合下,预应力混凝土受弯构件处于第二工作阶段,全截面参加工作,正截面混凝土法向拉应力和斜截面混凝土主拉应力均按材料力学公式计算。

2) 变形验算

预应力混凝土受弯构件在持久状况正常使用极限状态下的挠度,可根据给定的构件刚度用结构力学方法计算。

3. 持久状况构件的应力计算

持久状况构件的应力计算实质上是构件的强度计算,是对构件承载力计算的补充。一般应计算其使用阶段正截面混凝土的法向压应力、受拉区预应力钢筋的拉应力和斜截面混凝土的主压应力,并不得超过《公路桥规》(JTG D62—2004)规定的限值,计算时荷载取其标准值,不计分项系数和组合系数,汽车荷载应考虑冲击系数。

4. 短暂状况构件的应力计算

预应力混凝土受弯构件按短暂状况设计时,应计算其在制作、运输及安装等施工阶段由预加力和一期恒载(即预制构件自重)引起的截面应力,并不得超过《公路桥规》(JTG D62—2004)规定的限值。

预应力混凝土受弯构件按短暂状况设计时,构件处于第一工作阶段,构件的应力计算分为预加应力阶段的构件应力计算和运输、安装阶段的构件应力计算两部分,截面应力均按材料力学公式确定。

5. 锚下局部承压承载力计算

后张法预应力混凝土受弯构件设计时,应对锚下局部承压承载力进行验算。

12.2 张拉控制应力与预应力损失计算

由于受施工、材料性能和环境条件等因素的影响,预应力钢筋在初始张拉时所建立的预拉应力(一般称张拉控制应力 σ_{con})将会有所降低,这些减少的应力称为预应力损失 σ_L。预应力钢筋实际存余的预应力称为有效预应力 σ_{pe},为

$$\sigma_{pe} = \sigma_{con} - \sigma_L \tag{12-4}$$

12.2.1 预应力钢筋的张拉控制应力

张拉控制应力 σ_{con} 是指预应力钢筋锚固前张拉钢筋的千斤顶所显示的总拉力(即张拉控制力 N_{con})除以预应力钢筋截面面积 A_p 所求得的预应力钢筋应力值,即

$$\sigma_{con} = N_{con}/A_p \tag{12-5}$$

对于有锚圈口摩阻损失的锚具,σ_{con} 应为扣除锚圈口摩阻损失的锚下拉应力值。

《公路桥规》(JTG D62—2004)规定,构件在施加预加力时预应力钢筋在构件端部(锚下)的张拉控制应力 σ_{con} 应符合下列规定:

$$\sigma_{con} \leqslant \begin{cases} 0.75 f_{pk}, \text{钢丝、钢绞线} \\ 0.90 f_{pk}, \text{精轧螺纹钢筋} \end{cases} \tag{12-6}$$

式中,f_{pk}——预应力钢筋的抗拉强度标准值。

在实际工程中,对于仅需在短时间内保持高应力的预应力钢筋(如为了减少摩阻预应力损失而进行超张拉的预应力钢筋),可以适当提高张拉应力,但在任何情况下,预应力钢筋的最大张拉应力,对于钢丝、钢绞线不应超过 $0.8 f_{pk}$,对于精轧螺纹钢筋不应超过 $0.95 f_{pk}$。

12.2.2 预应力损失计算

预应力损失与施工工艺、材料性能和环境影响等因素有关,影响甚是复杂,一般应采用试验的方法根据试验数据确定。如无可靠试验资料,则可按《公路桥规》(JTG D62—2004)的规定估算。

一般情况下,可主要考虑以下 6 项预应力损失,但对于不同锚具、不同施工方法,可能还存在其他预应力损失,如锚圈口摩阻损失等,应根据具体情况逐项考虑其影响。

1. 预应力钢筋与管道壁间摩擦引起的预应力损失 σ_{L1}

后张法构件的预应力钢筋,一般由直线段和曲线段组成。张拉时,预应力钢筋将沿管道壁滑移而产生摩擦力(图 12-4),使预应力钢筋中的预拉应力形成张拉端高,向构件跨中方向逐渐减小的情况。预应力钢筋中减小的预拉应力即为预应力钢筋与管道壁间摩擦引起的预应力损失,以 σ_{L1} 表示。

摩擦损失主要由管道的弯曲和管道位置偏差引起的。对于直线管道,由于施工中位置偏差和孔壁不光滑等原因,在预应力钢筋张拉时,局部孔壁与预应力钢筋接触引起的摩擦损失,一般称为管道偏差影响(或称长度影响)摩擦损失,其数值较小;对于弯曲部分的管道,除存在上述管道偏差影响摩擦损失之外,还存在因管道弯转,由预应力钢筋对管道内壁的径向压力所引起的摩擦损失,一般称为弯道影响摩擦损失,其数值较大,并随钢筋弯曲角度之和的增加而增加。

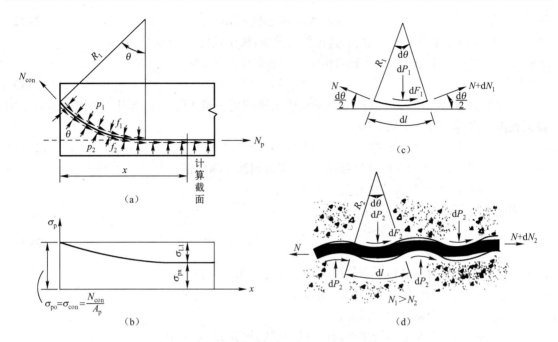

图 12-4 管道摩擦引起的预应力损失计算简图

1) 弯道影响引起的摩擦力

设预应力钢筋与曲线管道内壁相贴,取如图 12-4(c)所示的微段预应力钢筋 dl 为脱离体,相应的弯曲角为 $d\theta$,左端沿切线方向作用的拉力为 N,右端沿切线方向作用的拉力为 $N + dN_1$,弯道影响引起的摩擦力为 dF_1。作用于两端的切线拉力 N 与 $N + dN_1$ 的合力,将产生一个指向弯曲中心的径向压力 dP,为

$$dP = N\sin\frac{d\theta}{2} + (N + dN_1)\sin\frac{d\theta}{2} \approx Nd\theta \tag{12-7}$$

若预应力钢筋与管壁间的摩擦系数为 μ,则微段预应力钢筋的弯道影响引起的摩擦力 dF_1 为

$$dF_1 = \mu N d\theta \tag{12-8}$$

2) 管道偏差影响引起的摩擦力

图 12-4(d)为管道偏差影响的微段预应力钢筋 dl 的受力分析示意图,左端拉力为 N,右端拉力为 $N + dN_2$,管道偏差影响引起的摩擦力为 dF_2。假设每米长度管道局部偏差对摩擦力的影响系数为 k,则在微段预应力钢筋 dl 范围内由管道偏差影响引起的摩擦力为

$$dF_2 = kNdl \tag{12-9}$$

3) 计算截面处预应力钢筋的实际张拉力 N_x

预应力钢筋在管道弯曲部分微段 dl 范围内,综合考虑上述弯道影响和管道偏差影响,由轴向力的平衡可得到

$$dN_1 + dN_2 + dF_1 + dF_2 = 0 \tag{12-10}$$

把式(12-8)和式(12-9)代入式(12-10),可得

$$dN = dN_1 + dN_2 = -dF_1 - dF_2 = -N(\mu d\theta + kdl) \tag{12-11}$$

经整理得

$$dN/N = -(\mu d\theta + kdl) \tag{12-12}$$

式(12-12)是一个常系数微分方程,其边界条件为:张拉端处即 $l=0$ 时, $\theta=0$, $N=N_{\text{con}}$。求解此微分方程可得距张拉端 l 处的预应力钢筋张拉力 N_l,为

$$N_l = N_{\text{con}} \cdot e^{-(\mu d\theta + kdl)} \tag{12-13}$$

为计算方便,式(12-13)中预应力钢筋距张拉端的长度 l 可近似地用其在构件纵轴上的投影长度 x 代替,则式(12-13)变为

$$N_x = N_{\text{con}} \cdot e^{-(\mu d\theta + kdx)} \tag{12-14}$$

式中,N_x——距张拉端为 x 的计算截面处,预应力钢筋实际的张拉力。

4) 计算截面处因摩擦引起的预应力损失 σ_{L1}

因摩擦所引起的预应力损失 σ_{L1} 为

$$\sigma_{L1} = \frac{N_{\text{con}} - N_x}{A_p} = \sigma_{\text{con}}[1 - e^{-(\mu\theta + kx)}] \tag{12-15}$$

式中,σ_{con}——预应力钢筋锚下张拉控制应力,$\sigma_{\text{con}} = N_{\text{con}}/A_p$, MPa;

N_{con}——预应力钢筋锚下张拉控制力,N;

A_p——预应力钢筋的截面面积,mm^2;

μ——预应力钢筋与管道壁间的摩擦系数,按表12-1采用;

θ——从张拉端至计算截面曲线弯道部分切线的夹角之和,rad;

k——管道每米局部偏差对摩擦的影响系数,按表12-1采用;

x——从张拉端至计算截面的管道长度,近似地取该段管道在构件纵轴上的投影长度,m。

表 12-1 系数 k 和 μ

管道成型方式	k	μ	
		钢绞线、钢丝束	精轧螺纹钢筋
预埋金属波纹管	0.001 5	0.20~0.25	0.50
预埋塑料波纹管	0.001 5	0.14~0.17	—
预埋铁皮管	0.003 0	0.35	0.40
预埋钢管	0.001 0	0.25	—
抽心成型	0.001 5	0.55	0.60

5) 减小 σ_{L1} 的措施

(1) 采用两端同时张拉。

采用两端同时张拉时,摩擦引起的最大预应力损失在跨中截面(此时跨中截面作为锚固截面),管道长度 x 和曲线段切线夹角 θ 均减小一半,从而减小了摩擦预应力损失。

(2) 采用超张拉。

钢绞线束超张拉施工工艺:$0 \to$ 初应力$((0.1 \sim 0.15)\sigma_{\text{con}}) \to 1.05\sigma_{\text{con}}$(持荷 2 min)$\to \sigma_{\text{con}}$(锚固);

钢丝束超张拉施工工艺:$0 \to$ 初应力$((0.1 \sim 0.15)\sigma_{\text{con}}) \to 1.05\sigma_{\text{con}}$(持荷 2 min)$\to 0 \to \sigma_{\text{con}}$(锚固)。

预应力钢筋的超张拉使构件的截面应力相应提高。当张拉力回降至 σ_{con} 时,预应力钢筋

因要回缩而受到反向摩擦力的作用。对于简支梁来说,预应力钢筋回缩影响不能传递到受力最大的跨中截面(或者影响很小),从而跨中截面的预加应力因超张拉而获得了稳定的提高。

应当注意,对于一般夹片式锚具,不宜采用超张拉工艺。原因是:夹片式锚具是一种预应力钢筋回缩自锚式锚具,超张拉后的预应力钢筋拉应力无法在锚固前回降至σ_{con},一回降预应力钢筋就回缩,同时就会带动夹片进行锚固,这样就相当于提高了σ_{con}值,而与超张拉的意义不符。

2. 锚具变形、钢筋回缩和接缝压缩引起的预应力损失σ_{l2}

1)未考虑反摩擦影响的由锚具变形、钢筋回缩和接缝压缩引起的预应力损失计算

后张法构件,当张拉结束并进行锚固时,锚具将受到巨大的压力并使锚具自身及锚下垫板压密而变形,同时有些锚具的预应力钢筋还要向内回缩;拼装式构件的接缝,在锚固后也将继续被压密变形。所有这些变形都将使锚固后的预应力钢筋放松,从而引起预应力损失σ_{l2},并按式(12-16)计算为

$$\sigma_{l2} = \frac{\sum \Delta l}{l} E_p \tag{12-16}$$

式中,Δl——张拉端锚具变形、钢筋回缩和接缝压缩值,mm,按表12-2采用;

l——张拉端至锚固端之间的距离,mm;

E_p——预应力钢筋的弹性模量,MPa。

表12-2 锚具变形、钢筋回缩和接缝压缩值   单位:mm

锚具、接缝类型		Δl	锚具、接缝类型	Δl
钢丝束的钢制锥形锚具		6	镦头锚具	1
夹片式锚具	有顶压时	4	每块后加垫板的缝隙	1
	无顶压时	6	水泥砂浆接缝	1
带螺帽锚具的螺帽缝隙		1	环氧树脂砂浆接缝	1

2)考虑反摩擦影响的由锚具变形、钢筋回缩和接缝压缩引起的预应力损失计算

按公式(12-16)计算σ_{l2}时,认为沿构件全长各截面由锚具变形、钢筋回缩和接缝压缩引起的预应力损失均相等,未考虑管道的反摩擦影响。实际上,预应力钢筋的回缩同样会受到管道摩擦力的影响,这种摩擦力与钢筋张拉时的摩擦力方向相反,故称为反摩擦。《公路桥规》(JTG D62—2004)规定,后张法构件曲线预应力钢筋由锚具变形、钢筋回缩和接缝压缩引起的预应力损失,应考虑反摩擦的影响。

《公路桥规》(JTG D62—2004)推荐的考虑反摩擦后的预应力损失简化计算图式如图12-5所示。该简化计算方法假定由张拉端至锚固范围内,预应力钢筋在扣除管道摩擦引起的预应力损失后的预拉应力沿梁长方向的分布曲线简化为直线,即图中的ca'线。这条直线的斜率$\Delta\sigma_d$为

$$\Delta \sigma_d = \frac{\sigma_0 - \sigma_l}{l} \tag{12-17}$$

式中,σ_0——张拉端锚下控制应力,即σ_{con},MPa;

σ_l——预应力钢筋扣除沿途摩擦损失后的锚固端应力,MPa;

l——张拉端至锚固端的距离,mm。

锚固时张拉端预应力钢筋将发生钢筋回缩,由此引起的张拉端预应力损失为$\Delta\sigma$(或$\Delta\sigma'$)。考虑反摩擦的作用,此项预应力损失将随离开张拉端距离x的增加而逐渐减小,并假定

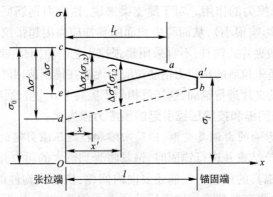

图 12-5 反摩擦后钢筋预应力损失计算简图

按直线规律变化,即图中的 ea 线(或 db 线)。由于预应力钢筋回缩发生的反向摩擦力和张拉时发生的摩擦力的摩擦系数相等,所以代表锚固前和锚固后瞬间预拉应力变化的两根直线的斜率相等,但方向相反。两根直线的交点至张拉端的水平距离称为反摩擦影响长度 l_f。

当张拉端预应力损失为 $\Delta\sigma$ 时,ea 与 ca' 两根直线的交点为 a,反摩擦影响长度 $l_f \leq l$,锚固后整根预应力钢筋的预应力变化线用折线 eaa' 表示。离张拉端 x 处考虑反摩擦后的预应力损失用 $\Delta\sigma_x(\sigma_{l2})$ 表示。

当张拉端预应力损失为 $\Delta\sigma'$ 时,db 与 ca' 两根直线在 l 范围内无交点,则反摩擦影响长度 $l_f > l$,锚固后整根预应力钢筋的预应力变化线用 db 直线表示。离张拉端 x 处考虑反摩擦后的预应力损失用 $\Delta\sigma'_x(\sigma'_{l2})$ 表示。

下面分别介绍这两种情况下考虑反摩擦后的预应力损失的计算方法。

(1) 当 $l_f \leq l$ 时,离张拉端 x 处考虑反摩擦后的预应力损失 $\Delta\sigma_x(\sigma_{l2})$ 的计算。

由于直线 ca' 与 ea 的斜率相等,所以 $\triangle cae$ 为等腰三角形。根据等腰三角形 $\triangle cae$ 的几何关系,可得张拉端预应力损失 $\Delta\sigma$ 为

$$\Delta\sigma = 2l_f \Delta\sigma_d \tag{12-18}$$

预应力钢筋的总回缩量等于反摩擦影响长度 l_f 范围内预应力钢筋各微分段回缩应变的累计,并应与锚具变形值 $\sum \Delta l$ 相协调,即

$$\sum \Delta l = \int_0^{l_f} \frac{\Delta\sigma_x(\sigma_{l2})}{E_p} dx = \frac{1}{E_p} \int_0^{l_f} \Delta\sigma_x(\sigma_{l2}) dx \tag{12-19}$$

式中,$\int_0^{l_f} \Delta\sigma_x(\sigma_{l2}) dx$ 即为 $\triangle cae$ 的面积,所以

$$\sum \Delta l \cdot E_p = \frac{1}{2} \Delta\sigma \cdot l_f \tag{12-20}$$

将式(12-18)代入式(12-20),则得反摩擦影响长度

$$l_f = \sqrt{\frac{\sum \Delta l \cdot E_p}{\Delta\sigma_d}} \tag{12-21}$$

当 $x < l_f$ 时,根据等腰三角形 $\triangle cae$ 的几何关系,可得预应力钢筋离张拉端 x 处考虑反摩擦后的预应力损失 $\Delta\sigma_x(\sigma_{l2})$ 为

$$\Delta\sigma_x(\sigma_{l2}) = \Delta\sigma \frac{l_f - x}{l_f} \tag{12-22}$$

当 $x \geqslant l_f$ 时，表示预应力钢筋离张拉端 x 处不受锚具变形的影响，则取

$$\Delta\sigma_x(\sigma_{l2}) = 0 \tag{12-23}$$

(2) 当 $l_f > l$ 时，离张拉端 x 处考虑反摩擦后的预应力损失 $\Delta\sigma'_x(\sigma'_{l2})$ 的计算。

当 $l_f > l$ 时，预应力钢筋的全长均处于反摩擦影响长度范围以内。由于直线 ca' 与 db 的斜率相等，所以梯形 $ca'bd$ 为等腰梯形。根据等腰梯形 $ca'bd$ 的几何关系，可得张拉端预应力损失 $\Delta\sigma'$ 为

$$\Delta\sigma' = 2l\Delta\sigma_d + a'b \tag{12-24}$$

预应力钢筋的总回缩量等于反摩擦影响长度 l_f 范围内预应力钢筋各微分段回缩应变的累计，并应与锚具变形值 $\sum\Delta l$ 相协调，即

$$\sum\Delta l = \int_0^l \frac{\Delta\sigma'_x(\sigma_{l2})}{E_p}dx = \frac{1}{E_p}\int_0^l \Delta\sigma'_x(\sigma_{l2})dx \tag{12-25}$$

式中，$\int_0^l \Delta\sigma_x(\sigma_{l2})dx$ 即为等腰梯形 $ca'bd$ 的面积，所以

$$\sum\Delta l \cdot E_p = \frac{\Delta\sigma' + a'b}{2} \cdot l \tag{12-26}$$

联立式（12-24）和式（12-26），可得张拉端预应力损失 $\Delta\sigma'$ 为

$$\Delta\sigma' = \sum\frac{\Delta l}{l} \cdot E_p + l \cdot \Delta\sigma_d \tag{12-27}$$

根据等腰梯形 $ca'bd$ 的几何关系，可得预应力钢筋离张拉端 x' 处考虑反摩擦后的预应力损失 $\Delta\sigma'_x(\sigma_{l2})$ 为

$$\Delta\sigma'_x(\sigma_{l2}) = \Delta\sigma' - 2x'\Delta\sigma_d \tag{12-28}$$

两端张拉（分次张拉或同时张拉），且反摩擦损失影响长度有重叠时，在重叠范围内同一截面内扣除正摩擦和回缩摩擦损失后预应力钢筋应力可取：两端分别张拉、锚固，分别计算正摩擦和反摩擦损失，分别将张拉端锚下控制应力减去上述应力计算结果所得较大值。

3) 减小 σ_{l2} 的措施

(1) 采用超张拉。

(2) 注意选用 $\sum\Delta l$ 值小的锚具，对于短小构件尤为重要。

3. 预应力钢筋与台座间的温差引起的预应力损失 σ_{L3}

在先张法构件中，钢筋的张拉和临时锚固是在常温下进行的。当采用加热方法养护混凝土时，钢筋将因受热而伸长，而加力台座不受升温的影响，设置在两个加力台座上的临时锚固点间的距离保持不变，这样将使钢筋松动，等到降温时，钢筋与混凝土已经黏结为一体，无法恢复到原来的应力状态，于是产生了预应力损失 σ_{L3}。

假设张拉钢筋时自然温度为 t_1，混凝土加热养护时预应力钢筋的最高温度为 t_2，则温差 $\Delta t = t_2 - t_1$。钢筋因温度升高 Δt 而产生的变形总值为

$$\Delta L = \alpha\Delta t \cdot L = \alpha(t_2 - t_1)L \tag{12-29}$$

造成的预应力损失 σ_{L3} 为

$$\sigma_{L3} = \frac{\Delta L}{L}E_p = \alpha E_p(t_2 - t_1) \tag{12-30}$$

式中，α——预应力钢筋的线膨胀系数，取 $\alpha = 1.0\times 10^{-5}/\text{℃}$；

E_p——预应力钢筋的弹性模量。

为了减小温差损失，可采用两次升温分阶段养护的措施。第一次升温的温差控制在20℃以内，由于此时的钢筋与混凝土尚未黏结，所以这个温差将引起预应力损失。待混凝土结硬并具有一定的强度(7.5～10 MPa)后，再进行第二次升温。这时的钢筋已与混凝土黏结为一体，共同受热，共同变形，不会引起新的预应力损失。

4. 混凝土弹性压缩引起的预应力损失 σ_{L4}

当预应力混凝土构件受到预压应力而产生压缩变形时，对于已张拉并锚固于该构件上的预应力钢筋来说，将产生一个与该预应力钢筋重心水平处混凝土同样大小的压缩应变，从而将产生预应力损失 σ_{L4}，它与构件预加应力的方式有关。

1) 先张法构件的弹性压缩损失

在先张法中，构件受压时预应力钢筋已与混凝土黏结，两者共同变形，由混凝土弹性压缩引起的预应力损失 σ_{L4} 为

$$\sigma_{L4} = \varepsilon_c E_p = \frac{\sigma_{pc}}{E_c} E_p = \alpha_{EP} \sigma_{pc} \tag{12-31}$$

$$\sigma_{pc} = \frac{N_{p0}}{A_0} + \frac{N_{p0} e_{p0}^2}{I_0} \tag{12-32}$$

式中，α_{EP}——预应力钢筋弹性模量与混凝土弹性模量的比值；

σ_{pc}——在计算截面钢筋重心处由预加力产生的混凝土法向应力；

N_{p0}——全部钢筋的预加力(扣除相应的预应力损失)；

A_0、I_0——构件换算截面面积和惯性矩；

e_{p0}——预应力钢筋截面重心至换算截面重心的距离。

2) 后张法构件的弹性压缩损失

在后张法中，如果所有的预应力钢筋一次同时张拉，预加力是在混凝土弹性压缩完成之后量出的，故无须考虑此项损失。但是，事实上由于受张拉设备的限制，预应力钢筋往往需分批张拉。这样，先张拉的预应力钢筋就要受到后张拉者所引起的混凝土弹性压缩产生的预应力损失。第一批张拉的预应力钢筋此项应力损失最大，以后逐渐减小，最后一项无此项损失。

后张法预应力混凝土构件当采用分批张拉时，先张拉的预应力钢筋由张拉后批预应力钢筋所引起的混凝土弹性压缩的预应力损失 σ_{L4}，按式(12-33)计算，即

$$\sigma_{L4} = \alpha_{EP} \sum \Delta \sigma_{pc} \tag{12-33}$$

式中，$\Delta \sigma_{pc}$——在计算截面处先张拉的预应力钢筋重心处，由后张拉各批预应力钢筋产生的混凝土法向应力，MPa。

当同一截面的预应力钢筋逐束张拉时，由混凝土弹性压缩引起的预应力损失，可按下列简化公式计算为

$$\sigma_{L4} = \frac{m-1}{2} \alpha_{EP} \sum \Delta \sigma_{pc} \tag{12-34}$$

式中，m——预应力钢筋的束数；

$\Delta \sigma_{pc}$——在计算截面的全部钢筋重心处，由张拉一束预应力钢筋产生的混凝土法向应力，MPa，取各束的平均值。

5. 预应力钢筋松弛引起的预应力损失 σ_{L5}

如果钢筋在一定拉应力值下，保持其长度固定不变，则钢筋中的应力将随时间延长而降

低,一般称这种现象为钢筋的松弛或应力松弛。试验研究指出,钢筋的应力松弛与钢筋的品质、初拉应力、时间和温度等因素有关。《公路桥规》(JTG D62—2004)规定,预应力钢筋由应力松弛引起的预应力损失终值,按下列规定计算。

1) 预应力钢丝、钢绞线

$$\sigma_{L5} = \psi \cdot \zeta \left(0.52 \frac{\sigma_{pe}}{f_{pk}} - 0.26 \right) \sigma_{pe} \tag{12-35}$$

式中,ψ——张拉系数,一次张拉时 $\psi = 1.0$,超张拉时,$\psi = 0.9$;

ζ——预应力钢筋松弛系数,Ⅰ级松弛(普通松弛)$\zeta = 1.0$,Ⅱ级松弛(低松弛),$\zeta = 0.3$;

σ_{pe}——传力锚固时预应力钢筋应力,对后张法构件,$\sigma_{pe} = \sigma_{con} - \sigma_{L1} - \sigma_{L2} - \sigma_{L4}$,对先张法构件,$\sigma_{pe} = \sigma_{con} - \sigma_{L2}$。

2) 精轧螺纹钢筋

$$\sigma_{L5} = \begin{cases} 0.05\sigma_{con}, & \text{一次张拉} \\ 0.035\sigma_{con}, & \text{超张拉} \end{cases} \tag{12-36}$$

预应力钢丝、钢绞线当需分阶段计算钢筋松弛损失时,其中间值与终极值的比值应根据建立预应力的时间按表 12-3 确定。

表 12-3 钢筋松弛中间值与终极值的比值

时间/d	2	10	20	30	40
比值	0.50	0.61	0.74	0.87	1.00

6. 混凝土收缩和徐变引起的预应力损失 σ_{L6}

混凝土收缩与徐变会使预应力混凝土构件缩短,因而引起预应力损失。收缩与徐变的变形性能相似,影响因素也大都相同,故将混凝土收缩与徐变引起的预应力损失值综合在一起进行计算。

由混凝土收缩与徐变引起的预应力钢筋的预应力损失值,可按下列公式计算:

$$\sigma_{L6}(t) = \frac{0.9[E_p \varepsilon_{cs}(t,t_0) + \alpha_{EP}\sigma_{pc}\phi(t,t_0)]}{1 + 15\rho\rho_{ps}} \tag{12-37}$$

$$\sigma'_{L6}(t) = \frac{0.9[E_p \varepsilon_{cs}(t,t_0) + \alpha_{EP}\sigma'_{pc}\phi(t,t_0)]}{1 + 15\rho'\rho'_{ps}} \tag{12-38}$$

$$\rho = \frac{A_p + A_s}{A}, \rho' = \frac{A'_p + A'_s}{A} \tag{12-39}$$

$$\rho_{ps} = 1 + \frac{e_{ps}^2}{i^2}, \rho'_{ps} = 1 + \frac{e'^2_{ps}}{i^2} \tag{12-40}$$

$$e_{ps} = \frac{A_p e_p + A_s e_s}{A_p + A_s}, e'_{ps} = \frac{A'_p e'_p + A'_s e'_s}{A'_p + A'_s} \tag{12-41}$$

式中,σ_{L6}、σ'_{L6}——构件受拉区、受压区全部纵向钢筋截面重心处由混凝土收缩和徐变引起的预应力损失;

σ_{pc}、σ'_{pc}——构件受拉区、受压区全部纵向钢筋截面重心处由预应力(仅扣除预应力钢筋锚固时(第一批)的损失,普通钢筋应力 σ_{L6}、σ'_{L6}应取为零)和结构自重产生的混凝土法向压应力,MPa;σ_{pc}、σ'_{pc}不得大于传力锚固时混凝土立方体抗压强度 f'_{cu} 的 0.5 倍;当 σ'_{pc} 为拉应力时,应取为零;对于简支梁,一般可取跨中截面和 $l/4$ 截面的平均值作为全梁各截面的计算值;

E_p——预应力钢筋的弹性模量;

α_{EP}——预应力钢筋弹性模量与混凝土弹性模量的比值;

$\rho \cdot \rho'$——构件受拉区、受压区全部纵向钢筋配筋率;

A——构件截面面积,对先张法构件,$A = A_0$;对后张法构件,$A = A_n$,此处,A_0 为换算截面面积,A_n 为净截面面积;

i——截面回转半径,$i^2 = I/A$,先张法构件取 $I = I_0$,$A = A_0$;后张法构件取 $I = I_n$,$A = A_n$,此处,I_0 为换算截面惯性矩,I_n 为净截面惯性矩;

$e_p \cdot e_p'$——构件受拉区、受压区预应力钢筋截面重心至构件截面重心的距离;

$e_s \cdot e_s'$——构件受拉区、受压区纵向普通钢筋截面重心至构件截面重心的距离;

$e_{ps} \cdot e_{ps}'$——构件受拉区、受压区预应力钢筋和普通钢筋截面重心至构件截面重心的距离;

$\varepsilon_{cs}(t, t_0)$——预应力钢筋传力锚固龄期为 t_0,计算考虑的龄期为 t 时的混凝土收缩应变,其终极值 $\varepsilon_{cs}(t_u, t_0)$ 可按表 12-4 取用;

$\phi(t, t_0)$——加载龄期为 t_0,计算考虑的龄期为 t 时的徐变系数,其终极值 $\phi(t_u, t_0)$ 可按表 12-4 取用。

表 12-4 混凝土收缩应变和徐变系数终极值

传力锚固龄期/d	混凝土收缩应变终极值 $\varepsilon_{cs}(t_u, t_0) \times 10^3$							
	40% ≤ RH < 70%				70% ≤ RH < 99%			
	理论厚度 h/mm				理论厚度 h/mm			
	100	200	300	≥600	100	200	300	≥600
3～7	0.50	0.45	0.38	0.25	0.30	0.26	0.23	0.15
14	0.43	0.41	0.36	0.24	0.25	0.24	0.21	0.14
28	0.38	0.38	0.34	0.23	0.22	0.22	0.20	0.13
60	0.31	0.34	0.32	0.22	0.18	0.20	0.19	0.12
90	0.27	0.32	0.30	0.21	0.16	0.19	0.18	0.12

传力锚固龄期/d	混凝土徐变系数终极值 $\phi(t_u, t_0)$							
	40% ≤ RH < 70%				70% ≤ RH < 99%			
	理论厚度 h/mm				理论厚度 h/mm			
	100	200	300	≥600	100	200	300	≥600
3	3.78	3.36	3.14	2.79	2.73	2.52	2.39	2.20
7	3.23	2.88	2.68	2.39	2.32	2.15	2.05	1.88
14	2.83	2.51	2.35	2.09	2.04	1.89	1.79	1.65
28	2.48	2.20	2.06	1.83	1.79	1.65	1.58	1.44
60	2.14	1.91	1.78	1.58	1.55	1.43	1.36	1.25
90	1.99	1.76	1.65	1.46	1.44	1.32	1.26	1.15

注:(1) 表中 RH 代表桥梁所处环境的年平均相对湿度,%;
(2) 表中理论厚度 $h = 2A_c/u$,A_c 为构件截面面积,u 为构件与大气接触的周边长度,当构件为变截面时,A_c 和 u 可取其平均值;
(3) 本表适用于由硅酸盐水泥或快硬水泥配制而成的混凝土,对 C50 及以上混凝土,表列数值应乘以 $\sqrt{32.4/f_{ck}}$,式中 f_{ck} 为混凝土轴心抗压强度标准值,MPa;
(4) 本表适用于季节性变化的平均温度 -20℃～40℃;
(5) 构件的实际传力锚固龄期、加载龄期或理论厚度为表列数值中间值时,收缩应变和徐变系数可直线内插取值;
(6) 在分段施工或结构体系转换时,当需计算阶段应变和徐变系数时,可按《公路桥规》(JTG D62—2004)附录 F 提供的方法进行。

12.2.3 预应力钢筋的有效预应力计算

预应力钢筋的有效预应力 σ_{pe} 为预应力钢筋锚下控制应力 σ_{con} 扣除相应阶段的应力损失 σ_L 后实际存余的预拉应力值。但应力损失在各个阶段出现的项目是不同的,故应按受力阶段进行组合,然后才能确定不同受力阶段的有效预应力。

1. 预应力损失值组合

根据预应力损失出现的先后次序及完成终值所需的时间,分先张法和后张法两种情况进行组合,具体如表 12-5 所示。

表 12-5 各阶段预应力损失值的组合

预应力损失值的组合	先张法构件	后张法构件
传力锚固时的损失(第一批)σ_{LI}	$\sigma_{l2} + \sigma_{l3} + \sigma_{l4} + 0.5\sigma_{l5}$	$\sigma_{l1} + \sigma_{l2} + \sigma_{l4}$
传力锚固后的损失(第二批)σ_{LII}	$0.5\sigma_{l5} + \sigma_{l6}$	$\sigma_{l5} + \sigma_{l6}$

2. 预应力钢筋的有效预应力 σ_{pe}

在预加应力阶段,预应力钢筋中的有效预应力为

$$\sigma_{pe} = \sigma_{pI} = \sigma_{con} - \sigma_{LI} \tag{12-42}$$

在使用阶段,预应力钢筋中的有效预应力,即永存预应力为

$$\sigma_{pe} = \sigma_{pII} = \sigma_{con} - \sigma_{LI} - \sigma_{LII} \tag{12-43}$$

12.3 持久状况承载能力极限状态计算

预应力混凝土受弯构件持久状况的承载能力极限状态计算,包括正截面承载力计算和斜截面承载力计算两部分内容。正截面承载力计算即为正截面抗弯计算;斜截面承载力计算包括斜截面抗剪承载力计算和斜截面抗弯承载力计算两部分。

12.3.1 正截面承载力计算

预应力混凝土受弯构件的正截面承载力计算,取决于梁的破坏状态。试验研究表明,预应力混凝土梁的正截面破坏状态与钢筋混凝土梁一样,依据截面配筋率的大小划分为正常配筋的适筋梁塑性破坏、配筋过多的超筋梁脆性破坏和配筋过少的少筋梁脆性破坏 3 种情况。预应力混凝土梁的设计,也应控制在适筋梁的范围内。

1. 计算图式

上下缘均配置预应力钢筋和普通钢筋的预应力混凝土 T 形截面受弯构件正截面承载力的计算图式如图 12-6 所示。

预应力混凝土 T 形截面受弯构件正截面承载力计算图式与钢筋混凝土受弯构件正截面承载力计算图式加以比较可以看出,受压区混凝土及普通钢筋 A_s 和 A_s' 的应力状态和取值方法与钢筋混凝土构件相同。在承载能力极限状态下,配置在受拉区的预应力钢筋 A_p 的应力达到抗拉强度设计值 f_{pd};配置在受压区的预应力钢筋 A_p' 的应力,与预加力大小有关,取 $(f_{pd}' - \sigma_{p0}')$,其中 σ_{p0}' 为受压区预应力钢筋合力点处混凝土法向应力等于零时预应力钢筋的应力。

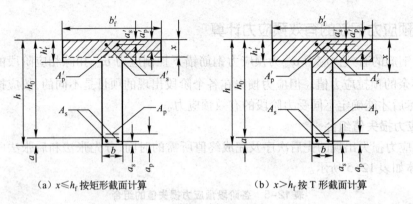

(a) $x \leq h'_f$ 按矩形截面计算　　(b) $x > h'_f$ 按T形截面计算

图 12-6　预应力混凝土 T 形截面受弯构件正截面承载力计算图式

受压区预应力钢筋 A'_p 的应力 $(f'_{pd} - \sigma'_{p0})$ 的含义可以这样来理解：预应力混凝土 T 形截面受弯构件截面受压边缘混凝土的应变达到抗压极限应变 $\varepsilon_{cu} = 0.0033$，混凝土压碎破坏，从而达到极限承载力。一般认为此时受压预应力钢筋截面重心处混凝土的压应变为 0.002。当受压预应力钢筋截面重心处混凝土的压应变由 0 增加到 0.002 时，相应地受压预应力钢筋应变同样压缩 0.002，致使钢筋中的应力降低 $0.002E_p$，大小正好为抗压强度 f'_{pd}。此时受压区钢筋中的应力为 $(f'_{pd} - \sigma'_{p0})$（假定压应力为正，拉应力为负）。

2. 基本公式及适用条件

1）T 形截面类型判断

截面设计时，

$$\gamma_0 M_d \leq f_{cd} b'_f h'_f (h_0 - h'_f/2) + f'_{sd} A'_s (h_0 - a'_s) + (f'_{pd} - \sigma'_{p0}) A'_p (h_0 - a'_p) \tag{12-44}$$

截面复核时，

$$f_{sd} A_s + f_{pd} A_p \leq f_{cd} b'_f h'_f + f'_{sd} A'_s + (f'_{pd} - \sigma'_{p0}) A'_p \tag{12-45}$$

当符合上述条件时为第一类 T 形截面（中性轴在翼缘内，即 $x \leq h'_f$），可按宽度为 b'_f 的矩形截面计算（图 12-6(a)）。

当不符合上述条件时，表明中性轴通过梁肋，为第二类 T 形截面（即 $x > h'_f$），计算时需考虑梁肋受压区混凝土的工作（图 12-6(b)）。

2）第一类 T 形截面（$x \leq h'_f$）的基本公式和适用条件

（1）基本公式。

由计算截面水平方向的平衡条件可得到

$$f_{sd} A_s + f_{pd} A_p = f_{cd} b'_f x + f'_{sd} A'_s + (f'_{pd} - \sigma'_{p0}) A'_p \tag{12-46}$$

由计算截面的力矩平衡条件可得到

$$\gamma_0 M_d \leq f_{cd} b'_f x (h_0 - x/2) + f'_{sd} A'_s (h_0 - a'_s) + (f'_{pd} - \sigma'_{p0}) A'_p (h_0 - a'_p) \tag{12-47}$$

或

$$\gamma_0 M_d \leq f_{sd} A_s (h - a_s - x/2) + f_{pd} A_p (h - a_p - x/2) + f'_{sd} A'_s (x/2 - a'_s) + (f'_{pd} - \sigma'_{p0}) A'_p (x/2 - a'_p)。 \tag{12-48}$$

（2）适用条件。

① 截面受压区高度应符合下列条件：

$$x \leq \xi_b h_0 \tag{12-49}$$

预应力混凝土相对界限受压区高度 ξ_b 的数值按表 12-6 采用。

表 12-6 预应力混凝土相对界限受压区高度 ξ_b

钢筋种类 \ 混凝土强度等级	C50 及以下	C55、C60	C65、C70	C75、C80
钢绞线、钢丝	0.40	0.38	0.36	0.35
精轧螺纹	0.40	0.38	0.36	—

② 当受压区配有纵向普通钢筋和预应力钢筋,且预应力钢筋受压即 $(f'_{pd}-\sigma'_{p0})$ 为正时,要求

$$x \geq 2a' \tag{12-50}$$

当受压区配有纵向普通钢筋或配普通钢筋和预应力钢筋,且预应力钢筋受拉即 $(f'_{pd}-\sigma'_{p0})$ 为负时,要求

$$x \geq 2a'_s \tag{12-51}$$

3) 第二类 T 形截面 $(x>h'_f)$ 的基本公式和适用条件

(1) 基本公式。

由计算截面水平方向的平衡条件可得到

$$f_{sd}A_s + f_{pd}A_p = f_{cd}bx + f_{cd}(b'_f-b)h'_f + f'_{sd}A'_s + (f'_{pd}-\sigma'_{p0})A'_p \tag{12-52}$$

由计算截面的力矩平衡条件可得到

$$\gamma_0 M_d \leq f_{cd}b'_f x(h_0-x/2) + f_{cd}(b'_f-b)h'_f(h_0-h'_f/2) + f'_{sd}A'_s(h_0-a'_s) + (f'_{pd}-\sigma'_{p0})A'_p(h_0-a'_p) \tag{12-53}$$

或

$$\gamma_0 M_d \leq f_{sd}A_s(h-a_s-x/2) + f_{pd}A_p(h-a_p-x/2) + f'_{sd}A'_s(x/2-a'_s) + (f'_{pd}-\sigma'_{p0})A'_p(x/2-a'_p) \tag{12-54}$$

(2) 适用条件。

同第一类 T 形截面的适用条件。

4) 当不符合适用条件式(12-50)或式(12-51)时,预应力混凝土 T 形截面正截面抗弯承载力的基本公式

(1) 当受压区配有纵向普通钢筋和预应力钢筋,且预应力钢筋受压时,为

$$\gamma_0 M_d \leq f_{sd}A_s(h-a_s-a') + f_{pd}A_p(h-a_p-a') \tag{12-55}$$

(2) 当受压区配有纵向普通钢筋或配有普通钢筋和预应力钢筋,且预应力钢筋受拉时,为

$$\gamma_0 M_d \leq f_{sd}A_s(h-a_s-a'_s) + f_{pd}A_p(h-a_p-a'_s) + (f'_{pd}-\sigma'_{p0})A'_p(a'_s-a'_p) \tag{12-56}$$

在式(12-44)~式(12-56)中,除一般常用符号外,需要进一步加以解释的有:

a——受拉区预应力钢筋和普通钢筋合力作用点至截面受拉边缘的距离,为

$$a = \frac{f_{pd}A_p a_p + f_{sd}A_s a_s}{f_{pd}A_p + f_{sd}A_s} \tag{12-57}$$

h_0——计算截面受压区有效高度,为 $h_0 = h-a$;

a'——受压区预应力钢筋和普通钢筋合力作用点至截面受压边缘的距离,为

$$a' = \frac{(f'_{pd}-\sigma'_{p0})A'_p a'_p + f'_{sd}A'_s a'_s}{(f'_{pd}-\sigma'_{p0})A'_p + f'_{sd}A'_s} \tag{12-58}$$

σ'_{p0}——受压区预应力钢筋合力点处混凝土法向应力为零时预应力钢筋的应力,对先张法构件,$\sigma'_{p0} = \sigma'_{con} - \sum \sigma'_L + \sigma'_{L4}$,对后张法构件,$\sigma'_{p0} = \sigma'_{con} - \sum \sigma'_L + \alpha'_{EP}\sigma'_{pc}$。

12.3.2 斜截面承载力计算

1. 斜截面抗剪承载力计算

对配置箍筋和弯起预应力钢筋的预应力混凝土受弯构件,斜截面抗剪承载力计算的基本表达式为

$$\gamma_0 V_d \leq V_{cs} + V_{pb} \tag{12-59}$$

式中,V_d——斜截面受压端正截面上由作用(或荷载)产生的最大剪力组合设计值,kN;

V_{cs}——斜截面内混凝土和箍筋共同的抗剪承载力设计值,kN;

V_{pb}——与斜截面相交的预应力弯起钢筋抗剪承载力设计值,kN。

1) 斜截面内混凝土和箍筋共同的抗剪承载力设计值(V_{cs})

国内外的研究表明,构件的预应力可以提高梁的抗剪能力,这主要是由于轴向压力能阻滞斜裂缝的出现和开展,增加了混凝土抗剪强度,从而提高了混凝土所承担的抗剪能力;预应力混凝土的斜裂缝长度比钢筋混凝土有所增长,也提高了斜裂缝内箍筋的抗剪能力。综合以上因素,《公路桥规》(JTG D62—2004)采用的斜截面内混凝土和箍筋共同的抗剪承载力 V_{cs} 的计算公式为

$$V_{cs} = \alpha_1 \alpha_2 \alpha_3 (0.45 \times 10^{-3}) bh_0 \sqrt{(2+0.6p)\sqrt{f_{cu,k}}\rho_{sv}f_{sv}} \text{ (kN)} \tag{12-60}$$

式中,α_2——预应力提高系数,对预应力混凝土受弯构件,$\alpha_2 = 1.25$,但当由钢筋合力引起的截面弯矩与外弯矩的方向相同时,或允许出现裂缝的预应力混凝土受弯构件,取 $\alpha_2 = 1.0$;

p——斜截面内纵向受拉钢筋的计算配筋百分率,$p = 100\rho$,$\rho = (A_p + A_{pb} + A_s)/bh_0$,当 $p > 2.5$ 时,取 $p = 2.5$;

其他符号的意义详见式(5-4)。

2) 预应力弯起钢筋的抗剪承载力计算按公式(12-61)进行

$$V_{pb} = 0.75 \times 10^{-3} f_{pd} \sum A_{pb} \sin\theta_p \text{ (kN)} \tag{12-61}$$

式中,θ_p——预应力弯起钢筋(在斜截面受压端正截面处)的切线与水平线的夹角;

A_{pb}——斜截面内在同一弯起平面的预应力弯起钢筋的截面面积,mm^2;

f_{pd}——预应力钢筋抗拉强度设计值。

预应力混凝土受弯构件抗剪承载力计算,所需满足的公式上、下限值与普通钢筋混凝土受弯构件相同,详见第5章。

2. 斜截面抗弯承载力计算

根据斜截面的受弯破坏状态,仍取斜截面以左部分为脱离体(图12-7),并以受压区混凝土合力作用点 O(转动铰)为中心取矩,由 $\sum M = 0$,得到受弯构件斜截面抗弯承载力计算公式为

$$\gamma_0 M_d \leq f_{sd}A_s Z_s + f_{pd}A_p Z_p + \sum f_{pd}A_{pb}Z_{pb} + \sum f_{sv}A_{sv}Z_{sv} \tag{12-62}$$

式中,M_d——斜截面受压端正截面的最大弯矩组合设计值;

Z_s、Z_p——纵向普通受拉钢筋合力点、纵向预应力受拉钢筋合力点至受压区中心点 O 的距离;

Z_{pb}——与斜截面相交的同一弯起平面内预应力弯起钢筋合力点至受压区中心点 O 的距离;

Z_{sv}——与斜截面相交的同一平面内箍筋合力点至斜截面受压端的水平距离。

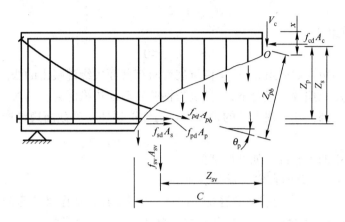

图 12-7 预应力混凝土受弯构件斜截面抗弯承载力计算图式

斜截面受压区高度由所有的力在水平投影上的平衡条件求得,即

$$f_{cd}A_c = f_{sd}A_s + f_{pd}A_p + \sum f_{pd}A_p\cos\theta_p \tag{12-63}$$

式中,A_c——受压区混凝土面积,矩形截面取 $A_c = bx$,T 形截面,取 $A_c = bx + (b'_f - b)h'_f$;

θ_p—— 与斜截面相交的预应力弯起钢筋与梁纵轴的夹角。

在确定最不利斜截面位置时,一般是对受拉区抗弯薄弱处,自上而下沿斜向计算几个不同角度的斜截面,按下列条件确定最不利的斜截面位置:

$$\gamma_0 V_d = \sum f_{pd}A_{pb}\sin\theta_p + \sum f_{sv}A_{sv} \tag{12-64}$$

式中,V_d——斜截面受压区顶端正截面处相应于最大弯矩组合设计值的最大剪力组合设计值,kN。

12.4 持久状况正常使用极限状态计算

公路桥涵的持久状况设计应按正常使用极限状态的要求,采用作用的短期效应组合、长期效应组合或短期效应组合并考虑长期效应组合的影响,对构件的抗裂性和变形进行验算,并使各项计算值不超过《公路桥规》(JTG D62—2004)规定的各项应力限值。在上述各种组合中,汽车荷载效应不计冲击系数。

12.4.1 抗裂性验算

1. 抗裂性验算的内容和控制条件

预应力混凝土构件抗裂性验算包括正截面抗裂性验算和斜截面抗裂性验算两部分。

1) 正截面抗裂性验算的内容和控制条件

正截面抗裂性是通过正截面混凝土的法向拉应力来控制的。《公路桥规》(JTG D62—2004)规定,正截面抗裂性应满足如下要求:

(1) 全预应力混凝土构件,在作用短期效应组合下:

预制构件
$$\sigma_{st} - 0.85\sigma_{pc} \leq 0 \tag{12-65}$$

分段现浇或砂浆接缝的纵向分块构件
$$\sigma_{st} - 0.80\sigma_{pc} \leq 0 \tag{12-66}$$

(2) A类部分预应力混凝土构件,在作用短期效应组合下

$$\sigma_{st} - \sigma_{pc} \leq 0.7 f_{tk} \tag{12-67}$$

但在作用长期效应组合下

$$\sigma_{lt} - \sigma_{pc} \leq 0 \tag{12-68}$$

式中,σ_{st}——在作用短期效应组合下,构件抗裂性验算截面边缘混凝土的法向拉应力;

σ_{lt}——在作用长期效应组合下,构件抗裂性验算截面边缘混凝土的法向拉应力;

σ_{pc}——扣除全部预应力损失后的预加力在构件抗裂性验算截面边缘产生的混凝土有效预压应力;

f_{tk}——混凝土的轴心抗拉强度标准值。

2) 斜截面抗裂性验算的内容和控制条件

预应力混凝土梁腹部出现的斜裂缝是不能自动闭合的,它不像梁的弯曲裂缝在使用阶段的大多数情况下可能是闭合的。因此,对梁的斜裂缝控制应更严格些。

预应力混凝土梁斜截面抗裂性验算是通过梁体混凝土主拉应力验算来控制。主拉应力验算在跨径方向应选择剪力与弯矩均较大的最不利区段截面进行,且应选择计算截面重心处和宽度剧烈变化处作为计算点进行验算。斜截面抗裂性验算只需验算在作用短期效应组合下的混凝土主拉应力。

(1) 全预应力混凝土构件,在作用短期效应组合下:

预制构件
$$\sigma_{tp} \leq 0.6 f_{tk} \tag{12-69}$$

现场现浇(包括预制拼装)构件
$$\sigma_{tp} \leq 0.4 f_{tk} \tag{12-70}$$

(2) A类部分预应力混凝土构件,在作用短期预应力组合下:

预制构件
$$\sigma_{tp} \leq 0.7 f_{tk} \tag{12-71}$$

现场现浇(包括预制拼装)构件
$$\sigma_{tp} \leq 0.5 f_{tk} \tag{12-72}$$

式中,σ_{tp}——由作用短期效应组合和预加力产生的混凝土主拉应力。

由上述验算内容和控制条件可以看出,计算验算截面拉应力是抗裂性验算的主要工作。

2. 正截面抗裂性验算的截面拉应力计算

1) 作用产生的抗裂性验算边缘混凝土法向拉应力计算

作用产生的截面边缘混凝土法向拉应力,按材料力学给出的受弯构件应力计算公式计算。对先张法构件采用换算截面几何特性;对后张法构件,承受一期恒载(即构件自重)作用时预应力管道尚未灌浆,应采用净截面几何特性,承受二期恒载(即桥面铺装、人行道及栏杆等)和汽车、人群等可变作用时,预应力管道已灌浆,应采用换算截面的几何特性。

(1) 在作用短期效应组合下,验算截面边缘混凝土的法向拉应力 σ_{st} 的计算:

先张法构件
$$\sigma_{st} = \frac{M_s}{W} = \frac{M_{G1} + M_{G2} + M_{Qs}}{W_0} \tag{12-73}$$

后张法构件
$$\sigma_{st} = \frac{M_s}{W} = \frac{M_{G1}}{W_n} + \frac{M_{G2} + M_{Qs}}{W_0} \tag{12-74}$$

式中,M_s——按作用短期效应组合计算的弯矩值;

M_{G1}、M_{G2}——一期恒载和二期恒载产生的弯矩标准值;

M_{Qs}——按作用短期效应组合计算的可变荷载弯矩值,对于简支梁有

$$M_{Qs} = \psi_{11}M_{Q1} + \psi_{12}M_{Q2} = 0.7M_{Q1} + 1.0M_{Q2} \tag{12-75}$$

ψ_{11}、ψ_{12}——短期效应组合计算中的汽车荷载效应和人群荷载效应的频遇值系数;

M_{Q1}、M_{Q2}——汽车荷载(不计冲击系数)和人群荷载产生的弯矩标准值;

W_0、W_n——构件换算截面和净截面对抗裂验算边缘的弹性抵抗矩。

(2) 在作用长期效应组合下,验算截面边缘混凝土的法向拉应力 σ_{lt} 的计算

先张法构件
$$\sigma_{lt} = \frac{M_l}{W} = \frac{M_{G1} + M_{G2} + M_{Ql}}{W_0} \tag{12-76}$$

后张法构件
$$\sigma_{lt} = \frac{M_l}{W} = \frac{M_{G1}}{W_n} + \frac{M_{G2} + M_{Ql}}{W_0} \tag{12-77}$$

式中,M_l——按作用长期效应组合计算的弯矩值;

M_{Ql}——按作用长效应组合计算的可变荷载弯矩值,对于简支梁有

$$M_{Ql} = \psi_{21}M_{Q1} + \psi_{22}M_{Q2} = 0.4M_{Q1} + 0.4M_{Q2} \tag{12-78}$$

ψ_{21}、ψ_{22}——长期效应组合计算中汽车荷载效应和人群荷载效应的准永久值系数。

2) 预加力在构件抗裂性验算截面边缘产生的混凝土有效预压应力 σ_{pc} 的计算

预加力产生的截面边缘混凝土有效预压力,按材料力学给出的偏心受压构件应力计算公式计算。预加力应扣除全部预应力损失,对先张法构件采用换算截面几何特性,对后张法构件采用净截面几何特性。计算预加力引起的应力时,由轴力产生的应力按受压翼缘全宽计算;由弯矩产生的应力按翼缘的有效宽度计算,对于翼缘带有现浇段的情况,其截面几何特征值按预制部分翼缘宽度计算。

先张法构件
$$\sigma_{pc} = \frac{N_{p0}}{A_0} + \frac{N_{p0}e_{p0}}{W_0} \tag{12-79}$$

后张法构件
$$\sigma_{pc} = \frac{N_p}{A_n} + \frac{N_p e_{pn}}{W_n} \tag{12-80}$$

式中,A_n——净截面面积,即为扣除管道等削弱部分后的混凝土全部截面面积与纵向普通钢筋截面面积换算成混凝土的截面面积之和;

A_0——换算截面面积,包括净截面面积 A_n 和全部纵向预应力钢筋截面面积换算成混凝土的截面面积;

N_{p0}、N_p——先张法构件和后张法构件的预应力钢筋和普通钢筋的合力,根据图 12-8 计算如下,

$$N_{p0} = \sigma_{p0}A_p - \sigma_{l6}A_s \tag{12-81}$$

$$N_p = \sigma_{pe}A_p - \sigma_{l6}A_s \tag{12-82}$$

e_{p0}、e_{pn}——换算截面重心和净截面重心至预应力钢筋和普通钢筋合力点的距离,根据图 12-8 计算如下,

$$e_{p0} = \frac{\sigma_{p0}A_p y_{p0} - \sigma_{l6}A_s y_{s0}}{N_{p0}} \tag{12-83}$$

$$e_{pn} = \frac{\sigma_{pe}A_p y_{pn} - \sigma_{l6}A_s y_{sn}}{N_p} \tag{12-84}$$

A_p、A_s——预应力钢筋和普通钢筋的截面面积;

y_{p0}、y_{s0}——预应力钢筋合力点和普通钢筋合力点至换算截面重心轴的距离；

y_{pn}、y_{sn}——预应力钢筋合力点和普通钢筋合力点至净截面重心轴的距离；

σ_{p0}——预应力钢筋合力点处混凝土法向应力等于零时的预应力钢筋拉应力，为

$$\sigma_{p0} = \sigma_{con} - \sum \sigma_L + \sigma_{L4} \tag{12-85}$$

σ_{pe}——预应力钢筋的有效预应力，$\sigma_{pe} = \sigma_{con} - \sum \sigma_L$。

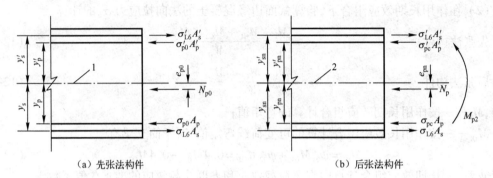

图 12-8　预应力钢筋和普通钢筋合力及偏心距
1—换算截面重心轴；2—净截面重心轴

注：当混凝土产生收缩、徐变预应力损失 σ_{L6} 时，由于普通钢筋与混凝土已粘结，所以普通钢筋将受到大小为 $\sigma_{L6}A_s$ 的压力。根据作用力反作用力原理，在普通钢筋截面重心处的混凝土同时受到 $\sigma_{L6}A_s$ 的拉力，如图 12-8 所示。

3. 斜截面抗裂性验算的截面混凝土主拉应力计算

在作用短期效应组合和预加力作用下，构件处于全截面参加工作的弹性工作状态，斜截面混凝土的主拉应力 σ_{tp} 按材料力学公式计算，计算式为

$$\sigma_{tp} = \frac{\sigma_{cx} + \sigma_{cy}}{2} - \sqrt{\left(\frac{\sigma_{cx} - \sigma_{cy}}{2}\right)^2 + \tau^2} \tag{12-86}$$

1) 混凝土法向压应力 σ_{cx} 的计算

在预加力（扣除全部预应力损失后）和短期效应组合作用下，计算主拉应力点的混凝土法向压应力 σ_{cx} 为

先张法构件　　$\sigma_{cx} = \sigma_{pc} \pm \dfrac{M_s}{I_0} y_0 = \dfrac{N_{p0}}{A_0} \mp \dfrac{N_{p0} e_{p0}}{I_0} y_0 \pm \dfrac{M_{G1} + M_{G2} + M_{Qs}}{I_0} y_0$　　(12-87)

后张法构件　　$\sigma_{cx} = \sigma_{pc} \pm \dfrac{M_s}{I} y = \dfrac{N_p}{A_n} \mp \dfrac{N_p e_{pn}}{I_n} y_n \pm \dfrac{M_{G1}}{I_n} y_n \pm \dfrac{M_{G2} + M_{Qs}}{I_0} y_0$　　(12-88)

式中，y_0、y_n——计算主拉应力点至按翼缘有效宽度计算的换算截面重心轴和净截面重心轴的距离；

I_0、I_n——按翼缘有效宽度计算的换算截面和净截面的惯性矩；

其他符号按式(12-81)到式(12-84)间的相关公式计算。

2) 混凝土竖向压应力 σ_{cy} 的计算

由竖向预应力钢筋的预加力产生的混凝土竖向压应力，按式(12-89)计算

$$\sigma_{cy} = \frac{n \sigma_{pe,v} A_{p,v}}{b S_{p,v}} \tag{12-89}$$

式中，n——同一截面上竖向预应力钢筋的肢数；

$\sigma_{pe,v}$——竖向预应力钢筋的有效预应力,$\sigma_{pe,v} = \sigma_{con,v} - \sum \sigma_{L,v}$;

$A_{p,v}$——单肢竖向预应力钢筋的截面面积;

b——梁的腹板宽度;

$S_{p,v}$——竖向预应力钢筋的纵向间距。

3) 混凝土剪应力 τ 的计算

(1) 预剪力 V_p 的计算。

对于后张法构件,预应力钢筋一般采用曲线配筋,预应力钢筋的预加力 N_p 可提供部分预剪力 V_p。斜截面抗裂性验算截面的预剪力 V_p 计算式为

$$V_p = \sum \sigma''_{pe} A_{pb} \sin\theta_p \tag{12-90}$$

式中,σ''_{pe}——计算截面处预应力弯起钢筋的永存预应力;

A_{pb}——计算截面处同一弯起平面内预应力弯起钢筋的截面面积;

θ_p——计算截面处预应力弯起钢筋的切线与构件轴线的夹角。

对于先张法构件,预应力钢筋一般采用直线配筋,没有预剪力的作用,$V_p = 0$。

(2) 作用短期效应组合剪力 V_s 的计算

$$V_s = V_{G1} + V_{G2} + V_{Qs} \tag{12-91}$$

式中,V_s——按作用短期效应组合计算的剪力值;

V_{G1}、V_{G2}——一期恒载和二期恒载产生的剪力标准值;

V_{Qs}——按作用短期效应组合计算的可变荷载剪力值,对于简支梁有

$$V_{Qs} = \psi_{11} V_{Q1} + \psi_{12} V_{Q2} = 0.7 V_{Q1} + 1.0 V_{Q2} \tag{12-92}$$

ψ_{11}、ψ_{12}——短期效应组合计算中的汽车荷载效应和人群荷载效应的频遇值系数;

V_{Q1}、V_{Q2}——汽车荷载(不计冲击系数)和人群荷载产生的剪力标准值。

(3) 混凝土剪应力 τ 的计算

由预剪力 V_p 和作用短期效应组合剪力 V_s 产生的混凝土剪应力 τ,计算方法如下

先张法构件 $$\tau = \frac{V_s S}{bI} = \frac{(V_{G1} + V_{G2} + V_{Qs}) S_0}{bI_0} \tag{12-93}$$

后张法构件 $$\tau = \frac{V_s S}{bI} - \frac{V_p S}{bI} = \frac{V_{G1} S_n}{bI_n} + \frac{(V_{G2} + V_{Qs}) S_0}{bI_0} - \frac{\sum \sigma''_{pe} A_{pb} \sin\theta_p}{bI_n} \cdot S_n \tag{12-94}$$

式中,S_0、S_n——计算主应力点水平纤维以上(或以下)部分换算截面面积对其截面重心轴和净截面面积对其重心轴的面积矩;

σ''_{pe}——纵向预应力弯起钢筋扣除全部预应力损失后的有效预应力。

需要注意的是,σ_{cx} 和 τ 应是同一计算截面、同一水平纤维处,由同一荷载产生的法向应力和剪应力。一般是按最大剪力短期效应组合和与其对应的弯矩短期效应组合计算,且不可不加分析地随意组合。

12.4.2 变形验算

由于预应力混凝土受弯构件采用了高强度材料,所以其截面尺寸较普通钢筋混凝土受弯构件小,跨径较钢筋混凝土受弯构件大。因此,设计中应注意预应力混凝土受弯构件的变形验算,以避免因变形过大而影响使用功能。

预应力混凝土受弯构件的挠度由偏心预加力引起的反拱度(又称上拱度)和使用荷载产

生的挠度两部分组成。对于跨径不大的预应力混凝土简支梁,其总挠度一般是比较小的。

1. 变形验算内容及控制条件

1) 挠度控制

《公路桥规》(JTG D62—2004)规定,预应力混凝土受弯构件在使用阶段,按短期效应组合并考虑长期效应组合影响计算的长期挠度值,在消除结构自重产生的长期挠度后(即按可变作用短期效应组合并考虑长期效应影响的计算的长期挠度),梁式桥主梁的最大挠度处不应超过计算跨径的 1/600;梁式桥主梁的悬臂端不应超过悬臂长度的 1/300。

2) 预拱度设置控制

由于存在反拱度 δ_{pe},预应力混凝土受弯构件一般可不设置预拱度。但当受弯构件的跨径较大,或对于下缘混凝土预压应力不是很大的构件(如部分预应力混凝土构件),有时会因恒载的长期作用产生过大挠度。故《公路桥规》(JTG D62—2004)规定:预应力混凝土受弯构件当由预加力产生的长期反拱值大于按作用短期效应组合并考虑长期效应组合影响计算的长期挠度时可不设预拱度;当由预加力产生的长期反拱值小于按作用短期效应组合并考虑长期效应组合影响计算的长期挠度时应设预拱度,预拱度值 Δ 按作用短期效应组合并考虑长期效应组合影响计算的长期挠度值与预加力的长期反拱值之差采用,即

$$\Delta = \omega_s - \delta_{pe} \tag{12-95}$$

对自重相对于活荷载较小的预应力混凝土受弯构件,应考虑预加力作用使受弯构件的上拱值过大可能造成的不利影响,必要时可在施工中采取设置倒拱的方法来避免桥面隆起甚至开裂破坏。设置预拱度时,应按最大预拱度值沿顺桥向做成平顺的曲线。

2. 挠度计算

1) 预加力引起的反拱度 δ_{pe}

预应力混凝土受弯构件的反拱度是由预加力引起的,与外荷载引起的挠度方向相反。《公路桥规》(JTG D62—2004)规定,预应力混凝土受弯构件由预加力引起的反拱值 δ_{pe},可用结构力学方法按刚度 $E_c I_0$ 进行计算,并乘以挠度长期增长系数 $\eta_{\theta,pe}$。计算使用阶段预加力反拱度值时,预应力钢筋的预加力应扣除全部预应力损失(即为永存预加力),长期增长系数 $\eta_{\theta,pe}$ 取用 2.0。预应力混凝土简支梁跨中的反拱度可按下式计算

$$\delta_{pe} = \eta_{\theta,pe} \int_0^l \frac{M_{pe} \cdot \overline{M}_x}{E_c I_0} dx \tag{12-96}$$

式中,M_{pe}——由永存预加力在任意截面 x 处所引起的弯矩值;

$\overline{M}_x$——跨中作用单位力时在任意截面 x 处所产生的弯矩值。

2) 使用荷载引起的挠度

(1) 使用荷载引起的挠度计算时的抗弯刚度。

《公路桥规》(JTG D62—2004)规定,计算全预应力混凝土和 A 类部分预应力混凝土受弯构件使用荷载引起的挠度时,构件的抗弯刚度为

$$B_0 = 0.95 E_c I_0 \tag{12-97}$$

(2) 使用荷载引起的短期挠度 ω_s:

$$\omega_s = \omega_{G1} + \omega_{G2} + \omega_{Qs} \tag{12-98}$$

式中,ω_{G1}、ω_{G2}——梁一期恒载 G_1 和二期恒载 G_2 作用产生的挠度;计算时可不考虑后张法管

道削弱对 ω_{G_1} 的影响,近似采用 I_0;

ω_{Qs}——按作用短期效应组合计算的可变作用弯矩值所产生的挠度值。

(3) 使用荷载引起的长期挠度 ω_l

预应力混凝土受弯构件随时间的增长,由于受压区混凝土徐变、钢筋平均应变增大、受压区与受拉区混凝土收缩不一致导致构件曲率增大及混凝土弹性模量降低等原因,使得构件挠度增加。因此,计算受弯构件挠度时必须考虑荷载长期作用的影响。《公路桥规》(JTG D62—2004)通过挠度长期增长系数 η_θ 来实现,即对作用短期效应组合计算的短期挠度值 ω_s 乘以长期增长系数 η_θ 得到考虑长期效应的挠度值 ω_l(简称为长期挠度),具体计算式为

$$\omega_l = \eta_\theta \omega_s = \eta_\theta (\omega_{G1} + \omega_{G2} + \omega_{Qs}) \tag{12-99}$$

挠度长期增长系数 η_θ 取值为:当采用 C40 以下混凝土时,$\eta_\theta = 1.60$;当采用 C40～C80 混凝土时,$\eta_\theta = 1.45 \sim 1.35$,中间强度等级可按直线内插取用。

12.5 持久状况和短暂状况构件的应力计算

12.5.1 持久状况构件的应力计算

预应力混凝土构件由于施加预应力以后的截面应力状态较为复杂,因此在持久状况除了进行承载能力极限状态和正常使用极限状态设计外,还要计算弹性阶段的构件应力。这些应力包括正截面混凝土的法向压应力、受拉钢筋的拉应力和斜截面混凝土主压应力,并要求不得超过《公路桥规》(JTG D62—2004)规定的相应限值。构件应力计算的实质是构件的强度计算,是对构件承载力计算的补充。持久状况构件的应力计算时,作用(或荷载)取其标准值,汽车荷载应计入冲击系数,所有荷载分项系数均取为 1.0。对预应力混凝土简支结构,只计算预加应力引起的主效应,而对预应力混凝土连续梁等超静定结构,除此以外尚应计算预加应力、温度作用等其他可变作用引起的次效应。

1. 应力验算的内容和控制条件

1) 正截面应力验算内容和控制条件

(1) 混凝土受压边缘的法向压应力验算:

$$\sigma_{cu} \leqslant 0.5 f_{ck} \tag{12-100}$$

(2) 受拉区预应力钢筋拉应力验算:

$$\sigma_{pmax} \leqslant \begin{cases} 0.8 f_{pk}, \text{钢丝、钢绞线} \\ 0.65 f_{pk}, \text{精轧螺纹钢筋} \end{cases} \tag{12-101}$$

2) 斜截面混凝土主压应力验算内容和控制条件:

$$\sigma_{cp} \leqslant 0.6 f_{ck} \tag{12-102}$$

此外,《公路桥规》(JTG D62—2004)根据使用阶段在预加力和荷载效应标准值作用下产生的主拉应力数值设置箍筋的规定,作为构件斜截面抗剪承载力的补充。根据计算所得的混凝土主拉应力,按下列规定设置箍筋。

在 $\sigma_{tp} \leqslant 0.5 f_{tk}$ 的区段,箍筋可按构造要求设置。

在 $\sigma_{tp} > 0.5 f_{tk}$ 的区段,箍筋的间距可按下列式计算:

$$s_v = \frac{f_{sk}A_{sv}}{\sigma_{tp} \cdot b} \qquad (12-103)$$

式中，f_{sk}——箍筋抗拉强度标准值；

A_{sv}——同一截面内箍筋的总截面面积；

b——矩形截面宽度，T 形或工形截面的腹板宽度。

按上述规定计算的箍筋用量少于按斜截面抗剪承载力计算的箍筋用量时，构件箍筋采用后者。

2. 正截面应力计算

1）混凝土受压边缘的法向压应力计算

先张法构件

$$\sigma_{cu} = \sigma_{pt} + \sigma_{kc} = \left(\frac{N_{p0}}{A_0} - \frac{N_{p0} \cdot e_{p0}}{W_{0u}}\right) + \frac{M_{G1} + M_{G2} + M_{Qk}}{W_{0u}} \qquad (12-104)$$

后张法构件

$$\sigma_{cu} = \sigma_{pt} + \sigma_{kc} = \left(\frac{N_p}{A_n} - \frac{N_p \cdot e_{pn}}{W_{nu}}\right) + \frac{M_{G1}}{W_{nu}} + \frac{M_{G2} + M_{Qk}}{W_{0u}} \qquad (12-105)$$

式中，A_0、A_n——构件换算截面和净截面的面积；

W_0、W_n——构件换算截面和净截面对验算截面受压边缘的弹性抵抗矩；

M_{G1}、M_{G2}——一期恒载和二期恒载产生的弯矩标准值；

M_{Qk}——可变作用弯矩值的标准组合值，对于简支梁有

$$M_{Qk} = M_{Q1} + M_{Q2} \qquad (12-106)$$

M_{Q1}、M_{Q2}——汽车荷载（计冲击系数）和人群荷载产生的弯矩标准值；

N_{p0}、e_{p0}、N_p 与 e_{pn} 按式(12-81)～式(12-84)计算。

2）受拉区预应力钢筋拉应力计算

先张法构件

$$\sigma_{pmax} = \sigma_{pe} + \alpha_{EP}\sigma_{kt} = \sigma_{pe} + \alpha_{EP} \cdot \left(\frac{M_{G1} + M_{G2} + M_{Qk}}{I_0}\right) \cdot y_{p0} \qquad (12-107)$$

后张法构件

$$\sigma_{pmax} = \sigma_{pe} + \alpha_{EP}\sigma_{kt} = \sigma_{pe} + \alpha_{EP} \cdot \left(\frac{M_{G2} + M_{Qk}}{I_0}\right) \cdot y_{p0} \qquad (12-108)$$

式中，y_{p0}——最外层预应力钢筋重心至换算截面中性轴的距离。

3. 斜截面混凝土主应力计算

预应力混凝土受弯构件在斜截面开裂前，基本上处于弹性工作状态，所以主应力可按材料力学方法计算。预应力混凝土受弯构件由作用（或荷载）标准值和预加力作用产生的混凝土主压应力和主拉应力计算公式为

$$\genfrac{}{}{0pt}{}{\sigma_{tp}}{\sigma_{cp}} = \frac{\sigma_{cx} + \sigma_{cy}}{2} \mp \sqrt{\left(\frac{\sigma_{cx} - \sigma_{cy}}{2}\right)^2 + \tau^2} \qquad (12-109)$$

式中，σ_{cx}、σ_{cy} 和 τ 按式(12-87)～式(12-94)计算，式中的 M_{Qs} 和 V_{Qs} 应分别以 M_{Qk} 和 V_{Qk} 替换。

12.5.2 短暂状况构件的应力计算

预应力混凝土结构短暂状况设计时，应计算在制造、运输及安装等阶段，由预加力（扣除

第12章 预应力混凝土受弯构件设计计算

相应的预应力损失)、构件自重及其他施工荷载引起的正截面法向应力,并不得超过《公路桥规》(JIG D62—2004)规定的限值。

构件自重和施工荷载采用标准值,当有组合时不考虑荷载组合系数。当采用吊机(车)行驶于桥梁进行构件安装时,应对已安装就位的构件进行验算,吊机(车)作用应乘以1.15的荷载系数,但当吊机(车)产生的效应设计值小于按持久状况承载能力极限状态计算的荷载效应组合设计值时,可不必验算。

构件短暂状况的应力计算,实属构件弹性阶段的强度计算。除非有特殊要求,短暂状况一般不进行正常使用极限状态计算,可以通过施工措施或构造布置来弥补,防止构件过大变形或出现不必要的裂缝。

1. 预加应力阶段的法向应力计算

预加应力阶段验算截面上、下缘混凝土的法向应力为

对先张法构件

预拉区
预压区
$$\left.\begin{array}{c}\sigma_{ct}^t \\ \sigma_{cc}^t\end{array}\right\} = \frac{N_{p0,1}}{A_0} \mp \frac{N_{p0,1} \cdot e_{p0,1}}{I_0} y_0 \pm \frac{M_{G1}}{I_0} \tag{12-110}$$

对后张法构件

预拉区
预压区
$$\left.\begin{array}{c}\sigma_{ct}^t \\ \sigma_{cc}^t\end{array}\right\} = \frac{N_{P1}}{A_n} \mp \frac{N_{P1} \cdot e_{pn,1}}{I_n} y_n \pm \frac{M_{G1}}{I_n} \tag{12-111}$$

式中,$N_{p0,1}$、N_{p1}——先张法构件和后张法构件扣除第一批预应力损失后预应力钢筋和普通钢筋的合力,按式(12-81)和式(12-82)计算,但仅考虑第一批预应力损失;

$e_{p0,1}$、$e_{pn,1}$——预加应力阶段构件换算截面重心、净截面重心至预应力钢筋和普通钢筋合力点的距离,按式(12-83)和式(12-84)计算,但仅考虑第一批预应力损失;

M_{G1}——构件自重引起的弯矩标准值;

y_0、y_n——所求应力之点至换算截面重心轴和净截面重心轴的距离;

A_0、A_n——构件换算截面和净截面的面积;

I_0、I_n——构件换算截面和净截面的惯性矩。

2. 运输及安装阶段的法向应力计算

此阶段构件的应力计算方法与预加应力阶段相同,需注意的是:预加力N_p已变小;计算一期恒载作用时产生的弯矩应考虑计算图式的变化,并应考虑动力系数。

3. 施工阶段混凝土的限值应力

1) 混凝土法向压应力 σ_{cc}^t

《公路桥规》(JIG D62—2004)规定,在预加力和构件自重等施工荷载作用下,预应力混凝土受弯构件截面边缘混凝土的法向压应力应满足

$$\sigma_{cc}^t \leq 0.70 f_{ck}' \tag{12-112}$$

式中,f_{ck}'——制作、运输和安装各施工阶段的混凝土轴心抗压强度标准值,可按强度标准值表直线内插得到。

2) 混凝土法向拉应力 σ_{ct}^t

《公路桥规》(JIG D62—2004)根据预拉区边缘混凝土的拉应力大小,通过规定的预拉区配筋率来防止出现裂缝,具体规定为

当 $\sigma_{ct}^t \leq 0.70 f_{tk}'$ 时,预拉区应配置配筋率不小于0.2%的纵向非预应力钢筋;

当 $\sigma_{ct}^t = 1.15 f_{tk}'$ 时,预拉区应配置配筋率不小于 0.4% 的纵向非预应力钢筋;

当 $0.70 f_{tk}' < \sigma_{ct}^t < 1.15 f_{tk}'$ 时,预拉区应配置的纵向非预应力钢筋配筋率按以上两者直线内插;

σ_{ct}' 不应超过 $1.15 f_{tk}'$。

对于预拉区没有配置预应力钢筋的构件,预拉区的非预应力钢筋的配筋率为 A_s'/A,A 为构件全截面面积。f_{tk}' 为制作、运输和安装各施工阶段的混凝土轴心抗拉强度标准值,可按强度标准值表直线内插得到。

预拉区的非预应力钢筋宜采用带肋钢筋,其直径不宜大于 14 mm,沿预拉区的外边缘均匀布置。

12.6 锚下局部承压承载力计算

12.6.1 先张法构件预应力钢筋的传递长度与锚固长度

先张法构件预应力钢筋的两端,一般不设置永久性锚具,而是通过预应力钢筋与混凝土之间的黏结力作用来达到锚固的要求。在预应力钢筋放张时,端部预应力钢筋将向构件内部产生内缩与滑移,但预应力钢筋与混凝土间的黏结力将阻止预应力钢筋内缩。当自端部起至某一截面长度范围内黏结力之和等于预应力钢筋中的有效预拉力 $N_{pe} = \sigma_{pe} A_p$ 时,预应力钢筋内缩在此截面将被完全阻止,且在以后的各截面将保持有效预应力 σ_{pe}。把预应力钢筋从应力为零的端面到应力增加至 σ_{pe} 的截面的这一长度 l_{tr}(图 12-9)称为预应力钢筋的传递长度。同理,当构件达到承载能力极限状态时,从预应力钢筋应力为零的端面至应力为 f_{pd} 的截面,预应力钢筋将继续内缩(因 $f_{pd} > \sigma_{pe}$),直到内缩长度达到 l_a 时才会完全停止。于是把预应力钢筋从应力为零的端面至钢筋应力为 f_{pd} 的截面的这一长度 l_a 称之为锚固长度,这一长度可保证预应力钢筋在应力达到时 f_{pd} 不致被拔出。

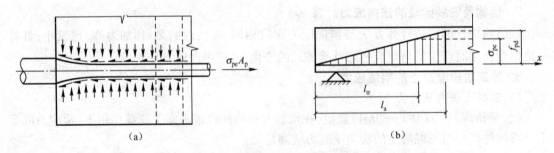

图 12-9 先张法预应力钢筋的锚固

先张法构件端部整个传递长度及锚固长度范围内受力情况比较复杂。为了设计计算方便,《公路桥规》(JTG D62—2004)规定对预应力钢筋的传递长度和锚固长度范围内的预应力钢筋的应力,假定按直线变化计算(图 12-9(b))。

此外还应注意的是,传递长度或锚固长度的起点,与放张的方法有关。当采用骤然放张(如剪断)时,由于钢筋回缩的冲击将使构件端部混凝土的黏结力破坏,故其起点应自离构件

端面 $0.25l_{tr}$ 处开始计算。

先张法构件的端部锚固区需采取局部加强措施。对预应力钢筋端部周围混凝土通常采取的加强措施是:单根预应力钢筋时,其端部宜设置长度不小于 150 mm 的螺旋筋;当为多根预应力钢筋时,其端部在 10 倍预应力筋直径范围内,设置 3～5 片钢筋网。

12.6.2 后张法构件锚下局部承压计算

局部承压是指构件表面仅有部分面积承受压力的受力状态。后张法构件,在端部或其他布置锚具的地方,巨大的预加压力 N_p 将通过锚具及其下面不大的垫板传递给混凝土。因此,锚下的混凝土将承受着很大的局部应力,它可能使构件出现纵向裂缝,甚至破坏。

为了提高局部承压的抗裂性和承载能力,通常在局部承压区范围内配置方格网或螺旋钢筋等间接钢筋,如图 12-10 所示。方格网钢筋不应少于 4 层,且在两个方向的钢筋截面面积相差不应大于 50%。螺旋形钢筋不应少于 4 圈,带喇叭管的锚具垫板板下螺旋钢筋圈数的长度不应小于喇叭管长度。

锚下局部承压计算包括抗裂性计算和承载力计算。

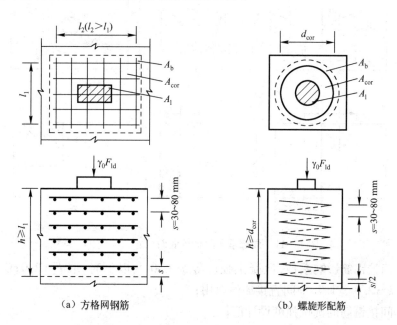

(a) 方格网钢筋　　　　(b) 螺旋形配筋

图 12-10 局部承压配筋图

1. 局部承压区的承载力计算

配置间接钢筋的局部受压构件,其局部承压承载力应按式(12-113)计算为

$$\gamma_0 F_{ld} \leq F_u = 0.9(\eta_s \beta f_{cd} + k\rho_v \beta_{cor} f_{sd}) A_{ln} \tag{12-113}$$

$$\beta = \sqrt{\frac{A_b}{A_1}}, \beta_{cor} = \sqrt{\frac{A_{cor}}{A_1}}$$

$$方格网 \rho_v = \frac{n_1 A_{s1} l_1 + n_2 A_{s2} l_2}{A_{cor} s}, 螺旋筋 \rho_v = \frac{4 A_{ss1}}{d_{cor} s}$$

式中,F_{ld}——局部受压面积上的局部压力设计值,对后张法预应力混凝土构件的锚头局部受压区,可取 1.2 倍张拉时的最大压力;

η_s——混凝土局部承压修正系数,混凝土强度等级为 C50 及以下,取 $\eta_s = 1.0$;混凝土强度等级为 C50~C80,取 $\eta_s = 1.0 \sim 0.76$,中间按直线插入取值;

β——混凝土局部承压强度提高系数;

A_b——局部受压时的计算底面积,可按图 12-11 确定;

A_{ln}、A_l——混凝土局部受压面积,当局部受压面有孔洞时,A_{ln} 为扣除孔洞后的面积,A_l 为不扣除孔洞的面积;当受压面设有钢垫板时,局部受压面积应计入在垫板中按 45°刚性角扩大的面积;对于具有喇叭管并与垫板连成整体的锚具,A_{ln} 可取垫板面积扣除喇叭管尾端内孔面积;

f_{cd}——混凝土轴心抗压强度设计值,对后张法预应力混凝土构件,应根据张拉时混凝土立方体抗压强度值按表 2-3 的规定以直线内插求得;

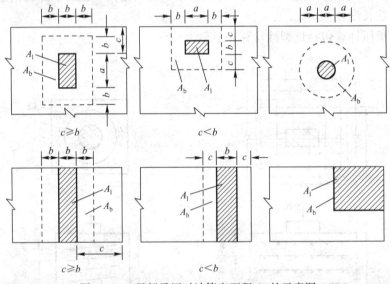

图 12-11 局部承压时计算底面积 A_b 的示意图

k——间接钢筋影响系数,混凝土强度等级 C50 及以下时,取 $k = 2.0$;C50~C80 取 $k = 2.0 \sim 1.7$,中间直接插值取用;

f_{sd}——间接钢筋的抗拉强度设计值;

ρ_v——间接钢筋的体积配筋率,为核心面积 A_{cor} 范围内单位混凝土体积所含间接钢筋的体积;

β_{cor}——配置间接钢筋时局部抗压承载能力提高系数,当 $A_{cor} > A_b$ 时,应取 $A_{cor} = A_b$;

A_{cor}——方格网或螺旋形间接钢筋内表面范围内的混凝土核心面积,其重心应与 A_l 的重心相重合,计算时按同心、对称原则取值;

n_1、A_{s1}——方格网沿 l_1 方向的钢筋根数和单根钢筋的截面面积;

n_2、A_{s2}——方格网沿 l_2 方向的钢筋根数和单根钢筋的截面面积;

A_{ss1}——单根螺旋形间接钢筋的截面面积;

d_{cor}——螺旋形间接钢筋内表面范围内混凝土核心的直径;

s——方格网或螺旋形间接钢筋的层距。

2. 局部承压区的抗裂性计算

为了防止局部承压区段出现沿构件长度方向的裂缝,对于在局部承压区中配有间接钢筋的情况,《公路桥规》(JTG D62)规定局部承压区的截面尺寸应满足

$$\gamma_0 F_{ld} \leqslant F_{cr} = 1.3 \eta_s \beta f_{cd} A_{ln} \tag{12-114}$$

式中,符号的意义与式(12-113)相同。

除了锚下混凝土为局部承压外,在桥梁工程中,如支座处梁底混凝土等也属局部承压问题,其计算方法类似。

习 题

12-1 预应力混凝土受弯构件在施工阶段和使用阶段的受力有何特点?

12-2 预应力混凝土梁的优越性是什么?决定预应力混凝土梁破坏弯矩的主要因素是什么?

12-3 何谓预应力损失?何谓张拉控制应力?

12-4 《公路桥规》(JTG D62—2004)中考虑的预应力损失主要有哪些?如何减小各项预应力损失?

12-5 何谓预应力钢筋的有效预应力?对先张法、后张法构件,其各阶段的预应力损失应如何组合?

12-6 为什么要进行构件的应力计算?应力计算包括哪些计算项目?如何选择应力计算的截面?

12-7 为什么要进行构件的抗裂计算?构件的抗裂主要通过什么来控制?斜截面抗裂计算中如何选择计算截面?抗裂计算与应力计算有何异同点?

12-8 预应力混凝土构件的挠度有哪些组成部分?何谓上拱度?何谓预拱度?何谓倒拱度?《公路桥规》(JTG D62—2004)中如何考虑荷载长期作用的影响?《公路桥规》(JTG D62—2004)中如何设置预拱度?

12-9 何谓预应力钢筋的传递长度?何谓预应力钢筋的锚固长度?

12-10 计算图12-12所示后张法预应力混凝土梁截面的净截面及换算截面几何特性。已知预留孔道

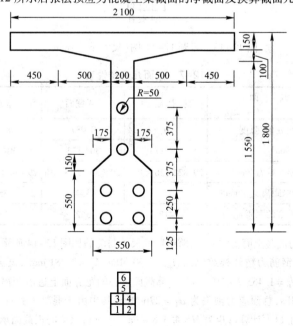

图12-12 习题12-10图(尺寸单位:mm)

直径为 50 mm,每束高强钢丝束为 $24\phi^W 5$,混凝土强度等级为 C50。高强钢丝和混凝土的弹性模量分别为 $E_p = 2.05 \times 10^5$ MPa 和 $E_c = 3.45 \times 10^4$ MPa。

12-11 后张法预应力混凝土等截面简支 T 形截面梁如图 12-13 所示,预制长度为 14.60 m。主梁采用 C45 混凝土,配置了 3 束预应力钢筋(每束为 $6\phi^S 15.2$ 钢绞线),夹片式锚具,有顶压张拉,预埋金属波纹管成孔,孔洞直径 $d = 67$ mm。主梁各计算控制截面的几何特性如表 12-7 所示,全部预应力钢筋截面积 $A_p = 2\,919$ mm²。当混凝土达到设计强度后,分批张拉各预应力钢绞线,两端张拉。先张拉预应力钢绞线束 N1,再同时张拉 N2、N3。张拉控制应力为 $\sigma_{con} = 0.75 f_{pk} = 0.75 \times 1\,860 = 1\,395$ MPa。主梁所处桥位的环境年平均相对湿度为 80%。主梁的延米恒载为 $G_1 = 7.85$ kN/m。试计算预应力损失。

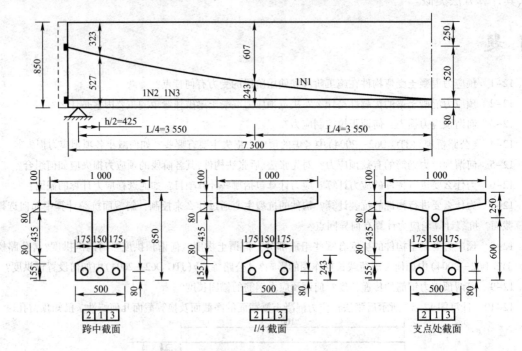

图 12-13 习题 12-11 图(尺寸单位:mm)

表 12-7 截面几何特性表

项 目 \ 截 面	跨中截面	l/4 截面	距支座 h/2 截面	支点处截面
N1 钢束曲线与 x 轴夹角 α 值/弧度	0	0.087	0.175	0.192
净截面面积 A_n/mm²	304 173	304 173	304 173	304 173
净截面对自身重心轴的惯性矩 I_n/mm⁴	29.822 326×10⁹	29.936 277×10⁹	29.786 814×10⁹	
净截面重心轴距主梁上边缘距离 y_{nu}/mm	352	354	357	
预应力钢束重心轴距净截面重心的距离 e_{pn}/mm	418	362	264	

12-12 先张法预应力混凝土简支空心板,跨中截面尺寸与配筋如图 12-14 所示。已知条件为:C40 混凝土,$f_{cd} = 18.4$ MPa;预应力钢筋为精轧螺纹钢筋,$f_{pd} = 650$ MPa,$A_p = 1\,781$ mm²,$a_p = 45$ mm;换算截面面积 $A_0 = 314\,344$ mm²,惯性矩 $I_0 = 1.465\,7 \times 10^9$ mm⁴,换算截面重心轴距界面上边沿距离 $y_{0u} = 308$ mm²。A_p 的张力控制应力为 $\sigma_{con} = 705$ MPa,总预应力损失为 $\sigma_L = 276$ MPa,其中由于混凝土弹性压缩引起的应力损失为 $\sigma_{L4} = 72.3$ MPa,作用界面上最大计算弯矩为 $M = 453.8$ MPa。试进行该梁的正截面承载力计算。

12-13 后张法预应力混凝土简支 T 形梁跨中截面如图 12-15 所示。梁计算跨径 $l = 29.14$ m,混凝土为

C40,弹性模量 $E_c = 3.25 \times 10^4$ MPa;预应力钢筋采用钢绞线,截面面积为 $A_p = 3\,836$ mm²,张力控制应力为 $\sigma_{con} = 1\,395$ MPa,跨中截面处钢束的平均应力损失为,第一批损失为 $\sigma_{LI} = 245.7$ MPa,第二批损失为 $\sigma_{LII} = 229.6$ MPa。

梁跨中截面的预应力钢筋的重心距截面中心轴的距离分别为 $e_{pn} = 1\,200$ mm(净截面)、$e_0 = 1\,134$ mm(换算截面),换算截面惯性矩 $I_0 = 350.59 \times 10^9$ mm⁴。

梁跨中截面处一期恒载弯矩为 $M_{G1} = 1\,928.6$ kN·m,二期恒载弯矩为 $M_{G2} = 1\,203.5$ kN·m,汽车荷载作用(不计冲击)产生的弯矩值为 $M_{Q1} = 1\,358.6$ kN·m,人群荷载作用产生的弯矩值为 $M_{Q2} = 338.7$ kN·m。

由梁在使用阶段的混凝土正应力验算结果知该梁为 A 类部分预应力混凝土构件。

试计算该梁在使用阶段的挠度,并说明是否需要设置预拱度。

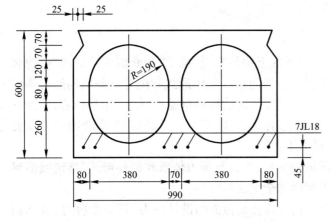

图 12-14 习题 12-12 图(尺寸单位:mm)

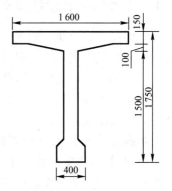

图 12-15 习题 12-13 图(尺寸单位:mm)

第13章 预应力混凝土简支梁设计

13.1 预应力混凝土简支梁设计

13.1.1 设计内容和设计步骤

对于截面尺寸和钢筋已配置好的预应力混凝土构件来说,第12章介绍的计算问题,均属于验算问题。但是在实际工作中,首先遇到的是如何选择截面形式和配置钢筋的问题。预应力混凝土简支梁的设计主要包括截面设计、钢筋数量的估算和布置及构造要求等内容,设计时应满足承载能力极限状态和正常使用极限状态的要求,也就是应满足第12章介绍的验算要求。预应力混凝土简支梁设计的一般步骤如下:

(1) 根据设计要求,参照已有设计图纸和资料,选择预加力体系和锚具形式,选定截面形式和材料规格,初步拟定截面尺寸并计算截面的全截面几何特性值;

(2) 根据构件可能出现的作用效应组合,计算控制截面的设计内力(弯矩和剪力)及其相应的组合值(本部分计算在《桥梁工程》课程中介绍,本课程作为已知条件给出);

(3) 在持久状况下,从满足主要控制截面(跨中截面)正常使用极限状态的使用要求和承载能力极限状态的承载力要求的条件出发,估算预应力钢筋和普通钢筋的数量,并进行合理的横断面布置和纵断面布置;

(4) 计算主梁配筋截面的几何特性值;

(5) 确定张拉控制应力,计算预应力损失值;

(6) 持久状况承载能力极限状态设计复核;

(7) 持久状况正常使用极限状态设计验算;

(8) 持久状况构件的应力验算;

(9) 短暂状况构件的应力验算;

(10) 锚固端局部承压计算与锚固区设计。

设计中应特别注意对上述各项计算结果的综合分析。若其中某项计算结果不满足要求或安全储备过大,应适当修改截面尺寸或调整钢筋的数量和位置,重新进行上述各项计算。尽量做到既能满足《公路桥规》(JTG D62—2004)规定的各项限制条件,又不致造成个别验算项目的安全储备过大,达到全梁优化设计的目的。

13.1.2 截面抗弯效率指标

当结构的总体方案确定以后,设计者的首要任务就是选择合理的截面形式和拟定截面尺寸。合理的截面形式和截面尺寸不仅能保证结构良好的工作性能,对结构的经济性也具有重要影响。

截面形式的合理性和经济性,依赖于对截面工作性能的分析理解。从第12.1节中的各受力阶段分析中可知,处于整体弹性工作阶段的预应力混凝土梁的抗弯能力是由预加力 N_p 和混凝土压应力合力 D 组成的内力偶 $M = N_p z$ 来提供的。随着外荷载的增加,预加力 N_p 基本不变,并与混凝土压应力的合力 D 保持平衡($N_p = D$)。但其内力偶臂 z 则随荷载弯矩的变化而变化。因此,对预应力混凝土梁来说,在预加力相同的条件下,其内力偶臂 z 的变化范围越大,其所能抵抗的外荷载弯矩也就越大,即截面的抗弯效率越高。

对全预应力混凝土结构,在保证截面上、下边缘混凝土不出现拉应力的条件下,混凝土压应力的合力作用点只能限制在截面上、下核心点之间,内力偶臂的可能变化范围是上核心距 $K_u = W_b/A$ 与下核心距 $K_b = W_u/A$ 之和,W_u 和 W_b 分别为全截面对截面上缘和截面下缘的弹性抵抗矩。因此,可用参数 $\lambda = (K_u + K_b)/h$(h 为梁的截面高度)来表示截面的抗弯效率,通常称为截面抗弯效率指标。λ 值实际上是反映截面混凝土材料沿梁高分布的合理性,它与截面形式有关。例如,矩形截面的 λ 值为 1/3;空心板梁的 λ 值随挖空率而变化,一般为 0.4 ~ 0.55;T 形截面的 λ 值可达 0.5 左右。当 $\lambda < 0.45$ 时,截面比较笨重;当 $\lambda > 0.55$ 时,截面过于单薄,要注意验算腹板和翼缘的稳定性。所以,在预应力混凝土梁的截面设计时,应在综合考虑结构受力和简化施工的前提下,尽量选取 λ 值较大的截面。预应力混凝土梁的常用截面形式见图 11-1。

13.1.3 钢筋估算与布置

预应力混凝土梁的钢筋估算与布置主要包括:

(1) 根据主要控制截面(即跨中截面)的设计内力值和使用要求,估算预应力钢筋和普通钢筋的数量,并进行横断面布置;

(2) 综合考虑全梁的内力(弯矩和剪力)变化规律,进行预应力钢筋的纵断面布置;

(3) 注意满足有关构造要求,精心处理构造细节。

1. 钢筋数量估算与跨中横断面布置

对桥梁结构来说,一般情况下以抗裂性限制来控制配筋设计。在截面尺寸已定的情况下,结构的抗裂性主要与预加力的大小有关,而构件的承载能力则与预应力钢筋和普通钢筋的总量有关。因此,预应力混凝土梁钢筋数量估算的一般方法是,首先根据结构持久状况正常使用极限状态正截面抗裂性限值确定预应力钢筋的数量,然后再由构件持久状况承载能力极限状态的正截面承载力确定普通钢筋的数量。

1) 预应力钢筋数量的估算与跨中横断面布置

(1) 有效预加力 N_{pe} 的确定。

为估算预应力钢筋的数量,首先应按持久状况正常使用极限状态正截面抗裂性要求,确定有效预加力 N_{pe}。

① 全预应力混凝土构件的有效预加力 N_{pe}。

全预应力混凝土构件,在作用(或荷载)短期效应组合下,应满足 $\sigma_{st} - 0.85\sigma_{pc} \leq 0$(或 $\sigma_{st} - 0.8\sigma_{pc} \leq 0$)的要求。$\sigma_{st}$ 为在荷载短期效应组合 M_s 作用下构件控制截面边缘的法向拉应力,σ_{pc} 为混凝土的有效预压应力。在初步设计时,σ_{st} 和 σ_{pc} 可按下列近似公式计算:

$$\sigma_{st} = \frac{M_s}{W} \tag{13-1}$$

$$\sigma_{pc} = \frac{N_{pe}}{A} + \frac{N_{pe}e_p}{W} \qquad (13-2)$$

式中,A、W——构件截面面积和对截面受拉边缘的弹性抵抗矩,在设计时均可采用混凝土全截面计算;

e_p——预应力钢筋重心对混凝土截面重心轴的偏心距,$e_p = y - a_p$,a_p 值可预先假定。

若将 σ_{st}、σ_{pc} 的计算表达式代入公式(12-65)或式(12-66),则可求得满足全预应力混凝土构件正截面抗裂性要求所需的有效预加力,即

$$N_{pe} \geq \frac{\dfrac{M_s}{W}}{0.85(\text{或}0.8)\left(\dfrac{1}{A} + \dfrac{e_p}{W}\right)} \qquad (13-3)$$

② A 类部分预应力混凝土构件的有效预加力 N_{pe}。

A 类部分预应力混凝土构件在作用(或荷载)短期效应组合下,应满足 $\sigma_{st} - \sigma_{pc} \leq 0.75 f_{tk}$ 的要求。若将 σ_{st}、σ_{pc} 的计算表达式(13-1)和式(13-2)代入公式(12-67),即可求得满足 A 类部分预应力混凝土构件正截面抗裂性要求所需的有效预加力,即

$$N_{pe} \geq \frac{\dfrac{M_s}{W} - 0.7 f_{tk}}{\dfrac{1}{A} + \dfrac{e_p}{W}} \qquad (13-4)$$

(2) 预应力钢筋数量计算。

对于全预应力混凝土构件和 A 类部分预应力混凝土构件,跨中截面预应力钢筋截面面积按式(13-5)计算,即

$$A_p = \frac{N_{pe}}{\sigma_{con} - \sum \sigma_L} \qquad (13-5)$$

式中,σ_{con}——预应力钢筋的张拉控制应力;

$\sum \sigma_L$——预应力损失总值,对于配高强钢丝或钢绞线的后张法构件可取 $0.2\sigma_{con}$。

(3) 预应力钢筋跨中横断面布置。

求得预应力钢筋截面面积后,应结合锚具选型和构造要求,选择预应力钢筋束的数量和组成。根据 11.1 节的相关构造要求在跨中横断面布置预应力钢筋束并计算其合力作用点至截面边缘的距离。

2) 普通钢筋数量的估算与跨中横断面布置

(1) 普通钢筋数量估算。

在预应力钢筋数量已经确定的情况下,普通钢筋数量可由持久状况承载能力极限状态正截面承载力要求条件确定。若暂不考虑受压区预应力钢筋和普通钢筋的影响,则 T 形截面正截面承载能力计算公式可改写为

当 $x \leq h_f'$ 时

$$f_{cd} b_f' x = f_{sd} A_s + f_{pd} A_p \qquad (13-6)$$

$$\gamma_0 M_d \leq f_{cd} b_f' x (h_0 - x/2) \qquad (13-7)$$

当 $x > h_f'$ 时

$$f_{cd} bx + f_{cd}(b_f' - b)h_f' = f_{sd} A_s + f_{pd} A_p \qquad (13-8)$$

$$\gamma_0 M_\mathrm{d} \leqslant f_\mathrm{cd} bx(h_0 - x/2) + f_\mathrm{cd}(b'_\mathrm{f} - b)h'_\mathrm{f}(h_0 - h'_\mathrm{f}/2) \tag{13-9}$$

估算时,可先按 $x \leqslant h'_\mathrm{f}$ 情况计算,首先由公式(13-7)求得受压区高度 x。若所得 $x \leqslant h'_\mathrm{f}$,则将其代入公式(13-6),求得受拉普通钢筋截面面积,即

$$A_\mathrm{s} = \frac{f_\mathrm{cd} b'_\mathrm{f} x - f_\mathrm{pd} A_\mathrm{p}}{f_\mathrm{sd}} \tag{13-10}$$

若按公式(13-7)求得的 $x > h'_\mathrm{f}$,应改为按 $x > h'_\mathrm{f}$ 的情况,由公式(13-9)重新求 x。若所得 $x > h'_\mathrm{f}$,且满足 $x \leqslant \xi_\mathrm{b} h_0$ 的限制条件,则将其代入公式(13-8),求得受拉普通钢筋截面面积,即

$$A_\mathrm{s} = \frac{f_\mathrm{cd} bx + f_\mathrm{cd}(b'_\mathrm{f} - b)h'_\mathrm{f} - f_\mathrm{pd} A_\mathrm{p}}{f_\mathrm{sd}} \tag{13-11}$$

(2)普通钢筋跨中横断面布置。

求得普通钢筋截面面积后,选择普通钢筋的直径和根数。根据 11.1 节的相关构造要求在跨中横断面布置普通钢筋。布置在受拉区的普通钢筋一般选用 HRB335、HRB400 或 KL400 带肋钢筋,通常布置在预应力钢筋的外侧。

3)最小配筋率的要求

按上述方法估算所得的钢筋数量,还必须满足最小配筋率的要求。《公路桥规》(JTG D62—2004)规定,预应力混凝土受弯构件的最小配筋率应满足

$$\frac{M_\mathrm{u}}{M_\mathrm{cr}} \geqslant 1.0 \tag{13-12}$$

式中,M_u——受弯构件正截面抗弯承载力设计值;

M_cr——受弯构件正截面开裂弯矩值,计算式为

$$M_\mathrm{cr} = (\sigma_\mathrm{pc} + \gamma f_\mathrm{tk}) W_0 \tag{13-13}$$

式中,σ_pc——扣除全部预应力损失后预应力钢筋和普通钢筋合力在构件抗裂边缘产生的混凝土预压应力,可按式(12-79)或式(12-80)计算;

f_tk——混凝土轴心抗拉强度标准值;

W_0——换算截面抗裂边缘的弹性抵抗矩;

γ——计算参数,为 $\gamma = 2S_0/W_0$;

S_0——全截面换算截面重心轴以上(或以下)部分面积对重心轴的面积矩。

部分预应力混凝土受弯构件中普通钢筋的截面面积不应小于 $0.003bh_0$。

2. 预应力钢筋纵断面布置

1)束界

合理确定预加力作用点(一般近似地取为预应力钢筋截面重心)的位置对预应力混凝土梁是很重要的。以全预应力混凝土简支梁为例,在弯矩最大的跨中截面处,应尽可能使预应力钢筋的重心降低(即尽量增大偏心距 e_p 值),使其产生较大的预应力负弯矩($M_\mathrm{p} = -N_\mathrm{p} e_\mathrm{p}$)来平衡外荷载引起的正弯矩。如令 N_p 沿梁近似不变,则对于弯矩较小的其他截面,应相应地减小偏心距 e_p 值,以免由于过大的预应力负弯矩 M_p 而引起构件上缘的混凝土出现拉应力。

根据全预应力混凝土构件上、下缘混凝土不出现拉应力的原则,可以按照在最小外荷载(即构件一期恒载 G_1)作用下和最不利荷载(即构件一期恒载 G_1、二期恒载 G_2 和可变荷载)作用下的两种情况,分别确定 N_p 在各个截面上偏心距的极限。由此可以绘出如图 13-1 所示的两条 e_p 的限值线 E_1 和 E_2。只要 N_p 作用点(也即近似为预应力钢筋的截面重心)的位置,落

在由 E_1 和 E_2 所围成的区域内,就能保证构件在最小外荷载和最不利荷载作用下,其上、下缘混凝土均不出现拉应力。因此,把由 E_1 和 E_2 两条曲线所围成的布置预应力钢筋时的钢筋重心界限,称为束界(或索界)。

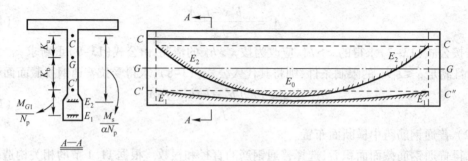

图 13-1 全预应力混凝土简支梁的束界图

根据上述原则,可以很容易地按下列方法绘制全预应力混凝土等截面简支梁的束界。为使计算方便,近似地略去孔道削弱和灌浆后黏结力的影响,一律按混凝土全截面特性计算,并设压应力为正,拉应力为负。

在预加应力阶段,保证梁的上缘混凝土不出现拉应力的条件为

$$\sigma_{ct} = \frac{N_{pI}}{A} - \frac{N_{pI} e_{pI}}{W_u} + \frac{M_{G1}}{W_u} \geqslant 0 \quad (13\text{-}14)$$

由式(13-14)可求得

$$e_{pI} \leqslant E_1 = K_b + \frac{M_{G1}}{N_{pI}} \quad (13\text{-}15)$$

式中,e_{pI}——预加力合力的偏心距,合力点位于截面重心轴以下时取正值,反之取负值;

K_b——混凝土截面下核心距,$K_b = W_u/A$;

W_u——构件全截面对截面上缘的弹性抵抗矩;

N_{pI}——传力锚固时预加力的合力。

同理,在作用(或荷载)短期效应组合计算的弯矩值作用下,根据构件下缘不出现拉应力的条件,同样可以求得预加力合理偏心距 e_{pII} 为

$$e_{pII} \geqslant E_2 = \frac{M_s}{\alpha N_{pI}} - K_u \quad (13\text{-}16)$$

式中,M_s——按作用(或荷载)短期效应组合计算的弯矩值;

α——使用阶段的永存预加力 N_{pe} 与传力锚固时的有效预加力 N_{pI} 的比值,可近似地取为0.8;

K_u——混凝土截面上核心距,$K_u = W_b/A$;

W_b——构件全截面对截面上缘的弹性抵抗矩。

由式(13-15)和式(13-16)可以看出,e_{pI} 和 e_{pII} 分别具有与弯矩 M_{G1} 和弯矩 M_s 相似的变化规律,都可视为沿跨径而变化的抛物线,其上、下限值 E_2、E_1 之间的区域就是束筋配置范围。由此可知,预应力钢筋重心位置 e_p 所应遵循的条件为

$$\frac{M_s}{\alpha N_{pI}} - K_u \leqslant e_p \leqslant K_b + \frac{M_{G1}}{N_{pI}} \quad (13\text{-}17)$$

只要预应力钢筋重心线的偏心距 e_p 满足式(13-17)的要求,就可以保证构件在预加应力阶段和使用荷载阶段,其上、下缘混凝土都不会出现拉应力。这对于检验预应力钢筋配置是否得当,无疑是一个简单而直观的方法。

显然,对于允许出现拉应力或允许出现裂缝的部分预应力混凝土构件,只要根据构件上、下缘混凝土拉应力(包括名义拉应力)的不同限制值做相应的演算,则其束界也同样不难确定。

2) 预应力钢筋纵断面布置原则

(1) 预应力钢筋的重心线不应超出束界范围。

根据束界范围的形状,大部分预应力钢筋在靠近支点时均须逐步弯起。预应力钢筋在靠近支点处弯起的优点在于:无论是在施工阶段还是在使用阶段,均能保证构件任意截面上、下缘混凝土的法向应力都不超过规定的限制值;预应力钢筋将产生预剪力,可抵消部分外荷载剪力;可使锚固点分散,从而有利于锚具的布置,并且相应分散梁端承受的集中力,改善锚固区的局部承压。

(2) 预应力钢筋的弯起点一般设在距支点 $l/4 \sim l/3$ 之间,弯起角度不宜大于20°。对于弯出梁顶锚固的钢筋,弯起角度常在25°~ 30°之间,以免摩擦损失过大。

(3) 预应力钢筋弯起的曲线可采用圆弧线、抛物线或悬链线3种形式。公路桥梁中多采用圆弧线。《公路桥规》(JTG D62—2004)规定,后张法构件预应力构件的曲线形钢筋,其曲率半径应符合下列规定:

① 钢丝束、钢绞线束的钢丝直径 $d \leqslant 5$ mm 时,不宜小于 4 m;钢丝直径 $d > 5$ mm 时,不宜小于 6 m。

② 精轧螺纹钢筋直径 $d \leqslant 25$ mm 时,不宜小于 12 m;直径 $d > 25$ mm 时,不宜小于 15 m。

(4) 预应力钢筋的布置应符合构造要求。许多构造规定,一般虽未经详细计算,但却是根据长期设计、施工和使用的实践经验而确定的。这对保证构件的耐久性和满足设计、施工的具体要求,都是必不可少的。预应力钢筋的构造要求见 11.1 节相关内容。

13.2　后张法预应力混凝土简支T梁桥主梁(内梁)设计示例

13.2.1　设计依据

(1)《公路工程技术标准》(JTG B01—2003)。
(2)《公路桥涵设计通用规范》(JTG D60—2004)。
(3)《公路钢筋混凝土及预应力混凝土桥涵设计规范》(JTG D62—2004)。

13.2.2　基本资料

(1) 标准化跨径:$L_k = 40$ m。
(2) 安全等级:二级,结构重要性系数 $\gamma_0 = 1.0$。
(3) 环境条件:桥址位于野外一般地区,I 类环境条件,年平均相对湿度为75%。
(4) 主梁材料。
① 混凝土:C50,$f_{cu} = 50$ MPa,$f_{ck} = 32.4$ MPa,$f_{cd} = 22.4$ MPa,$f_{tk} = 2.65$ MPa,$f_{td} = 1.83$ MPa,

$E_c = 3.45 \times 10^4$ MPa。

② 预应力钢筋：1×7 标准型低松弛钢绞线，$d = 15.2$ mm，公称面积为 139 mm²，$f_{pd} = 1\,860$ MPa，$f_{pd} = 1\,260$ MPa，$f'_{pd} = 390$ MPa，$E_p = 1.95 \times 10^5$ MPa。

③ 非预应力钢筋：直径小于 12 mm 的采用 HRB335 钢筋，其他采用 HRB400 钢筋。

HRB335：$f_{sk} = 335$ MPa，$f_{sd} = 280$ MPa，$E_s = 2.0 \times 10^5$ MPa。

HRB400：$f_{sk} = 400$ MPa，$f_{sd} = 330$ MPa，$E_s = 2.0 \times 10^5$ MPa。

（5）施工工艺。

① 预制主梁时，采用后张法施工，预留管道采用金属波纹管成型，锚具采用夹片式群锚，当梁体混凝土强度达到设计强度的 90% 时方可张拉钢绞线，张拉方式采用 TD 双作用千斤顶两端同时一次张拉（夹片式锚不宜采用超张拉）。

② 主梁翼缘预制宽度为 1 600 mm，安装就位后，再现浇 600 mm 宽的湿接缝。

（6）设计要求：按 A 类部分预应力混凝土构件设计。

13.2.3 主梁尺寸拟定

1. 主梁各部分尺寸

（1）计算跨径：$l = 38.86$ m。

（2）预制长度：39.96 m。

（3）跨中截面尺寸：梁高 $h = 2\,500$ mm，腹板宽度 $b = 180$ mm，翼缘悬臂端厚度 $h'_f = 150$ mm，翼缘预制宽度为 1 600 mm，湿接缝施工后翼缘宽度为 2 200 mm，承托高度 $h_h = 100$ mm，承托宽度 $b_h = 400$ mm，$h_h/b_h < 1/3$。具体尺寸见图 13-2。本片主梁为内梁。

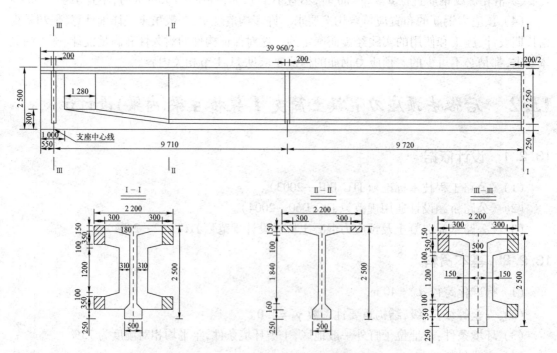

图 13-2 主梁各部分尺寸图（阴影部分为湿接缝）（单位：mm）

2. 跨中截面受压翼缘有效宽度 b'_f 的计算

$$b'_f = \min\begin{cases} ① \ l/3 \\ ② \ \text{相邻两梁平均产距} \\ ③ \ b+6h_h+12h'_f \end{cases} = \min\begin{cases} ① \ 38\,860/3 = 12\,953 \text{ mm} \\ ② \ 2\,200 \text{ mm} \\ ③ \ 180+6\times100+12\times150 = 2\,580 \text{ mm} \end{cases}$$

$$= 2\,200 \text{ mm}$$

3. 跨中截面全截面几何特性的计算

截面的几何特性值可采用 AutoCAD【查询】菜单中的【面域/质量特性】来计算。本算例各控制截面全截面(即毛截面)的几何特性见表 13-1。

表 13-1 各控制截面全截面几何特性

全截面位置		面积 $A/(\times 10^3 \text{ mm}^2)$	形心至截面上缘距离 y_u/mm	形心至截面下缘距离 y_b/mm	惯性矩 $I/$ $(\times 10^9 \text{ mm}^4)$
不带湿接缝全截面	跨中、$l/4$、变化点截面	808.600	1 029.0	1 471.0	659.530
	支点截面	1 429.400	1 103.5	1 369.5	865.270
带湿接缝全截面	跨中、$l/4$、变化点截面	898.600	933.0	1 567.0	733.466
	支点截面	1 519.400	1 042.6	1 457.4	955.000

13.2.4 主梁作用及作用效应计算

公路简支梁桥的内力,由永久作用(如结构重力、结构附加重力等)与可变作用(包括汽车荷载、人群荷载等)所产生。主梁各截面的最大作用内力,是考虑了车道荷载对计算主梁的最不利荷载位置,并通过各主梁间的内力分配而求得,具体计算方法将在《桥梁工程》课程中介绍,这里仅列出内梁的计算结果,如表 13-2 所示。

13.2.5 受拉主钢筋面积估算与布置

1. 预应力钢筋面积估算与布置

1) 预应力钢筋面积估算

(1) 控制截面。

跨中截面设计弯矩最大,故选取跨中截面为预应力钢筋设计的控制截面。预应力钢筋面积估算时,截面几何特性近似采用带湿接缝全截面几何特性计算。

(2) 跨中截面所需有效预加力计算。

① 假设预应力钢筋合力作用点距截面下缘的距离:$a_p = 120$ mm。

② 预应力钢筋合力作用点至截面重心轴的距离 e_p

$$e_p = y_b - a_p = 1\,567 - 120 = 1\,447 \text{ mm}$$

③ 全截面对抗裂验算边缘的弹性抵抗距 W

$$W = I/y_b = 733.446 \times 10^9/1\,567 = 468.057 \times 10^6 \text{ mm}^3$$

④ 有效预加力 N_{pe} 计算

$$N_{pe} = \frac{M_s/W - 0.7f_{tk}}{(1/A + e_p/W)} =$$

$$\frac{(4\,109.88 + 440.80 + 1\,401.92 + 2\,411.31) \times 10^6/(468.057 \times 10^6) - 0.7 \times 2.65}{(1/898\,600 + 1\,447/468.057 \times 10^6)} = 3.809 \times 10^6 \text{ N}$$

表 13-2 主梁作用效应组合值

截面名称		跨中截面（I—I）			$L/4$ 截面				变化点截面（II—II）		支点截面（III—III）
内力内值荷载		M_{max}	相应 V	V_{max}	相应 M	M_{max}	相应 V	V_{max}	相应 M	M_{max}	V_{max}	V_{max}
一期恒载标准值 G_1	①	4109.88	0.00	0.00	4109.88	3085.39	207.58	207.58	2085.39	1793.85	315.95	466.86
二期恒载标准值 G_2	现浇湿接缝 G_{21} ②	440.80	0.00	0.00	440.80	330.45	22.71	22.71	330.45	191.83	34.11	46.85
	桥面及栏杆 G_{22} ③	1401.92	0.00	0.00	1401.92	1052.06	72.07	72.07	1052.06	523.33	108.37	144.25
汽车荷载标准值 Q_1（不计冲击系数）	④	2944.28	43.49	136.00	2578.00	2152.96	237.3	253.00	2168.00	832.36	250.26	326.60
汽车荷载标准值 Q_1（计冲击系数 $\mu=0.204$）	⑤	3544.91	52.36	163.85	3103.91	2592.16	285.71	304.61	2610.27	1002.16	301.31	393.23
人群荷载标准值 Q_2	⑥	350.31	0.00	9.00	175.17	262.75	19.03	20.27	215.08	153.02	29.37	44.80
基本组合 $1.0 \times (1.2 恒 + 1.4 汽 + 0.8 \times 1.4 \times 人)$	⑦	12498.35	73.31	239.47	11684.79	9284.79	784.15	812.00	9256.76	4585.22	1004.85	1390.24
持久状况构件应力计算的作用标准值组合（汽+人）	⑧	3895.22	52.36	172.85	3279.08	2854.91	304.74	324.88	2825.35	1155.18	330.68	438.03
按作用短期效应组合计算的作用设计值（0.7汽+1.0×人）	⑨	2411.31	30.44	104.26	1979.77	1769.82	185.14	197.37	1732.68	735.67	204.55	273.42
按作用长期效应组合计算的可变作用设计值（0.4汽+0.4×人）	⑩	1317.84	17.40	58.04	1101.27	966.28	102.53	109.31	953.23	394.15	111.85	148.56

注：(1) 表中单位：M 为 $kN \cdot m$，V 为 kN；
(2) 表内数值：⑦⑧栏中汽车荷载考虑冲击系数，⑨⑩栏中汽车荷载不计冲击系数。

(3) 预应力钢筋的张拉控制应力: $\sigma_{con} = 0.75 f_{pk} = 0.75 \times 1\,860 = 1\,395$ MPa。

(4) 预应力损失按张拉控制应力的20%估算,则需要预应力钢筋的面积

$$A_p = \frac{N_{pe}}{(1-0.2)\sigma_{con}} = \frac{3.809 \times 10^6}{0.8 \times 1\,395} = 3\,413 \text{ mm}^2$$

(5) 采用4束7ϕ^s15.2钢绞线,夹片式群锚,ϕ70金属波纹管成孔。实际的预应力钢筋截面面积

$$A_p = 4 \times 7 \times 139 = 3\,892 \text{ mm}^2$$

2) 预应力钢筋面积布置

(1) 跨中截面钢束布置。

参考已有的设计图纸并按《公路桥规》(JTG D62—2004)中的构造要求,跨中截面钢束布置如图13-3(c)所示,各预应力钢束重心至截面下缘的实际距离 a 见表13-3。

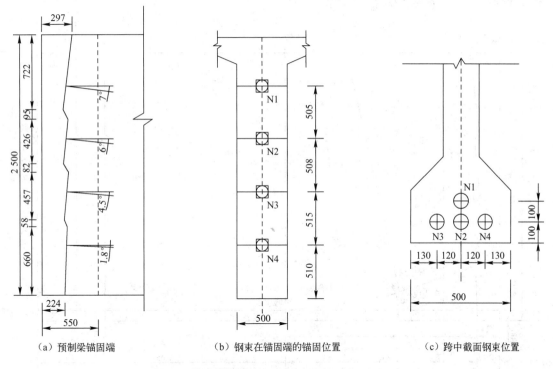

(a) 预制梁锚固端　　(b) 钢束在锚固端的锚固位置　　(c) 跨中截面钢束位置

图13-3 锚固端及跨中预应力钢筋布置图(单位:mm)

表13-3 各钢束重心至梁底的距离

钢 束 号	N1	N2	N3	N4
a/mm	200	100	100	100

由于每束钢束的截面面积均相等,所以全部预应力钢束合力作用点至截面下缘的实际距离 a_p 为

$$a_p = \frac{200+100+100+100}{4} = 125 \text{ mm}$$

(2) 锚固面钢束布置。

为使施工方便,全部4束预应力钢筋均锚于梁端,如图13-3(a)和图13-3(b)所示。这样布置符合均匀分散的原则,不仅能满足张拉的要求,而且N1、N2在梁端均弯起较高,可以提供较大的预剪力。

(3) 其他截面钢束位置及倾角计算。

① 钢束弯起形状、弯起角 θ 及其弯曲半径 R。

采用直线段中接圆弧曲线段的方式弯曲。为使预应力钢筋的预应力垂直作用于锚垫板,N1、N2、N3 和 N4 钢束弯起角取 $\theta_{N1} = 7°$,$\theta_{N2} = 6°$,$\theta_{N3} = 4.5°$,$\theta_{N4} = 1.8°$;弯曲半径取 $R_{N1} = 60\,000$ mm,$R_{N2} = 95\,000$ mm,$R_{N3} = 175\,000$ mm,$R_{N4} = 350\,000$ mm。

② 钢束各控制点位置的确定。

以 N4 钢束为例,其弯起布置如图13-4所示。各钢束控制点位置的计算见表13-4,各钢束弯曲控制要素见表13-5。

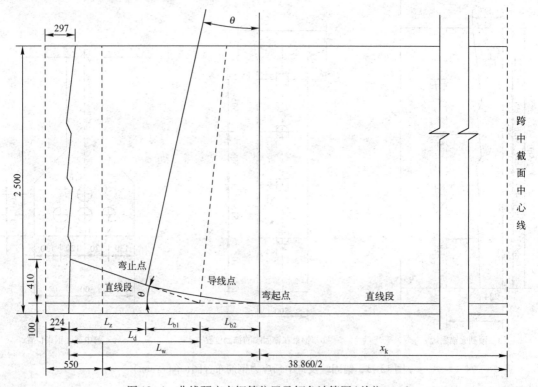

图 13-4 曲线预应力钢筋位置及倾角计算图(单位:mm)

表 13-4 各钢束控制点位置的计算

钢 束 号	N1	N2	N3	N4
跨中截面钢束重心至梁底的距离 a/mm	200	100	100	100
锚固端钢束至梁底的距离/mm	2 038	1 533	1 025	510
在锚固端的弯起高度 c/mm	1 838	1 433	925	410
支点至锚固点的水平距离 d/mm	310	310	302	310
弯起角度 θ/(°)	7	6	4.5	1.8
弯曲半径 R/mm	60 000	95 000	175 000	350 000

续表

钢束号	N1	N2	N3	N4
导线点至锚固点的水平距离 $L_d = c \times \cot\theta/\text{mm}$	14 969	13 634	11 753	13 046
弯起点至导线点的水平距离 $L_{b2} = R \cdot \tan(\theta/2)/\text{mm}$	3 670	4 979	6 876	5 498
弯起点至锚固点的水平距离 $L_w = L_d + L_{b2}/\text{mm}$	18 639	18 613	18 629	18 544
弯起点至跨中截面的水平距离 $x_k = (l/2 + d) - L_w/\text{mm}$	1 101	1 127	1 103	1 196
弯止点至导线点的水平距离 $L_{b1} = L_{b2} \cdot \cos\theta/\text{mm}$	3 642	4 951	6 855	5 496
弯止点至跨中截面的水平距离 $(x_k + L_{b1} + L_{b2})/\text{mm}$	8 413	11 057	14 833	12 189

注：根据圆弧切线的性质，弯止点沿切线方向至导线点的距离与弯起点至导线点的水平距离相等，所以弯止点至导线点的水平距离 $L_{b1} = L_{b2} \cdot \cos\theta$。

表13-5 各钢束弯曲控制要素

钢束号	弯起高度 c/mm	弯起角 $\theta/°$	弯起半径 R/mm	支点至锚固点的水平距离 d/mm	弯起点距跨中截面水平距离 x_k/mm	弯止点距跨中截面水平距离/mm
N1	1 838	7	60 000	310	1 101	8 413
N2	1 433	6	95 000	310	1 127	11 057
N3	925	4.5	175 000	302	1 103	14 833
N4	410	1.8	350 000	310	1 196	12 189

③ 各截面钢束位置及其倾角计算。

以 N4 号钢束为例（图 13-4），计算钢束上任一点 i 处钢束的倾角 θ_i 及离梁底距离 $a_i = a + c_i$，其中 a 为跨中截面该钢束重心至梁底的距离，$a = 100 \text{ mm}$，c_i 为 i 点所在计算截面处钢束的弯起高度。θ_i 与 c_i 的计算与 i 点所处的区段有关，令 x_i 为 i 点至跨中截面的水平距离，则

当 $x_i - x_k \leq 0$ 时，i 点位于直线段还未弯起，$\theta_i = 0, c_i = 0, a_i = a = 100$；

当 $0 < x_i - x_k \leq (L_{b1} + L_{b2})$ 时，i 点位于圆弧弯曲段，则

$$\theta_i = \sin^{-1}[(x_i - x_k)/R], c_i = R - \sqrt{R^2 - (x_i - x_k)^2};$$

当 $(x_i - x_k) > (L_{b1} + L_{b2})$ 时，i 点位于靠近锚固端的直线段，则

$$\theta_i = \theta_{N4} = 1.8°, c_i = (x_i - x_k - L_{b2})\tan\theta_{N4}。$$

各控制截面钢束倾角 θ_i 及位置 a_i 计算值详见表 13-6。

表13-6 各控制截面钢束位置 (a_i) 及其倾角 (θ_i)

计算截面	x_i/mm	钢束编号	x_k/mm	$(L_{b1}+L_{b2})$/mm	$(x_i - x_k)$/mm	θ_i/(°)	c_i/mm	a/mm	a_i/mm	a_p/mm
跨中截面	0	N1	1 101	7 312	为负值，钢束尚未弯起	0	0	200	200	125
		N2	1 127	9 930				100	100	
		N3	1 103	13 730				100	100	
		N4	1 196	10 993				100	100	

续表

计算截面	x_i /mm	钢束编号	x_k /mm	$(L_{b1}+L_{b2})$ /mm	(x_i-x_k) /mm	θ_i /(°)	c_i /mm	a /mm	a_i /mm	a_p /mm
$l/4$ 截面	9 715	N1	1 101	7 312	$(x_i-x_k)>(L_{b1}+L_{b2})$	7	607	200	807	453
		N2	1 127	9 930	$0<(x_i-x_k)=8\,604<9\,930$	5.2	389	100	489	
		N3	1 103	13 730	$0<(x_i-x_k)=8\,063<13\,730$	2.82	212	100	312	
		N4	1 196	10 993	$0<(x_i-x_k)=8\,525<10\,993$	1.4	104	100	204	
变化点截面	14 600	N1	1 101	7 312	$(x_i-x_k)>(L_{b1}+L_{b2})$	7	1 207	200	1 407	842.25
		N2	1 127	9 930		6	893	100	993	
		N3	1 103	13 730	$0<(x_i-x_k)=13\,488<13\,730$	4.42	521	100	621	
		N4	1 196	10 993	$(x_i-x_k)>(L_{b1}+L_{b2})$	1.8	248	100	348	
支点截面	19 430	N1	1 101	7 312	$(x_i-x_k)>(L_{b1}+L_{b2})$	7	1 800	200	2 000	1250.25
		N2	1 127	9 930		6	1 400	100	1 500	
		N3	1 103	13 730		4.5	901	100	1 001	
		N4	1 196	10 993		1.8	400	100	500	

④ 钢束平弯段的位置及平弯角。

N1、N2、N3、N4 四束预应力钢绞线在跨中截面布置在两个水平面上,而在锚固端四束钢绞线则都在肋板中心线上。为实现钢束的这种布筋方式,N3、N4 在主梁肋板中必须从两侧平弯到肋板中心线上。为了便于施工中布置预应力管道,N3、N4 在梁中的平弯采用相同方式,其平弯位置如图 13-5 所示。平弯段有两段曲线弧,每段曲线弧的弯曲角为 $\theta=(638/8\,000)(180/\pi)=4.569°$。N1、N2 无平弯。

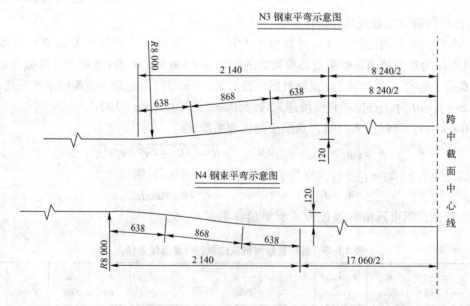

图 13-5 钢束平弯示意图(单位:mm)

根据图 13-5 所示,从跨中截面向支点截面方向,平弯控制点依次为弯起点 1、弯止点 1、弯起点 2、弯止点 2,则各控制截面钢束的平弯角(跨中截面至控制截面的水平包角)如表 13-7 所示。

表 13-7 各控制截面至跨中截面钢束的平弯角度

控制截面	x_i/mm	钢束编号	弯起点(或弯止点)至跨中水平距离/mm				计算截面的位置	平弯角度
			弯起点 1	弯止点 1	弯起点 2	弯止点 2		
跨中截面	0	N3	8 530	9 168	10 036	10 674	跨中截面	0
		N4	4 120	4 758	5 626	6 264	跨中截面	0
1/4 截面	9 715	N3	8 530	9 168	10 036	10 674	弯起点 1 至弯起点 2 之间	4.569
		N4	4 120	4 758	5 626	6 264	弯止点 2 至支点间	9.138
变化点截面	14 600	N3	8 530	9 168	10 036	10 674	弯止点 2 至支点间	9.138
		N4	4 120	4 758	5 626	6 264	弯止点 2 至支点间	9.138
支点截面	19 430	N3	8 530	9 168	10 036	10 674	支点截面	9.138
		N4	4 120	4 758	5 626	6 264	支点截面	9.138

2. 非预应力钢筋面积估算与布置

1）非预应力钢筋面积估算

在确定预应力钢筋数量后，非预应力钢筋根据跨中截面正截面承载力的要求来确定。

（1）假设预应力钢筋和非预应力钢筋的合力点到截面底边的距离：

$$a = 125 \text{ mm}$$

则截面的有效高度为

$$h_0 = h - a = 2\,500 - 125 = 2\,375 \text{ mm}$$

（2）判断 T 形截面类型：

$$f_{cd} b'_f h'_f (h_0 - h'_f/2) = 22.4 \times 2\,200 \times 150 \times (2\,375 - 150/2) =$$
$$17\,001.6 \text{ kN} \cdot \text{m} > \gamma_0 M_d (= 12\,498.35 \text{ kN} \cdot \text{m})$$

故为第一类 T 形截面。

（3）计算受压区高度 x

$$x = h_0 - \sqrt{h_0^2 - \frac{2\gamma_0 M_d}{f_{cd} b'_f}} = 2\,375 - \sqrt{2\,375^2 - \frac{2 \times 1.0 \times 12\,498.35 \times 10^6}{22.4 \times 2\,200}} =$$
$$109.3 \text{ mm} < h'_f (= 150 \text{ mm})$$

（4）计算非预应力钢筋截面面积 A_s

$$A_s = \frac{f_{cd} b'_f x - f_{pd} A_p}{f_{sd}} = \frac{22.4 \times 2\,200 \times 109.30 - 1\,260 \times 3\,892}{330} = 1\,461.77 \text{ mm}^2$$

2）非预应力钢筋布置

（1）选择钢筋。

① 直径：公称直径 $d = 18$ mm，外径 $d_{外} = 20.5$ mm。

② 根数：$n = 6$。

③ 实际钢筋截面面积：$A_s = 1\,527 \text{ mm}^2$。

（2）布置钢筋：在梁底布置成一排，无弯起，如图 13-6 所示。

① 最小混凝土保护层厚度：$c = \max \begin{Bmatrix} d \\ \text{表 3-1 要求} \end{Bmatrix} = \max \begin{Bmatrix} 18 \\ 30 \end{Bmatrix} = 30$ mm。

② 实际钢筋重心到梁体底边的距离 $a_s = c + d_{外}/2 = 30 + 20.5/2 = 40.25$ mm，实际取 $a_s = 45$ mm。

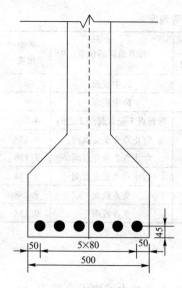

图 13-6 非预应力钢筋布置图
（尺寸单位：mm）

③ 钢筋间净距：钢筋横向布置如图 13-6 所示，则

$$S_n = \frac{500 - 2 \times (50 - d_{外}/2) - 6 \times d_{外}}{6 - 1} =$$

$$\frac{500 - 2 \times (50 - 20.5/2) - 6 \times 20.5}{5} =$$

$$59.5 \text{ mm} > \max\begin{Bmatrix} 30 \\ d \end{Bmatrix} (= 30 \text{ mm}),$$

满足规范要求。

3. 主梁截面几何特性计算

后张法预应力混凝土梁截面几何特性应根据不同的受力阶段分别计算。本示例中的 T 形梁从施工到运营使用经历了如下 3 个阶段。

1) 主梁预制并张拉预应力钢筋

主梁混凝土达到设计强度的 90% 后，进行预应力钢筋的张拉，此时管道尚未压浆，所以其截面特性为计入非预应力钢筋影响（将非预应力钢筋换算为混凝土）的净截面，该截面的几何特性计算中应扣除预应力管道的影响，T 梁翼缘板宽度为 1 600 mm。

2) 灌浆封锚，主梁吊装就位并现浇 600 mm 湿接缝

预应力钢筋张拉完成并进行管道压浆、封锚后，预应力钢筋能够参与截面受力。主梁吊装就位后现浇 600 mm 湿接缝，但湿接缝还没有参与截面受力，所以此时的截面特性计算采用计入非预应力钢筋和预应力钢筋影响的换算截面，T 梁翼缘板宽度为 1 600 mm。

3) 桥面、栏杆及人行道施工和运营阶段

桥面湿接缝结硬后，主梁即为全截面参与受力，此时截面特性计算采用计入非预应力钢筋和预应力钢筋影响的换算截面，T 梁翼缘板宽度为 2 200 mm。

截面几何特性的计算可以列表进行，以第一阶段跨中截面为例列表于表 13-8。同理，可求得其他受力阶段控制截面几何特性如表 13-9 所示。

表 13-8 第一阶段跨中截面几何特性计算表

分块名称	分块面积 A_i /($\times 10^3$ mm^2)	A_i 重心至梁顶距离 y_i/mm	对梁顶边的面积矩 $S_i = A_i \cdot Y_i$ /($\times 10^6$ mm^3)	自身惯性矩 I_i /($\times 10^9$ mm^4)	$y_{nu} - y_i$ /mm	$I_x = A_i(y_u - y_i)^2$ /($\times 10^9$ mm^4)	截面惯性矩 $I = I_i + I_x$ /($\times 10^9$ mm^4)
混凝土全截面	808.6	1 029.0	832.049	659.530	1 016.65 - 1 029.0 = -12.35	0.123	—
非预应力钢筋换算截面	$(\alpha_{ES} - 1)$ $A_s = 7.589$	2 455.0	18.631	≈0	1 016.65 - 2 455 = -1 438.35	15.70	—
预留管道截面	$-4 \times \pi \times 70^2/4$ = -15.386	2 375.0	-36.542	≈0	1 016.65 - 2 375 = -1 358.35	-28.39	—
净截面	$A_n = 800.803$	$y_{nu} = \sum S_i / A_n =$ 1 016.654 4	$\sum S_i =$ 814.14	659.530	—	-12.56	646.966

注：$\alpha_{ES} = E_s/E_c = 5.97$，$E_s = 2.0 \times 10^5$ MPa，$E_c = 3.35 \times 10^4$ MPa（第一阶段，混凝土强度为设计强度的 90%，为 C45）。

表 13-9　各控制截面不同阶段的截面几何特性汇总

受力阶段	计算截面	A_i /($\times 10^3$ mm^2)	y_u /mm	y_b /mm	a_p /mm	$e_p = y_b - a_p$ /mm	I/ ($\times 10^9$ mm^4)	W/($\times 10^8$ mm^3) $W_u = I/y_u$	$W_b = I/y_b$	$W_p = I/e_p$
阶段1：孔道压浆前	跨中截面	800.803	1 016.7	1 483.3	125	1 358.3	646.966	6.364	4.362	4.763
	$l/4$截面	800.803	1 023.0	1 477.0	453	1 024.0	659.021	6.442	4.462	6.435
	变化点截面	800.803	1 030.4	1 469.6	842.25	627.3	669.031	6.493	4.553	10.665
	支点截面	1 421.603	1 109.1	1 390.9	1 250.25	140.6	890.916	8.033	6.405	63.357
阶段2：管道结硬后至湿接缝结硬前	跨中截面	834.031	1 070.7	1 429.3	125	1 304.3	708.216	6.619	4.965	5.442
	$l/4$截面	834.031	1 063.6	1 436.4	453	983.4	694.030	6.525	4.832	7.058
	变化点截面	834.031	1 055.2	1 444.8	842.25	602.6	682.250	6.466	4.722	11.322
	支点截面	1 454.831	1 112.1	1 387.9	1 250.25	137.6	892.189	8.022	6.428	64.828
阶段3：湿接缝结硬后	跨中截面	924.031	973.3	1 526.7	125	1 401.7	788.251	8.102	5.173	5.634
	$l/4$截面	924.031	966.9	1 533.1	453	1 080.1	774.065	8.006	5.049	7.167
	变化点截面	924.031	959.3	1 540.7	842.25	698.5	762.285	7.947	4.948	10.913
	支点截面	1 544.831	1 051.7	1 448.3	1 250.25	198.0	972.161	9.243	6.713	49.093

13.2.6　持久状况承载能力极限状态计算

1. 正截面承载力计算

（1）控制截面：跨中截面。

（2）截面复核。

① 判断 T 形截面类型：

$$f_{pd}A_p + f_{sd}A_s = 1\,260 \times 3\,892 + 330 \times 1\,527$$
$$= 5\,447.83 \text{ kN} < f_{cd}b'_f h'_f (22.4 \times 2\,200 \times 150 = 7\,392 \text{ kN})$$

故为第一类 T 形截面。

② 计算受压区高度 x：

$$x = \frac{f_{pd}A_p + f_{sd}A_s}{f_{cd}b'_f} = \frac{1\,260 \times 3\,892 + 330 \times 1\,527}{22.4 \times 2\,200} = 109.7 \text{ mm} < h'_f = 150 \text{ mm}$$

③ 计算预应力钢筋和非预应力钢筋的合力作用点到截面下边缘的距离 a：

$$a = \frac{f_{pd}A_p a_p + f_{sd}A_s a_s}{f_{pd}A_p + f_{sd}A_s} = \frac{1\,260 \times 3\,892 \times 125 + 330 \times 1\,527 \times 45}{1\,260 \times 3\,892 + 330 \times 1\,527} = 117.5 \text{ mm}$$

④ 计算截面的有效高度：$h_0 = h - a = 2\,500 - 117.5 = 2\,382.2$ mm。

⑤ 计算正截面承载力：

$$M_u = f_{cd}b'_f x(h_0 - x/2) = 22.4 \times 2\,200 \times 109.7 \times (2\,382.5 - 109.7/2) =$$
$$12\,583.3 \times 10^6 \text{ N} \cdot \text{mm} = 12\,583.3 \text{ kN} \cdot \text{m} > \gamma_0 M_d(=1.0 \times 12\,498.35 \text{ kN} \cdot \text{m})$$

故跨中截面正截面承载力满足要求。

2. 斜截面承载力计算

1) 斜截面抗剪承载力计算

预应力混凝土简支梁应对按规定需要验算的各个截面进行斜截面抗剪承载力计算,以下以变化点截面(II—II)处的斜截面为例进行斜截面抗剪承载力计算。

(1) 变化点截面的有效高度。

① 预应力钢筋合力重心至截面下缘的距离 a_p(来源于表13-9):
$$a_p = 842.25 \text{ mm}$$

② 预应力钢筋与非预应力钢筋合力点至截面下缘的距离 a:
$$a = \frac{f_{pd}A_p a_p + f_{sd}A_s a_s}{f_{pd}A_p + f_{sd}A_s} = \frac{1\,260 \times 3\,892 \times 842.25 + 330 \times 1\,527 \times 45}{1\,260 \times 3\,892 + 330 \times 1\,527} = 767.96 \text{ mm}$$

③ 变化点截面的有效高度:
$$h_0 = h - a = 2\,500 - 767.96 = 1\,732.04 \text{ mm}$$

(2) 上限复核(即截面尺寸检查):
$$(0.51 \times 10^{-3})\sqrt{f_{cu,k}}bh_0 = (0.51 \times 10^{-3}) \times \sqrt{50} \times 180 \times 1\,732.04 =$$
$$1\,124 \text{ kN} > \gamma_0 V_d(=1.0 \times 1\,004.85 = 1\,004.85 \text{ kN})$$

故截面尺寸满足要求。

(3) 下限复核:
$$(0.5 \times 10^{-3})\alpha_2 f_{td}bh_0 = (0.5 \times 10^{-3}) \times 1.25 \times 1.83 \times 180 \times 1\,732.04 =$$
$$356.584 \text{ kN} < \gamma_0 V_d(=1.0 \times 1\,004.85 = 1\,004.85 \text{ kN})$$

计算表明,需配置抗剪钢筋。

(4) 箍筋设计。

斜截面抗剪承载力计算式为
$$\gamma_0 V_d \leq V_{cs} + V_{pb}$$

其中
$$V_{cs} = \alpha_1 \alpha_2 \alpha_3 (0.45 \times 10^{-3})bh_0\sqrt{(2+0.6p)\sqrt{f_{cu,k}}\rho_{sv}f_{sv}}$$
$$V_{pb} = 0.75 \times 10^{-3} f_{pd} \sum A_{pb}\sin\theta_p$$

式中,α_1——异号弯矩影响系数,$\alpha_1 = 1.0$;

α_2——应力提高系数,$\alpha_2 = 1.25$;

α_3——受压翼缘的影响系数,$\alpha_3 = 1.1$;

$$p = 100\rho = 100 \times \frac{A_p + A_{pb} + A_s}{bh_0} = 100 \times \frac{3\,892 + 1\,527}{180 \times 1\,732.04} = 1.738$$

$\sin\theta_p$ 采用全部4束预应力钢筋的平均值,即
$$\sin\theta_p = (\sin7° + \sin6° + \sin4.5° + \sin1.8°)/4 = 0.083\,7$$

箍筋选用双肢直径为10 mm 的 HRB335 钢筋,$f_{sv} = 280$ MPa,间距 $s_v = 200$ mm,则 $A_{sv} = 2 \times 78.54 = 157.08 \text{ mm}^2$,$\rho_{sv} = A_{sv}/bS_v = 157.08/(180 \times 200) = 0.004\,36$,故 $V_{cs} = 1.0 \times 1.25 \times 1.1 \times$

$$0.45 \times 10^{-3} \times 180 \times 1\,730.56 \times \sqrt{(2+0.6\times1.738)} \times \sqrt{50} \times 0.004\,36 \times 280 = 987.816 \text{ kN},$$
$$V_{\text{pb}} = 0.75 \times 10^{-3} \times 1\,260 \times 3\,892 \times 0.083\,7 = 307.845 \text{ kN}$$
$$V_{\text{cs}} + V_{\text{pb}} = 987.816 + 307.845 = 1\,295.661 \text{ kN} > \gamma_0 V_{\text{d}} = 1\,004.85 \text{ kN}$$

变化点截面处斜截面抗剪满足要求。非预应力构造钢筋作为承载力储备,未予考虑。

2)斜截面抗弯承载力计算

由于钢束均锚固于梁端,钢束数量沿跨长方向没有变化,且弯起角度缓和,其斜截面抗剪强度一般不控制设计,故不另行验算。

13.2.7 预应力损失计算

1. 张拉控制应力

$$\sigma_{\text{con}} = 0.75 f_{\text{pk}} = 0.75 \times 1\,860 = 1\,395 \text{ MPa}$$

2. 预应力损失计算

1)预应力钢筋与管道间摩擦引起的预应力损失

各控制截面至张拉端的弯曲角度及至支点截面的水平距离见表13-10,跨中截面预应力钢筋摩擦应力损失 σ_{l1} 计算如表13-11所示,各控制截面预应力钢筋的摩擦损失 σ_{l1} 平均值见表13-12。

表13-10 各控制截面至张拉端的弯曲角度及至支点截面的水平距离

	钢 束 号	N1	N2	N3	N4
跨中截面	至张拉端竖弯角度 $\theta_v/(°)$	7	6	4.5	1.8
	至张拉端平弯角度 $\theta_H/(°)$	0	0	9.138	9.138
	至支点截面的水平距离/m	19.43	19.43	19.43	19.43
$l/4$ 截面	至跨中竖弯角度 $\theta_v/(°)$	7	5.2	2.82	1.4
	至跨中平弯角度 $\theta_H/(°)$	0	0	4.569	9.138
	至张拉端竖弯角度 $\theta_v/(°)$	0	0.8	1.68	0.4
	至张拉端平弯角度 $\theta_H/(°)$	0	0	4.569	0
	至支点截面的水平距离/m	9.715	9.715	9.715	9.715
变化点截面	至跨中竖弯角度 $\theta_v/(°)$	7	6	4.42	1.8
	至跨中平弯角度 $\theta_H/(°)$	0	0	9.138	9.138
	至张拉端竖弯角度 $\theta_v/(°)$	0	0	0.08	0
	至张拉端平弯角度 $\theta_H/(°)$	0	0	0	0
	至支点截面的水平距离/m	4.83	4.83	4.83	4.83
支点截面	至跨中竖弯角度 $\theta_v/(°)$	7	6	4.5	1.8
	至跨中平弯角度 $\theta_H/(°)$	0	0	9.138	9.138
	至张拉端竖弯角度 $\theta_v/(°)$	0	0	0	0
	至张拉端平弯角度 $\theta_H/(°)$	0	0	0	0
	至支点截面的水平距离/m	0	0	0	0

注:(1)预应力钢筋为两端张拉,表中的张拉端为离控制截面较近的张拉端;
(2)各控制截面至跨中截面的竖弯角度来源于表13-6,平弯角度来源于表13-7;
(3)各控制截面至张拉端的弯曲角度等于跨中截面至张拉端的弯曲角度减去该控制截面至跨中截面的弯曲角度;
(4)各控制截面至支点截面的水平距离可由图13-2中数据得到。

表 13-11　跨中截面预应力钢筋摩擦应力损失 σ_{L1} 计算

钢　束	N1	N2	N3	N4
跨中截面至张拉端的竖弯角度 $\theta_V/(°)$	7	6	4.5	1.8
跨中截面至张拉端的平弯角度 $\theta_H/(°)$	0	0	9.138	9.138
跨中截面至张拉端的空间转角 $\theta/(°)$	7	6	10.186	9.314
跨中截面至张拉端的空间转角 θ/rad	0.1222	0.1047	0.1778	0.1626
预应力钢筋与管道壁间的摩擦系数 μ	0.25	0.25	0.25	0.25
$\mu\theta$	0.0305	0.0262	0.0444	0.0406
支点截面至控制截面的距离/m	19.43	19.43	19.43	19.43
支点截面至张拉端(即锚固点)的水平距离 d/m	0.310	0.310	0.302	0.310
控制截面至锚固点的水平距离 x/mm	19.740	19.740	19.732	19.740
管道每米局部偏差对摩擦的影响系数 k	0.0015	0.0015	0.0015	0.0015
kx	0.0296	0.0296	0.0296	0.0296
$\beta = 1 - e^{-(\mu\theta + kx)}$	0.0584	0.0543	0.0714	0.0678
张拉控制应力 σ_{con}/MPa	1395	1395	1395	1395
摩擦应力损失 σ_{L1}/MPa	81.44	75.70	99.56	94.63
摩擦应力损失 σ_{L1} 平均值/MPa		87.83		

注：跨中截面至张拉端的空间转角 $\theta = \sqrt{\theta_H^2 + \theta_V^2}$，$\mu$ 与 k 由附表查得。

表 13-12　各控制截面 σ_{L1} 平均值

控制截面	跨中截面	$l/4$ 截面	变化点截面	支点截面
σ_{L1} 平均值	87.83	29.83	10.83	0.64

2) 锚具变形、钢丝回缩引起的预应力损失

计算锚具变形、钢筋回缩引起的应力损失，后张法曲线布筋的构件应考虑锚固后反摩阻的影响。反摩阻影响长度 l_f 计算如下

$$l_f = \sqrt{\sum \Delta l \cdot E_p / \Delta\sigma_d}$$

式中，$\sum \Delta l$——张拉端锚具变形值，由表 12-2 查得夹片式锚具顶压张拉时 Δl 为 4 mm；

$\Delta\sigma_d$——单位长度由管道摩阻引起的预应力损失，$\Delta\sigma_d = (\sigma_0 - \sigma_l)/l$；$\sigma_0$ 为张拉端锚下张拉控制应力，σ_l 为扣除沿途管道摩擦损失后锚固端预应力，$\sigma_l = \sigma_0 - \sigma_{L1}$；$l$ 为张拉端至锚固端的距离，这里的锚固端为跨中截面(两端张拉，固定端为跨中)。

将各束预应力钢筋的反摩阻影响长度列表计算于表 13-13 中。

求得 l_f 后可知 4 束预应力钢绞线均满足 $l_f \leq l$，所以距张拉端为 x 处的截面由锚具变形和钢筋回缩引起的考虑反摩阻后的预应力损失 $\Delta\sigma_x(\sigma_{L2})$ 计算如下：

$$\Delta\sigma_x(\sigma_{L2}) = \Delta\sigma \frac{l_f - x}{l_f}$$

式中，$\Delta\sigma$——张拉端由锚具变形引起的考虑反摩阻后的预应力损失，$\Delta\sigma = 2\Delta\sigma_d l_f$。

若 $x > l_f$ 则表示该截面不受反摩阻影响。将各控制截面 $\Delta\sigma_x(\sigma_{L2})$ 的计算列于表 13-14。

表 13-13　反摩阻影响长度计算表

钢束编号	$\sigma_0 = \sigma_{con}$ /MPa	σ_{L1}/MPa	$\sigma_l = \sigma_0 - \sigma_{L1}$ /MPa	l/mm	$\Delta\sigma_d = (\sigma_0 - \sigma_l)/l$ /(MPa/mm)	l_f/mm
N1	1 395	81.44	1 313.56	19 740	0.004 126	13 749
N2	1 395	75.70	1 319.30	19 740	0.003 835	14 426
N3	1 395	99.56	1 295.44	19 732	0.005 046	12 592
N4	1 395	94.63	1 300.37	19 740	0.004 795	12 918

表 13-14　锚具变形引起的预应力损失计算表

截面	钢束编号	x/mm	l_f/mm	$\Delta\sigma_d$/(MPa/mm)	$\Delta\sigma$/MPa	σ_{L2}/MPa	各控制截面 σ_{L2} 平均值/MPa
跨中截面	N1	19 740	13 749	0.004 126	113.46	$x > l_f$ 截面不受反摩阻影响	0
	N2	19 740	14 426	0.003 835	110.65		
	N3	19 732	12 592	0.005 046	127.07		
	N4	19 740	12 918	0.004 795	123.85		
$l/4$ 截面	N1	10 025	13 749	0.004 126	113.46	30.73	29.55
	N2	10 025	14 426	0.003 835	110.65	33.876	
	N3	10 017	12 592	0.005 046	127.07	25.98	
	N4	10 025	12 918	0.004 795	123.85	27.74	
变化点截面	N1	5 140	13 749	0.004 126	113.46	71.04	73.03
	N2	5 140	14 426	0.003 835	110.65	71.23	
	N3	5 132	12 592	0.005 046	127.07	75.28	
	N4	5 140	12 918	0.004 795	123.85	74.57	
支点截面	N1	310	13 749	0.004 126	113.46	110.9	116.02
	N2	310	14 426	0.003 835	110.65	108.27	
	N3	302	12 592	0.005 046	127.07	124.02	
	N4	310	12 918	0.004 795	123.85	120.88	

3) 预应力钢筋分批张拉时混凝土弹性压缩引起的预应力损失

混凝土弹性压缩引起的应力损失取按应力计算需要控制的截面进行计算,对于简支梁可取 $l/4$ 截面进行计算,并以其计算结果作为全梁的各截面预应力钢筋应力损失的平均值,具体简化公式如下:

$$\sigma_{L4} = \frac{m-1}{2m}\alpha_{EP}\sigma_{pc}$$

式中,m——张拉批数,本例 N3、N4 两束同时张拉,则取 $m=3$;

α_{EP}——预应力钢筋与混凝土的弹性模量比,按张拉时混凝土的实际强度等级(设计强度的 90%)计算,即 $0.9 \times C50 = C45$,故 $\alpha_{EP} = E_p/E_c = (1.95 \times 10^5)/(3.35 \times 10^4) = 5.82$;

σ_{pc}——全部预应力钢筋(m 批)的合力 N_p 在其作用点(全部预应力钢筋中心点)处所产生的混凝土正应力,$\sigma_{pc} = \dfrac{N_p}{A} + \dfrac{N_p e_p^2}{I}$,截面特性按表 13-9 中第一阶段取用。

其中　　$N_p = (\sigma_{con} - \sigma_{L1} - \sigma_{L2})A_p = (1\,395 - 29.83 - 29.55) \times 3\,892 = 5\,198.233$ kN

$$\sigma_{pc} = \frac{N_p}{A} + \frac{N_p e_p^2}{I} = \frac{5\,198.233 \times 10^3}{800.803 \times 10^3} + \frac{5\,198.233 \times 10^3 \times 1\,024.0^2}{669.031 \times 10^9} = 14.63 \text{ MPa}$$

所以　　　　$\sigma_{L4} = \frac{m-1}{2m}\alpha_{EP}\sigma_{pc} = \frac{3-1}{2 \times 3} \times 5.82 \times 14.63 = 28.38$ MPa

4）预应力钢筋松弛引起的预应力损失

对于采用超张拉工艺的低松弛级钢绞线,由钢绞线松弛引起的预应力损失计算公式为

$$\sigma_{L5} = \psi \cdot \xi \cdot \left(0.52\frac{\sigma_{pe}}{f_{pk}} - 0.26\right) \cdot \sigma_{pe}$$

式中,ψ——张拉系数,采用一次张拉,取 $\psi = 1.0$;

　　　ξ——钢筋松弛系数,对于低松弛钢绞线,取 $\xi = 0.3$;

　　　σ_{pe}——传力锚固时的钢筋应力,$\sigma_{pe} = \sigma_{con} - \sigma_{L1} - \sigma_{L2} - \sigma_{L4}$,这里仍采用 $l/4$ 截面的应力值作为全梁的平均值计算,故有

$$\sigma_{pe} = \sigma_{con} - \sigma_{L1} - \sigma_{L2} - \sigma_{L4} = 1\,395 - 29.83 - 29.55 - 28.38 = 1\,307.24 \text{ MPa}$$

所以　　　　$\sigma_{L5} = 1.0 \times 0.3 \times \left[0.52 \times \frac{1\,307.24}{1\,860} - 0.26\right] \times 1\,307.24 = 41.36$ MPa

5）混凝土收缩徐变引起的预应力损失

混凝土收缩、徐变终极值引起的受拉区预应力钢筋的应力损失计算式为

$$\sigma_{L6}(t_u) = \frac{0.9[E_p \varepsilon_{cs}(t_u, t_0) + \alpha_{EP}\sigma_{pc}\phi(t_u, t_0)]}{1 + 15\rho\rho_{ps}}$$

式中,$\varepsilon_{cs}(t_u, t_0)$,$\phi(t_u, t_0)$——加载龄期为 t_0 时混凝土收缩应变终极值和徐变系数终极值;

　　　t_0——加载龄期,即达到设计强度为 90% 的龄期,近似按标准养护条件计算条件,则有

$0.9f_{ck} = f_{ck}\frac{\lg t_0}{\lg 28}$,则可得 $t_0 \approx 20$ d;对于二期恒载 G_2 的加载龄期 t'_0,假定 $t'_0 = 90$ d。

该梁所属的桥位于野外一般地区,相对湿度为 75%,其构件理论厚度由图 13-2 中跨中 I—I 截面可得 $2A_c/u \approx 2 \times 898\,600/7\,177 \approx 250$($A_c$ 为跨中截面全截面面积,可由表 13-1 查得;u 为跨中截面与大气接触的周边长度,为截面周长减去上缘和两翼缘厚度尺寸,原因是成桥后上缘与两翼缘悬臂端部均不与大气接触),由此可查表 12-4 并插值得相应的徐变系数终极值为 $\phi(t_u, t_0) = \phi(t_u, 20) = 1.74$,$\phi(t_u, t'_0) = \phi(t_u, 90) = 1.29$;混凝土收缩应变终极值为 $\varepsilon_{cs}(t_u, 20) = 2.2 \times 10^{-4}$。

σ_{pc} 为传力锚固时在跨中和 $l/4$ 截面的全部受力钢筋(包括预应力钢筋和纵向非预应力受力钢筋,为简化计算不计构造钢筋影响)截面重心处,由 N_{pI}、M_{G1}、M_{G2} 所引起的混凝土正应力的平均值。考虑到加载龄期不同,M_{G2} 按徐变系数变小乘以折减系数 $\phi(t_u, 90)/\phi(t_u, 20)$。计算 N_{pI} 的 M_{G1} 引起的应力时采用第一阶段截面特性,计算 M_{G2} 引起的应力时采用第三阶段截面特性。σ_{pc} 取跨中与 $l/4$ 截面的平均值计算,则有

跨中截面

$$N_{pI} = (\sigma_{con} - \sigma_{Li})A_p = (1\,395 - 87.83 - 0 - 28.38) \times 3\,892 = 4\,977.05 \text{ kN}$$

$$\sigma_{pc, l/2} = \left(\frac{N_{pI}}{A_n} + \frac{N_{pI}e_p^2}{I_n}\right) - \frac{M_{G1}}{W_{np}} - \frac{\phi(t_u, 90)}{\phi(t_u, 20)} \cdot \frac{M_{G2}}{W_{0p}} =$$

$$\frac{4\,977.05 \times 10^3}{800.803 \times 10^3} + \frac{4\,977.05 \times 10^3 \times 1\,358.3^2}{646.966 \times 10^9} - \frac{4\,109.88 \times 10^6}{4.763 \times 10^8} - \frac{1.29}{1.74} \times \frac{1\,842.72 \times 10^6}{5.624 \times 10^8} = 9.35 \text{ MPa}$$

$l/4$ 截面

$$N_{PI} = (1\,395 - 29.83 - 29.55 - 28.38) \times 3\,892 = 5\,087.78 \text{ kN}$$

$$\sigma_{pc,l/4} = \left(\frac{N_{PI}}{A_n} + \frac{N_{PI}e_p^2}{I_n}\right) - \frac{M_{G1}}{W_{np}} - \frac{\phi(t_u,90)}{\phi(t_u,20)} \cdot \frac{M_{G2}}{W_{0p}} =$$

$$\frac{5\,087.78 \times 10^3}{800.803 \times 10^3} + \frac{5\,087.78 \times 10^3 \times 1\,024.0^2}{659.021 \times 10^9} - \frac{4\,109.88 \times 10^6}{6.435 \times 10^8} - \frac{1.29}{1.74} \times \frac{1\,842.72 \times 10^6}{7.167 \times 10^8} =$$

6.16 MPa。

所以

$$\sigma_{pc} = (9.35 + 6.16)/2 = 7.76 \text{ MPa}$$

$$\rho = \frac{A_p + A_s}{A} = \frac{3\,892 + 1\,527}{800\,803} = 0.006\,8 \text{ (未计构造钢筋,} A \text{ 取第一阶段跨中截面面积)}$$

$$\alpha_{EP} = (1.95 \times 10^5)/(3.45 \times 10^4) = 5.65$$

$\rho_{ps} = 1 + \frac{e_{ps}^2}{i^2} = 1 + \frac{e_{ps}^2}{I_0/A_0}$,取跨中与 $l/4$ 截面的平均值计算(取第三阶段截面特性),则有

跨中截面

$$e_{ps} = \frac{A_p e_p + A_s e_s}{A_p + A_s} = \frac{3\,892 \times 1\,401.7 + 1\,527 \times (1\,401.7 + 125 - 45)}{3\,892 + 1\,527} = 1\,424.2$$

$l/4$ 截面

$$e_{ps} = \frac{A_p e_p + A_s e_s}{A_p + A_s} = \frac{3\,892 \times 1\,080.1 + 1\,527 \times (1\,080.1 + 453 - 45)}{3\,892 + 1\,527} = 1\,195.0$$

所以

$$e_{ps} = (1\,424.2 + 1\,195.0)/2 = 1\,309.6 \text{ mm}$$

$$A_0 = 924.031 \times 10^3 \text{ mm}^2$$

$$I_0 = (788.251 + 774.065) \times 10^9/2 = 781.158 \times 10^9 \text{ mm}^4$$

$$\rho_{ps} = 1 + 1\,309.6^2/(781.158 \times 10^9/924.031 \times 10^3) = 3.03$$

将以上各项代入即得

$$\sigma_{L6} = \frac{0.9 \times (1.95 \times 10^5 \times 2.2 \times 10^{-4} + 5.65 \times 7.76 \times 1.74)}{1 + 15 \times 0.006\,7 \times 3.03} = 82.16 \text{ MPa}$$

3. 有效预应力

现将各控制截面钢束预应力损失平均值及有效预应力汇总于表 13-15 中。

表 13-15 有效预应力 单位:MPa

控制截面	预加应力阶段 $\sigma_{LI} = \sigma_{L1} + \sigma_{L2} + \sigma_{L4}$/MPa				使用阶段 $\sigma_{LII} = \sigma_{L5} + \sigma_{L6}$/MPa			钢束有效预应力/MPa	
								预应力阶段	使用阶段
	σ_{L1}	σ_{L2}	σ_{L4}	σ_{LI}	σ_{L5}	σ_{L6}	σ_{LII}	$\sigma_{pI} = \sigma_{con} - \sigma_{LI}$	$\sigma_{pII} = \sigma_{con} - \sigma_{LI} - \sigma_{LII}$
跨中截面	87.83	0	28.38	116.21	41.36	82.16	123.52	1 278.79	1 155.27
$l/4$ 截面	29.83	29.55	28.38	87.76	41.36	82.16	123.52	1 307.24	1 183.72
变化点截面	10.83	73.03	28.38	112.24	41.36	82.16	123.52	1 282.76	1 159.24
支点截面	0.64	116.02	28.38	145.04	41.36	82.16	123.52	1 249.96	1 126.44

13.2.8 持久状况构件应力验算

1. 预应力钢筋最大拉应力验算

由二期恒载及活载作用产生的预应力钢筋截面重心处的混凝土应力为

$$\sigma_{kt} = \frac{M_{G21}}{W_{0p}} + \frac{M_{G22} + M_Q}{W_{0p}} = \frac{440.8 \times 10^6}{5.442 \times 10^8} + \frac{(1\,401.92 + 3\,895.22) \times 10^6}{5.634 \times 10^8} = 10.21 \text{ MPa}$$

所以预应力钢束应力为

$$\sigma_{pmax} = \sigma_{pII} + \alpha_{EP}\sigma_{kt} = 1\,155.27 + 5.65 \times 10.21 =$$
$$1\,212.96 \text{ MPa} > 0.65 f_{pk}(= 0.65 \times 1\,860 = 1\,209 \text{ MPa})$$

计算表明预应力钢筋拉应力超过了规范规定值,但其比值$(1\,212.96/1\,209 - 1) = 0.33\% < 5\%$,可以认为钢筋应力满足要求。

2. 混凝土应力验算

1) 正应力验算

对于预应力混凝土简支梁的正应力,由于配置曲线筋束的关系,应取跨中、$l/4$、支点及钢束突然变化处(截断或弯出梁顶等)分别进行验算。应力计算的作用(或荷载)取标准值,汽车荷载计入冲击系数。在此仅以跨中截面(I—I)为例进行验算。

$$N_{pII} = \sigma_{pII} \cdot A_p - \sigma_{L6}A_s = 1\,155.27 \times 3\,892 - 82.16 \times 1\,527 = 4\,370.85 \text{ kN}$$

$$e_{pn} = \frac{\sigma_{pII}A_p(y_{nb} - a_p) - \sigma_{L6}A_s(y_{nb} - a_s)}{N_p} =$$
$$\frac{1\,155.27 \times 3\,892 \times (1\,483.3 - 125) - 82.16 \times 1\,527 \times (1\,483.3 - 45)}{4\,370.85} = 1\,356 \text{ mm}$$

跨中截面混凝土上边缘压应力计算值为

$$\sigma_{cu} = \left(\frac{N_{pII}}{A_n} - \frac{N_{pII} \cdot e_{pn}}{W_{nu}}\right) + \frac{M_{G1}}{W_{nu}} + \frac{M_{G21}}{W_{0u}} + \frac{M_{G22} + M_Q}{W_{0u}} =$$

$$\frac{4\,370.85 \times 10^3}{800.803 \times 10^3} - \frac{4\,370.85 \times 10^3 \times 1\,356}{6.364 \times 10^8} + \frac{4\,109.88 \times 10^6}{6.364 \times 10^8} +$$

$$\frac{440.80 \times 10^6}{6.619 \times 10^8} + \frac{(1\,401.92 + 3\,895.22) \times 10^6}{8.102 \times 10^8} =$$

$$9.81 \text{ MPa} < 0.5 f_{ck}(= 0.5 \times 32.4 = 16.2 \text{ MPa})$$

持久状况下跨中截面混凝土正应力验算满足要求。

同理,可验算$l/4$、变化点和支点等其他截面。

2) 主应力验算

本例取剪力和弯矩都有较大的变化点(II—II)截面(图13-2)为例进行计算。实际设计中,应根据需要增加验算截面。

(1) 截面面积矩计算。

按图13-7进行计算,其中计算点分别取上梗肋a—a处、第三阶段截面重心轴x_0—x_0处及下梗肋b—b处。

以第一阶段截面梗肋a—a以上面积对净截面重心

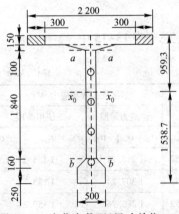

图13-7 变化点截面(尺寸单位:mm)

轴 x_n—x_n 的面积矩 S_{na} 计算为例：

$$S_{na} = 1\,600 \times 150 \times (1\,030.4 - 150/2) + \frac{1}{2} \times (400 + 400) \times 100 \times (1\,030.4 - 150 - 100/3) +$$
$$180 \times 100 \times (1\,030.4 - 150 - 100/2) = 2.781 \times 10^8 \text{ mm}^3$$

同理可得，不同计算点处的面积矩，现汇总于表 13-16 中。

表 13-16 面积矩计算表

截面类型	第一阶段净截面对其重心轴 （重心轴位置 $x_n = 1\,030.4$ mm）			第二阶段换算截面对其重心轴 （重心轴位置 $x_0' = 1\,055.2$ mm）			第三阶段换算截面对其重心轴 （重心轴位置 $x_0 = 959.3$ mm）		
计算点位置	a—a	x_0—x_0	b—b	a—a	x_0—x_0	b—b	a—a	x_0—x_0	b—b
面积矩符号	S_{na}	S_{nx_0}	S_{nb}	S'_{0a}	S'_{0x_0}	S'_{0b}	S_{0a}	S_{0x_0}	S_{0b}
面积矩（$\times 10^8$ mm^3）	2.781	3.325	2.308	2.855	3.430	2.263	3.365	3.818	2.435

（2）主应力计算。

以上梗肋处（a-a）的主应力计算为例。

① 剪应力：

$$V_Q = V_{Q1} + V_{Q2} = 301.31 + 29.37 = 330.68 \text{ kN}$$

$$\tau = \frac{V_{G1} S_{na}}{b I_n} + \frac{V_{G21} S'_{0a}}{b I'_0} + \frac{(V_{G22} + V_Q) S_{0a}}{b I_0} - \frac{\sum \sigma'_{pe} A_{pb} \sin\theta_p S_{na}}{b I_n} =$$

$$\frac{315.95 \times 10^3 \times 2.781 \times 10^8}{180 \times 669.031 \times 10^9} + \frac{34.11 \times 10^3 \times 2.885 \times 10^8}{180 \times 682.250 \times 10^9} +$$

$$\frac{(108.37 + 330.68) \times 10^2 \times 3.365 \times 10^8}{180 \times 762.285 \times 10^9} - \frac{1\,159.24 \times 3\,892 \times 0.083\,7 \times 2.781 \times 10^8}{180 \times 669.031 \times 10^9} = 1.014 \text{ MPa}$$

（注：变化点截面的各阶段的惯性矩见表 13-9，$\sigma'_{pe} = \sigma_{pII}$，$\sin\theta_p$ 大小见箍筋设计部分。）

② 正应力：

$$N_{pII} = \sigma_{pII} \cdot A_{pb} \cdot \cos\theta_p + \sigma_{pII} A_p - \sigma_{L6} A_s =$$
$$1\,159.24 \times 3\,892 \times \sqrt{1 - 0.083\,7^2} + 1\,159.24 \times 0 - 82.16 \times 1\,527 =$$
$$4\,370.47 \times 10^3 \text{ N}$$

$$e_{pn} = \frac{(\sigma_{pII} \cdot A_{pb} \cdot \cos\theta_p + \sigma_{pII} A_p)(y_{nb} - a_p) - \sigma_{L6} A_s (y_{nb} - a_s)}{\sigma_{pII} \cdot A_{pb} \cdot \cos\theta_p + \sigma_{pII} A_p - \sigma_{L6} A_s} =$$

$$\frac{(1\,159.24 \times 3\,892 \times \sqrt{1 - 0.083\,7^2}) \times (1\,469.6 - 842.25) - 82.16 \times 1\,527 \times (1\,469.6 - 45)}{1\,159.24 \times 3\,892 \times \sqrt{1 - 0.083\,7^2} - 82.16 \times 1\,527} =$$

604.5 mm

$$\sigma_{cx} = \frac{N_{pII}}{A_n} - \frac{N_{pII} \cdot e_{pn} \cdot y_{na}}{I_n} + \frac{M_{G1} \cdot y_{na}}{I_n} + \frac{M_{G2} \cdot y'_{0a}}{I'_0} + \frac{(M_{G22} + M_Q) \cdot y_{0a}}{I_0} =$$

$$\frac{4\,370.47 \times 10^3}{800.803 \times 10^3} - \frac{4\,370.47 \times 10^3 \times 604.5 \times (1\,030.4 - 150 - 100)}{669.031 \times 10^9} +$$

$$\frac{1\,793.85 \times 10^6 \times (1\,030.4 - 150 - 100)}{669.031 \times 10^9} + \frac{191.83 \times 10^6 \times (1\,055.2 - 150 - 100)}{682.25 \times 10^9} +$$

$$\frac{(523.33 + 1\,155.18) \times 10^6 \times (959.3 - 150 - 100)}{762.685 \times 10^9} = 6.67 \text{ MPa}。$$

③ 主应力：

$$\left.\begin{array}{l}\sigma_{tp}\\ \sigma_{cp}\end{array}\right\} = \frac{\sigma_{cx}+\sigma_{cy}}{2} \mp \sqrt{\left(\frac{\sigma_{cx}-\sigma_{cy}}{2}\right)+\tau^2} = \frac{6.67}{2} \mp \sqrt{\left(\frac{6.67}{2}\right)^2+1.014^2} = \begin{cases}-0.18 \text{ MPa}\\ 6.85 \text{ MPa}\end{cases}$$

同理，可得 x_0—x_0 及下梗肋 b—b 的主应力如表 13-17 所示。

表 13-17 变化点截面(Ⅱ—Ⅱ)主应力计算表

计算纤维	面积矩/($\times 10^8$ mm^3)			剪应力 τ /MPa	正应力 σ /MPa	主应力/MPa	
	第一阶段净截面 S_n	第二阶段换算截面 S_0'	第三阶段换算截面 S_0			σ_{tp}	σ_{cp}
a—a	2.781	2.855	3.365	1.014	6.67	−0.18	6.85
x_0—x_0	3.325	3.430	3.818	1.15	5.37	−0.23	5.61
b—b	2.308	2.263	2.435	0.725	4.33	−0.12	4.45

（3）主应力验算。

混凝土的主压应力限制值为 $0.6f_{ck} = 0.6 \times 32.4 = 19.44$ MPa，与表 13-17 的计算结果比较，可见混凝土主压应力计算值均小于限值，满足要求。

最大主拉应力为 $\sigma_{tpmax} = 0.23$ MPa $< 0.5f_{tk} = 0.5 \times 2.65 = 1.33$ MPa，按《公路桥规》（JTG D62—2004）的要求，仅需按构造布置箍筋。

13.2.9 持久状况正常使用极限状态验算

1. 抗裂性验算

1）正截面抗裂性验算

正截面抗裂验算取跨中截面进行。

（1）预加力产生的构件抗裂验算边缘的混凝土预压应力的计算

$$N_{pII} = \sigma_{pII} \cdot A_p - \sigma_{L6}A_s = 1\,155.27 \times 3\,892 - 82.16 \times 1\,527 = 4\,370.85 \text{ kN}$$

$$e_{pn} = \frac{\sigma_{pII}A_p(y_{nb}-a_p) - \sigma_{L6}A_s(y_{nb}-a_s)}{N_{pII}} =$$

$$\frac{1\,155.27 \times 3\,892 \times (1\,483.3 - 125) - 82.16 \times 1\,527 \times (1\,482.3 - 45)}{4\,371.09} = 1\,355.9 \text{ mm}$$

$$\sigma_{pc} = \frac{N_{pII}}{A_n} + \frac{N_{pII}e_{pn}}{W_{nb}} = \frac{4\,370.85 \times 10^3}{800.803 \times 10^3} + \frac{4\,370.85 \times 10^3 \times 1\,438.6}{4.362 \times 10^8} = 19.87 \text{ MPa}$$

（2）作用短期效应组合下的构件抗裂验算边缘混凝土的法向拉应力的计算：

$$\sigma_{st} = \frac{M_s}{W} = \frac{M_{G1}}{W_n} + \frac{M_{G21}}{W_0'} + \frac{M_{G22}+M_{Qs}}{W_0} =$$

$$\frac{4\,109.88 \times 10^6}{4.362 \times 10^8} + \frac{440.8 \times 10^6}{4.965 \times 10^8} + \frac{1\,401.92 \times 10^6 + 2\,411.31 \times 10^6}{5.173 \times 10^8} = 17.68 \text{ MPa}$$

作用长期效应组合下的构件抗裂验算边缘混凝土的法向拉应力的计算：

$$\sigma_{lt} = \frac{M_l}{W} = \frac{M_{G1}}{W_n} + \frac{M_{G21}}{W_0'} + \frac{M_{G22}+M_{Ql}}{W_0} =$$

$$\frac{4\,109.88 \times 10^6}{4.38 \times 10^8} + \frac{440.8 \times 10^6}{40\,964 \times 10^8} + \frac{1\,401.92 \times 10^6 + 1\,317.84 \times 10^6}{4.695 \times 10^8} = 15.57 \text{ MPa}。$$

(3) 正截面混凝土抗裂验算：

$$\sigma_{st} - \sigma_{pc} = 17.68 - 19.87 = -2.19 \text{ MPa} < 0.7 f_{tk}(= 0.7 \times 2.65 = 1.855 \text{ MPa})$$

计算结果满足 A 类部分预应力构件在作用短期效应组合下的抗裂要求。

$$\sigma_{lt} - \sigma_{pc} = 15.57 - 19.87 = -4.3 \text{ MPa} < 0$$

计算结果满足 A 类部分预应力混凝土构件在作用长期效应组合下的抗裂要求。

2) 斜截面抗裂性验算

斜截面抗裂验算应取剪力和弯矩均较大的最不利区段截面进行，这里仍取剪力和弯矩都较大的变化处的截面（II—II）（图 13-2）为例进行计算。实际设计中，应根据需要增加验算截面。该截面的几何特性见表 13-9。

(1) 主拉应力计算。

以上梗肋处（a—a）的主应力计算为例。

① 剪应力。

$$t = \frac{V_{G1} S_{na}}{b I_n} + \frac{V_{G21} S'_{0a}}{b I'_0} + \frac{(V_{G22} + V_{Qs}) S_{0a}}{b I_0} - \frac{\sum \sigma'_{pe} A_{pb} \sin\theta_p S_{na}}{b I_n} =$$

$$\frac{315.95 \times 10^3 \times 2.781 \times 10^8}{180 \times 669.031 \times 10^9} + \frac{34.11 \times 10^3 \times 2.855 \times 10^8}{180 \times 682.250 \times 10^9} +$$

$$\frac{(108.37 + 204.55) \times 10^3 \times 3.365 \times 10^8}{180 \times 762.285 \times 10^9} - \frac{11\,581.9 \times 3\,892 \times 0.083\,7 \times 2.781 \times 10^8}{180 \times 669.031 \times 10^9} = 0.705 \text{ MPa}$$

② 正应力：

$$N_{pII} = \sigma_{pII} \cdot A_{pb} \cdot \cos\theta_p + \sigma_{pII} A_p - \sigma_{L6} A_s =$$

$$1\,159.24 \times 3\,892 \times \sqrt{1 - 0.083\,7^2} + 1\,159.24 \times 0 - 82.16 \times 1\,527 =$$

$$4\,370.47 \times 10^3 \text{ N}$$

$$e_{pn} = \frac{(\sigma_{pII} \cdot A_{pb} \cdot \cos\theta_p + \sigma_{pII} A_p)(y_{nb} - a_p) - \sigma_{L6} A_s (y_{nb} - a_s)}{\sigma_{pII} \cdot A_{pb} \cdot \cos\theta_p + \sigma_{pII} A_p - \sigma_{L6} A_s} =$$

$$\frac{(1\,159.24 \times 3\,892 \times \sqrt{1 - 0.083\,7^2} + 1\,159.24 \times 0) \times (1\,469.6 - 842.25) - 82.16 \times 1\,527 \times (1\,469.6 - 45)}{1\,159.24 \times 3\,892 \times \sqrt{1 - 0.083\,7^2} + 1\,159.24 \times 0 - 82.16 \times 1\,527} =$$

604.5 mm

$$\sigma_{cx} = \frac{N_{pII}}{A_n} - \frac{N_{pII} \cdot e_{pn} \cdot y_{na}}{I_n} + \frac{M_{G1} \cdot y_{na}}{I_n} + \frac{M_{G2} \cdot y'_{0a}}{I'_0} + \frac{(M_{G22} + M_{Qs}) \cdot y_{0a}}{I_0} =$$

$$\frac{4\,370.47 \times 10^3}{800.803 \times 10^3} - \frac{4\,370.47 \times 10^3 \times 604.5 \times (1\,030.4 - 150 - 100)}{669.031 \times 10^9} +$$

$$\frac{1\,793.85 \times 10^6 \times (1\,030.4 - 150 - 100)}{669.031 \times 10^9} + \frac{191.83 \times 10^6 \times (1\,055.2 - 150 - 100)}{682.25 \times 10^9} +$$

$$\frac{(523.33 + 735.67) \times 10^6 \times (959.3 - 150 - 100)}{762.685 \times 10^9} = 6.28 \text{ MPa}$$

③ 主拉应力：

$$\sigma_{tp} = \frac{\sigma_{cx} + \sigma_{cy}}{2} - \sqrt{\left(\frac{\sigma_{cx} - \sigma_{cy}}{2}\right)^2 + \tau^2} = \frac{6.28}{2} - \sqrt{\left(\frac{6.28}{2}\right)^2 + 0.705^2} = -0.08 \text{ MPa}$$

同理，可得 x_0—x_0 及下梗肋 b—b 的主拉应力如表 13-18 所示。

表 13-18　变化点截面(Ⅱ—Ⅱ)抗裂验算主拉应力计算表

计算纤维	面积矩(mm³)			剪应力 τ /MPa	正应力 σ /MPa	主拉应力 σ_{tp}/MPa
	第一阶段净截面 S_n	第二阶段换算截面 S_0'	第三阶段换算截面 S_0			
$a—a$	2.781×10^4	2.865×10^4	3.365×10^4	0.705	6.28	-0.080
$x_0—x_0$	3.325×10^4	3.430×10^4	3.818×10^4	0.800	5.372	-0.116
$b—b$	2.308×10^4	2.263×10^4	2.435×10^4	0.500	4.953	-0.050

(2) 主拉应力的限制值。

作用短期效应组合下抗裂验算的混凝土的主拉应力限值为

$$0.7f_{tk} = 0.7 \times 2.65 = 1.86 \text{ MPa}$$

从表 13-18 中可以看出，以上主拉应力均符合要求，所以变化点截面满足作用短期效应组合作用下的斜截面抗裂验算要求。

2. 变形验算

1) 可变作用引起的长期挠度

取梁 $l/4$ 截面处的换算截面惯性矩 $I_0 = 774.065 \times 10^9 \text{ mm}^4$ 作为全梁的平均值来计算。由可变作用引起的简支梁跨中截面的长期挠度为

$$\omega_{Ql} = \eta_\theta \cdot \omega_{Qs} = \eta_\theta \times \left(\frac{5}{48} \times \frac{M_{Qs}l^2}{0.95E_cI_0}\right) =$$

$$1.43 \times \frac{5}{48} \times \frac{2411.31 \times 10^6 \times 38860^2}{0.95 \times 3.45 \times 10^4 \times 774.065 \times 10^9} =$$

$$21.4 \text{ mm} < \frac{l}{600} = \frac{38860}{600} = 64.7 \text{ mm}$$

满足规范要求。

2) 永久作用引起的长期挠度

考虑长期效应的一期恒载、二期恒载引起的长期挠度

$$\omega_{Gl} = \eta_\theta \cdot (\omega_{G_1} + \omega_{G_{21}} + \omega_{G_{21}}) = \eta_\theta \times \frac{5}{48} \times \frac{(M_{G_1} + M_{G_{21}} + M_{G_{21}})l^2}{0.95E_cI_0} =$$

$$1.43 \times \frac{5}{48} \times \frac{(4109.88 + 440.80 + 1401.92) \times 10^6 \times 38660^2}{0.95 \times 3.45 \times 10^4 \times 774.065 \times 10^9} = 52.8 \text{ mm}$$

3) 预加力引起的反拱度

(1) 预加力产生的弯矩值。

采用 $l/4$ 截面处的使用阶段永存预加力引起的弯矩作为全梁平均预加力引起的弯矩计算值。$l/4$ 截面处各预应力钢筋的弯起角度见表 13-6，管道压浆前的截面几何特性见表 13-9，永存预应力见表 13-15。

$$N_p = \sigma_{pII} \cdot A_{pb} \cdot \cos\theta_p - \sigma_{L6}A_s =$$

$$1183.72 \times (139 \times 7) \times (\cos7° + \cos5.2° + \cos2.82° + \cos1.4°) - 82.16 \times 1527 =$$

$$1183.72 \times (139 \times 7) \times (0.9925 + 0.9959 + 0.9988 + 0.9997) - 82.16 \times 1527 =$$

$$4466.49 \text{ kN}$$

$$e_{pn} = \frac{(\sigma_{pII} \cdot A_{pb} \cdot \cos\theta_p)(y_{nb} - a_p) - \sigma_{L6}A_s(y_{nb} - a_s)}{N_p} =$$

$$\frac{4\,591.950 \times (1\,477.0 - 453) - 125.46 \times (1\,477.0 - 45)}{4\,466.49} = 1\,012.54 \text{ mm}$$

$$M_{pe} = N_p e_{pn} = 4\,466.49 \times 10^3 \times 1\,012.54 = 4\,522.5 \times 10^6 \text{ N} \cdot \text{mm}$$

(2) 预加力引起的长期反拱度。

截面惯性矩应采用预加力阶段(第一阶段)的截面惯性矩,为简化这里仍以梁 $l/4$ 处截面的截面惯性矩 $I = 659.021 \times 10^9 \text{ mm}^4$ 作为全梁的平均值来计算。主梁考虑长期效应的预加力引起的上拱度(跨中截面),即

$$\delta_{pe} = \eta_{\theta,pe} \cdot \int_0^l \frac{M_{pe} \cdot M_x}{E_c I_0} dx = -\eta_{\theta,pe} \cdot \frac{M_{pe} \cdot l^2}{8 \times E_c I_n} =$$

$$-2 \times \frac{4\,522.5 \times 10^6 \times 38\,860^2}{8 \times 3.45 \times 10^4 \times 659.021 \times 10^9} = -75.2 \text{ mm}$$

4) 预拱度设置

梁在预加力和作用短期效应组合共同作用下并考虑长期效应的长期挠度值为

$$\omega_l = \omega_{Q_l} + \omega_{G_l} + \delta_{pe} = 21.4 + 52.8 - 75.2 = -1 \text{ mm}$$

预加力产生的长期反拱值大于按荷载短期效应组合计算的长期挠度值,所以不需要设置预拱度。

13.2.10 配筋率验算

《公路桥规》(JTG D62—2004)规定,预应力混凝土受弯构件的最小配筋率应满足 $M_u/M_{cr} \geq 1.0$。

1. 正截面抗弯承载力设计值 M_u 的计算

取跨中截面正截面抗弯承载力设计值,可由"13.2.6 持久状况承载能力极限状态验算 1. 正截面承载力计算"部分得到,为 $M_u = 12\,583.3 \text{ kN} \cdot \text{m}$。

2. 正截面开裂弯矩 M_{cr} 的计算

取跨中截面正截面开裂弯矩值,计算式为 $M_{cr} = (\sigma_{pc} + \gamma f_{tk}) W_0$。

(1) σ_{pc} 为扣除全部预应力损失预应力钢筋和普通钢筋合力在构件抗裂边缘产生的混凝土预压应力,可由"13.2.9 持久状况正常使用极限状态验算 1. 抗裂性验算 1)正截面抗裂性验算"部分得到,为 $\sigma_{pc} = 19.87 \text{ MPa}$。

(2) $\gamma = 2S_0/W_0$,其中 W_0 为换算截面抗裂边缘的弹性抵抗矩,可由表 13-9(第三阶段 W_b)查得,为 $W_0 = 5.173 \times 10^8 \text{ mm}^3$;$S_0$ 为全截面换算截面重心轴以上(或以下)部分面积对重心轴的面积矩,计算方法同"13.2.8 持久状况构件应力验算 2. 混凝土应力验算 2)主应力验算(1)截面面积矩计算",为

$$S_0 = 2\,200 \times 150 \times (973.3 - 150/2) + \frac{1}{2} \times (400 + 400) \times 100 \times (973.3 - 150 - 100/3) +$$

$$180 \times (973.3 - 150) \times (973.3 - 150)/2 = 3.890 \times 10^8 \text{ mm}^3$$

则

$$\gamma = 2 \times 3.890/5.173 = 1.504$$

(3) f_{tk} 为混凝土轴心抗拉强度标准值,为 $f_{tk} = 2.65 \text{ MPa}$。

(4) M_{cr} 的计算。

由以上数值可得截面正截面开裂弯矩值,即

$$M_{cr} = (19.87 + 1.504 \times 2.65) \times (5.173 \times 10^8) = 12\,304.67 \text{ kN·m}$$

3. 配筋率验算

$$M_u/M_{cr} = 12\,583.3/12\,304.67 = 1.027 \geqslant 1.0$$

满足规范要求。

13.2.11 短暂状况构件应力验算

1. 预加应力阶段的应力验算

以跨中截面为例进行验算。

1) 跨中截面上缘混凝土应力验算

$$\sigma'_{ct} = \frac{N_{pI}}{A_n} - \frac{N_{pI}e_{pn}}{W_{nu}} + \frac{M_{G1}}{W_{nu}} = \frac{\sigma_{pI}A_p}{A_n} - \frac{\sigma_{pI}A_p e_{pn}}{W_{nu}} + \frac{M_{G1}}{W_{nu}} =$$

$$\frac{1\,278.79 \times 3892}{800.803 \times 10^3} - \frac{1\,278.79 \times 3892 \times 1\,358.3}{6.364 \times 10^8} + \frac{4\,109.88 \times 10^6}{6.364 \times 10^8} = 2.05 \text{ MPa}(压)$$

预拉区混凝土没有出现拉应力,故只需配置配筋率不小于0.2%的纵向钢筋即可。

2) 跨中截面下缘混凝土应力验算

$$\sigma^t_{cc} = \frac{N_{pI}}{A_n} + \frac{N_{pI}e_{pn}}{W_{nu}} - \frac{M_{G1}}{W_{nu}} = \frac{\sigma_{pI}A_p}{A_n} + \frac{\sigma_{pI}A_p e_{pn}}{W_{nu}} - \frac{M_{G1}}{W_{nu}} =$$

$$\frac{1\,278.79 \times 3892}{800.803 \times 10^3} + \frac{1\,278.79 \times 3892 \times 1\,358.3}{6.364 \times 10^8} - \frac{4\,109.88 \times 10^6}{6.364 \times 10^8} =$$

$$10.4 \text{ MPa} < 0.7 f'_{ck} (= 0.7 \times 29.6 = 20.72 \text{ MPa})$$

满足规范要求。

同理可进行支点截面在预加应力阶段的应力验算。

2. 运输、安装阶段的应力验算

运输、安装阶段的吊点截面的应力验算,其方法与此相同,但应注意计算图式、预加应力和截面几何特性等的变化情况。

13.2.12 锚下局部承压验算

现以N2钢束锚固端为例进行局部承压验算,图13-8为N2钢束梁端锚具及间接钢筋的构造布置图。

1. 局部承压区的抗裂性验算

配置间接钢筋的混凝土构件,其局部受压区的尺寸应满足下列锚下混凝土抗裂计算的要求:

$$\gamma_0 F_{ld} \leqslant F_{cr} = 1.3 \eta_s \beta f_{cd} A_{ln}$$

式中,γ_0——结构重要性系数,这里 $\gamma_0 = 1.0$;

F_{ld}——局部受压面积上的局部压力设计值,后张法锚头局压区应取1.2倍张拉时的最大压力(N2钢束为7ϕ^s15.2,截面面积 $A_{N2} = 973 \text{ mm}^2$),$F_{ld} = 1.2 \times \sigma_{con} \times A_{N2} = 1.2 \times 1395 \times 973 = 1\,628.802 \times 10^3 \text{ N}$;

η_s——混凝土局部承压修正系数,本例混凝土强度等级为C50,$\eta_s = 1.0$;

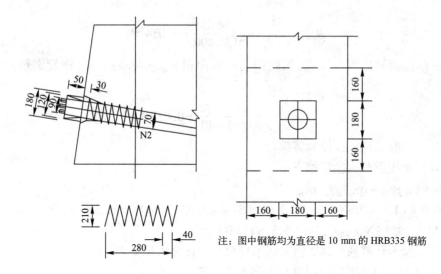

图 13-8 锚固区局部承压计算图(尺寸单位:mm)

f_{cd}——张拉锚固时混凝土轴心抗压强度设计值,混凝土强度达到设计强度的 90% 时张拉,此时混凝土强度等级相当于 $0.9 \times C50 = C45$, $f_{cd} = 20.5$ MPa;

A_{ln}、A_1——混凝土局部受压面积,A_{ln} 为扣除孔洞后面积,A_1 为不扣除孔洞面积;本例采用的是喇叭管并与锚垫板连成整体的锚具,A_{ln} 取锚垫板面积扣除喇叭管尾端内孔面积,喇叭管尾端内孔直径为 70 mm,所以

$$A_1 = 180 \times 180 = 32\,400 \text{ mm}^2, A_{ln} = 180 \times 180 - \frac{\pi \times 70^2}{4} = 28\,552 \text{ mm}^2$$

A_b——局部承压计算底面积;局部承压面为 180 mm² 的正方形,根据《公路桥规》(JTG D62—2004)中的计算方法,局部承压计算底面积为:$A_b = 500 \times 500 = 250\,000$ mm²;

β——混凝土局部承压承载力提高系数,$\beta = \sqrt{\dfrac{A_b}{A_1}} = \sqrt{\dfrac{250\,000}{32\,400}} = 2.78$。

抗裂性验算如下:

$$F_{cr} = 1.3 \eta_s \beta f_{cd} A_{ln} = 1.3 \times 1.0 \times 2.78 \times 20.5 \times 28\,552 = 2\,115.332 \times 10^3 \text{ N} > \gamma_0 F_{ld}(=1\,628.802 \times 10^3 \text{ N})$$

计算表明,局部承压区尺寸满足抗裂性要求。

2. 局部承压区的承载力验算

配置间接钢筋的局部承压构件,其局部抗压承载力计算公式为

$$\gamma_0 F_{ld} \leqslant F_u = 0.9(\eta_s \beta f_{cd} + k\rho_v \beta_{cor} f_{sd})A_{ln}$$

且满足

$$\beta_{cor} = \sqrt{\dfrac{A_{cor}}{A_1}} \geqslant 1$$

式中,k——间接钢筋影响系数,当混凝土强度等级为 C50 及以下时,取 $k = 2.0$;

d_{cor}——螺旋钢筋内表面范围内混凝土核心的直径,$d_{cor} = 210$ mm;

A_{cor}——螺旋钢筋范围内混凝土核心面积,即

$$A_{cor} = \pi \cdot d_{cor}^2/4 = \pi \cdot 210^2/4 = 34\,636 \text{ mm}^2 < A_b(250\,000 \text{ mm}^2)$$

$$\beta_{cor} = \sqrt{\frac{A_{cor}}{A_1}} = \sqrt{\frac{34\,636}{32\,400}} = 1.034 > 1$$

ρ_v——间接钢筋体积配筋率,螺旋钢筋截面面积 $A_{ssl} = 78.54 \text{ mm}^2$,螺旋钢筋的间距 $s = 40 \text{ mm}$,则

$$\rho_v = \frac{4A_{ssl}}{d_{cor}s} = \frac{4 \times 78.54}{210 \times 40} = 0.0374;$$

其他符号的数值见抗裂性验算部分。

锚下局部承压承载力验算如下:

$$\begin{aligned}F_u &= 0.9(\eta_s\beta f_{cd} + k\rho_v\beta_{cor}f_{sd})A_{ln} = \\&\quad 0.9 \times (1.0 \times 2.78 \times 20.5 + 2 \times 0.0374 \times 1.034 \times 280) \times 28\,552 = \\&\quad 2\,020.953 \text{ kN} > \gamma_0 F_{ld}(=1\,628.802 \text{ kN})\end{aligned}$$

故局部抗压承载力计算通过,N2 钢束锚下局部承压计算满足要求。

同理可对 N1、N3、N4 号钢束进行局部承压计算。

习题

13-1 什么是截面抗弯效率指标?何谓束界?

13-2 预应力钢筋的布置原则是什么?

13-3 如何确定预应力钢筋的起弯点?如何确定预应力钢筋的弯起角度?预应力钢筋弯起的曲线形状主要有哪些?

第 3 篇

砌 工 结 构

第 14 章 圬工结构的基本概念与材料

14.1 圬工结构的基本概念

14.1.1 圬工结构的概念

用砂浆或小石子混凝土砌筑砖、石材建成的砌体结构称为砖石结构;用砂浆砌筑混凝土预制块、整体浇筑的混凝土或片石混凝土等构成的结构,称为混凝土结构。通常把以上两种结构统称为圬工结构。由于砖、石材及混凝土的共同特点是抗压强度高而抗拉、抗剪强度低,因此在桥涵工程中圬工结构常用作以承压为主的结构构件,如涵洞、重力式挡土墙、拱桥的拱圈、梁桥的重力式墩台和扩大基础等。

圬工结构常以砌体的形式出现,即将一定数量的砖、石材或混凝土预制块,通过砂浆或小石子混凝土按一定砌筑规则砌筑而成的,满足构件既定尺寸及形状要求的受力整体。砌体中所使用的具有一定规格(尺寸、形状、强度等级等)的砖、石材或混凝土预制块等称为块材。

砌筑规则主要是为了保证砌体的受力尽可能均匀。如果块材排列不合理,使各层块材的竖向砌缝或灰缝重合于几条垂直线上,则这些重合的竖向灰缝将砌体分割成彼此间不相联系和咬合的几个独立部分,因而不能共同整体地承受外力,削弱甚至破坏结构物的整体性。为使砌体构成一个整体,就必须把块材错缝砌筑。另外,由于砌体中的砂浆构成的砌缝很难密实均匀,且砂浆的强度又往往比块材强度低,因此采用错缝砌筑可以合理分散砌体中砌缝这一薄弱环节,以保证砌体整体受力。

在公路桥涵结构中因为砖的强度低、耐久性差而较少应用,且烧结砖的取材和制造要占用农田并对环境造成污染,特别是在等级公路上的桥涵结构物不应采用砖砌体,所以新修订的《公路圬工桥涵设计规范》(JTG D61—2005)取消了砖砌体,并将原规范的名称《公路砖石及混凝土桥涵设计规范》(JTJ 022—85)改为《公路圬工桥涵设计规范》(JTG D61—2005)。本教材圬工结构的内容均按《公路圬工桥涵设计规范》(JTG D61—2005)进行介绍。

14.1.2 圬工结构的优缺点

1. 优点

圬工结构之所以在桥涵结构中能够得到广泛的应用,是因为它有着下述主要优点:
(1) 天然石料、砂等原材料分布广,易于就地取材,价格低廉。
(2) 有较强的耐久性、良好的耐火性及稳定性,维修养护费用低。
(3) 施工简便,不需特殊设备,易于掌握。
(4) 具有较强的抗冲击性能及较大的超载性能。由于圬工结构一般体积较大,重量大,刚度大,当构件受力时,其恒载与活载相比,恒载所占的比例较大,因而抗冲击能力强,超载能力大。

(5) 与钢筋混凝土结构相比,可节约水泥和钢材,砌体砌筑时不需要模板,可节省木材。

2. 缺点

除以上主要优点外,圬工结构也存在明显的缺点,限制了其应用范围,举例如下:

(1) 自重大。由于砌体强度不高,特别是抗拉、抗剪强度低,故构件截面尺寸大,材料用量多,造成结构自重大。

(2) 施工周期长,机械化程度低。砌筑工作相当繁重,操作主要靠手工方式。

(3) 抗拉、抗剪强度很低,抗震能力差。由于砌体是靠砂浆的黏合作用将块材形成整体,故砂浆和块材的黏结力相对较弱。

14.2 圬工结构的材料

桥涵圬工结构包括砌体结构和整体浇筑混凝土结构(简称混凝土结构),其材料主要有石材、混凝土、砂浆和小石子混凝土。

14.2.1 砌体的材料

砌体是由一定数量的块材,通过砂浆或小石子混凝土按一定砌筑规则砌筑而成的,其材料包括块材、砂浆和小石子混凝土。

1. 块材种类

圬工桥涵砌体结构中常用的块材为石材和混凝土预制块。

1) 石材

石材是无明显风化的天然岩石经过人工开采和加工后外形规则的建筑用材。它具有强度高、抗冻性能好等优点,在有开采和加工能力的地区,石材广泛用于建筑桥梁基础、墩台、挡土墙等。

桥涵结构所用石材应选择质地坚硬、均匀、无裂缝且不易风化的石料。常用天然石料的种类主要有花岗岩、石灰岩等。石材根据开采方法、形状、尺寸及表面粗糙度的不同,可分为下列几类:

(1) 片石:是由爆破或楔劈法开采的不规则石块,使用时,一般形状不受限制,但厚度不得小于 150 mm,卵形和薄片不得采用。

(2) 块石:一般是按岩石层理放炮或楔劈而形成的石材。形状大致方正,上下面大致平整,厚度为 200～300 mm,宽度为厚度的 1.0～1.5 倍,长度为厚度的 1.5～3.0 倍。块石一般不修凿,但应敲去尖角突出部分。

(3) 粗料石:是由岩层或大块石材开劈并经修凿而成。要求外形方正,成六面体,表面凹陷深度不大于 20 mm,其厚度为 200～300 mm,宽度为厚度的 1.0～1.5 倍,长度为厚度的 2.5～4.0 倍。

(4) 半细料石:同粗料石,但表面凹陷深度不大于 15 mm。

(5) 细料石:同粗料石,但表面凹陷深度不大于 10 mm。

桥梁结构中所用的石材强度等级有 MU30、MU40、MU50、MU60、MU80、MU100 和 MU120，其中符号 MU 表示石材强度等级，后面的数字是边长 70 mm 的含水饱和立方体试件的抗压强度(MPa)。抗压强度取 3 块试件的平均值。试件采用规定的其他尺寸时，应乘以规定的换算系数。不同强度等级石材的设计强度值和不同尺寸的石材试件强度换算系数分别见表 14-1 和表 14-2。

表 14-1 石材强度设计值 单位：MPa

强度类别 \ 强度等级	MU120	MU100	MU80	MU60	MU50	MU40	MU30
轴心抗压 f_{cd}	31.78	26.49	21.19	15.89	13.24	10.59	7.95
弯曲抗拉 f_{tmd}	2.18	1.82	1.45	1.09	0.91	0.73	0.55

表 14-2 石材试件强度换算系数

立方体试件边长/mm	200	150	100	70	50
换算系数	1.43	1.28	1.14	1.00	0.86

石材多为就地取材，依上述石材所耗加工量不同，同样强度等级砂浆砌筑的 5 种石材，其砌体抗压极限强度、砌体表面美观程度和造价也不同，所以石材选择应根据当地情况、施工工期和美观要求综合确定。

2) 混凝土预制块

与细料石技术要求相同。混凝土预制块是根据结构构造与施工要求，设计成一定形状与尺寸，浇筑普通混凝土预制而成的实心块。应用混凝土预制块，可节省石材的开采加工工作，加快施工进度；对于形状复杂的块材，当难以用石材加工时，更可显示出其优越性。另外，由于混凝土预制块形状、尺寸统一，故砌体表面整齐美观。

制作混凝土预制块的普通混凝土强度等级及强度设计值见表 14-3。

表 14-3 混凝土强度设计值 单位：MPa

强度类别 \ 强度等级	C40	C35	C30	C25	C20	C15
轴心抗压 f_{cd}	15.64	13.69	11.73	9.78	7.82	5.87
弯曲抗拉 f_{tmd}	1.24	1.14	1.04	0.92	0.80	0.66
直接抗剪 f_{vd}	2.48	2.28	2.09	1.85	1.59	1.32

2. 小石子混凝土与砂浆

1) 小石子混凝土

小石子混凝土是由胶结料(水泥)、粗骨料(细卵石或碎石，粒径不大于 20 mm)、细粒料(砂)加水拌合而成。在砌筑片石、块石砌体时，若用小石块混凝土代替砂浆，则建成的砌体称为小石子混凝土砌体，它比同强度等级砂浆砌筑的片石和块石砌体的抗压极限强度高，可以节省水泥和砂，在一定条件下是水泥砂浆的代用品。

小石子混凝土的强度等级和强度设计值同制作混凝土预制块的普通混凝土,见表 14-3。

2) 砂浆

砂浆是由一定比例的胶结料(水泥、石灰等)、细集料(砂)及水配制而成的砌筑材料。砂浆在砌体结构中的作用是将块材黏结成整体,并在铺砌时抹平块材不平的表面而使块材在砌体受压时能比较均匀地受力。此外,砂浆填满了块材间隙,减少了砌体的透气性,从而提高了砌体的密实性、保温性与抗冻性。

砂浆按其胶结料的不同主要有以下几种。

(1) 水泥砂浆:由一定比例的水泥和砂加水配制而成的砂浆,强度较高。

(2) 石灰砂浆:胶结料为石灰的砂浆,强度较低。

(3) 混合砂浆:按一定比例的水泥、石灰和砂加水配制而成的砂浆,又称水泥石灰砂浆。

由于石灰砂浆及混合砂浆的强度较低,使用性能较差,故在桥涵工程中主要采用水泥砂浆。桥涵结构中所用的砂浆强度等级有 M5、M7.5、M10、M15 和 M20,其中符号 M 表示砂浆强度等级,后面的数字是边长 70.7 mm 的标准立方体试件,标准养护 28 天,按统一的标准试验方法测得的抗压强度(MPa)。抗压强度取 3 块试件平均值。

对砌体所用砂浆的基本要求如下。

(1) 强度。

硬化后的砂浆应满足砌体强度、耐久性的要求,并与块材间具有良好的黏结力。

(2) 可塑性。

在工程上要求砂浆很均匀地铺开,能使砌缝均匀和密实,保证砌体质量,从而提高砌体强度和砌筑效率,砂浆必须具有适当的可塑性(流动性)。砌筑时新拌砂浆在自身与外力作用下流动的性能为砂浆的流动性。它由标准圆锥体沉入砂浆的深度测定。用于石砌体时宜为 50~70 mm,气温较高时可适当增大。

(3) 保水性。

砂浆的质量在很大程度上取决于其保水性,即在运输、砌筑过程中保持相等质量的能力。砂浆保水性好,就能在块材面上铺设均匀,若砂浆保水性差,砂浆易产生离析现象,新铺在块材上的砂浆水分很快散去或被块材吸去,使砂浆难以抹平,影响正常硬化作用。因此,对吸水性很大的干燥块材,在砌筑砌体前必须对其砌筑表面洒水湿润。砂浆的保水性一般用分层度仪测定的分层度表示。

一般情况下,提高水泥砂浆的强度,其抗渗透能力有所提高,但砌筑质量却有所下降。为使砂浆具有适当的可塑性、保水性,提高施工效率,保证砌筑质量,可在水泥砂浆中掺入塑性剂,还可节省水泥。但应注意塑性剂的掺量应参照生产厂家的规定或通过试验确定,否则会增加灰缝中砂浆的横向变形,从而降低砌体的强度。

在砌体结构中,砂浆强度低于设计强度等级和强度离散性过大的情况是经常发生的。其原因主要是配料计量不准,砂子含水率变化,掺入的塑性材料质量差,配合比不当,砂浆试块的制作、养护方法和强度取值等不符合规范的规定。

14.2.2 砌体种类

工程中根据选用块材的不同,常用的砌体可分为以下几类(图 14-1)。

(1) 片石砌体:砌筑时,片石应平稳放置,交错排列且相互咬紧,避免空隙过大,并用小石块填塞空隙。片石应分层砌筑,以 2～3 层为一个工作层,各工作层的水平缝应大致找平,竖缝应相互错开。砌筑缝宽一般不应大于 40 mm,用小石子混凝土砌筑时,可用 30～70 mm。

(2) 块石砌体:块石应平砌,每层石料宽度大致相等,并应错缝砌筑,上下层错开距离不小于 80 mm。砌筑缝宽不宜过宽,一般水平缝不大于 30 mm,竖缝不超过 40 mm。

(3) 粗料石砌体:砌筑时石料应安放端正,严格控制平面位置和高度,保证砌缝横平竖直。为保证强度要求和外观整齐,砌筑缝宽不大于 20 mm,上下层竖缝错开距离不小于 100 mm。

(4) 半细料石砌体:同粗料石砌体,但表面凹陷深度不大于 15 mm,砌筑缝宽不大于 15 mm。

(5) 细料石砌体:同粗料石砌体,但表面凹陷深度不大于 10 mm,砌筑缝宽不大于 10 mm。

(6) 混凝土预制块砌体:同粗料石砌体,要求砌筑缝宽不大于 10 mm。

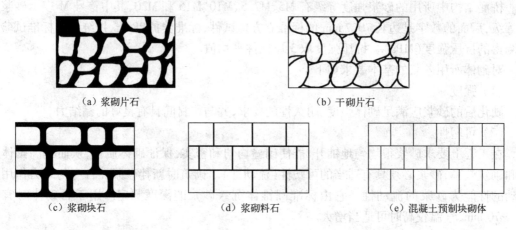

图 14-1 砌体的种类

上述砌体中,除片石砌体外,其余砌体统称为规则砌块砌体。砌体砌筑时,应遵循施工技术规范中砌体的砌筑规则,以保证砌体的整体性和受力性能。例如,砌体应分层砌筑,里、外层砌块交错连接,为使砌体构成一受力整体,砌体中各工作层的竖向灰缝进行上下错缝,内外搭砌。例如,预制块砌体的砌合多采用一顺一顶、三顺一顶等砌筑方法。

在桥涵工程中,应根据结构的重要程度、尺寸大小、工程环境、施工条件及材料供应情况等综合考虑来选用砌体种类。

14.2.3 结构混凝土材料

整体浇筑的素混凝土结构,混凝土收缩变形较大,施工期间容易产生混凝土收缩裂缝或温度收缩裂缝,而且浇筑时耗费木材较多,工期长,质量较难控制,故较少采用。在圬工桥涵架构中,不属于钢筋混凝土的低配筋结构可归于此类。对于大体积混凝土,如桥梁墩台身等,为了节省水泥,可在其中分层掺入含量不多于 20% 的片石(即为片石混凝土),其中片石强度等级要求不应低于表 14-4 规定的石材最低强度等级且不低于混凝土强度等级(现浇混凝土),此时,片石混凝土的强度等级、弹性模量和剪变模量可按同强度等级的混凝土采用。

14.2.4 圬工材料的选择

对于圬工材料的选择,圬工材料既要满足圬工结构承载能力的要求,还应注意对耐久性方面的要求。

1. 承载能力要求

《公路桥规》(JTG D61—2005)中对圬工结构所用的石材、混凝土材料及其砌筑砂浆的最低强度等级要求,见表14-4。

表14-4 圬工材料的最低强度等级

结构物种类	材料最低强度等级	砌筑砂浆最低强度等级
拱圈	MU50 石材 C25 混凝土(现浇) C30 混凝土(预制块)	M10(大、中桥) M7.5(小桥涵)
大、中桥墩台及基础,轻型桥台	MU40 石材 C25 混凝土(现浇) C30 混凝土(预制块)	M7.5
小桥涵墩台、基础	MU30 石材 C20 混凝土(现浇) C25 混凝土(预制块)	M5

2. 耐久性要求

石材及混凝土材料受水浸湿后,冬季冻结,春季融化,引起材料风化侵蚀。如水汽充满于材料内部气孔,则因冻结膨胀有可能使孔壁破裂而导致材料破损。

石材除应符合规定的强度要求外,应具有耐风化、抗冻性和抗侵蚀性。累年最冷月平均气温等于或低于-10℃的地区,所选用的石材应符合表14-5的抗冻性指标,以保证在多次冻融循环之后块体不至于剥落和降低强度。抗冻性指标系指材料在含水饱和状态下经过-15℃的冻结与20℃融化的循环次数。试验后的材料应无明显损伤(裂缝、脱层),其强度不低于试验前的0.75倍。若根据以往实践证明材料有足够抗冻性能者,可不做抗冻试验。用于浸水或气候潮湿地区(年平均相对湿度平均值大于80%的地区)的受力结构的石材,软化系数不应低于0.8。软化系数是指石材在含水饱和状态下与干燥状态下试块极限抗压强度的比值。

表14-5 石材抗冻性指标

结构物部位	大、中桥	小桥及涵洞
镶面或表面石材	50	25

圬工结构中的结构混凝土应符合《公路钢筋混凝土及预应力混凝土桥涵设计规范》(JTG D62—2004)关于结构混凝土耐久性的要求。

14.3 砌体的强度

14.3.1 砌体的抗压强度

1. 砌体的受压破坏特征

砌体是由单块块材用砂浆黏结而成,因而它的受压性能与匀质的整体结构构件有很大的差异。由于砌缝厚度和密实性的不均匀及块材与砂浆交互作用等原因,致使块材的抗压强度不能充分发挥,即砌体的抗压强度将低于块材的抗压强度。从砌体受力状态的分析中可以清楚地了解这一结论,图 14-2 为轴心受压时砌体中受力状态的示意图。

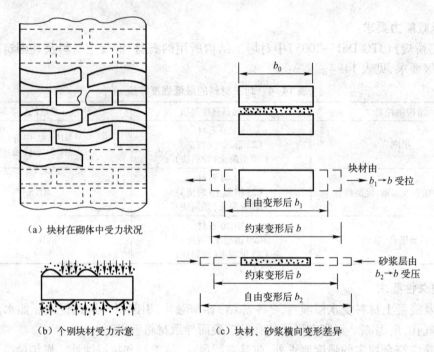

图 14-2　轴心受压时砌体中的受力状态

(1) 由于砌缝厚度及密实性的不均匀,使得块材不能均匀地压在砂浆层上;由于砂浆材料拌合不均匀,使砌缝砂浆层各部位的成分不均匀,砂子多的部位收缩小,从而凝固后砂浆表面出现凹凸不平;加之块材表面的不平整,导致块材与砌缝砂浆层并非全面地相接触。因此,块材在砌体受压时实际上处于受弯、受剪与局部受压的复杂应力状态。

(2) 砌体横向变形时块材与砂浆的交互作用。砌体受压后,块材的横向变形小($b_0 \to b_1$),而砂浆的横向变形大($b_0 \to b_2$),但由于块材与砂浆间黏结力与摩阻力的约束,两者都不能各自自由地横向变形,只能有共同的横向约束变形 $b(b_2 > b > b_1)$。这样,块材将由于受砂浆的影响而增大横向变形,因此块材内部将出现拉应力。相反地,砌缝中的砂浆受块材的约束,其横向变形将减小,因此砂浆将处于三向受压状态,其抗压强度将提高。

由于块材的抗弯、抗拉、抗剪强度远小于其抗压强度,所以砌体受压时,往往在远小于块材的抗压强度时就出现裂缝而破坏。

2. 影响砌体抗压强度的主要因素

影响砌体抗压强度的主要因素有以下几个方面。

1) 块材的强度

块材和砂浆的强度是影响砌体抗压强度的主要因素,块材和砂浆的强度高,其砌体的抗压强度亦高,反之其砌体的抗压强度则低。块材在砌体中处于复杂受力状态,因此块材的抗压、抗拉、抗剪等都会影响砌体的抗压强度。

试验证明,当块材强度等级一定,砂浆强度等级不是很高时,提高砂浆强度等级,砌体的抗压强度有较明显的增长;当砂浆强度等级过高时,提高砂浆的强度等级对砌体的抗压强度的提高并不明显。

2) 块材形状和尺寸

块材形状规则的程度也显著影响着砌体的抗压强度。块材表面不平整,形状不规则,则会造成砌缝厚度不均匀,从而使砌体抗压强度降低,砌体强度随块材厚度的增大而增加。这是由于随着块材厚度的增加,其横截面面积和抵抗矩相应加大,砌缝数量减少,提高了块材抗弯、抗剪及抗拉能力,这样砌体的抗压强度也得到提高。

3) 砂浆的物理力学性能

除砂浆的强度直接影响砌体的抗压强度外,砂浆的强度等级越低,块材与砂浆的横向变形差异愈大,从而降低砌体的强度。但单纯提高砂浆强度等级并不能使砌体抗压强度有很大提高。

砂浆的可塑性和流动性对砌体的强度亦有影响。可塑性和流动性好的砂浆,容易铺成厚度和密实性均匀的砌体,因而可减少块材的弯剪应力,使砌体强度提高。但若砂浆内水分过多,可塑性和流动性虽好,由于砌缝的密实性降低,砌体的强度反而下降。

砂浆的弹性模量的大小对砌体的强度亦具有决定性的影响,砂浆的弹性模量越大,相应砌体的强度越高。

4) 砌缝宽度

砂浆水平砌缝越厚,砌体强度越低。因为砌缝较厚,施工时越难密实均匀,导致块材的复杂应力状态更严重。另外,砌缝越厚,将加大砂浆砌缝与块材横向变形的差异,块材的横向拉应力越大。实践证明灰缝厚度在 10 ~ 12 mm 为宜。

5) 砌筑质量

砌筑灰缝的施工质量也影响砌体的抗压强度。砂浆铺筑均匀、饱和可以改善块材在砌体内的受力性能,使之较均匀受压,因而可提高砌体的抗压强度,反之则降低砌体强度。

3. 砌体抗压强度设计值

《公路桥规》(JTG D61—2005)中规定的混凝土预制块及石材砂浆砌体抗压强度的设计值见表14-6至表14-8;小石子混凝土砌片石和块石砌体抗压强度见表14-9和表14-10。

施工阶段砂浆尚未硬化的新砌砌体的强度,可按砂浆强度为零进行验算。强度为零的砂浆是指施工阶段尚未凝结或用冻结法施工解冻阶段的砂浆。

表 14-6　混凝土预制块砂浆砌体轴心抗压强度设计值 f_{cd}　　单位:MPa

砌块强度等级	砂浆强度等级					砂浆强度
	M20	M15	M10	M7.5	M5	0
C40	8.25	7.04	5.84	5.24	4.64	2.06
C35	7.71	6.59	5.47	4.90	4.34	1.93
C30	7.14	6.10	5.06	4.54	4.02	1.79
C25	6.52	5.57	4.62	4.14	3.67	1.63
C20	5.83	4.98	4.13	3.70	3.28	1.46
C15	5.05	4.31	3.58	3.21	2.84	1.26

表 14-7 片石砂浆砌体的轴心抗压强度设计值 f_{cd} 单位：MPa

砌块强度等级	砂浆强度等级					砂浆强度
	M20	M15	M10	M7.5	M5	0
MU120	1.97	1.68	1.39	1.25	1.11	0.33
MU100	1.80	1.54	1.27	1.14	1.01	0.30
MU80	1.61	1.37	1.14	1.02	0.90	0.27
MU60	1.39	1.19	0.99	0.88	0.78	0.23
MU50	1.27	1.09	0.90	0.81	0.71	0.21
MU40	1.14	0.97	0.81	0.72	0.64	0.19
MU30	0.98	0.84	0.70	0.63	0.55	0.16

注：干砌片石砌体可采用砂浆强度为零时的轴心抗压强度设计值。

表 14-8 块石砂浆砌体的轴心抗压强度设计值 f_{cd} 单位：MPa

砌块强度等级	砂浆强度等级					砂浆强度
	M20	M15	M10	M7.5	M5	0
MU120	8.42	7.19	5.96	5.35	4.73	2.10
MU100	7.68	6.56	5.44	4.88	4.32	1.92
MU80	6.87	5.87	4.87	4.37	3.86	1.72
MU60	5.95	5.08	4.22	3.78	3.35	1.49
MU50	5.43	4.64	3.85	3.45	3.05	1.36
MU40	4.86	4.15	3.44	3.09	2.73	1.21
MU30	4.21	3.59	2.98	2.67	2.37	1.05

注：对各类石砌体，应按表中数值分别乘以下列系数，细料石砌体为1.5，半细料石砌体为1.3，粗料石砌体为1.2，干砌块石砌体可采用砂浆强度为零时的抗压强度设计值。

表 14-9 小石子混凝土砌片石砌体轴心抗压强度设计值 f_{cd} 单位：MPa

石材强度等级	小石子混凝土强度等级			
	C30	C25	C20	C15
MU120	6.94	6.51	5.99	5.36
MU100	5.30	5.00	4.63	4.17
MU80	3.94	3.74	3.49	3.17
MU60	3.23	3.09	2.91	2.67
MU50	2.88	2.77	2.62	2.43
MU40	2.50	2.42	2.31	2.16
MU30	—	—	1.95	1.85

表14-10 小石子混凝土砌块石砌体轴心抗压强度设计值 f_{cd} 单位：MPa

石材强度等级	小石子混凝土强度等级					
	C40	C35	C30	C25	C20	C15
MU120	13.86	12.69	11.49	10.25	8.95	7.59
MU100	12.65	11.59	10.49	9.35	8.17	6.93
MU80	11.32	10.36	9.38	8.37	7.31	6.19
MU60	9.80	9.98	8.12	7.24	6.33	5.36
MU50	8.95	8.19	7.42	6.61	5.78	4.90
MU40	—	—	6.63	5.92	5.17	4.38
MU30	—	—	—	—	4.48	3.79

注：砌块为粗料石时，轴心抗压强度为表值乘1.2；砌块为细料石时、半细料石时，轴心抗压强度为表值乘1.4。

14.3.2 砌体的抗拉、抗弯与抗剪强度

砌体的抗拉、抗弯和抗剪强度远低于其抗压强度，因而应尽可能使圬工砌体主要用于承受压力为主的结构中。但在实际工程中，砌体受拉、受弯或受剪情况也常会遇到，如图14-3(a)所示挡土墙，在墙后土的侧压力作用下，使挡土墙砌体发生沿通缝截面1—1的弯曲受拉；图14-3(b)所示有扶壁挡土墙，在垂直截面中将发生沿齿缝截面2—2的弯曲受拉；图14-3(c)所示的拱脚附近，由于水平推力的作用，将发生沿通缝截面3—3的受剪。

试验证明，在多数情况下，砌体的受拉、受弯和受剪破坏一般发生于砂浆与块材的连接面上。因此，砌体的抗拉、抗弯和抗剪强度取决于砌缝强度，亦即取决于砌缝间块材与砂浆的黏结强度。只有在砂浆与块材间的黏结强度很大时，才可能产生沿块材本身的破坏。

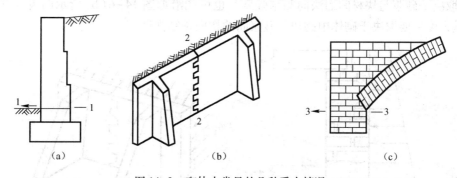

图14-3 砌体中常见的几种受力情况

按照砌体受力方向的不同，砂浆与块材间的黏结强度分为两类。一类是平行于砌缝的切向黏结强度(图14-4(a))；一类是垂直于砌缝的法向黏结强度(图14-4(b))。在正常情况下，黏结强度和砂浆强度有关。但砂浆与块材间的法向黏结强度不易保证，所以在实际工程中不允许设计利用法向黏结强度的受拉构件。

1. 轴心受拉

在平行于水平砌缝的轴心拉力的作用下，砌体可能有两种破坏情况：一是沿砌体齿缝截面发生破坏，破坏面呈齿状，如图14-5(a)所示，其强度主要取决于砌缝与块材间切向黏结强度；二是砌体沿竖向砌缝和块材破坏，如图14-5(b)所示，其强度主要取决于块材的抗拉强度。

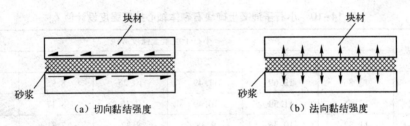

图 14-4　黏结强度

当拉力 F 作用方向与水平齿缝垂直时,砌体可能沿通缝截面发生破坏(图 14-5(c)),其强度主要取决于砌缝与块材的法向黏结强度。

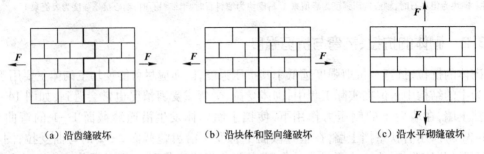

图 14-5　轴心受拉砌体

2. 弯曲抗拉

砌体处于弯曲状态时,可能沿如图 14-6(a)所示通缝截面发生破坏,此时砌体弯曲抗拉强度主要取决于砂浆与块材间的法向黏结强度。也可能沿如图 14-6(b)所示的齿缝截面发生破坏,其强度主要取决于砌体中砌块与砂浆间的切向黏结强度。

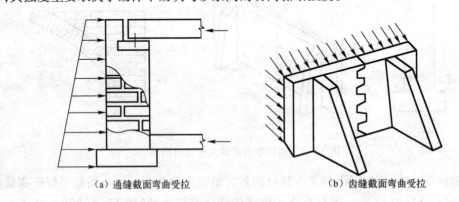

图 14-6　弯曲抗拉砌体

3. 抗剪

砌体处于剪切状态时,则有可能发生通缝截面受剪破坏,如图 14-7(a)所示,其抗剪强度主要取决于块材间砂浆的切向黏结强度。也可能发生沿如图 14-7(b)所示的截面破坏,其抗剪强度与块材的抗剪强度和砂浆与块材间的切向黏结强度有关。对规则块材,砌体的齿缝抗剪强度主要取决于块材的抗剪强度,不计灰缝的抗剪作用。

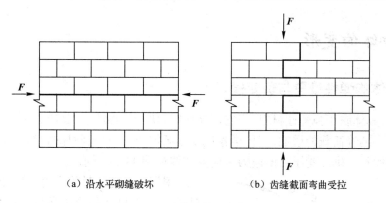

(a) 沿水平砌缝破坏　　　　　(b) 齿缝截面弯曲受拉

图 14-7　受剪砌体的破坏形式

砂浆砌体的轴心抗拉、弯曲抗拉和直接抗剪强度设计值见表 14-11；小石子混凝土砌块石、片石砌体的轴心抗拉、弯曲抗拉和直接抗剪强度设计值见表 14-12。

表 14-11　砂浆砌体轴心抗拉、弯曲抗拉和直接抗剪强度设计值　　　　　　　　　单位：MPa

强度类别	破坏特征	砌体种类	砂浆强度等级				
			M20	M15	M10	M7.5	M5
轴心抗拉 f_{td}	齿缝	规则砌块砌体	0.104	0.090	0.073	0.063	0.052
		片石砌体	0.096	0.083	0.068	0.059	0.048
弯曲抗拉 f_{tmd}	齿缝	规则砌块砌体	0.122	0.105	0.086	0.074	0.061
		片石砌体	0.145	0.125	0.102	0.089	0.072
	通缝	规则砌块砌体	0.084	0.073	0.059	0.051	0.042
直接抗剪 f_{vd}	—	规则砌块砌体	0.104	0.090	0.073	0.063	0.052
		片石砌体	0.241	0.208	0.170	0.147	0.120

注：(1) 砌体龄期为 28 d；
　　(2) 规则砌块砌体包括块石砌体、粗料石砌体、半细料石砌体、细料石砌体、混凝土预制块砌体；
　　(3) 规则砌块砌体在齿缝方向受剪时，系通过砌块和灰缝剪破。

表 14-12　小石子混凝土砌块石、片石砌体轴心抗拉、弯曲抗拉和直接抗剪强度设计值　　单位：MPa

强度类别	破坏特征	砌体种类	小石子混凝土强度等级					
			C40	C35	C30	C25	C20	C15
轴心抗拉 f_{td}	齿缝	块石砌体	0.285	0.267	0.247	0.226	0.202	0.175
		片石砌体	0.425	0.398	0.368	0.336	0.301	0.260
弯曲抗拉 f_{tmd}	齿缝	块石砌体	0.335	0.313	0.290	0.265	0.237	0.205
		片石砌体	0.493	0.461	0.427	0.387	0.349	0.300
	通缝	块石砌体	0.232	0.217	0.201	0.183	0.164	0.142
直接抗剪 f_{vd}	—	块石砌体	0.285	0.267	0.247	0.226	0.202	0.175
		片石砌体	0.425	0.398	0.368	0.336	0.301	0.260

注：对其他规则砌块砌体强度值为表内块石砌体强度值乘以下列系数：粗料石砌体 0.7，细料石、半细料石砌体 0.35。

14.4 砌体的变形

14.4.1 砌体的弹性模量与剪变模量

试验表明,砌体属于弹塑性材料,当它们受压时,从开始加载起,其应力-应变曲线就不呈直线变化规律。随着荷载的增加,变形增长速度逐渐加快,在接近破坏时,荷载即使增加很少,其应变也急剧增长。砌体受压时的应力-应变曲线如图14-8所示。

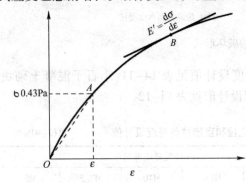

图14-8 砌体受压时的应力-应变曲线

根据砌体受压时的应力-应变曲线可知,与混凝土一样,砌体的受压弹性模量一般也有3种表示方法,即初始弹性模量(原点弹性模量)、割线模量和切线模量。砌体受压后,由于塑性变形的发展,砌体割线模量和切线模量是变量,它们随应力的增大而减小。但在工程设计中,需要能反映砌体受力性能且取值明确的弹性模量。《公路桥规》(JTG D61-2005)按不同强度等级的砂浆,以砌体弹性模量与砌体抗压强度成正比的关系来确定砌体弹性模量。对于石砌体,因为石材的强度和弹性模量远大于砂浆的强度和弹性模量,其砌体的受压变形主要取决于水平灰缝砂浆的变形,因此仅按砂浆强度等级确定石砌体的弹性模量,各类砌体的受压弹性模量取值见表14-13。

砌体的剪变模量 G_m 取其受压弹性模量的0.4倍。

表14-13 各类砌体受压弹性模量 E_m 单位:MPa

砌体种类	砂浆强度等级				
	M20	M15	M10	M7.5	M5
混凝土预制块砌体	1 700f_{cd}	1 700f_{cd}	1 700f_{cd}	1 600f_{cd}	1 500f_{cd}
粗料石、块石及片石砌体	7 300	7 300	7 300	5 650	4 000
细料石、半细料石砌体	22 000	22 000	22 000	17 000	12 000
小石子混凝土砌体	2 100f_{cd}				

注:f_{cd} 为砌轴心体抗压强度设计值。

14.4.2 砌体的线膨胀系数、收缩变形与摩擦系数

1. 砌体的线膨胀系数

虽然砌体材料对温度变形的敏感性较小,但在计算超静定结构由于温度变化等引起的附加内力时,则必须考虑。温度变化的大小随砌筑块材种类的不同而不同。用水泥砂浆砌筑的各种圬工砌体的线膨胀系数见表14-14。

表14-14 混凝土和砌体的线膨胀系数

砌体种类	线膨胀系数/($\times 10^{-6}$/℃)
混凝土	10
混凝土预制块砌体	9
细料石、半细料石、粗料石、块石、片石砌体	8

2. 砌体的线收缩变形

砌体浸水时体积膨胀,失水时体积收缩(干缩变形),后者比前者大得多。因此,在工程中较为关心的是砌体的干缩变形,因为干缩变形常常在结构中产生较严重的裂缝。干缩变形是指砌体在不承受应力的情况下,因体积变化而产生的变形。一般通过砌体收缩试验确定干缩变形的大小,如对混凝土预制块砌体,其28d 的干缩变形约为 2×10^{-4} m/m。

3. 砌体的摩擦系数

国内外的许多研究成果表明,砌体截面上作用的垂直压应力是影响砌体抗剪强度的重要因素。由于水平灰缝中砂浆产生较大的剪切变形,剪切面将出现相对水平滑移,当受剪面上还作用有垂直压应力,垂直压应力所产生的摩擦力可减小或阻止砌体剪切面的水平滑移。砌体摩擦系数的大小取决于砌体摩擦面的材料种类、干湿情况等。《公路桥规》(JTG D61—2005)对砌体的摩擦系数取值见表 14–15。

表 14–15 砌体的摩擦系数 μ_f

材料种类	摩擦面情况	
	干 燥	潮 湿
砌体沿砌体或混凝土滑动	0.70	0.60
木材沿砌体滑动	0.60	0.50
钢沿砌体滑动	0.45	0.35
砌体沿砂或卵石滑动	0.60	0.50
砌体沿粉土滑动	0.55	0.40
砌体沿粘性土滑动	0.50	0.30

习题

14-1 什么是圬工结构?什么是砌体?为什么砌体砌筑要满足一定的砌筑规则?常用的砌体有哪几类?

14-2 石材是如何分类的?石料的强度等级是如何确定的?分为哪些强度等级?

14-3 砂浆有哪几种?砂浆的强度等级是如何确定的?《公路桥规》(JTG D61—2005)分为哪些强度等级?对砌体所用砂浆的基本要求是什么?

14-4 为什么砌体的抗压强度远小于块材的抗压强度?

第 15 章 圬工结构构件的承载力计算

15.1 圬工结构构件设计计算原则

我国《公路圬工桥涵设计规范》(JTG D61—2005)对圬工结构采用以概率论为基础的极限状态设计方法,以可靠指标度量结构构件的可靠度,采用分项系数的设计表达式进行计算。根据构件的使用要求和工作特征,圬工桥涵构件按承载能力极限状态设计,并满足正常使用极限状态的要求。根据圬工桥涵结构的特点,其正常使用极限状态的要求采取相应的构造措施予以保证。

圬工桥涵结构按承载能力极限状态设计时,采用的表达式为

$$\gamma_0 S \leqslant R(f_d, a_d) \tag{15-1}$$

式中,γ_0——桥梁结构的重要系数,按表 2-2 采用;
S——作用效应组合设计值,详见式(2-4);
$R(\cdot)$——构件承载力设计值函数;
f_d——材料强度设计值;
a_d——几何参数设计值,可采用几何参数标准值 a_k,即设计文件规定值。

15.2 圬工结构受压构件的承载力计算

受压构件是圬工结构中应用广泛的构件,如桥梁的重力式墩台、圬工拱桥的拱圈等。

受压构件按轴向压力在截面上作用位置的不同,可分为如图 15-1(a)所示的轴心受压、如图 15-1(b)和图 15-1(c)所示的单向偏压和如图 15-1(d)所示的双向偏压 3 种,其中 N_d 为轴向力,s 为截面重心至偏心方向截面边缘的距离,e_x 为 x 方向轴向力 N_d 偏离截面重心的偏心距,e_y 为 y 方向轴向力 N_d 偏离截面重心的偏心距,e 为轴向力 N_d 偏离截面重心的偏心距,$e = \sqrt{e_x^2 + e_y^2}$。对于轴心受压,$e_x = e_y = 0$;对于单向偏心受压,轴向力 N_d 沿 x 方向偏离时,$e_x \neq 0$,$e_y = 0$,轴向力 N_d 沿 y 方向偏离时,$e_x = 0$,$e_y \neq 0$;对于双向偏心受压,$e_x \neq 0$,$e_y \neq 0$。

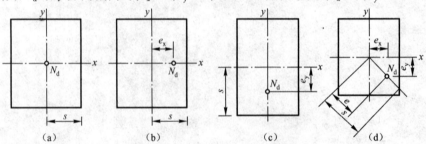

图 15-1 轴心受压和偏心受压

理想的轴心受压构件在轴向力作用下截面产生均匀的压应力。但当构件的长细比较大时,由于构件实际轴线的偏位、材料的不均匀性、轴向力的实际作用点偏离截面的重心等原因使构件产生侧向变形,会在截面内引起相当大的附加应力,使构件的承载力大大降低。

偏心受压构件截面上同时存在轴压应力和弯曲应力。与相同条件的理想轴心受压构件相比,受压承载力将减小。显然,减小的程度与偏心距 e 有关。较长的偏心受压构件承载力将同时受到偏心距 e 和构件的长细比的影响。

15.2.1 受压构件的偏心距验算

试验结果表明,若轴向力作用点的偏心距 e 较大,当轴向力增加致使截面受拉边缘的应力大于圬工砌体的弯曲抗拉强度时,构件的受拉边会出现水平裂缝,截面的受压区逐渐减小,截面刚度相应地削弱,纵向弯曲的不利影响随之增加,进而导致构件的承载力显著降低。这样,结构就不安全,而且材料强度利用率很低,也不经济。

为了控制受拉区水平裂缝的过早出现与开展,即为了保证结构的正常使用状态,也为了保证截面的稳定性,应该对轴向力作用的偏心距 e 有所限制。

根据试验结果并参考国内外规范,《公路桥规》(JTG D61—2005)建议砌体和混凝土的单向和双向偏心受压构件,其偏心距 e 的限值应符合表 15-1 的要求。混凝土结构单向偏心的受拉一边或双向偏心的各受拉一边,当设有不小于截面面积 0.05% 的纵向钢筋时,表 15-1 内规定值可增加 0.1。表 15-1 中 s 值为截面或换算截面重心至偏心方向截面边缘的距离,见图 15-1。

表 15-1 受压构件偏心距限值

作 用 组 合	基 本 组 合	偶 然 组 合
偏心距限值 e	≤0.6s	≤0.7s

15.2.2 当轴向力偏心距 e 在偏心距限值范围内时,受压构件的承载力计算

1. 砌体受压构件的承载力计算

对于砌体受压构件,当轴向力的偏心距 e 在表 15-1 所规定的偏心距限值范围内时,承载力计算公式为

$$\gamma_0 N_d \leqslant N_u = \varphi A f_{cd} \tag{15-2}$$

$$\varphi = \cfrac{1}{\cfrac{1}{\varphi_x} + \cfrac{1}{\varphi_y} - 1} \tag{15-3}$$

$$\varphi_x = \eta_x \cdot \phi_x, \varphi_y = \eta_y \cdot \phi_y \tag{15-4}$$

$$\eta_x = \frac{1-\left(\dfrac{e_x}{x}\right)^m}{1+\left(\dfrac{e_x}{i_y}\right)^2}, \eta_y = \frac{1-\left(\dfrac{e_y}{y}\right)^m}{1+\left(\dfrac{e_y}{i_x}\right)^2} \tag{15-5}$$

$$\phi_x = \frac{1}{1+\alpha\beta_x(\beta_x-3)\left[1+1.33\left(\dfrac{e_x}{i_y}\right)^2\right]}, \phi_y = \frac{1}{1+\alpha\beta_y(\beta_y-3)\left[1+1.33\left(\dfrac{e_y}{i_x}\right)^2\right]} \tag{15-6}$$

$$\beta_x = \frac{\gamma_\beta l_0}{3.5 i_y}, \beta_y = \frac{\gamma_\beta l_0}{3.5 i_x} \tag{15-7}$$

式中,N_d——轴向力设计值;

A——构件截面面积,对于组合截面按强度比换算,即 $A = A_0 + \eta_1 A_1 + \eta_2 A_2 + \cdots$,$A_0$ 为标准层截面面积,A_1、A_2、$\cdots$ 为其他层截面面积,$\eta_1 = f_{c1d}/f_{c0d}$,$\eta_2 = f_{c2d}/f_{c0d}$,$\cdots$,f_{c0d} 为标准层轴心抗压强度设计值,f_{c1d}、f_{c2d}、$\cdots$ 为其他层的轴心抗压强度设计值;

f_{cd}——砌体或混凝土轴心抗压强度设计值,应按表 14-3 采用;对组合截面应采用标准层轴心抗压强度设计值;

φ——构件轴向力的偏心距 e 和长细比 β 对受压承载力的影响系数;

φ_x、φ_y——分别为 x 方向和 y 方向的偏心受压构件承载力影响系数;

η_x、η_y——分别为 x 方向和 y 方向的纵向力偏心影响系数;

ϕ_x、ϕ_y——分别为 x 方向和 y 方向的纵向弯曲影响系数;

e_x、e_y——轴向力在 x 方向、y 方向的偏心距,$e_x = M_{yd}/N_d$、$e_y = M_{xd}/N_d$,其值不应超过表 15-1 的规定值,其中 M_{yd}、M_{xd} 分别为绕 x 轴、y 轴的弯矩设计值,N_d 为轴向力设计值;

m——截面形状系数,对于圆形截面取 2.5;对于 T 形或 U 形截面取 3.5;对于箱形截面或矩形截面(包括两端设有曲线形或圆弧形的矩形墩身截面)取 0.8;

i_x、i_y——弯曲平面内的截面回转半径,$i_x = \sqrt{I_x/A}$,$i_y = \sqrt{I_y/A}$;I_x、I_y 分别为截面绕 x 轴和绕 y 轴的惯性矩,A 为截面面积;对于组合截面,A、I_x、I_y 应按弹性模量比换算,即 $A = A_0 + \psi_1 A_1 + \psi_2 A_2 + \cdots$,$I_x = I_{0x} + \psi_1 I_{1x} + \psi_2 I_{2x} + \cdots$,$I_y = I_{0y} + \psi_1 I_{1y} + \psi_2 I_{2y} + \cdots$,$A_0$ 为标准层截面面积,A_1、A_2、$\cdots$ 为其他层截面面积,I_{0x}、I_{0y} 为绕 x 轴和绕 y 轴的标准层惯性矩,I_{1x}、I_{2x}、$\cdots$ 和 I_{1y}、I_{2y}、$\cdots$ 为绕 x 轴和绕 y 轴的其他层惯性矩;$\psi_1 = E_1/E_0$,$\psi_2 = E_2/E_0$,$\cdots$,E_0 为标准层弹性模量,E_1、E_2、$\cdots$ 为其他层的弹性模量;对于矩形截面,$i_y = b/\sqrt{12}$,$i_x = h/\sqrt{12}$,b 为 x 方向的宽度、h 为 y 方向的宽度;

β_x、β_y——构件在 x 方向、y 方向的长细比;

γ_β——不同砌体材料构件的长细比修正系数,按表 15-2 取用;

l_0——构件计算长度,按表 15-3 取用。

表 15-2 长细比修正系数 γ_β

砌体材料类别	γ_β
混凝土预制块砌体或组合构件	1.0
细料石、半细料石砌体	1.1
粗料石、块石、片石砌体	1.3

表 15-3 构件的计算长度 l_0

构件及其两端约束情况		计算长度 l_0
直杆	两端固结	$0.5l$
	一端固定,一端为不移动的铰	$0.7l$
	两端均为不移动的铰	$1.0l$
	一端固定,一端自由	$2.0l$

注:l 为构件支点间长度。

2. 混凝土受压构件的承载力计算

砌体是由单块块材用砂浆衬垫黏结而成,而混凝土相对而言较为匀质,整体性较好。所以在塑性状态,砌体的承载力公式不应应用于混凝土结构。

根据试验分析,混凝土偏心受压构件进入塑性状态,可以认为受压区的法向应力图形为矩形,受压应力的合力作用点与轴向力作用点重合。

《公路桥规》(JTG D61—2005)规定,对混凝土偏心受压构件在表 15-1 规定的受压构件偏心距限值范围内,进行受压承载力计算时,假定受压区的法向应力图形为矩形,其应力取混凝土抗压强度设计值,受压承载力按式(15-8)计算,即

$$\gamma_0 N_d \leq N_u = \varphi A_c f_{cd} \tag{15-8}$$

式中,N_d——轴向力设计值;

f_{cd}——混凝土构件抗压强度设计值,按表 14-3 取用;

φ——弯曲平面内轴心受压构件弯曲系数,按表 15-4 取用;

A_c——混凝土受压面积。

表 15-4 混凝土轴心受压弯曲系数

l_0/b	<4	4	6	8	10	12	14	16	18	20	22	24	26	28	30
l_0/i	<14	14	21	28	35	42	49	56	63	70	76	83	90	97	104
φ	1.00	0.98	0.96	0.91	0.86	0.82	0.77	0.72	0.68	0.63	0.59	0.55	0.51	0.47	0.44

注:(1) l_0 为计算长度,按表 15-3 的规定采用;

(2) 在计算 l_0/b 或 l_0/i 时,b 或 i 的取值为,对于单向偏心受压构件,取弯曲平面内截面高度或回转半径;对于轴心受压构件及双向偏心受压构件,取截面短边尺寸或截面最小回转半径。

在确定偏心受压构件的受压面积 A_c 时,《公路桥规》(JTG D61—2005)采取了轴向力作用点与受压区法向应力的合力作用点相重合的原则,因此可由轴向力偏心距 e 得出受压区面积重心离截面重心轴的距离 $e_c = e$,再由受压区面积重心即可得出受压区面积 A_c。

1) 单向偏心受压

受压区高度 h_c 应按下列条件确定(图 15-2),即

$$e_c = e \tag{15-9}$$

矩形截面的受压承载力可按式(15-10)计算,即

$$\gamma_0 N_d \leq N_u = \varphi f_{cd} b(h - 2e) \tag{15-10}$$

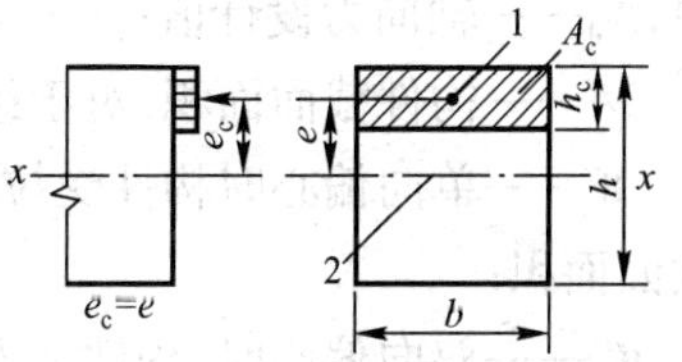

式中,e_c——受压区混凝土法向应力合力作用点至截面重心的距离;

e——轴向力的偏心距;

b——矩形截面宽度;

h——矩形截面高度。

图 15-2 混凝土构件单向偏心受压

当构件弯曲平面外长细比大于弯曲平面内长细比时,应按轴心受压构件验算承载力。

2) 双向偏心受压

试验表明,双向偏心受压构件在两个方向上偏心率(沿构件截面某方向的轴向力偏心距与该方向边长的比值)的大小及其相对关系的改变,影响着构件的性能,使其有不同的破坏形态和特点。双向偏心受压构件的承载力计算,比前述单向偏心受压构件更为复杂,计算方法尚

不成熟,一般采用近似的计算公式。

受压区高度和宽度应按下列条件确定(图15-3),即

$$e_{cx} = e_x, e_{cy} = e_y \tag{15-11}$$

矩形截面的偏心受压承载力可按式(15-12)计算,即

$$\gamma_0 N_d \leq N_u = \varphi f_{cd}[(h - 2e_y)(h - 2e_x)] \tag{15-12}$$

式中,e_{cx}、e_{cy}——受压区混凝土法向应力合力作用点在 x 方向和 y 方向至截面重心的距离;

e_x、e_y——轴向力分别在 x 方向和 y 方向的偏心距。

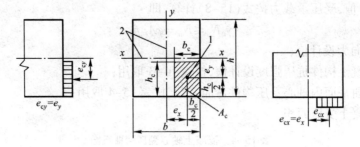

图15-3 混凝土构件双向偏心受压

15.2.3 当轴向力偏心距 e 超过偏心距限值时,受压构件的承载力计算

当轴向力的偏心距超过表15-1规定的偏心距限值时,砌体和现浇混凝土构件的承载力应按计算公式为

单向偏心

$$\gamma_0 N_d \leq N_u = \varphi \frac{A f_{tmd}}{\dfrac{Ae}{W} - 1} \tag{15-13}$$

双向偏心

$$\gamma_0 N_d \leq N_u = \varphi \frac{A f_{tmd}}{\dfrac{Ae_x}{W_y} + \dfrac{Ae_y}{W_x} - 1} \tag{15-14}$$

式中,N_d——轴向力设计值;

A——构件截面面积,对于组合截面应按弹性模量比换算为换算截面面积;

W——单向偏心时构件受拉边缘的弹性抵抗矩,对于组合截面应按弹性模量比换算为换算截面面积;

W_x、W_y——双向偏心时,构件 x 方向受拉边缘绕 y 轴的弹性抵抗矩和构件 y 方向受拉边缘绕 x 轴的弹性抵抗矩,对于组合截面按弹性模量比换算为换算截面面积;

f_{tmd}——构件受拉边缘的弯曲抗拉强度设计值,按表14-3采用;

e——单向偏心时,轴向力偏心距;

e_x、e_y——双向偏心时,轴向力在 x 方向、y 方向的偏心距;

φ——砌体偏心受压构件承载力影响系数或混凝土轴心受压构件弯曲系数,分别见式(15-3)和表15-4。

满足式(15-13)和式(15-14)的计算要求,构件将不会出现裂缝,也就不需要通过限制偏心距的方法来控制构件的裂缝。

15.3 圬工结构受弯与受剪构件的承载力计算

15.3.1 受弯构件的承载力计算

对受弯构件正截面的承载力,要求截面的受拉边缘最大计算拉应力必须小于或等于弯曲抗拉强度设计值,即

$$\frac{M}{W} \leqslant f_{tmd}$$

考虑到结构的设计安全等级,计入桥梁结构重要性系数,《公路桥规》(JTG D61—2005)规定圬工结构受弯构件的承载力按式(15-15)计算,即

$$\gamma_0 M_d \leqslant W f_{tmd} \quad (15-15)$$

式中,M_d——弯矩设计值;

W——截面受拉边缘的弹性抵抗矩,对于组合截面应按弹性模量比换算为换算截面受拉边缘弹性抵抗矩;

f_{tmd}——构件受拉边缘的弯曲抗拉强度设计值,按表14-1采用。

15.3.2 受剪构件的承载力计算

在受剪构件中,除水平剪力外,还作用有垂直压力。砌体构件的受剪试验表明,砌体沿水平向缝的抗剪承载能力为砌体沿通缝的抗剪承载能力及作用在截面上的压力所产生的摩擦力的总和。这是由于随着剪力的增大,砂浆产生很大的剪切变形,一层块材对另一层块材产生移动,当有压力时,内摩擦力将参加抵抗滑移。《公路桥规》(JTG D61—2005)规定,砌体构件或混凝土构件直接受剪时的承载力,按式(15-16)计算,即

$$\gamma_0 V_d \leqslant V_u = A f_{vd} + \frac{1}{1.4} \mu_f N_k \quad (15-16)$$

式中,V_d——剪力设计值;

A——受剪截面面积;

f_{vd}——砌体或混凝土抗剪强度设计值,按表14-3采用;

μ_f——摩擦系数,采用 $\mu_f = 0.7$;

N_k——与受剪截面垂直的压力标准值。

15.4 圬工结构局部承压承载力计算

局部承压是砌体结构中常见的一种受力状态,其特点是轴向力仅作用于构件的部分截面上。试验研究结果表明,砌体局部承压大致有3种破坏形态:因纵向裂缝发展而引起的破坏(这也是一种常见的基本破坏形态);劈裂破坏;与支座垫板直接接触的砌体局部破坏。

局部承压时,直接受压的局部范围内的砌体抗压强度有较大程度的提高。在局部压力的作用下,局部承压的砌体在产生纵向变形的同时还产生横向变形。当局部受压部分的砌体四周或对边有砌体包围时,未直接承受压力的部分像套箍一样约束其横向变形,使与加载板接触的砌体处于三向受压或双向受压的应力状态,抗压能力大大提高。但这样的"套箍强化"作用并不是在所有的局部承压情况都有,例如,当局部受压面积位于构件边缘或局部时,"套箍强

"化"作用则不明显甚至没有。按"应力扩散"的概念加以分析，只要在砌体内存在未直接承受压力的面积，就有应力扩散的现象，就可以在一定程度上提高砌体的抗压强度。

在实际工程中，往往构件按全截面受压验算时承载力是足够的，但在局部承压面下会出现构件局部压碎的现象。如果砌体的局部受到破坏，其整体性将受到削弱，可能在工程中造成重大事故。因此，在对受压构件进行计算时，除了按全截面验算构件承载力外，还必须进行构件的局部承压承载力计算。

桥涵结构的砌体截面如果承受局部承压，要求在砌体上浇注一层混凝土，混凝土面上的压应力以45°扩散角向下分布，保证分布后的压力强度不大于砌体的强度设计值，故《公路桥规》（JTG D61—2005）仅对混凝土截面局部承压的承载力进行计算，计算式为

$$\gamma_0 N_d \leq 0.9\beta A_l f_{cd} \tag{15-17}$$

$$\beta = \sqrt{\frac{A_b}{A_l}} \tag{15-18}$$

式中，N_d——局部承压面积上的轴向力设计值；

β——局部承压强度提高系数；

A_l——局部承压面积；

A_b——局部承压计算底面积，根据底面积重心与局部受压面积重心相重合的原则，按图15-4确定；

f_{cd}——混凝土轴心抗压强度设计值，按表14-3采用。

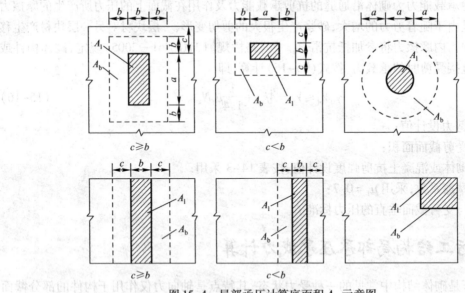

图15-4 局部承压计算底面积 A_b 示意图

习题

15-1 圬工结构的计算原则是什么？

15-2 砌体受压构件有哪些计算内容？

15-3 为什么要对圬工受压构件进行偏心距验算？

参 考 文 献

［1］ 姚玲森．桥梁工程．北京：人民交通出版社，2002．
［2］ 邵旭东．桥梁工程．北京：人民交通出版社，2007．
［3］ 全国一级建造师执业资格考试用书编写委员会．公路工程管理与实务．北京：中国建筑工业出版社，2007．
［4］ 叶见署．结构设计原理．北京：人民交通出版社，2005．
［5］ 邵容光．结构设计原理．北京：人民交通出版社，1993．
［6］ 张树仁，郑绍珪，鲍卫刚．钢筋混凝土及预应力混凝土桥梁结构设计原理．北京：人民交通出版社，2004．
［7］ 李扬海，鲍卫刚，郭修武，等．公路桥梁结构可靠度与概率极限状态设计．北京：人民交通出版社，1997．
［8］ 徐光辉，胡明义．公路桥涵设计手册：梁桥（上册）．北京：人民交通出版社，1996．
［9］ 黄平明，梅葵花，王蒂．结构设计原理．北京：人民交通出版社，2006．
［10］ 黄侨，王永平．桥梁混凝土结构设计原理计算示例．北京：人民交通出版社，2006．
［11］ 易建国．桥梁计算示例丛书：混凝土简支梁（板）桥．3 版．北京：人民交通出版社，2006．
［12］ 袁伦一．公路圬工桥涵设计规范应用算例．北京：人民交通出版社，2005．